구글 스토리

일러두기   이 책은 2006년 번역·출간된 《구글, 성공 신화의 비밀》의 창립 20주년 기념 개정판입니다.
2005년부터 2018년까지 구글의 행보를 보강했으며 이를 완역하고 새로운 편집과 디자인을 더했습니다.

The Google Story

상상할 수 없던 세계의 탄생

구글 스토리

데이비드 A. 바이스, 마크 맬시드 지음
우병현 옮김

INFLUENTIAL
인 플 루 엔 셜

·

아이디어 하나로
대담한 도전을 꿈꾼다면

2005년, 나는 공동으로 창업한 검색엔진 업체 '첫눈'의 매각 협상을 하기 위해서 구글을 방문했다. 구글 임직원들은 이 미팅에서 '첫눈'의 수준을 파악하고자 했다. 당시 구글 회장 에릭 슈밋은 우리에게 구글의 비전과 믿음이 무엇인지 이야기해주었다. 무엇보다도 '세계의 모든 정보를 조직화한다'는 구글의 모토에, 구글이 이미 넘을 수 없는 존재라는 것을 뼈저리게 느꼈던 기억이 생생하다.

인공지능, 바이오 등을 비롯한 첨단 기술로 인하여 사회·경제 전반에 변화가 가속화되는 4차산업혁명의 시대, 구글은 이미 알파고로 바둑을 정복하여 세상을 놀라게 했고, 세계 최초로 무인택시를 상용화했다. 그들은 검색 서비스와 인터넷 산업이 성장한 2000년대 초보다 훨씬 거대한 기업이 되었지만, 변치 않는 기민함과 대담한 비전으로 세상의 변화를 주도하고 있다. 그들이 20년 이상 지치지 않고 이토록 빠른 성장을 유지하는 비결은 무엇일까?

스탠퍼드대학교를 비롯한 실리콘밸리의 연구 생태계와 이를 기반으로 한 창업, 혁신적인 인재와 아이디어를 전폭적으로 지원하고 성장하도록 도와주는 투자자들, 노동labor이 아니라 인재talent로 표현되는 혁신의 동력과 그것을 조직화하는 힘, 그리고 인재들의 자유로운 이동과 도전, 수많은 실패와 소수의 성공, 세상을 바꾸겠다는 대담한 비전까지…. 이 책은 그들의 성공 요인에 대한 생생한 답을 우리에게 알려준다.

이 책은 구글의 창업자인 래리 페이지와 세르게이 브린의 20년 발자취를 그리고 있다. 구글의 조직문화나 미래전략보다는 두 창업자의 도전과 모험의 여정에 집중하면서, 부의 축적보다 혁신과 기술, 그리고 주변의 상황에도 흔들리지 않는 기업문화와 기업철학을 만드는 과정을 안내해준다. 우리나라도 4차산업혁명에 대비하기 위하여 대통령 직속으로 4차산업혁명위원회를 출범하여 다양한 정책을 추진하고 있다. 모쪼록 이 책이 혁신과 변화를 꿈꾸는 젊은이들과 불확실성 시대를 맞이하는 경영자들, 그리고 관련된 많은 사람에게 도움이 되기를 바란다. 끝으로, 다른 나라 이야기를 다룬 책이 아니라, 대한민국에서 혁신 성장을 이룬 기업의 스토리를 이렇게 생생하게 쓰고 국민들이 읽는 날이 오기를 희망한다.

— 장병규, 대통령직속 4차산업혁명위원회 위원장

이 책은 중대한 질문에서부터 시작한다. "세상의 문제를 어떻게 해결할 것인가?" 그리고 말한다. "도전하라. 그리고 주어진 게임의 법칙을 바꿔버려라." 인터넷 업계가 성장해온 역사의 단면을 볼 수 있다.

— 김범수, 카카오 의장

구글의 창업과 성장 과정을 보면 지칠 줄 모르는 열정과 도전 정신이 어떤 가치를 발휘하는가를 잘 알 수 있다. 공동 창업자들은 기숙사와 허름한 창고에서 자신들의 꿈을 실현하기 위해 지적 능력과 열정 등 자신의 모든 것을 쏟아 부었다. 이 책은 구글이란 기업과 구글을 이끄는 사람들에 대한 세간의 궁금증을 풀어주는 책이다. 스탠퍼드대학교를 중심으로 움직이는 미국 벤처의 생태계를 이해함은 물론 실리콘밸리에서 새로운 변화와 혁신이 어떻게 만들어지는지를 확인할 것이다. 한국의 젊은이들이 불굴의 도전의식으로 새로운 시장과 기술에 도전하여 세계 IT산업을 이끌 글로벌 벤처기업을 탄생시키기를 기대한다.

— 진대제, 한국블록체인협회 회장, 전 정보통신부 장관

역사상 가장 혁신적이며 성공한 실리콘밸리 테크 스타트업, 구글. 설립 20주년을 넘겨 공룡이 된 구글의 초기 스타트업 시절을 생생하게 들여다볼 수 있는 책이다.　　　　　— 임정욱, 스타트업얼라이언스 센터장

'구글 쇼크'로 불릴 정도로 엄청난 파장과 충돌을 일으키는 기업 구글. 그들의 창업과 성장 과정, 기업문화와 운영 방법 등을 한편의 성장소설처럼 재미있게 풀어나간다. 무엇보다도 이 책의 객관적인 분석이 돋보인다. 저자는 구글 직원들과의 인터뷰, 전문가 의견, 비공개 문서, 인터넷 자료, 메일까지 망라해 자신이 알고 있던 지식과 함께 맛깔스러

운 읽을거리를 만들어냈다. 이만큼 실제적이고 분석적으로 신화적인 존재를 까발린다는 것은 참으로 어려운 일인데 퓰리처상을 수상한 기자 특유의 기질로 이를 실현했다.　— 정태명, 성균관대 소프트웨어학과 교수

구글의 핵심전략부터 은밀한 내부 모습까지 담은 이 책은 기업 성장 소설을 읽는 것처럼 재미있게 읽힌다. 저자는 비용을 최소화하고 수익을 최고로 하는 입소문 마케팅을 구글에서 배워야 한다고 지적한다. 공동 창업자의 성장 과정과 사생활을 엿보는 재미도 쏠쏠하다.

　— 〈조선일보〉

21세기 성공신화 구글의 성장과 발전 과정을 상세히 분석한 책이다. 검색시장에 대한 분석이나 기술적 용어를 줄이고, 일단 쉽고 흥미롭게 읽을 수 있는 것이 장점이다.　— 〈경향신문〉

두 창업자의 어린 시절부터 마이크로소프트와의 전쟁, 그리고 광고 산업에 끼친 영향력까지 모든 것을 담았다. 구글을 알 수 있는 가장 잘 쓰인 구글 입문서다.　— 〈포춘〉

여러분이 오늘날 가장 영향력 있는 기업 구글에 대해 잘 모른다면 이 책을 읽어야 한다. 구글이라는 기업에 초점을 맞춰 복잡하고 어려운 IT산업 전체를 조망한다. 이 책을 읽지 않는다면 여러분은 소중한 정보들을 모조리 놓치는 셈이다.　— 〈USA투데이〉

읽기 쉬운 구글 소개서이다. 구글의 창업자에 대해 잘 모르는 사람에게 이 책은 1995년 봄에 래리와 세르게이가 만났을 때 무슨 일이 일

어났는지부터, 마치 라바램프와 비치발리볼, 무료로 제공되는 맛있는 닭튀김, 터치패드로 작동하는 화장실에 이르기까지 대학 캠퍼스처럼 비쳐지는 구글플렉스의 내밀한 풍경을 세심하게 보여준다.

— 〈뉴욕타임스〉

구글의 문화를 깊숙이 들여다보는 흥미진진한 관찰기!

— 〈하버드비즈니스리뷰〉

저자는 스탠퍼드대학교에서 대학 프로젝트로 시작해 마이크로소프트, 야후 등 다른 인터넷 거대 기업을 이겨나가는 구글의 성공 과정을 추적한다.

— 〈더타임스〉

기업의 놀라운 성장에 대한 세상에서 가장 자세한 설명을 담았다. 에릭 슈밋이 직접 들려주는 공동 창업자의 궁극적인 목표를 듣다 보면, 이 책의 끝에서 당신은 그 이야기를 진실로 믿게 될 것이다.

— 〈뉴스위크〉

구글이 어떻게 전 세계적 비즈니스 및 문화적 현상으로 변모했는지 그 배경을 한 눈에 알 수 있다.

— 〈더스타렛거〉

구글의 탄생과 성장, 그리고 역사상 가장 중요한 기업 중 하나가 된 노하우를 기록했다. 도서관 프로젝트를 비롯한 구글의 검색엔진, 그리고 기업의 현재를 만든 컴퓨터 네트워크에 이르기까지 구글의 성장 비밀을 담았다.

— 〈뉴욕데일리뉴스〉

구글 보이들이 어떻게 모든 꿈을 뛰어넘어 부유하고 강력한 존재로 자리매김했는지 궁금하다면, 철저한 조사로 쓰인 이 책을 추천한다.

— 〈데일리텔레그래프〉

구글의 핵심 인물들에게 직접 이야기를 들을 수 있는 매우 유용한 구글 입문서다. 구글의 비공식 문화부 장관인 셰프 찰리 아이어스의 이야기도 흥미롭다.

— 〈블룸버그뉴스〉

급변하는 과학기술의 역사 속 우리가 살고 있는 낯선 시대를 예리하게 관찰한다.

— 〈데저트모닝뉴스〉

일상 속 없어서는 안 될 친밀한 존재에 대한 친밀한 묘사가 펼쳐진다.

— 〈하버드크림슨〉

옮긴이 서문

•
○

원팀 원브레인,
구글의 진짜 경쟁력을 만나라

2018년 11월 24일 긴급 재난 문자 한 통에 휴대전화가 요란하게 울렸다. KT 아현지사에 화재가 발생해 서울 마포구, 서대문구, 용산구 일대 KT 가입자가 인터넷과 이동통신을 사용할 수 없다는 문자였다. 처음엔 대수롭지 않게 여겼지만, 곧 나와 아내의 휴대폰은 먹통이 됐고, 인터넷마저 끊겨 우리 집은 외부와 완전히 차단됐다. 초등학생 딸은 "유튜브 Youtube를 볼 수 없다"고 불만이었다. 이 화재로 개인의 소통과 정보 생활만 암흑이 된 것이 아니라 피해 지역에 사는 이들의 소비 생활도 마비되었다. 개인은 온라인 쇼핑을 할 수 없었고, 업소들은 신용카드 결제를 할 수 없었다. 모든 이들의 일상과 경제생활이 그 자리에서 멈춰 서버린 꼴이었다. 이 사태로 사람들은 인터넷이 물이나 공기와 같은 존재라는 점을 불현듯 자각했다. 평소에 그 존재를 의식할 수 없지만, 오염되거나 부족할 때 갑자기 생존의 위협을 자각하게 된다. 말 그대로 '재난'인 것이다.

1990년대 초반부터 대중화되기 시작한 인터넷은 디지털 시대에 이르러 물이나 공기, 또는 혈관, 신경망, 뇌와 같은 역할을 하고 있다. 인터넷에 뿌리를 둔 연결시스템은 한국뿐 아니라 아프리카 오지에 이르기까지 지구촌 전체에 보급되어 있다. 2005년 미국에서 출간된 이 책은 바로 인터넷 시대의 서막과 그 주인공인 구글의 이야기를 담았다. 2006년 한국에 출간되었으나 절판되어 만나볼 수 없었던 이 책은, 2018년 구글 창립 20주년을 맞이하여 구글의 현재와 미래 전략을 보강하고 완역해 새롭게 출간되었다. 초판 발간 이후 12년이 지난 지금, 구글은 자체 검색엔진과 구글 크롬Chrome, 스마트폰 운영체제인 안드로이드Android, 유튜브를 바탕으로 전 세계 30개국 검색 트래픽의 90%를 점유하고 있다. 알게 모르게 우리는 구글을 통해 세상과 연결되고 있으며, 우리의 일상 깊숙한 곳까지 구글에 노출되어 있다 해도 과언이 아니다. 지난 20년 동안 구글처럼 우리 삶을 완전히 뒤바꿔놓은 기업은 세상 어디에도 없다.

2006년 출간된 한국어판의 옮긴이의 글에서 필자는 당시 IT업계의 절대 강자 마이크로소프트Microsoft와 도전자 구글 간 대결 구도를 분석하고 전망했다. 역자 후기에서는 '친절한 네이버, 똑똑한 구글 그리고 첫눈'이라는 제목으로 한국 인터넷업계의 최강자 네이버와 구글이 한국 시장에서 어떻게 경쟁할지를 분석했다. 12년에 걸친 IT업계 패권 전쟁을 결산해보면 결과는 이렇다. 첫째, 예측했던 대로 PC 시대가 끝나고 인터넷 시대가 만개했다. 다만 검색보다, 당시에 예측하지 못했던 스마트폰이 인터넷 시대의 주역으로 부상했다. 둘째, 인터넷 시대가 빅데이터와 클라우드컴퓨팅으로 진화하면서 인공지능을 화려하게 무대에 복귀시켰다. 온라인에 상상을 초월한 컴퓨팅파워가 구축되고, 전 세계 모든 사람이 실시간으로 연결되어 온갖 데이터를 쏟아내고 있다. 그리고 이 컴퓨팅파워와 빅데이터가 만나는 지점에 인공지능이라는 알고리즘이 꽃을 피우고 있다.

마지막으로 마이크로소프트와 구글 간 패권 경쟁에서, 구글이 인터넷 시대 강자답게 마이크로소프트를 뛰어넘었다. 하지만 마이크로소프트가 와신상담 끝에 클라우드와 인공지능에 집중하면서 경쟁에 다시 합류하며 각축을 벌이고 있다. 향후 10년 또는 20년 후 세계 IT 패권 구도는 어떻게 전개될까? 12년 전보다 전망하기 더 어렵다. 글로벌 IT 패권 싸움에 두 거인인 마이크로소프트와 구글뿐 아니라, 아마존 Amazon, 애플 Apple이 끼어들어 다자간 싸움으로 판이 커졌기 때문이다. 뿐만 아니라, 알리바바 Alibaba, 바이두 Baidu, 텐센트 Tensent 등 중국의 IT 공룡들이 새로 싸움판에 합류해 미중 패권 전쟁의 성격도 띠게 됐다.

구글이 지난 12년 동안 한국 인터넷 업계에 미친 영향도 다이내믹하다. 2004년 설립한 구글코리아는 네이버와 경쟁을 했지만 사실 12년 동안 검색 시장 점유율에서 의미 있는 성과를 거두지 못했다. 국내 검색 점유율은 네이버, 카카오에 뒤진 3위에 머무르며 판을 뒤엎지 못했다. 네이버, 카카오 등 국내 인터넷 업체는 한국어라는 보호막 아래 구글의 확장을 일정 선에서 저지하는 데 성공한 셈이다. 그러나 현 시점에서 한 가지 분명한 것은 패권의 향배는 누가 인공지능을 장악하느냐에 따라 갈릴 것이라는 점이다. 인공지능의 폭발력은 디지털 광고, 콘텐츠, 소셜미디어 등 온라인 세계뿐 아니라, 로봇, 자동차, 헬스케어 등 인류 문명의 모든 면에 걸쳐 있기 때문이다.

디지털 세계 너머 '인공지능 퍼스트 AI first'를 추구하는 구글이 한국 산업계에 앞으로 어떤 영향을 미칠까? 먼저, 구글의 새로운 간판스타인 유튜브가 인터넷 생활의 중심 플랫폼으로 자리를 잡아가는 가운데, 한국어라는 보호막은 무용지물이 될 것이다. 유튜브는 언어 장벽에서 자유로운 동영상의 세상이기 때문이다. 더욱이 구글은 유튜브에 다국어 실시간 번역 기능을 결합하여, 한국어뿐 아니라 100여 개 언어권을 단일 시장으로 묶는 마력을 발휘하고 있다. 검색의 패러다임도 텍스트에서 동영상으로 넘어가고 있어 국내 업체가 향후 검색 및 광고 시장 경쟁에서도 절대 불리하다. 자율주행차 사업체인 웨이모Waymo가 한국에 상륙할 가능성도 배제하기 어렵다. 최근 웨이모는 세계 최초로 미국에서 자율주행 택시의 유료 서비스를 시작했다. 아직 시험 단계이긴 하지만 미국 25개 도시에서 600대를 시범 운행하고 있는 웨이모에 비해 우리나라는 기술적·제도적 정비가 더 요구되는 상황이다. 만약 북한이 경제를 개방할 경우, 웨이모가 평양에 먼저 상륙해 평양을 세계 최고의 자율주행 테스트베드로 활용할지도 모른다. 그밖에 문샷 싱킹Moonshots thinking을 바탕으로 진행되고 있는 구글의 수많은 혁신 프로젝트들이 우리 삶을 얼마나 바꿔놓을지 가늠하기는 어렵다.

풀리처 수상 저널리스트인 데이비드 A. 바이스가 쓴 이 책은 IT 업계의 미래는 물론 산업계 전반의 향방을 전망하는 데 큰 도움을 준다. 그동안 구글을 소재로 한 수많은 책들이 쏟아졌지만, 구글의 탄생부터 현재까지 구글의 깊은 내막을 이 책처럼 체계적으로 다룬 책은 없다. 특히 이 책은 대학원 시절의 혁신적인 아이디어 하나를 파격적으로 밀어붙여 세상을 바꾸는 기업으로 도약하기까지, 래리 페이지Larry Page와 세르게이 브린Sergey Brin, 두 창업자가 직접 말한 이야기들을 생생하게 담았다. 그들은 과연 아이디어를 어떻게 실현하였으며, 눈앞에 닥친 난관을 어떻게 돌파했는지, 구글 신화의 시작이 그야말로 드라마처럼 펼쳐진다. 또 다른 혁신과 도전을 꿈꾸는 예비 창업자, 스타트업 임직원에게 이러한 구글 20년 역사는 어디서도 구하기 어려운 지침서 역할을 할 것이다. 구글의 인공지능 퍼스트 전략을 알고 싶은 산업계 리더에게도 이 책이 큰 도움이 될 것이다.

구글이 그동안 참 많이 변하기도 했다. 하지만 초판본을 찬찬히 다시 읽고 그동안 구글을 관찰하면서 쌓은 정보와 지식을 비교해 보니, 몇 가지 핵심 가치는 20년 동안 전혀 변하지 않은 점을 확인할 수 있었다. 또 그 가치는 앞으로 구글이 사라지기 전까지 변하지 않을 것이라고 확신했다.

첫 번째는 바로 인류가 겪거나 새로 맞이한 사회적 문제에 근본적인 질문을 던지는 기업문화를 창업 때부터 지금까지 그대로 유지하고 있다는 점이다. 이들은 단지 수익 사업의 성공을 목표로 비즈니스를 시작하지 않는다. 어떤 일을 하든 '당신의 아이디어는 세상을 바꾸는가?' '이 프로젝트는 인류 문명에 영향을 끼치는가?'라는 질문을 놓지 않는다. 나아가 이들은 문제를 해결하기 위해 혁신적인 방법을 찾는 데 막대한 자금과 최고의 인재를 아낌없이 투입한다. 구글 내 혁신 담당 부문인 구글X의 슬로건은 '기존 솔루션보다 10%가 아니라 10배 더 나은 것을 찾자'이다.

마지막으로 데이터에 대한 집착은 여전하다. 십수 년 전 구글이 스타트업에서 막 벗어나기 시작할 때, 두 창업자는 전 세계 도서관 책을 모두 디지털화하여 누구나 인터넷을 통해 이용할 수 있게 하겠다는 목표를 세웠다. 나는 지구상 모든 책을 디지털화하겠다는 목표가 데이터에 대한 집착이라고 해석했다. 실제 두 창업자는 유전자 정보, 차량 운전 습관 정보, 기상 정보, 도로 정보 등 비문자 · 비정형 데이터를 실시간으로 광범위하게 수집하고 이를 분석하는 사업을 계속 추진해 왔다. 구글 창업자와 구글은 데이터와 관련된 이슈에 대해 근본적인 질문을 던지고, 획기적인 해법을 찾은 듯 보인다. 구글이 존속하는 한 구글의 이런 DNA는 계속 전승될 것이다.

끝으로 구글처럼 기업을 자율적이면서 창의적으로 경영하고 싶은

분에게 이 책을 꼭 추천한다. 필자는 구글의 폭발적인 성장을 보면서 구글은 머리 좋고, 말 많고, 개성이 강한 천재급 인재를 어떻게 이끌고, 관리하는지가 늘 궁금했다. 그래서 2007년부터 구글의 업무 플랫폼인 지스위트G-Suite를 필자가 속한 회사에 도입해 구글의 일하는 방식을 무작정 따라 해보기도 했다. 구글은 마이크로소프트를 너무 싫어해 회사의 업무 도구로 MS오피스 대신, 지스위트를 자체 개발했다. 이는 문서편집기, 캘린더 등으로 구성된 제품으로, 모든 자료를 온라인에 올려놓고 여러 사람이 함께 공유하면서 작업하는 점이 MS오피스와 가장 다른 점이다.

구글은 신입사원부터 CEO까지 문서를 함께 공유하면서 일한다. 심지어 CEO공식 일정까지 임직원과 투명하게 공유한다. 그러다 보니 모든 구성원의 뇌가 온라인을 통해 긴밀히 연결돼 하나의 팀One Team처럼 일하고, 하나의 슈퍼 뇌One Brain처럼 사고한다. 원 팀, 원 브레인은 구글의 진짜 경쟁력이다. 그런 협업 시스템과 문화 덕분에 구글은 아무리 사람이 늘어나고 사업의 가짓수가 많아도 스타트업처럼 재빠르게 일할 수 있는 것이다. 나 역시 실제 경영 현장에 지스위트를 도입해 구글을 따라 일해보니, 부서 간 장벽이 차츰 허물어지고, 상하 간 층계가 부서지기 시작했다. 원 팀으로 일하고, 원 브레인으로 사고하면서 불필요한 야근이 없어지고, 문제 해결 능력이 획기적으로 향상되었다.

인공지능이 아무리 발전해도, 그 중심은 역시 사람이다. 이 책을 읽는 동안 구글의 창업 정신과 탁월성의 뿌리인 '원 팀 원 브레인' 기업 문화를 접하기를 바란다. 인공지능 시대를 살아갈 초등학생 송윤이가 언젠가 이 책을 읽고 인사이트와 지혜를 얻기를 바라며 글을 마친다.

구글은 우리를
어디로 데려갈 것인가?

구글이 탄생한 지 20년이 지났지만, 여전히 구글은 전망이 좋고 잠재력이 넘치는 기업이다. 바로 혁신적인 기업 문화와 막대한 자금력 덕분이다. 또 여전히 10억 명 이상이 매년 1조 회가 넘는 검색으로 구글에 대한 열정과 높은 충성을 보이고 있다.

인터넷 시대의 가장 가치 있고 새로운 브랜드인 구글 덕에 40대인 세르게이 브린과 래리 페이지는 〈포브스〉가 선정한 세계 400대 부자 리스트의 꼭대기에 올랐다. 두 사람의 재산은 각각 수백 억 달러에 이른다. 구글은 풋내기 스타트업에서 출발해 9만 명의 직원을 고용하며 전 세계 인재를 끌어당기는 기업으로 성장했다. 그리고 수백만 대의 컴퓨터로 검색엔진뿐 아니라 유튜브 동영상 서비스 등을 뿜어내는 거대한 글로벌 기업으로 도약했다.

독점 혐의로 인한 엄청난 벌금도 회사의 성장을 멈추지는 못했다. 그들은 재정적 성공을 기반으로 창립자의 관심사 아래 상업적 성공 가능성이 높은 스타트업에 막대한 자금을 투자했으며, 순수 연구 개발 분야를 다양하게 지원했다. 이러한 구글의 부의 원천은 바로 광고다. 미국 내 디지털 광고 시장의 거의 절반을 차지한 구글은, 회사 확장뿐 아니라 광고 비즈니스와 직접적으로 관련 없는 최첨단 비즈니스에도 진출할 수 있었다. 대부분 자율주행차를 개발하거나 뛰어난 재능과 기술을 보유한 숱한 회사를 사들이는 데 돈을 쓰고 있다.

구글의 현금자산이 1000억 달러를 넘어서면서 창업주 세르게이 브린과 래리 페이지는 좀 더 고차원적 문제에 맞닥뜨렸다. 바로, 현금을 자기들을 포함한 주주들에게 배당할 것인가, 새로운 분야에 진출하는 데 사용할 것인가의 문제였다. 하지만 야심 찬 기술자 둘에게 선택은 쉬웠다. 그들은 평범하지 않은 방법으로 기업을 만들어가고 있었다. 유사한 자회사를 만들거나 인수하는 대부분의 기업과 달리, CEO 래리 페이지는 구글이 여러 독립적인 시도를 할 수 있게끔 새로운 유형의 비즈니스를 여럿 창안하는 것이 낫다고 보았다.

페이지는 다음과 같이 말했다. "만약 큰 회사를 가지고 있는데, 할 수 있는 일이 오직 다섯 가지뿐이라면 그건 어리석은 일이라고 항상 생각해왔습니다. 신생 기업의 경우, 한 가지 일을 잘 수행하지 못하면, 나머지 일도 할 수 없게 됩니다. 하지만 대기업의 경우와 스타트업의 경우는 달라야 한다고 생각합니다."

페이지는 자신이 스티브 잡스와 관점이 다르다고 말한다. "나는 스티브와 이런 논쟁을 벌이곤 했어요. 그는 항상 저에게 '너는 너무 많은 일을 하고 있어'라고 말했죠. 그럼 저는 이렇게 말하죠. '당신은 일을 충분히 안 하고 있어요.'"

오늘의 구글은 전 세계 모든 정보를 조직화하고 보편적으로 접근한다는 원래의 사명에서 상당히 벗어나 있다. 구글의 바이오프로젝트에서 시작한 자회사 칼리코Calico는 인류가 더 건강하고 오래 살 수 있는 방법을 연구·개발하고 있으며, 자회사 웨이모는 도시의 거리가 자율주행차량으로 가득 찬 세상을 창조하는 데 중점을 두고 있다. 그리고 구글의 룬Loon 프로젝트 팀은 지구촌 어디에서나 인터넷 서비스를 제공할 수 있는 특수 열기구를 제작하여 최근 자회사로 독립했다. 룬에 대해 페이지는 '하늘에 떠 있는 이동전화 기지국 같은 것'이라고 언급하기도 했다.

브린과 페이지는 이제 더는 구글 초창기처럼 나란히 자리에 앉아서 리더십 책임을 공유하는 방식으로 일하지 않는다. CEO로서 회사를 책임지고 있는 페이지는 큰 아이디어나 프로젝트를 구체화하고 그 사업 결과에 초점을 맞춘다. 반면, 브린은 고정 업무 대신 회사의 혁신적인 이니셔티브를 넘나든다.

그들이 좀 더 서로 밀접하게 일했던 2007년, 브린과 페이지는 몇 달 간격으로 각각 예사롭지 않은 지성의 여성들과 결혼하면서 총각 생활을 접었다. 그해 봄 세르게이가 먼저 결혼했다. 배우자는 온라인 DNA 검사 회사인 23앤미23andMe의 생명공학자이자 공동 설립자인 앤 워치츠키Anne Wojcicki였다. 23앤미는 사람들이 쉽게 자신의 유전자 정보를 접하도록 돕는 서비스를 제공하는데, 유전자 분석 산업은 세르게이가 열정적으로 관심을 보이고 있는 영역인 데다 이 회사는 구글이 투자한 분야 중에서도 상업적 잠재력이 크다. 이 부부는 앤의 언니인 수전 워치츠키Susan Wojcicki를 통해서 만났다. 수전 워치츠키(현 유튜브 CEO)는 구글 창업 당시 자신의 집 차고를 브린과 페이지에게 빌려준 인물이기도 하다.

세르게이 브린과 앤 워치츠키는 바하마의 해변에서 비밀리에 결혼식을 치렀다. 하객들 앞에 수영을 해서 나타난 세르게이와 앤은 수영복 차림 그대로 유대교식 추파chuppah 지붕 아래에서 식을 올렸다. 래리 페이지는 세르게이의 신랑 들러리로서 결혼식 행사를 도왔다.

브린이 결혼한 지 몇 달 후 페이지가 결혼했다. 페이지는 영국령 버진 아일랜드에서 스탠퍼드대학교의 박사 루시 사우스워스Lucy Southworth와 결혼 서약을 했다. 루시의 본명은 루신다Lucinda. 그녀는 펜실베니아대학교와 옥스퍼드대학교에서 학위를 취득했으며, 스탠퍼드대에서 자신이 수행한 연구를 "진핵생물체에서의 유전자 발현 데이터 비교 분석에 관한 연구"라고 묘사했다. 래리와 루시는 버진 고다Virgin Gorda의 리틀딕스베이Little Dix Bay에서 결혼식 피로연을 열고 수백 명의 하객들을 맞이했다. 프라이버시를 중요하게 여긴 페이지는 결혼식 피로연 참석자들에게 뉴스 매체에 결혼 세부 사항을 공개하지 않는다는 비공개 계약서에 서명해줄 것을 요청했다.

창업자의 길은 개인 생활에서도 달랐다. 페이지는 두 자녀를 낳고 결혼생활을 유지하고 있다. 브린도 두 명의 자녀를 낳았지만, 구글 직원과 언론을 떠들썩하게 만든 불륜 사건을 일으키고 이혼했다. 브린의 외도로 창업자들 사이에 균열이 일어났다는 보도를 포함해 회사에 대한 부정적 이미지가 대중에 확산되기도 했다.

구글 X, 진화하는 그들

스탠퍼드대학교 기숙사에서 구글이 시작된 지 20년이 지난 지금, 구글은 지대한 영향력을 지닌 기업이자 애플, 아마존과 함께 전 세계에서 가장 가치가 높은 기업으로 성장했다. 구글은 온라인 검색을 통해 벌어들인 자금으로 지구상에서 가장 큰 베팅을 하고 있다. 그리고 인공지능의 일종인 구글브레인Google Brain으로 제품 및 서비스를 개선하는 등, 가능성이 높은 다양한 분야에 투자하고 있다. 구글은 근본적인 혁신 프로젝트를 '문샷'이라고 부르며, 그 프로젝트는 'X'로 알려진 회사에 소속되어 있다. 과학자 에릭 애스트로 텔러Eric Astro Teller가 X의 CEO이자 문샷 프로젝트의 수장 역할을 맡아 프로젝트를 지휘한다. X의 목표는 오늘날 수준의 기술보다 10%가 아닌 10배 더 향상된 솔루션을 찾는 것으로, 이는 거대 기업에서 진정한 혁신을 지속하기 위해 브린과 페이지가 추구하는 방식이다.

구글 X에서 졸업한 문샷 프로젝트는 자회사로 독립한다. 예를 들어 X의 '마카이Makai' 프로젝트는 풍력에서 에너지를 얻는 연을 이용하여 재생 에너지 시스템을 개발하고 전 세계에 널리 보급하려는 문샷의 일환이다. '윙Wing' 프로젝트는 비상 의료품, 생활용품 등을 신속하게 배달할 수 있는 드론 개발을 목표로 한다. '크로니클Chronicle' 프로젝트는 사이버 보안 문제에 대한 근본적이고 새로운 해결책을 찾고 있다. 앞서 언급한 룬은 대기층까지 높이 뜨는 열기구를 이용해, 통신망이 없는 지역에 인터넷 서비스를 제공하는 것을 목표로 하고 있다. 실제로 허리케인 마리아Maria로 통신 등 각종 시설이 파괴된 푸에르토리코의 재난 지역에 긴급 인터넷 서비스를 제공하는 데 성공했다. 그 외에도 더 많은 문샷 프로젝트가 진행되고 있다.

세르게이 브린은 말한다. "몇 년 전 제가 X를 이끌 때, 우리가 가진 작은 프로젝트 중 하나가 바로 인공지능을 구현하는 구글브레인이었습니다. 당시 저는 전혀 주목하지 않았죠. 1990년대에 컴퓨터 과학자로서 훈련받은 사람이라면 모두 인공지능이 잘 작동하지 않는다는 것이 상식이었기 때문입니다. 몇 년이 지나 구글브레인은 검색에서 사진, 광고에 이르기까지 구글의 모든 주요 제품과 깊이 연관되어 있습니다. 이런 종류의 혁명은 매우 놀랍죠."

X 외에 가장 야심 찬 시도는 칼리코일 것이다. 이 회사의 사명은 자칭 "인간의 삶에서 가장 큰 의문 중 하나인 노화 문제를 해결"하여 사

람들이 더 길고 건강한 삶을 살게 하는 것이다. 칼리코에는 매우 강력한 팀이 있는데, 이 팀은 저명한 과학자 아서 레빈슨Arthur Levinson이 이끈다. 그는 생명공학 회사인 제넨테크Genentech의 CEO를 역임했고 애플 이사회 의장을 맡고 있기도 하다. 레빈슨이 이끄는 강력한 팀과 함께, 칼리코는 노화에 관한 중대한 연구라는 목표 아래 수많은 파트너십을 체결했다. 일부 연구는 암과 알츠하이머를 포함해 인간 죽음의 핵심 원인을 밝히는 데 중점을 두고 있다.

칼리코를 비롯한 구글의 많은 자회사를 조직하고 운영하기 위해 구글은 세르게이 브린이 고른 이름 '알파벳Alphabet'이라는 지주회사를 만들었으며, 지주회사 아래 구글과 다양한 사업부문을 두고 자회사에 베팅을 하고 있다. 검색엔진 부문을 포함한 각 회사에는 별도의 CEO가 있다. 페이지는 알파벳의 CEO를, 브린은 사장을 맡고 있으며, 이 둘은 지메일Gmail, 유튜브, 크롬, 안드로이드, 구글독스Google Docs, 구글맵스Google Maps, 웨이즈Waze 등 구글의 핵심 사업을 관장한다. 또 문샷에서 독립한 다양한 분야의 자회사를 지휘하고 있다. 자율주행자동차의 이니셔티브인 웨이모는 X에서 시작하여 상당한 발전을 거쳐 개별 자회사로 독립했다. 개별 비즈니스 중 일부는 하이테크 온도 조절 장치, 보안 시스템, 음성 명령을 이해하는 가상 어시스턴트 등 스마트홈 시장을 겨냥한 구글 제품을 포함한다. 애플이나 아마존 같은 회사와 직접적으로 경쟁 구도에 있는 제품군도 있다.

구글은 일상생활에서 사용되는 물리적인 제품인 소위 사물인터넷, Internet of Things, IoT 시장도 빠르게 개척하고 있는데, 이는 구글이 디지털 세계에 존재하는 것 이상을 원하기 때문이다. 페이지는 알파벳과 구글이 어떤 사업을 추진할 때 세상에 거대한 변화를 가져올 수 있는 능력이 있는가에 따라 결정한다고 말한다. "그게 정말로, 정말로 중요한 것인가? 매일 많은 사람에게 영향을 미치나? 실제로 흥미로운 변화를 가져올 것들인가? 우리가 할 수 있는 일의 한계를 초월할 수 있을까? 이게 바로 저를 들뜨게 하는 것들입니다."

구글을 비판하는 사람들은 구글이 너무 크고 너무 강력해진 나머지 잠재적 경쟁사들에게 해악을 끼치고 혁신을 억누르는 독점회사가 되었다고 말한다. 또한 사용자의 개인정보를 침해하고 개인의 온라인 활동에 관해 수집한 데이터로 돈벌이를 하고 있다고 비난한다. 구글은 한층 강화된 규제를 피하려고 노력하면서 동시에 이런 의혹을 부인하고 있다.

구글과 긴밀한 유대 관계를 유지하고 있는 스탠퍼드대 교수들도 브린과 페이지가 대학을 떠나 인터넷을 길들이기 시작한 이후 20년의 역사를 확고한 관점으로 평가하고 있다. 스탠퍼드대 교수 데니스 앨리슨Dennis Allison은 말한다. "구글은 두 창업자의 청년 시절 꿈을 한 데 모은 집합체입니다. 그 집합체는 그들이 원하는 방향으로 잘 굴러갔죠. 그리고 세계에 깜짝 놀랄 만한 영향력을 발휘하고 있습니다." 두 창업자와 긴밀히 일했던 테리 위노그래드Terry Winograd는 구글이 한계를 뚫고 더 대단한 과업을 이룰 것이라고 믿는다. "공동 창업자는 항상 검색이라는 문제를 훨씬 뛰어넘는 큰 문제를 공략하려는 호기심이 있었습니다. 농담처럼 말하자면, 그들은 자율주행자동차를 '운전'하고 있는 셈입니다. 구글은 두 창업자가 자율주행차를 상업화하기를 원하죠. 이게 바로 그들이 회사 자원을 배분하는 하나의 사례입니다. 이런 방식은 모든 사람을 모이게 했고, 그들을 따르게 만들었죠. 다음 도전 과제는? 죽음? 그들이 이 문제를 해결하게 될까요?"

구글은 아직도 너무 젊다

500여 년 전 구텐베르크^{Gutenberg}가 근대 인쇄술을 발명하여 대중이 과학서적을 비롯한 다양하고 폭넓은 독서를 할 수 있게 된 이래, 구글만큼 인간의 능력과 정보 접근 방식을 혁신한 발명품은 없었다. 하얀 배경에 동화에서나 볼 수 있는 알록달록한 색깔의 로고, 그리고 매일 수억 건의 검색어에 빠르고 적절한 검색결과를 제공하는 마법과 같은 능력을 발휘하는 구글. 구글은 정보를 찾고 최신 뉴스를 접하는 방법 자체를 변화시켰으며, 어느 날 갑자기 일상생활의 곳곳에 스며들어 없어서는 안 될 존재가 되어버렸다. 컴퓨터나 휴대폰만 있으면 '구글링^{googling}'만으로 원하는 모든 정보를 얻을 수 있다. 세계 각지에서 100개 이상의 언어로 매일 같이 구글을 이용하는 사람들에게 구글은 인터넷 그 자체다.

전문가에서 초보자에 이르기까지 믿을 수 없을 정도의 다양한 계층의 컴퓨터 사용자가 구글의 기술적 탁월함과 풍부한 인적 자원 등에서 특별한 매력을 느낀다. 구글이라는 브랜드를 신뢰할 뿐 아니라 자기 지능의 연장선에 있다고 믿기도 한다. 매우 보편적인 성격을 띤 구글은 문화, 언어, 지리적 차이에 상관없이 세계 어느 곳에서나 사랑을 받는다. 자사의 브랜드에 대한 홍보나 광고에 거의 돈을 쓰지 않은 기업에게는 비할 데 없이 큰 업적이다.

구글은 순전히 입소문을 통해 성장했다. 구글의 서비스에 만족한 사용자들이 친구에게 구글을 추천하거나 언론이나 인터넷에서 접한 사용자가 늘어나는 식으로 크게 성장한 것이다. 지난 20여 년 동안 미국의 어떤 광고업계의 마케팅 전문가도 이런 홍보 방식을 밀어붙인 적이 없다. 사람들은 오히려 자신의 관심사나 호기심이 충족되기를 원할 때면 언제나 구글을 찾으며 검색엔진에 정서적인 유대감을 느꼈다. 불확실한 세상 속에서 구글은 누구에게나 믿을 만한 정보를 무료로 제공하며 사람들에게 즉각적인 만족을 준다. 이것이 바로 구글의 인기 요인이었다.

구글은 어떻게 검색엔진을 만들었으며, 어떻게 이익을 내고, 어떻게 가치 있는 기업으로 성공했을까? 막대한 자본력을 지닌 경쟁자와 맞서 승리를 거둔 비결은? 나아가 구글은 미래에 어떤 방향으로 나아갈 것인가? 구글을 매일 사용하는 사람들조차 이에 대해 잘 알지 못한다. 이 책에서 우리는 이런 모든 의문들에 처음으로 속 시원하게 대답하려고 한다. 그래도 여전히 대부분의 대답은 실리콘밸리 최첨단 건물 구글플렉스에 깊숙이 감춰져 있다.

유일무이한 구글의 시스템

최고의 컴퓨터 과학자이며 구글 지주회사 알파벳의 의장인 존 헤네시John Hennessy 전 스탠퍼드대학교 총장은 복잡한 소프트웨어와 하드웨어 부문으로 나뉘어 있는 오늘날 컴퓨터 산업에서 구글은 두 영역 모두를 이끄는 유일무이한 존재라고 말한다. 구글은 검색 기능과 관련 서비스를 강화하기 위해 자체 제작한 수십만 대의 컴퓨터로 자체 개발한 특허 프로그램을 가동하고 있다. 소프트웨어와 하드웨어 기술을 세계에서 가장 혁신적인 방법으로, 최적화된 형태로 조합하여, 최상의 검색결과를, 최고의 속도로 제공하고 있다. 이처럼 우리가 아는 영어 단어로는 대규모로 소프트웨어와 하드웨어를 빈틈 없이 조합하는 구글의 기술을 표현할 길이 없다. 그래서 우리는 이 기술을 '구글웨어googlewear'라고 이름 붙였다.

헤네시는 구글을 잠재적 경쟁자와 구별하는 기술적 차별 요소는 구글의 직원들이 검색엔진에 사용할 PC를 직접 조립하고 최적화한다는 점이라고 말한다. 아마 이것이 구글이 가장 감추고 싶어 하는 비밀일지도 모른다. 일반적으로 전문가는 PC를 토스터와 같은 가전제품으로 여긴다. 그러나 구글은 100만 대 이상의 비싸지 않은 PC를 조립하고 배치하면서 슈퍼컴퓨터처럼 그 성능을 끊임없이 발전시키고 있다.

구글은 그들만의 특허 소프트웨어 및 배선 장치를 사용해 여러 PC를 냉장고 크기만 한 랙rack(컴퓨터용 선반)에 차곡차곡 쌓는 방식으로 인프라를 구축하고 있다. 어떤 기업도 이처럼 많은 PC로 강력한 네트워크를 구축한 구글 같은 컴퓨팅파워를 보유하지 못했다. 헤네시는 말한다. "구글은 세상에서 큰 컴퓨터 시스템을 운용하고 있습니다. 어떤 기업에도 구글의 컴퓨터시스템에 근접하는 시스템은 없습니다."

노동 전문화 시대에 구글은 외부인 접근이 엄격히 통제된 보안 구역의 방대한 네트워크 안에서 모든 컴퓨터를 비밀스럽게 조립하고 있다. 이런 작업 과정은 외부인에게 철저히 보안에 부친다. 심지어 구글플렉스의 모든 것을 봤다고 생각하는 구글플렉스 방문자도 이를 볼 수 없다. 이와 같은 대규모 컴퓨터 운영 방식은 외부로부터 주문 제작하여 컴퓨터를 구입하는 것보다 품질이 좋고 또 저렴하기 때문에 여유 있는 자금력을 유지할 수 있다. 이처럼 최적화된 컴퓨터들은 검색의 질문을 잘게 쪼개는 방식으로 신속하게 검색을 수행한다. 미리 다운로드받아 색인화하고 조직화해놓은 인터넷 복사본에 이 세분화된 검색 질의를 비교함으로써 즉시 검색결과를 제시할 수 있다. 구글인 네트워크에 접목한 풍부한 컴퓨팅파워로 사소한 고장이나 사람의 개입 없이도 검색결과를 재빨리 이용자들에게 제공하면서 점점 더 많은 컴퓨터를 안정적으로 작동시킬 수 있다. 심지어 어떤 컴퓨터가 고장이 나도 교체할 필요가 없다. 고장 난 컴퓨터 대신 다른 컴퓨터가 그 기능을 즉시 대체하기 때문이다.

공공 부문이나 민간 부문을 통틀어 구글만 한 컴퓨터 네트워크 또는 데이터베이스를 구축한 곳은 이 세상에 없다. 헤네시는 구글의 하드웨어 환경에 대해 다음처럼 말했다. "구글은 하드웨어를 잘 구축한다면 그것이 회사의 경쟁력이 될 수 있다는 사실을 일찍이 깨달았습니다. 하드웨어는 효율적인 검색을 위한 핵심 요소죠. 구글은 스스로 만족스러운 작업을 수행할 수 있을 정도로 많은 컴퓨터를 복제해놓습니다. 이것이 바로 새로운 검색엔진을 만들어 구글에 도전하는 것이 생각보다 막대한 자본 투자 비용이 드는 이유입니다."

구글은 검색 시 정보를 찾으면서 관련 광고 정보를 클릭할 수 있는 타깃 문자 광고를 도입한 덕분에, 몇 년 만에 검색엔진에서 막대한 돈을 벌어들이는 기계로 변신할 수 있었다. 이는 구글이 비상장기업이었을 때 해낸 일이었고, 초기 투자가들과 직원들만이 이런 비밀을 공유했기 때문에 대부분의 사람들에게는 구글은 이해하기 어려운 존재였다. 그러나 놀라운 속도로 성장하며 수십 억 달러에 이르는 광고 수익을 벌어들이고 있다는 정보가 외부에 알려지자 많은 투자자들은 구글 안에서 무언가 특별한 일이 벌어지고 있음을 감지하고 투자하기를 원했다.

2004년 8월 19일 구글은 기업공개에서 보기 드물게 주당 85달러에 주식을 상장했다. 구글의 최초 공모주 총액은 20억 달러로 기술기업으로는 역사상 최대 규모였다. 1년도 되지 않아 주가는 300달러를 넘어서 재정적으로나 기술적으로 구글은 필적할 만한 기업이 없을 정도의 유력한 기업이 되었다. 구글이 설립된 1998년 이후 15년 동안, 마이크로소프트의 주가는 전혀 오르지 않았다. 같은 기간 동안 구글의 주식 가치는 계속 높아져 주가 총액이 3000억 달러가 넘는 회사로 성장했다.

만약 당신이 구글이라는 노다지를 놓쳤다고 생각한다면, 전문가들도 마찬가지라는 것을 기억하라. 우량 벤처기업들, 야후Yahoo와 알타비스타AltaVista 등의 검색엔진을 운영하는 회사나 기술기업 들은 구글의 검색 시스템을 100만 달러에 구입하라는 스탠퍼드대의 제안을 거절했다. 그들이 거부하는 바람에 스탠퍼드대 박사학위 과정 학생이었던 세르게이 브린과 래리 페이지는 어쩔 수 없이 학교를 그만두고 창업을 한 것이다. 그리고 2005년 여름, 두 공동 창업자는 각자 100억 달러가 넘는 순자산을 보유하게 되었다.

헤네시는 한 스탠퍼드대 교수의 소개로 1990년대 중반에 구글에 처음으로 관심을 갖게 된 사건을 회상했다. 그도 브린과 페이지와 마찬가지로 당시 최고의 검색엔진이었던 알타비스타를 사용하면서 불만이 많았다. 왜냐하면 알타비스타는 온라인의 정보를 검색하는 데는 꽤 괜찮았지만 검색결과를 가장 연관성이 높은 순위대로 나열하는 데는 서툴렀기 때문이다. 그러던 중 헤네시는 자기 대학의 학생 둘이 새로운 검색엔진을 발명했다는 소식을 들었다. 이 검색엔진은 '페이지랭크'라는 수학적 공식을 사용해 사용자에게 가장 중요한 검색 결과를 순식간에 제공한다는 것이었다. 컴퓨터 과학자인 헤네시는 한번 확인해봐야겠다 싶어 구글의 검색창에 자신의 이름을 치고, 무엇이 나타나는지 기다렸다. "처음으로 나타난 내용은 '스탠퍼드대학교'였습니다. 다른 검색엔진에서는 찾아볼 수 없는 결과였죠."

기업의 생존 전략, 성장과 혁신

이 책에서 우리는 구글이 웹사이트나 광고업자들과 강한 유대관계를 형성하면서 기초로 삼은 경영 전략과 기업 표어, '사악해지지 말라Don't Be Evil'가 무엇인지 설명했다. 수백만 개에 달하는 기업이 구글이라는 검색엔진의 지속적인 성장과 성공에 막대한 금전적 이해관계를 맺고 있다. 우리는 탄탄한 상호보완 관계에 있는 구글과 관련 기업의 네트워크를 '구글 경제'라고 이름 붙였다. 이 상호보완적 관계로 구글은 주식이 상장하던 해에만 일곱 배나 성장했다.

구글의 성공은 공동 창업자인 브린과 세르게이가 일상적인 업무에 지속적으로 관여했기 때문에 가능했다. 구글웨어와 수익성 높은 구글의 광고 시스템은 두 창업자의 천재성과 선견지명을 반영한다. 앞으로 두 사람의 관심사와 리더십, 그리고 위대한 야망은 구글의 장기적 성공을 가름하는 가장 중요한 요소다. 브린과 페이지는 구글의 원동력이며 매일 구글이 수억 명의 사람들과 서로 교감을 나누도록 생명을 불어넣는 주역이다. 기업 규모가 커지면서 온라인의 개인정보들을 축적하고 광고 성과를 조작한다는 의혹이 불거지고 있고, 미국을 포함한 외국의 정보 규제 당국으로부터 수많은 공격을 받고 있지만, 이는 철저한 자기 통제를 통해 해소해야 할 의혹들이다. 이에 두 창업자는 구글플렉스에서 일하는 뛰어난 수학자, 공학자와 기술자 들이 더욱 큰 문제를 해결할 수 있도록 지속적으로 동기를 부여하고 있다. 또한 사용자에게는 완벽하지 않은 상태여도 새로 개발한 시제품을 사용해보도록 권장하며, 결점을 없앨 가치 있는 피드백을 받으며 기술적 혁신을 멈추지 않기 위해 노력하고 있다.

구글은 무료다. 구글이 보유한 수백 억 달러의 자금과 이익은 이 기업이 혁신에 집중하면서 생긴 부산물일 뿐이다. 구글에선 수익성이 내부적으로 성공을 측정하거나 어떤 프로젝트가 탐구할 만한 가치가 있는지 결정할 때 사용하는 척도가 아니다. 임원이나 생산 관리자가 수익성을 고려한 다음 제품을 생산하는 대부분의 기업과 달리, 구글은 기술자가 먼저 문제를 해결할 수 있을지 생각하고 난 다음 어떻게 수익을 창출할 수 있을지를 걱정한다. 심지어 그렇게 수익성을 따지는 일도 드물다. 구글은 엔지니어들이 뛰어나고 새로운 아이디어를 구상하도록 장려한다. 구글이 마케팅을 필요로 하지 않는 이유 중 하나는 사용자의 이익을 가장 우선시하도록 모든 관심을 집중하는 구글의 기업문화 때문이다. 그 사용자는 어느 누구보다 구글의 열렬한 지지자가 될 수밖에 없다. 구글은 단기에 가장 높은 수익을 내려고 하지 않는다. 그들이 단기적 수익성을 중요시하지 않는다는 점은 구글의 홈페이지만 봐도 알 수 있다. 인터넷에서 홈페이지만큼 중요한 자산은 없다. 그러나 구글의 홈페이지를 아무리 살펴봐도 광고가 없다. 홈페이지를 이용해 벌 수 있는 수천만 달러를 포기하고 대신에 사용자에게 양질의 검색 경험을 제공하는 것이다.

구글의 정신은 빠른 혁신이다. 거의 모든 이사회 회의에서 가장 중요한 주제로 빠른 혁신을 논의한다. 성장과 혁신을 동시에 유지하는 것이 브린과 페이지에게 가장 중요한 도전이다. 혁신이야말로 다른 기업들을 앞서 나가면서 최고의 자리를 유지할 수 있는 이유다. 자신들 말고도 언제 어디서 누가 무언가를 하기 위해 더 낫고 더 빠르고 더 현명한 방법을 끊임없이 찾고 있다는 것을 두 공동 창업자는 늘 예민하게 의식하고 있다. 빠른 성장 속에서 슬기롭게 혁신을 지속하는 과제는 때론 젊은 기업가들의 꿈을 좌절시키는 복잡한 문제이기도 하다.

브린과 페이지는 제품에 관한 한, 새로운 특성이나 제품을 소개하는 데는 빠른 속도로 밀어붙이고 체험시키는 형식으로 운용한다. 몇 년 동안 기업 경영 문제는 동료이자 최고경영자인 에릭 슈밋이 돌봐 왔기 때문에 두 공동 창업자는 사용자에게 무엇이 중요한 문제인가에 집중할 시간이 있었다. 이런 경영 형태로 두 사람은 자신의 능력을 가장 잘 발휘할 수 있는 곳에 시간을 투자할 수 있다. 그렇다고 모두 슈밋에게 맡기는 것은 아니다. 브린과 페이지, 슈밋 모두 경영 문제와 제품 개발 모두에 깊이 관여하고 있다. 브린은 거래 협상에 뛰어나고, 페이지는 비용을 절감하는 방법을 잘 찾는다. 특히, 페이지는 전기 공급 문제나 컴퓨터 과열을 막는 냉각시스템 등 전기 관련한 중대한 문제들을 해결하는 데 뛰어나다.

구글은 세 명 정도의 소규모 팀을 이뤄 일하는 방식을 선호한다. 그리고 직원에게 업무 시간의 20%를 무엇이 됐든 자신이 가장 관심 있는 아이디어를 연구하도록 권장한다. '업무 시간의 20% 규칙'이라는 개념은 학계의 교수들이 일주일에 하루 정도는 개인적인 관심사를 추구할 시간을 할당받는 데서 온 것이다. 또한 구글에는 일반 기업에서 볼 수 있는 위계질서가 없다. 동시에 구글만큼 브레인파워나 방대한 컴퓨터 자원, 장기적 결과에 집중하면서도, 직원 간 끈끈한 동료애가 적절히 조합을 이룬 기업도 없다. 경쟁 기업들은 이러한 구글에 인재를 빼앗기지 않기 위해 애쓰고 있다.

인터넷의 핵심에 서 있는 구글은 세계에서 가장 뛰어나고 똑똑한 엔지니어들이 분주히 함께 일하는 곳이다. 그들은 대학이나 NASA, 벨연구소Bell Labs, 마이크로소프트 등의 일류 직장을 떠나, 기업이라기보다 대학원 같은 역동적인 이곳에 새로운 도전을 찾아왔다. 물론 주식 상장 이후 하늘 높은 줄 모르고 치솟는 구글의 주가 덕택에 세계적인 관심이 구글에 집중되고 있고, 그 덕택에 뛰어난 인재를 어렵지 않게 채용하고 있기도 하다.

구글은 시대적 흐름을 이끄는 기업이 되었고 수많은 기자와 편집자들이 구글의 소식에 귀 기울이고 있다. '구글하다to Google'라는 단어가 인터넷을 검색한다는 의미로 자리 잡았을 정도다. 한 기업의 이름이 영어나 독일어, 다른 언어에서 검색을 의미하는 동사로 사용되며 세계 문화에 지대한 영향을 끼치고 있다. 구글의 잠재력은 이전 인터넷 시대를 이끈 아이콘 기업들보다 훨씬 막대하다. 지난 수십 년 동안 여러 가지 기술이 세상을 크게 변화시켰고 새로 나타난 기술은 과거 그 어떤 기술보다 큰 파장을 불러왔다. 수십 년 전 IBM이 주도한 메인프레임 컴퓨터는 데이터 처리 문제를 해결했고, 인텔Intel과 마이크로소프트는 개인용 컴퓨터 발전에 크게 기여했으며 개인에게 새로운 능력을 제공했다. 그 결과, PC 산업은 메인프레임 컴퓨터 산업보다 발전하며 수익성을 높였다. 이제 군사 목적으로 개발되었던 인터넷은 사람들의 플랫폼으로 진화하면서 아마존, 애플, 페이스북, 구글을 최고 기업으로 도약시켰다.

이런 흐름에 돋보이는 아이콘 기업 중에서 글로벌 메가브랜드로 자리를 잡은 구글이 단연 선두다. 이 회사의 주식이 투자자들이 인터넷과 구글이 타깃 광고 시장을 확보하기 위해 고안한 비즈니스 모델의 미래를 얼마나 신뢰하는가를 보여주는 지표다. 구글과 공동 창업자 두 명이 조용히 작업하고 있지만 가장 눈길을 끄는 프로젝트 두 가지는 유망한 분야인 분자생물학과 유전학이다. 방대한 생물학적, 과학적 데이터와 결합한 수백만의 유전자 정보는 막강한 컴퓨팅파워와 뛰어난 검색엔진을 보유한 구글에 딱 맞아떨어지는 분야다. 이미 구글은 인간 유전자 지도를 모두 다운로드해 업계를 선두하고 있는 생물학자 및 유전학자 들과 함께 긴밀히 과학 프로젝트를 수행하고 있다. 그 과학 프로젝트는 과학, 의학, 그리고 의료 분야에 있어서 중대한 발견이 될 것이다. 다시 말하자면 사람들이 자신의 유전 정보를 구글에서 검색할 수 있는 시대가 올 수 있다는 것이다. 인간 유전자를 해독한 생물학자 크레이그 벤터는 현재 연구에 대해 이렇게 말했다.

"이 프로젝트는 궁극적으로 기술과 의료 분야가 서로 만나는 교차점으로 수많은 사람에게 새로운 능력을 부여할 것입니다. 구글은 어느 기업보다 뛰어난 컴퓨터 능력을 보유하고 있습니다. 구글의 데이터 처리 능력은 현재 정부의 데이터베이스보다 훨씬 우수합니다. 우리는 십년 안에 사람들이 자신의 유전자 정보와 통계적 특성을 이해하도록 돕는 서비스를 제공할 것입니다." 그리고 이 말은 현실이 되었다.

브린과 세르게이는 구글이 관습적인 기업이 아니고 그렇게 될 생각도 없다고 밝힌다. 브린은 구글을 사람으로 치면 이 기업은 주식 상장일인 2004년 8월 19일에 초등학교를 입학한 셈이라고 말한다. 오늘날, 구글은 대학을 졸업할 준비를 하고 있다.

구글은 스탠퍼드대학교, 하버드대학교, 미시건대학교, 뉴욕시립도서관, 옥스퍼드대학교 등이 소장한 수백만 권의 장서를 디지털화하는 작업을 시작해 현재 전 세계 60여 개 이상의 도서관이 참여 중이다. 이 작업의 목표는 가능한 많은 책을 온라인에 올려 검색할 수 있게 만들어 도서관이라는 물리적 장벽을 허물어버리는 것이다. 이는 그 자체로 매우 야심 찬 작업이며 교육적이나 사회적으로 매우 긍정적이고 광범위한 영향을 전 세계에 미칠 것이다.

구글과 두 사람의 공동 창업자는 먼 거리를 여행해왔다. 하지만 이들은 아직도 젊으며, 구글도 마찬가지다. 그리고 지금까지의 업적은 시작에 불과하다.

차례

1장

텔아비브

성공 스토리는
‘약간 미친 생각’에서 시작된다

The Google Story

"불가능을 무시하는 건전한 도전 정신을 지녀라.
정말로 좋은 말 아닙니까?
여러분은 다른 이들이 잘 하지 않으려는 일을
과감하게 시도해야 합니다."

세르게이 브린과 래리 페이지가 연단에 오르자 록스타에게 보내는 것과 비견할 만한 열광적인 환호가 쏟아졌다. 학교 뒷문으로 들어온 그들은 전담 포토그래퍼와 기사가 딸린 멋진 차, 동행한 매력적인 여성을 뒤로 한 채 평범한 차림으로 강당에 들어섰다. 의자에 앉아 숨을 고른 그들은 미소를 지으며 청중의 환영에 기쁨을 감추지 못했다. 세르게이 브린과 래리 페이지는 자신들이 의기투합해 회사를 창업한 미국 캘리포니아주에서 바다 건너 수천 마일 떨어진 인류 문명의 탄생지 이스라엘 텔아비브에 와 있다. 세계를 뒤흔들어보겠다는 야망을 품고 사업을 시작한 젊은 슈퍼스타 두 명이 그동안 무슨 일을 했고, 어떻게 그 일을 했으며, 앞으로 무엇을 할지 막 들려주려던 참이었다.

페이지가 청중에게 질문하며 입을 뗐다.

"여러분! '구글 스토리'를 알고 있습니까? 그 이야기를 듣고 싶은 거죠?"

"네!"

모두가 한 목소리로 대답했다.

강당에 선 두 명의 슈퍼스타

2003년 9월, 이스라엘의 수학 영재들을 위해 설립된 한 고등학교 강당에 젊고 똑똑하며 창의적인 두 젊은이가 전하는 구글 이야기를 듣기 위해 수백 명의 학생과 교사가 모였다. 이곳에 모인 학생과 교사 중 상당수는 브린처럼 가족과 함께 자유를 찾아 모국인 러시아를 떠나 이스라엘로 왔기 때문에 브린을 자신들과 동일시하고 있었다. 브린과 함께 세상에서 가장 강력하고 사용하기 쉬운 정보 검색 수단을 발명한 페이지 역시 열렬한 환영을 받았다. 그들이 개발한 검색 수단은 세상을 깜짝 놀라게 하고, 온 세상을 휩쓸었다. 아이들이 운동장에서 농구를 하며 마이클 조던 같은 훌륭한 농구선수가 되기를 꿈꾸듯이, 이곳 학생들은 세르게이 브린과 래리 페이지 같은 사람이 되고 싶어 했다.

페이지가 먼저 이야기를 시작했다. "저는 세르게이와 함께 스탠퍼드대학교의 컴퓨터공학과에서 박사과정을 밟던 중에 구글을 개발했습니다. 처음에 우리는 무엇을 하고 싶은지 정확히 알지 못했습니다. 당시 저는 전 세계 모든 웹사이트 정보를 컴퓨터에 다운로드해보자는 약간 미친 생각을 하고 있었죠. 그리고 제 지도교수에게 일주일 정도면 모두 다운로드할 수 있을 거라고 말했습니다. 하지만 1년이 지나도 전 웹사이트 중 아주 일부만을 다운로드했을 뿐이었죠." 학생들이 웃음을 터뜨렸다.

"이처럼 낙관적인 생각이 중요합니다. 조금 어리석어 보이더라도 목표를 크게 세우십시오. 대학 시절에 '불가능을 무시하는 건전한 도전 정신을 지녀라'라는 말을 들은 적이 있습니다. 정말로 좋은 말 아닙니까? 여러분은 다른 이들이 잘 하지 않으려는 일을 과감하게 시도해야 합니다."

브린과 페이지는 중요한 문제와 씨름하고 획기적인 해결책을 찾으면서 불가능도 개의치 않는 건전한 도전정신으로 무장해나갔다. 그들은 강당을 가득 메운 고등학생과 나이 차이가 별로 나지 않는 평범한 젊은이들처럼 보였지만, 어느 누구보다 뛰어난 업적을 이룬 사람들이었다. 세상에서 미국만큼 다양한 발명품을 만들고 자본주의 전통이 깊은 나라도 없지만, 이제껏 누구도 브린과 페이지만큼 빠른 성공을 거두지는 못했다. 토머스 에디슨Thomas Edison은 백열전구를 발명하는 데 25년이나 걸렸고, 알렉산더 그레이엄 벨Alexander Graham Bell은 오랜 연구 끝에야 전화를 발명했다. 헨리 포드Henry Ford도 수십 년 연구 끝에 근대적 자동차 조립라인을 개발해 자동차의 대량 생산과 소비 시대를 열었다. 토머스 왓슨 주니어Thomas Watson Jr.도 IBM에서 현대적 컴퓨터를 생산하는 데 오랜 노력을 쏟아부어야 했다. 그러나 브린과 페이지는 단 5년 만에 대학원의 일개 연구 프로젝트로 세계 곳곳에 영향을 미치는 수십억 달러짜리 기업을 일궈냈다. 텔아비브에서 연설을 하고 있는 두 창업자는 도쿄, 토론토, 타이베이 등 전 세계 어느 도시를 가더라도 똑같이 열광적인 환영을 받을 것이다.

단짝 친구인 브린과 페이지가 개발한 정보 검색 수단은 언제 어디서 어떤 주제든 클릭 한 번으로 원하는 정보를 무료로 제공함으로써 수많은 사람들의 일상을 변화시켰다. 천재적 직감으로 인터넷 시대를 정확히 꿰뚫어본 그들은 광고나 홍보 활동 없이도 검색 수단을 세상에서 가장 유명한 브랜드로 만들어냈다. 이는 그들의 뛰어난 비즈니스 감각 덕분이었다. 브린과 페이지는 구글이 오랫동안 성공을 유지하기 위해서는 기업을 주식시장에 섣불리 상장하지 않고 두 사람이 직접 철저히 통제하면서 변화에 즉각 대처할 수 있는 유연한 기업 문화를 만들어내는 것이 무엇보다 중요하다고 생각했다. 페이지는 성공의 결실을 보지 못한 채 세상을 떠난 수많은 기업가들처럼 되고 싶지 않았다. 실패한 기업들을 반면교사로 삼아, 구글을 뛰어난 기업이자 매력적인 직장으로 만들고자 했다. 그들은 자금과 우수한 인재에 접근하는 방식, 압도적인 기술력, 무한한 가능성을 추구하는 기업문화가 성공의 중요한 열쇠임을 알고 있었다. 구글은 세계 최고의 기술을 자랑하는 마이크로소프트를 대체할 기업으로 성장했지만, 이처럼 빠른 혁신 속도 속에서 강력한 리더십을 동시에 유지하기란 쉽지 않다는 사실을 알았다. 특히 자금력이 풍부한 마이크로소프트와 인정사정 없는 억만장자 경영자인 빌 게이츠Bill Gates라는 라이벌이 가만히 있지 않을 것이기 때문이었다.

함께 일하기 시작한 뒤 거의 모든 문제를 둘이서 해결해온 브린과 페이지는 자신들의 업적과 비전에 확고한 믿음이 있었다. 그렇기 때문에 무엇보다 두 사람 사이에 경쟁자나 외부 투자자가 끼어들어 간섭하는 것을 원치 않았다. 두 사람이 보여준 상호 의존성과 외부에 대한 독립성은 놀라운 성공의 비결이라 해도 과언이 아니었다.

페이지는 청중을 향해 두 사람의 역사에 대해 이야기했다. "저는 모든 웹사이트를 다운로드하기 시작했습니다. 그리고 데이터마이닝Data Mining과 개별 정보가 의미를 갖도록 만드는 데 관심이 많았던 세르게이가 저를 도와주었죠. 사실 우리가 처음 만났을 때는 서로 인상이 정말 좋지 않았어요. 하지만 나중에 우리가 뭔가 통한다는 걸 알고 아주 가까운 친구가 되었습니다. 그게 바로 8년 전의 이야기입니다. 우리는 본격적으로 일을 시작했고 정말 열심히, 열심히 일했습니다. 휴일에도 쉬지 않고 정말 종일 일만 했습니다. 여기서 우리가 얻은 중요한 교훈은 목표를 달성하는 과정은 매우 어렵다는 것이었습니다."

구글이 주변 친구들에게 알려지고, 점점 더 많은 사람이 구글을 사용하기 시작했다. 페이지는 강연을 이어나갔다. "스탠퍼드대학교 안에서 서비스를 시작하고 얼마 후 구글을 통한 인터넷 검색이 하루에 1만 회를 넘어섰습니다. 우리는 기숙사에 앉아 컴퓨터를 바라보며 '지금의 컴퓨터로는 하루 1만 회가 한계야. 우린 더 많은 컴퓨터가 필요해'라고 말하곤 했습니다. 바로 이 말 그대로가 구글의 역사입니다. 우리는 언제나 더 많은 컴퓨터가 필요하거든요." 강당에 모인 학생과 교사들은 페이지의 말에 온통 정신을 쏟고 있었다.

"그래서 우리는 사업을 시작했습니다. 당시 우리는 벤처 문화의 발상지인 실리콘밸리에 있었기 때문에 창업은 그리 어렵지 않았습니다. 그런데 이곳에도 훌륭한 기업이 많이 있습니다." 그는 이스라엘의 기술 산업이 빠르게 성장하고 있음을 넌지시 언급하며 말을 이어갔다. "이스라엘에도 실리콘밸리처럼 사업을 시작하기에 좋은 환경이 마련되어 있죠. 우리는 사업을 시작했고 끊임없이 성장했습니다. 그런 덕택에 지금 우리가 여기서 강연을 하게 된 것 아닙니까." 페이지는 이렇게 결론을 내렸다. "지금까지 제가 말한 내용이 바로 구글 스토리입니다."

이제 당신의 차례

사실 페이지는 청중에게 들려주고 싶은 이야기가 더 있었다. 그는 창의적 아이디어에 관한 이야기로 연설을 끝맺고 싶었다. "지금 제가 이 자리에 서서 이렇게 흥분되는 이유가 있습니다. 과학과 기술에는 서로 긍정적인 영향을 미칠 수 있는 부분이 정말로 많습니다. 제가 생각하기에 대부분 이 영향력을 깨닫지 못하고 있습니다. 새로운 기술로 할 수 있는 일은 셀 수 없이 많아요. 바로 우리가 대표적인 사례 아닙니까?"

한 차례 숨을 고른 뒤 페이지가 이어갔다. "어떤 일에 미친 두 젊은 이가 인터넷, 유통, 그리고 소프트웨어와 컴퓨터의 힘으로 세상을 바꿨습니다. 그리고 여러분도 과학과 기술을 긍정적으로 활용하여 세상에 막대한 영향을 끼칠 기회가 있습니다. 여러분은 각자 특별한 능력을 지니고 있으며 그 능력을 적극 활용해야 합니다."

세르게이 브린은 이번 해외순방 중에 예정에 없던 이스라엘과 몇몇 유럽 국가를 방문하기 위해 갑작스럽게 일정을 조정했다. 그들은 인재를 찾고 해외에 새로운 사무실을 열기 위해 탐색하던 중이었다. 유머 감각이 뛰어난 세르게이는 항상 새로운 가능성을 찾아다니는 사람이었다. 세르게이는 익살스러운 말투로 입을 열었다.

"우리는 종일 인터넷에 접속한 채 하루를 보냅니다. 매일 새벽 4시까지 인터넷을 검색하죠. 그리고 나서도 아침 일찍 일어나 검색을 다시 시작하고요. 인터넷은 마치 인공호흡기처럼, 우리에게 없어서는 안 될 소중한 존재입니다."

브린에게는 이 이스라엘 고등학교의 수많은 러시아 출신 학생과 매우 강력한 공통점이 있다. 그 역시 유대인 학대와 차별을 피해 가족과 함께 자유를 찾아 러시아를 탈출한 경험이 있다는 것이다. 사랑하는 조국이 언제나 그 사랑에 보답해주지 않는다는 것을, 브린의 아버지는 뼈저리게 깨닫고 가족과 함께 러시아를 떠났다.

브린은 이번 강연이 자신과 같은 경험을 한 강당의 학생들에게 동기를 부여할 좋은 기회라고 생각했다. 그는 이미 이 고등학교가 이스라엘에서 매우 우수한 학생들이 다니는 곳이며, 특히 이스라엘의 최고 수학상 세 가지 중 하나를 받은 학생들이라는 귀띔을 받은 터였다. 그는 손에 무선 마이크를 쥐고 일어서서 강연을 시작했다. "신사 숙녀,

그리고 소년 소녀 여러분!" 그의 입에서 나온 것은 러시아어였다. 학생들은 브린의 러시아어 인사에 환호하며 박수갈채를 보냈다.

"저는 여섯 살 때 러시아를 떠나 미국으로 이민을 갔습니다. 여기 있는 많은 학생과 마찬가지로 저희 부모님도 러시아계 유대인입니다. 아버지는 수학 교수였죠. 러시아계 유대인 부모는 자식 교육에 열정이 대단합니다. 여러분도 잘 아시리라고 생각합니다. 제가 여러분의 학교가 수학 경시대회에서 이스라엘 전체를 통틀어 4등을 차지했다는 소식을 들었는데요."

세르게이가 무슨 말을 할지 전혀 감을 잡을 수 없었던 학생들은 그저 세르게이가 자신들의 수학 경시대회 성적을 칭찬하는 줄 알고 박수를 치며 기뻐했다. 세르게이는 말했다. "이 순간, 제 아버지라면 이런 말씀을 했을 겁니다. '4등밖에 못한 거니?'" 청중 속에서 웃음이 흘러나왔다.

"여러분에게는 제가 고등학생 때는 없던 몇 가지가 있습니다. 무엇보다도 아름다운 날씨와 창문이죠. 제가 다닌 메릴랜드의 고등학교는 1970년대 에너지난이 심각할 때 지어졌기 때문에 벽 두께가 90센티미터나 되었고 창문은 하나도 없었어요. 마지막으로, 당시에는 인터넷이 없었죠. 질문 하나 하겠습니다. 여러분 중 어제 인터넷을 사용한 사람이 있나요? 있다면 손을 들어주십시오."

강당에 모인 거의 모든 사람이 손을 들었다.

"인터넷으로 검색을 해본 사람은 얼마나 됩니까?"

이번에도 거의 모든 사람이 손을 들었다.

브린은 뛰어난 기술력과 정보력을 지닌 이스라엘인들이 구글을 애용한다는 사실을 잘 알고 있었지만, 장난기가 발동하며 정말로 그런지 이 기회를 통해 확인하고 싶었다. 매우 활달한 세르게이의 성격에 많은 사람이 매력을 느끼지만, 때론 악동 같은 면모 때문에 신중하지 못하거나 영악해서 생각을 따라가기 힘든 사람으로 보이기도 한다. 또 시답잖은 농담만 한다는 인상을 주기도 했다.

"그럼 알타비스타Altavista를 사용해본 적은 있습니까?" 그는 오른손을 들어 보이며 세계 최초의 검색엔진이나 구글 때문에 역사 속으로 사라져버린 알타비스타를 사용해본 학생이 있으면 자기처럼 손을 들어보라고 말했다. "흥미롭지 않습니까? 저는 여러분이 현재 사용하는 검색엔진이 무엇인지 궁금할 뿐이었어요." 그는 이 자리에 온 학생들이 어떤 검색엔진을 애용하는지 뻔히 알면서도 모르는 척, 쉴 새 없이 여러 검색엔진 이름을 장난스럽게 들먹였다. 그러고는 다시 원래 주제로 되돌아갔다. "저는 성장기에 인터넷이 없었고, 현재와 같은 월드와이드웹이 존재하지도 않았습니다. 오늘날 세상은 과거와 매우 다릅니다. 누구나 원하는 주제에 관한 세상의 정보를 얻을 힘이 있기 때문입니다. 바로 이런 점이 제 고등학교 시절과는 정말로 다른 점입니다."

이 책을 읽는 여러분이 만약 그 자리에 있는 똑똑한 10대라면 세르게이 브린의 말 한마디 한마디에 귀 기울일 수밖에 없었을 것이다. 젊은 러시아 출신 이민자로 이미 많은 업적을 이룬 그가 과거 자신이 열정과 기술을 쏟아부어 어떤 일을 했는지, 그리고 당신의 잠재 가능성은 어디에 있는지를 이야기하는 중이다.

"여러분은 우리 세대가 지니지 못한 정말 많은 능력을 갖고 있습니다. 저는 여러분이 그런 능력으로 저보다 빠르고 더 크게 성공할 수 있다고 생각합니다. 마지막으로 여러분께 말씀드리고 싶은 것은 여러분 모두가 서로에게 훌륭한 동료가 될 수 있다는 것입니다. 제가 어릴 적에는 경험하지 못한 일이지만, 여러분 모두는 함께 열심히 공부하며 서로를 격려하는 친구가 될 수 있습니다. 물론 제 친구들이 나빴다는 얘기는 아닙니다. 제 고등학교 시절이 조금 달랐다는 의미죠. 제가 다녔던 고등학교는 워싱턴시 외곽에 있었고, 학생들 사이에 학력 차이가 많이 날 뿐 아니라 서로 목표도 매우 달랐습니다. 여기에 모인 여러분은 능력이 뛰어난 친구들과 함께 공부할 수 있다는 사실을 소중히 여겨야 합니다. 전 여러분이 지금 어울리는 친구와 평생토록 우정을 나누고 교류할 것이라 확신합니다."

실패는 유일한 성공 공식이다

브린과 페이지는 강연을 마치고 질문을 받기 위해서 학생들에게 가까이 모이라고 말했다. 강당을 떠나느라 소란을 피우는 사람 하나 없이 서로 질문을 하려고 두 사람 주위로 모여들었다.

첫 번째 학생이 구글이 두 사람의 경력에서 가장 중요한 일이냐고 물었다. 이 질문에 브린이 먼저 대답했다. "앞으로 20년 동안 달성하고 싶은 일 중에서 구글은 아주 작은 업적에 불과하다고 생각합니다. 그러나 구글이 우리가 이룩한 일의 전부라 하더라도 그렇게 크게 실망하지는 않을 듯합니다."

페이지는 생각이 달랐다. "저는 매우 실망할 거예요. 아직도 많은 일을 할 시간이 충분히 있기 때문입니다."

구글에서 현재 진행하고 있는 새로운 프로젝트가 무엇이냐고 한 학생이 물었다. "우리는 구글을 대학처럼 운영합니다. 우리가 진행하고 있는 프로젝트는 많습니다. 한 100여 개는 되죠. 예를 들어 분자생물학과 관련한 프로젝트가 있고, 하드웨어를 구축하는 프로젝트도 있습니다. 많은 일을 하고 있죠. 여러분이 성공할 수 있는 유일한 방법은 우선 실수를 많이 하는 것입니다." 브린이 대답하자 학생들 사이에서 박수가 터져 나왔다.

먼저 실패를 겪어봐야 마침내 성공을 거둔다는 말. 이는 실패를 두려워하지 말라는 의미였다. 학생들은 그 말에 크게 공감했다. 본래 이스라엘인들은 타고난 모험가들이지만 러시아인은 대체로 그렇지 못한 편이다. 그러나 이곳의 러시아 출신 학생들과 그 가족들은 더 나은 삶을 찾아 고향을 떠나는 모험을 감행했고, 그들은 자유를 누리는 존재가 되어 지금 이곳에서 세상을 이끄는 두 명의 사상가와 함께 앉아 궁금증을 해결하고 함께 웃고 있다. 이 시간은 두 사람의 구글 창업자에게도 소중한 순간이었다.

구글이 현재 진행 중인 프로젝트가 무엇이냐는 질문에 충분한 답이 나오지 않았기 때문에 한 학생이 똑같은 질문을 다시 했다. 이 질문에 브린은 농담 섞어 대답했다. "어떻게 피해보려고 했는데, 계속 새로운 프로젝트를 물어보니 당황스럽습니다. 가장 최근의 프로젝트는 이스라엘에서 온 것입니다. 인스턴트메시징Instant Messaging 기술을 발명한 요시 바르디Yossi Vardi에게는 캘빈클라인에서 속옷을 만드는 친구가 있습니다. 우리는 구글의 상표를 단 속옷을 만들기 위해 그와 파트너십을 구축할 수 있을지 알아보고 있습니다. 혹시 여기 구글이 속옷을 만든다면 살 사람이 있나요?" 여기저기서 손을 들었다. "그렇다면 학교까지 배달하겠습니다. 아마 이 속옷 프로젝트는 구글에서 기술력을 가장 적게 사용할 프로젝트가 될 것 같습니다." 브린이 웃으며 덧붙였다.

"현재 진행하고 있지는 않지만 염두에 둔 프로젝트가 하나 있습니다. 히브리어를 영어로 번역하는 프로젝트죠. 우리가 정보를 검색할 때 가장 중요한 측면 중 하나는 많은 정보가 우리가 이해할 수 없는 언어로 되어 있다는 사실입니다. 물론 현재도 번역 프로그램이 있지만 기존 번역 프로그램의 성능을 크게 개선할 수 있으리라 생각합니다."

이어 다른 학생이 구글이라는 이름이 무엇을 뜻하는지 물었다. 이 질문에 페이지가 대답했다. "구글은 매우 큰 숫자를 뜻합니다. 10의 100제곱, 즉 1 뒤에 0이 100개나 붙는 정말로 큰 숫자랍니다. 처음에 우리는 이름을 짓느라 매우 고심했습니다. 이 숫자를 어떻게 발음해야 할지도 잘 몰랐고, 게다가 철자도 잘못 알고 있었답니다. 정확한 수학 용어는 구골googol입니다. 우리는 처음에 구골을 구글Google로 알고 잘못 이름을 지었어요. 구골을 아는 사람이 별로 없어서 다행이었죠."

한 학생이 구글의 검색결과 안에 상업적 사이트를 구축할 계획이 없냐고 물었다. 브린은 "우리는 특정 비즈니스 파트너십이 구글에 영향을 미치도록 내버려두지 않을 것입니다"라고 말하며 구글의 검색결과가 상업적 목적에 '영향을 받지 않는다'는 뜻을 강조했다.

돈 얘기가 나오자 관련된 질문이 하나 더 나왔다. 과연 구글은 어떻게 돈을 버는가. "구글의 수익은 모두 검색에서 나옵니다. 대부분 광고 수입입니다. 검색을 하는 사람들이 광고 비용을 지불하는 셈입니다. 우리가 플래시배너 광고 전략 대신 검색 광고 전략을 선택한 것은 정말로 잘한 일이었습니다. 그 덕택에 세계 최고의 검색엔진이 되었습니다. 또한 구글의 검색엔진을 사용하는 아메리카온라인America Online, AOL 같은 기업으로부터 수익을 얻습니다." 페이지가 구글의 수익구조에 대해 한 설명이다.

또 다른 학생은 구글 검색엔진을 이용해 인터넷에 퍼져 있는 포르노를 찾는 것에 대해 어떻게 생각하는지 물었다. "구글에서 여러분이 무엇을 찾으려고 하느냐에 달린 문제입니다." 세르게이는 좀 난처한 질문에 정확한 대답을 하지 않고 얼버무리며 말을 이었다.

"래리와 저에게는 공통점이 하나 더 있습니다. 우리는 아주 어릴 적에 몬테소리Montessori라 부르는 교육을 받았습니다. 몬테소리는 아이가 여섯 살부터 열두 살 사이에 하고 싶은 것을 하게 해주도록 만드는 이론입니다. 그런데 이 시기가 지나면 남자아이들은 호르몬이 왕성해지기 때문에 이 혈기를 해소할 강력한 방법이 필요해지죠. 그렇지 않으면 사내아이들의 정서는 불안해지기 마련이거든요." 브린은 결국 포르노그래피에 대한 답을 교묘하게 비껴가며 말했다. "몇 가지 방법이 있는데, 꼭 농장에서 고된 육체노동을 할 필요는 없지만, 이 힘든 시기에 집중력을 유지하는 건 굉장히 중요하죠."

다른 학생이 구글의 경쟁 상대에 대해 물었다. "우리는 익사이트Excite 나 알타비스타의 대항마로 구글을 시작했습니다. 앞서 나온 검색엔진들은 검색에만 초점을 두지 않았다는 데 문제가 있습니다만 구글은 예외입니다. 요즘 들어 경쟁은 더 치열해지고 구글은 더 큰 도전을 받고 있습니다. 규모로 치면 구글은 중간 정도 기술기업이겠죠. 지금 구글의 직원 수는 1,000명이 넘고 세계 도처에 지점을 열고 있어요. 이번 여행도 그런 목적이고요. 우리는 구글이 장기적으로 10년 또는 20년 동안 지속할 것인가, 혹은 구글이 새로운 경쟁자에게 추월당할 것인가라는 가장 어려운 문제에 직면해 있습니다." 페이지가 계속 말을 이었다. "투자를 지속하고 훌륭한 아이디어를 개발하는 데에는 많은 노력이 필요합니다. 그러나 그것만으로는 충분하지 않습니다. 자신만의 경쟁력을 갖춰야 합니다. 구글의 경쟁력은 과학기술과 수학, 그리고 컴퓨터기술에서 나옵니다. 아울러 직원들이 열정을 가지고 업무에 임하게 만드는 매우 훌륭한 환경이 구글의 다른 경쟁력과 잘 조화되어 있죠."

페이지가 말을 마치자 청중의 눈길이 강당 뒷문을 통해 들어오는 두 남자에게로 쏠렸다. 브린과 페이지가 그들을 알아차리자 청중이

환호성을 터뜨렸다. 그들은 전 소비에트연방 공산당 서기장 미하일 고르바초프Mikhail Gorbachev와 존경받는 이스라엘의 전 대통령(당시 외무부 장관) 시몬 페레스Shimon Peres였다. 개혁 정책으로 러시아에 자유와 자본주의를 가져온 고르바초프는 강당에 모인 학생들에게 그야말로 영웅이었다. 그의 정책 덕분에 그들의 가족이 새로운 삶을 찾을 수 있었기 때문이다. 러시아 출신 학생들이 기립박수를 보내자 무표정으로 유명한 고르바초프도 학생들과 브린, 페이지에게 악수를 청하며 만족스러운 표정을 지었다. 그는 러시아어로 연설을 시작했다.

"이 학교는 마치 조그마한 소비에트연합 같습니다. 15개 공화국 출신 학생들이 이 학교에 다닌다고 들었거든요. 여러분이 서로 도우며 잘 지낸다는 소식을 듣고 기뻤습니다. 앞으로 학업에서 뛰어난 성과를 거두기를 기원합니다. 오늘은 미국에서 온 젊은 손님들이 이 자리에 왔습니다. 두 사람은 현대의 지식이 무엇인지 보여주는 산증인입니다. 저는 온정 있고 총명한 이들을 가리켜 '놀라운 정신'의 소유자라고 말하고 싶습니다. 젊은 나이에 수많은 업적을 이룬 그들은 현재 새로운 기술 개발 분야의 리더이자 선도자입니다. 무엇보다 이 학교에 관심을 가지고 교육과정을 현대적 수준으로 끌어올리는 데 도움을 줄 수도 있습니다. 다시 말해 여러분처럼 영리한 학생들이 이전 세대보다 더 많은 사람들의 삶을 바꾸는 업적을 이루도록 성장시켜줄 것입니다." 미소를 띤 고르바초프는 밝은 표정의 세르게이 브린과 래리 페이지에게 손을 흔들었다.

이제 겨우 나이 서른인 브린과 페이지는 세계사에 큰 발자취를 남긴 나이 든 두 정치가인과 한 무대에 서 있었다. 잠시나마 이 고등학교의 연단이 세계사를 옮겨놓은 무대 같았다. 고르바초프와 페레스가 과거에 무한한 가능성을 몸소 실천해 주목을 받은 사람이라면, 브린

과 페이지는 현재에 바로 그런 주목을 받고 있으며 미래에 그 가능성
의 경계를 더욱 확장해나갈 당사자였다. 그들이 한 무대에 선 것이다.

(2장)

래리와 세르게이

성장을 자극하는
지적 경쟁상대를 만나다

The Google Story

"사실 우리가 처음 만났을 때는
서로 인상이 정말 좋지 않았어요.
하지만 나중에 우리가 뭔가 통한다는 걸 알고
아주 가까운 사이가 되었습니다."

1995년 봄, 래리와 세르게이는 첫눈에 서로를 알아보았다. 서로 다르지만 그들 사이에는 부정할 수 없는 화학작용이 일었고, 상대가 얼마나 열정적인 사람인지 느낄 수 있었다. 이들은 스탠퍼드대학교의 학생 오리엔테이션 때 처음 만났다. 세르게이 브린은 래리 페이지와 예비 대학원생들에게 캘리포니아의 햇살 드리운 캠퍼스와 주변 시설을 소개하고 있었다. 그런데 어느 순간 래리와 말다툼을 하게 됐다. 서로 잘 알지도 못하는 두 사람이 갑자기 불꽃이 튀도록 논쟁하는 장면에 다른 사람은 매우 의아했지만, 사실 이 두 사람은 각자 좋아하는 놀이를 하는 중이었다.

페이지를 비롯해 다른 사람들보다 어린 브린은 페이지보다 2년 먼저 스탠퍼드대를 다니고 있었다. 수학 천재인 그는 이미 열아홉 살에 학부를 마쳤고 스탠퍼드대 박사과정의 열 개 과목 시험에서 한 번에 상위권을 차지했다. 브린은 교수와 함께 연구진을 꾸리고 있는 데다, 수영과 헬스, 그리고 사교 활동을 즐길 정도로 건강하며 외향적인 성격이었다. 물론 컴퓨터나 수학 문제와 씨름하는 데도 많은 시간을 보냈다.

반면 미국 중서부 출신인 페이지는 선택된 소수 엘리트만 들어간다는 스탠퍼드대에서 박사학위 과정을 잘 마칠 수 있을지 불안했다. 그는 "처음에는 조금 겁이 났습니다. 저는 박사학위 과정을 이겨내지 못하고 집으로 돌아가게 될까봐 계속 불안했죠"라며 입학 당시를 회상했다.

두 사람은 서로 지적인 경쟁에 열을 올리는 사람이라는 걸 알고 있었다. 이들의 대화는 때론 허무맹랑한 논쟁으로 이어질 때도 있었지만 주제를 가리지 않는 살아 있는 대화였다. 중요한 것은 상대에게 자신이 어떻게 세상을 보고 있는지 설득하는 것이었다. 물론 처음에는 상대방의 태도가 건방지고 불쾌하다고 생각해 이를 못마땅하게 여기기도 했다. 하지만 이들은 악의 없는 심한 농담이나 논쟁을 벌이면서도 어느새 서로를 존중하는 동료애를 지니게 됐다.

두 사람을 이어준 것은 토론 문화에 익숙한 가정환경이었다. 페이지와 브린은 매일같이 컴퓨터나 수학이나 미래에 대한 지적 논쟁이 자주 벌어지는 가정환경에서 성장했다. 어려서부터 논쟁을 통해 자기 논리를 주장하고 방어하는 법을 배우면서 또래보다 깊은 지적 능력을 키웠다. 브린을 아는 대부분의 사람들은 그들이 똑똑하고 친절하지만 다소 어리석은 구석도 있다고 생각했다.

두 사람은 비슷한 야망과 관심을 지니고 있으면서도, 서로 보완되는 성격과 능력을 지녔다. 워싱턴 교외에서 나이 차가 많이 나는 남동생과 함께 자란 세르게이는 소란스럽고 외향적인 성격으로, 주위의 주목을 받는 데 익숙했다. 반면에 삼형제로 자란 래리는 조용하고 사색적이었다. 이처럼 정반대 성격의 두 사람이 우정을 키울 수 있었던 이유는 서로 만나기 훨씬 이전에 형성된 그들의 삶과 큰 관련이 있었다.

래리, 2세대 컴퓨터 키드

세르게이 브린과 래리 페이지에게는 중요한 공통

점이 있다. 그들 모두 2세대 컴퓨터 사용자라는 점이다. 두 사람은 일찍이 가정과 직장에서 컴퓨터와 고등 수학을 공부한 부모 아래 초등학교 때부터 컴퓨터와 함께 성장했다. 이는 동년배 친구들과 확연히 다른 모습이었다. 그들은 몬테소리라는 조기교육을 받았으며, 아버지가 교수로 존경받는 일류 대학의 근처에 살았고, 어머니는 컴퓨터와 기술 관련 업종에서 일했다. 그렇기에 두 가정에서 학문의 중요성은 가문의 유산과도 같았다. 래리와 세르게이가 그들 부모가 그랬던 것처럼 박사학위를 수료하고 과학기술계로 진출하게 된 것은 피할 수 없는 운명이었다.

래리의 아버지 칼 빅터 페이지Carl Victor Page는 1960년 미시간주립대학교에서 최초로 컴퓨터 학사학위를 받은 몇 안 되는 학생 중 하나였다. 그로부터 5년 후 그는 새로운 분야에서 또 다른 박사학위를 받았다. 래리의 어머니인 글로리아 페이지Gloria Page 역시 컴퓨터공학에서 석사학위를 받고 데이터베이스 컨설턴트로 활동했다. 래리는 무엇보다도 어릴 때 그레이트풀데드Grateful Dead라는 그룹의 콘서트에 자신을 데려갈 정도로 유쾌하고 사교적인 아버지를 존경했다. 래리가 서부로 이사 오기 15년 전 칼 페이지는 방문교수 자격으로 스탠퍼드대학교에서 지낸 적이 있었지만, 그는 교수 생활 대부분을 미시간주립대에서 보냈으며 글로리아 역시 그곳에서 컴퓨터 프로그래밍을 가르쳤다.

컴퓨터공학과 인공지능 분야의 선구자인 칼 페이지는 세계적 권위를 인정받았고 많은 논문을 발표했다. 또 많은 사람들에게 사랑받는 교수였으며, 많은 학생에게 훌륭한 멘토라는 찬사를 들었다. 미시간주립대의 동료인 조지 스톡먼에 의하면 칼은 래리가 교수가 되기를 바랐으며 래리의 논쟁하는 습관은 가정교육에서 나온 것이었다. "어떤 의미에서 칼에게 래리는 다루기 힘든 자식이었습니다. 래리는 모든 것에 관해 논쟁하고 싶어 했거든요. 칼은 아들과 거의 모든 것을 주제로 토론하고 논쟁했습니다." 이런 부자 관계에서 래리와 세르게이의 첫 만남이 어땠을지 짐작해볼 수 있다.

어릴 때 척수성 소아마비를 앓은 칼 페이지는 58세에 폐렴 합병증으로 사망했다. 래리가 스탠퍼드대학교에서 두 번째 학기를 다니던 시기였다. 그는 사망하기 몇 주 전부터 호흡이 갑자기 가빠지기 시작하더니 병원에서 숨을 거두고 말았다. 아버지의 갑작스러운 사망은 래리에게 큰 충격이었다. 스탠퍼드대의 연구실 동료 숀 앤더슨Sean Anderson은 "저는 래리가 게이츠빌딩 계단에 주저앉아 매우 상심하던 모습을 기억합니다. 많은 친구가 그를 위로했죠"라고 당시를 회상했다. 아버지를 잃은 슬픔에도 래리는 대학에 계속 남았다. 래리가 스탠퍼드에 남아 있자 그의 형인 칼 주니어Carl Jr.도 실리콘밸리에 살며 일을 계속했다. 두 형제는 슬픔을 나누며 서로를 격려했고, 함께 시간을 보내며 어린 시절과 아버지에 대한 즐거운 추억을 떠올렸다.

1973년 3월 26일 태어난 래리 페이지는 여덟 살이 되던 해에 부모님의 이혼을 겪었다. 아마 그것이 아버지의 사망 이전에 겪은 가장 고통스러운 상실이었을 것이다. 부모님은 아들을 가능한 한 정상적인 환경에서 키우려고 많은 노력을 기울였다. 덕분에 친모와 그의 아버지와 오랫동안 관계를 맺어온 미시간주립대 교수인 조이스 윌덴탈Joyce Wildenthal이라는 두 명의 어머니에게서 사랑을 듬뿍 받고 자랄 수 있었다. 이 두 여성은 지금까지도 좋은 관계를 유지하며 지낸다.

칼 주니어는 래리가 호기심이 많고 컴퓨터 외에도 관심사가 다양했다고 회상한다. 두 형제는 어릴 때부터 '사물이 작동하는 원리'에 관심이 많았는데, 이는 기계의 작동 원리뿐 아니라 사회, 정부, 정치 등 움직이는 모든 것의 원리에 대한 관심이었다. 평생 민주당의 충실한 당원이었던 아버지는 당의 강령과 기회의 평등함을 설교하곤 했다. 할아버지 역시 1937년부터 1938년 미시간주 플린트^{Flint}에서 일어난 자동차 노동자의 연대 파업에 참여한 사람이었다. 이 파업은 노동운동의 절정에 있던 사건으로, 페이지 부자가 사회 문제에 진보적인 입장을 취하게 된 데 큰 영향을 끼쳤다. 그의 외할아버지는 이스라엘로 이주하며 아라드^{Arad}의 물과 자원이 부족한 사막 지역에 정착한 초기 이주민이었다. 척박한 환경인 사해 지역에서 공작 기계를 제작하며 열심히 일했다. 외할아버지가 이스라엘에서 돌아가신 지는 오래지만 개척자 정신은 그의 손자에게 여전히 전해 내려오고 있다.

래리 페이지의 어머니는 유대인이라 유대교도였지만 아버지의 종교는 기술이었다. 아버지를 닮은 래리는 유대인이라는 정체성과 종교적 영향을 거의 받지 않았다. 그가 주기적으로 컴퓨터와 함께 많은 시간을 보내도록 배려한 아버지 덕분이었다. "저는 컴퓨터공학과 교수인 아버지를 둔 것이 정말로 행운이었다고 생각합니다. 내 또래 아이에게는 없는 환경이었으니까요. 우리 집은 1978년 처음으로 컴퓨터를 들였는데, 당시 컴퓨터는 너무 크고 비싸서 컴퓨터를 산 이후로 우리 집 음식이 형편없어졌어요. 그래도 컴퓨터로 많은 일을 할 수 있어서 늘 좋았습니다."

집에서 늘 컴퓨터를 다루던 그는 초등학교 때부터 종종 숙제로 선생님들을 놀래거나 난처하게 했다. 그가 숙제하는 방식 때문이었다. 당시 도트프린터^{Dot Printer}가 무엇인지도 모르는 선생님에게 초등학생이 워드프로세서로 작성한 숙제를 제출한 것이다. 선생님들은 당황스러울 수밖에 없었다. 형 칼 주니어는 초등학교 1학년 때부터 컴퓨터에 능숙했던 래리가 이미 여섯 살 때부터 자신의 컴퓨터에《개구리와 두꺼비^{Frog and Toad Together}》라는 동화책을 한 글자씩 쳤다며 회상했다.

그로부터 몇 년이 지나 래리 페이지는 드라이버 세트를 들고 가족의 컴퓨터를 분해하기 시작했다. 미시간대학교에 다니는 아홉 살 많은 형이 주말에 집으로 돌아오면 그는 재미로 형의 컴퓨터 과제를 도와주곤 했다. 이스트랜싱고등학교를 졸업하기 전 그는 장난감 블록으로 실제 작동되는 잉크젯프린터를 만들기도 했다. "저는 컴퓨터를 잘 써야 한다고 강요받은 적이 없습니다. 정말로 컴퓨터가 좋았을 뿐입니다."

래리는 아버지와 형의 발자취를 따라 앤아버Ann Arbor에 있는 미시간 주립대학교에 들어갔다. 그곳에서 컴퓨터공학을 전공하고 틈틈이 경영학 과목을 수강하며 1995년 학사학위를 받았다. 그는 미시간대 컴퓨터공학 엔지니어 모임인 에타카파누Eta Kappa Nu의 회장으로 활동했고, 이 모임에서 운영하는 대학 내 도넛 판매대에서도 즐겁게 일했다. 그는 심지어 학부 과정 중 경험한 리더십 형성 프로그램에서도 큰 교훈을 얻었다고 회상한다. 이는 미시간대의 전 학생을 대상으로 그들이 사회에 진출했을 때 필요한 리더십을 함양하기 위한 리더십 형성 프로그램이었다.

그뿐 아니라 래리 페이지는 미시간대의 뛰어난 교수들로부터 많은 것을 배웠다. 그는 말했다. "저는 자기 지식과 경험을 아낌없이 나눠주는 뛰어난 교수님들을 만났습니다. 그분들은 제 성공을 위해 물심양면으로 도와주셨죠. 매우 고마운 일입니다." 그 역시 교수진에게 깊은 인상을 남겼다. 전기공학과 컴퓨터공학 교수인 엘리어트 설로웨이Elliot Soloway는 이렇게 말한다. "한눈에 봐도 뛰어났습니다. 그는 언제나 남보다 앞서 있었죠. 아무도 핸드헬드Handheld 컴퓨터가 무엇인지 모르던 시절에 래리는 그걸 사용하고 있었으니까요."

세르게이, 러시아를 떠나 미국으로

세르게이 브린의 부모 또한 과학과 기술에 풍부한 경험을 지니고 있었다. 그의 어머니인 유지니어 브린Eugenia Brin은 미국 항공우주국NASA 고다드우주비행센터Goddard Space Flight Center에서 일한 유명한 과학자다. 그녀는 우주 비행에 영향을 미치는 대기와 기후 조건의 시뮬레이션 연구로 널리 알려졌다. 브린의 아버지 마이클 브린Michael Brin은 메릴랜드대학교에서 수학을 가르치며 기하학에서 역학시스템에 이르기까지 난해한 수학 주제에 관한 수많은 논문을 발표했다. 마이클 브린은 "세르게이는 평범한 아이였지만 컴퓨터 게임과 초기 개인용 컴퓨터인 코모도어 64sCommodore 64s를 사용하면서 컴퓨터와 관련된 일을 하고 싶어 했습니다"라고 회상한다.

1973년 8월 21일 모스크바에서 태어난 세르게이 브린은 여섯 살 때 가족과 함께 소련을 떠났다. 그들은 유대인 학대를 피해 자유와 더 큰 기회를 찾아 가족과 함께 소련을 떠났다. 마이클 브린은 말했다. "나 자신과 아들의 미래를 위해 소련을 떠났습니다." 소련을 떠나 미국에서 살게 된 세르게이 가족들 중 이전에 미국에 살아본 사람은 증조할머니 한 사람뿐이었다. 세르게이의 증조할머니는 당시 여성으로는 보기 드물게 시카고대학교에서 미생물학을 공부했다. 그러나 1921년 공산주의를 지지하는 사람들과 함께 새로운 소비에트 공화국 건설에 힘을 보태기 위해 모스크바로 돌아갔다. 세르게이의 할아버지는 아버지처럼 모스크바에서 수학 박사학위를 받고 교수로 지냈다. 그의 어머니 또한 수학자이자 도시공학자였다.

마이클 브린은 소련의 국가계획위원회인 고스플란GOSPLAN에서 경제학자로 10년간 일했다. 그가 하는 일은 고위층의 지시에 따라 소련의 생활 수준이 미국보다 낫다는 선전을 뒷받침하는 통계 수치를 만드는 것이었다. "당시 저는 소련의 생활 수준이 미국보다 월등하게 뛰어나다는 점을 증명하는 데 대부분의 시간을 보냈습니다. 그래서 많은 수치를 다뤘지만 정확한 수치는 거의 없었죠." 미국에 살게 된 마이클 브린은 메릴랜드대에서 수학을 가르쳤다. 세르게이는 그런 환경에서 자연스럽게 컴퓨터와 수학에 큰 관심을 두게 되었다. "세르게이는 수학에 뛰어났습니다. 중학교 때 학교에서 세르게이와 다른 학생들을 위해 특별한 선생님을 모셔오기도 했답니다."

브린 가족은 워싱턴 외곽의 조용한 프린스조지카운티^{Prince George's County}에서 살았다. 세르게이는 여기서 학력 수준이 그리 높지 않은 엘리노어루즈벨트고등학교를 다녔다. 고등학교 동급생 한 명은 세르게이를 '똑똑한 머리를 지나치게 자랑하며' 가끔 선생님이 틀렸다는 사실을 증명하려 했다고 떠올렸다. 사실 세르게이에게는 고등학교 때 기억에 남는 선생님이나 친구들은 거의 없고 항상 학교보다는 집에서 더 많이 배웠다. 실제로 그는 고등학생 때 메릴랜드대에 다니며 놀라운 학습 속도로 1993년 19살의 나이에 수학과 컴퓨터공학에서 우등생으로 학사학위를 땄다.

세르게이 브린은 많은 대학원 과목을 이수했던 메릴랜드에서의 학부 시절을 떠올리며 말했다. "저는 주위의 주목을 받으면서 일대일 교육을 많이 받았습니다. 덕분에 MIT나 하버드에서 온 친구들보다 훨씬 더 준비가 잘 되어 있었죠." 마이클 브린은 자신의 아들에 대해 "제 동료들은 제 아들이 훌륭한 학생이라고 말하곤 했습니다. 전반적으로 메릴랜드는 훌륭한 학생들에게 많은 자유를 줍니다. 그래야 다양한 과목을 수강할 수 있고, 훌륭한 교수를 만날 수 있을 테니까요."

여름방학 동안 그는 비행 시뮬레이터에 적합한 3D 그래픽을 개발하는 프로젝트를 포함해 여러 학과에서 연구하는 새로운 분석 도구

프로젝트에 참가했다. 울프럼 리서치Wolfram Research, GE인포메이션서비스General Electric Information Service, 메릴랜드대학교 고등컴퓨터공학연구소 등 각종 프로젝트에 참여한 경험은 세르게이가 컴퓨터, 데이터마이닝, 수학에 관한 지식을 넓히는 데 많은 도움을 줬다.

그밖에 세르게이의 타고난 유머 감각은 부모로부터 물려받은 것이었다. 그의 어머니는 자신의 홈페이지에 레닌 옆에 자기 사진을 컴퓨터그래픽으로 붙여 올려놓고는, '내 가장 친한 친구와 찍은 사진'이라는 제목을 달아놓곤 했다. 세르게이가 스무 살 때 그의 아버지는 이런 시를 써서 홈페이지에 올려놓은 적도 있었다.

너는 갈수록 강해지는구나. 육체와 두뇌, 마음까지 모두. 나는 갈수록 늙어가는구나. 앞으로 살아갈 날이 몇 십 년이나 남았네. 너는 정말 열심히 데이터를 연구하는구나. 넌 늘 검색이 먼저고 생각은 나중이구나. 그리고 검색 속도는 빛만큼 빠르도다. 한밤중에도 검색에 미쳐 있구나. 논문을 억지로 쓰느라 고생이 많구나. 쓰레기로 가득한 인터넷에서. 너는 집에서 먼 햇볕이 따스한 해변에 살고 있구나. 아들아, 내 아들아 건배하자. 장엄한 백악관 집무실에서 클린턴은 음흉한 미소를 지으며 옷을 몇 벌이나 벗었는지 센다. 통통한 인턴 사원들이 교대로 드나들자 주체할 수 없는 욕정이 다시 솟아난다.

마이클 브린은 가족과 제자들을 즐겁게 해주면서도 각자의 역할에 충실하라고 강조했다. 가끔 직접 채점한 답안지를 수학과 학생들에게 돌려주면서 점수 위에 "심심한 위로를 보냅니다" 같은 문구를 써넣거나 틀린 답에 "정확하게 틀렸습니다"라고 놀리며 재밌어 했다. 마이클 브린의 제자였던 한 학생은 그런 방식이 애교 있지만 다른 한편으로 마음을 뜨끔하게 만드는 면이 있었다고 회고했다. "브린 교수님은 말씀을 아주 잘하셨어요. 그는 담배를 피우면서 수업을 시작했는데, 일단 강의실에 들어와서 어려운 문제를 내놓고 학생들이 문제를 푸느라 끙끙대는 모습을 확인하고 나면 담배를 피우러 사라지는 거예요. 담배 한 대를 피우고 돌아오면 학생들이 문제를 다 풀었으리라 기대하면서 말이에요. 그런데 그의 통계학 수업을 신청했던 학생의 절반은 첫 수업을 듣고 수강을 취소했어요. 학생들은 자존심을 상하게 만드는 독설과 연속적인 질문 공세를 견뎌낼 수 없기 때문이죠. 그래도 수업을 계속 듣는 학생들은 수업 때마다 항상 영화 〈풀메탈재킷〉에 나오는 무서운 훈련 교관을 만나는 느낌이 들었어요."

브린의 가족은 각자 인터넷 홈페이지가 있어서 서로의 홈페이지를 오가며 사이버 공간에서도 가족 간의 돈독한 유대감을 드러냈다. 마이클 브린은 자신의 홈페이지에 '세르게이는 스탠퍼드대의 컴퓨터공학과 대학원생이다. 그는 데이터마이닝을 연구하고 있으며(그의 친구 래리와 함께) 세상에서 가장 뛰어난 검색엔진인 구글을 개발했다'라고 썼다. 세르게이와 나이 차가 많이 나는 동생 샘Sam은 자신의 홈페이지에 자신이 야구를 얼마나 좋아하는지를 다음과 같이 적었다. "내 삶을 야구와 떼어놓고 생각할 수 없다. 나는 매일 적어도 30분 정도 야구 연습을 하고 월요일과 목요일에는 한 시간 동안 팀 훈련을 한다. 내가 제일 좋아하는 팀은 워싱턴위저드Washington Wizards다. 이 팀을 좋아하는 이유는 우리 집에서 멀지 않은 곳에서 경기하기 때문이다."

메릴랜드대를 졸업한 후 세르게이는 컴퓨터공학을 공부한다는 조건으로 전국과학재단National Science Foundation 장학금을 받고 스탠퍼드대에 갔다. 마이클 브린은 아들이 자신의 아버지나 할아버지처럼 학자의 길을 갈 것이라 믿었다. "저는 세르게이가 박사학위를 받고 학자,

아마 교수가 될 거라고 기대했습니다. 한번은 그에게 한 학기마다 하나씩 꼭 상급 과정을 이수해야 한다고 했더니 세르게이는 '물론이죠' 라고 대답해놓고 상급 수영 과정을 택했어요." 세르게이는 1995년 래리를 만나기 전 스탠퍼드대에서 호기심을 자극하는 다양한 과목을 들었다. 그는 메릴랜드대에서 대학원 과정 대부분을 이미 배우고 왔기 때문에 굳이 대학원 수준의 과정을 다시 밟을 필요가 없었다. 대신 요트 타는 법이나 체조를 익히는 데 열심이었다.

이처럼 편견 없는 태도로 새로운 학문을 탐구하면서 세르게이는 우연히 중요한 발견을 하기도 했다. 그는 동료나 박사과정 학생, 교수 등 다른 사람과 함께 저작권 침해를 자동으로 탐지하는 프로젝트나 분자 생물학 연구에 참여했다. 그리고 개인의 취향이나 선호도에 따라 영화에 등급을 매기는 아이디어 등에도 큰 흥미를 느꼈다. 세르게이 브린은 "여러분이 본 영화의 등급을 검색해 여러분이 좋아할 만한 영화를 추천해주는 것이었죠"라고 당시 자신의 아이디어를 설명했다. 그의 이 아이디어는 지금의 아마존이 독서 취향을 자동으로 파악해 관심 가질 만한 책을 추천해주는 방식과 매우 유사하다. 세르게이는 대학원에서 이렇게 다양한 일을 시도하면서 자신의 지적 호기심을 충족할 수 있었다고 말했다. 더 많이 실패할수록 가치 있는 일을 할 가능성이 높아진다는 것을 깨달은 것이다.

닷컴 열풍, 대학가를 흔들다

래리 페이지가 1995년 가을 스탠퍼드에 입학한 이후 세르게이 브린은 래리 페이지와 함께 어울리며 연구하기 시작했다. 브린은 영화 등급 프로그램 연구를 잠시 접고 페이지가 진행 중인 다른 프로젝트에 전념했다. 그들은 한결같이 당시 각광받던 인터넷에 큰 호기심이 있었다.

사실 래리와 세르게이가 학문의 상아탑 안에서 연구만 하고 있는 동안 세상은 무서운 속도로 변하고 있었다. 당시 창업한 지 16개월밖에 되지 않은 벤처기업 넷스케이프Netscape의 상장 소식은 실리콘밸리부터 월스트리트까지 온 나라를 뒤흔들고 있었다. 1995년 8월 9일 넷스케이프는 주당 28달러로 상장했고 주가는 첫 거래일에 75달러까지 올랐다. 촉망받는 하이테크 기업이었던 넷스케이프가 갑자기 3억 달러가 넘는 기업가치를 지니게 된 것이다. 넷스케이프의 기업공개는 실리콘밸리에 인터넷 시대가 도래했음을 알리는 신호였고, 벤처기업으로 일확천금을 벌 수 있다는 열망을 불러일으켰다.

세계 금융의 중심지 월스트리트는 이처럼 황금알을 낳는 벤처기업을 기다리고 있었다. 회사의 사업 내용이 무엇인지도 모르는 주식 중개인들은 시작한 지 얼마 되지 않은 벤처기업에 투자하면 큰돈을 벌 수 있다고 투자자를 불러 모았다. 넷스케이프가 실제 수익을 내지 못하고 있다는 사실은 아무런 문제가 되지 않았다. 작은 규모지만 매출이 분기마다 100%씩 성장하고 있었기 때문이다. 사람들은 컴퓨터 사용자가 인터넷을 검색하게 해주는 브라우저Browser라고 불리는 제품이 훗날 이익을 낼 것으로 생각하고 있었다. 일부 애널리스트는 넷스케이프가 거인 마이크로소프트를 능가하리라고 예측하기도 했다. 1995년 말 이전에 넷스케이프의 주가가 175달러를 넘어서자, 월스트리트 투자가들은 주식을 공개할 의사가 있고 겉보기에 사업 내용이 근사한 인터넷 기업을 찾아다니기 시작했다.

넷스케이프가 큰 성공을 거두면서 스탠퍼드대 컴퓨터공학과 안에도 돈 냄새가 풍겼다. 나중에 밝혀진 사실이지만 스탠퍼드대는 교수나 학생이 기업을 경영하여 금전적인 성공을 거두더라도 문제 삼지 않았다. 차세대 교수나 연구자를 양성하는 일이 대학의 일차적 임무지만 이미 스탠퍼드대는 휴렛팩커드와 썬마이크로시스템즈Sun Microsystems처럼 대단히 성공을 이룬 기술기업들을 배출하기도 했기 때문이다.

MIT나 다른 유명 연구기관과 달리 스탠퍼드대는 박사과정 학생들이 대학 자원을 이용해 장래 사업성 있는 연구를 시도하기 쉬운 환경이었다. 기술특허지원사무소Office of Technology Licensing를 보면 스탠퍼드대가 연구의 사업화에 얼마나 지원을 아끼지 않았는지 단적으로 알 수 있다. 교수와 학생이 거둔 놀라운 연구 실적을 학교에서 썩히기보다는 적극적으로 나서서 그들에게 자금을 지원하고 특허 출원을 대신해 주는 것이 기술특허지원사무소의 역할이다. 그리고 스탠퍼드대의 뛰어난 과학자들이 벤처기업을 세워 큰돈을 벌 수 있도록 대학과 장기 라이선스 계약을 맺는다. 그 대가로 기술특허지원사무소가 새로운 벤처기업으로부터 주식을 받기도 한다.

스탠퍼드대 전 총장 존 헤네시는 이렇게 말한다. "저는 절대로 기술 이전에 방해물이 없기를 바랐습니다. 스탠퍼드대는 기업가 정신으로 위험을 무릅쓰고라도 가치 있는 연구를 추구하도록 장려합니다. 이런 환경에서 사람들은 최신 기술을 개발해 문제 해결 방법을 찾으려고 노력하죠. 우리 대학은 교수나 학생이 연구 결과를 바탕으로 기업을 차려 독립하는 데 지원을 아끼지 않습니다. 이곳의 사람들은 잘 알고 있습니다. 세상을 바꾸는 방법 가운데 때론 연구 논문을 쓰는 것보다 자신이 믿고 그것으로 무언가를 만들려는 기술이 더 큰 힘을 발휘한다는 것을 말이죠. 우리는 학교 밖으로 불과 1마일만 걸어 나가도 우리의 창업에 투자해줄 사람과 이미 이런 일을 수없이 겪어본 경험자들을 쉽게 만날 수 있는 환경에 있습니다."

스탠퍼드대 근처의 샌드힐로드Sand Hill Road에는 벤처기업에 투자하고 그 대가로 주식을 받는 것을 주업으로 하는 공격적인 투자회사가 수없이 많다. '벤처캐피털'로 알려진 이 회사들은 큰 수익을 얻을 목적으로 초기 단계의 벤처기업에게 위험성이 높은 투자도 마다하지 않는다. 예언가의 수정 구슬 같은 걸 가지고 있지 않는 이상, 벤처캐피털이라는 게임에서 투자 실패는 불가피한 문제다. 하지만 대형 벤처캐피털은 새롭고 혁신적인 아이디어에 큰돈을 투자하면 벤처기업이 상장하게 될 때 일확천금을 거둘 수 있으리라 기대한다.

스탠퍼드대 주변의 벤처캐피털리스트들 덕분에 그곳 교수와 학생들은 다른 대학의 연구자보다 쉽게 자금을 유치하고 필요한 상담을 받을 수 있었다. 더불어 스탠퍼드대는 교수가 기업에 지분을 갖거나 투자할 수 있도록 허용함으로써 업적이 뛰어난 훌륭한 교수진을 유치할 수 있었다. 백만장자가 되어 더 열심히 일하는 교수도 많았다. 그들은 캘리포니아의 온화한 자연환경, 뛰어난 학생, 수익성 있는 연구를 추구할 자유, 혁신적인 아이디어가 넘치는 스탠퍼드대를 떠날 이유가 없다. 그곳에서 일하는 것이 멋진 해변에서 여가를 보내거나 민간 기업에서 일하는 것보다 훨씬 매력적이기 때문이다.

전통적인 방식으로 대학에서 연구하고 가르치는 부모를 둔 래리와 세르게이는 부자가 되기보다는 박사과정에서 연구하는 데 몰두했다. 두 사람은 훌륭한 교육에 가장 높은 가치를 부여했던 부모의 발자취를 따라 학문의 길을 걷게 된 것을 자랑스러워했다. 그들은 그저 박사가 될 날을 손꼽아 기다렸을 뿐, 그 누구도 학문을 향한 자신의 진실한 열정이 시험받게 될지는 꿈에도 생각하지 못했다.

3장

구글 스토리

아이디어로 한계를 돌파하다

The Google Story

"글쎄요, 두고 보십시오.

우리는 방법을 반드시 찾을 겁니다."

1996년 2월 래리와 세르게이는 스탠퍼드대학교 컴퓨터공학과 학생들과 함께 새로운 건물로 이사했다. 새로 이사한 곳은 베이지색 돌로 지어진 최신식 4층 건물로, 입구에 '윌리엄 게이츠 컴퓨터공학관 William Gates Computer Science'이라고 새긴 현판이 걸려 있었다. 이 건물을 짓는 데 마이크로소프트의 빌 게이츠 회장이 600만 달러나 기부했으니 이름을 새길 만했다. 빌 게이츠는 스탠퍼드대 출신은 아니지만 마이크로소프트는 스탠퍼드대 졸업생들을 많이 고용했다. 심지어 이 최고로 재능 있는 학생들을 유혹해 지금보다 더 많은 인재를 영입할 수 있도록 대학 입구에 자기 이름을 내걸고자 했다. 빌 게이츠는 당시 거액을 기부하면서 말하기를 "컴퓨터 산업의 미래에 투자한다"고 할 정도였다. 공학관 헌정식에서 공과대 학장 제임스 기번스 James Gibbons 는 이렇게 말했다. "앞으로 18개월 안에 이 건물의 사무실, 복도 한 끝 또는 어느 한 구석에서 중요한 사건이 벌어질 것입니다. 나중에 사람들은 그곳을 가리키며 '맞아, 그들이 1996년에 여기서 일했지. 정말 대단한 일을 해냈어'라고 칭송할 것입니다."

래리 페이지는 게이츠빌딩 3층에 있는 306호 사무실을 다른 네 명의 대학원생과 함께 사용하도록 배정받았다. 그중 숀 앤더슨은 괴짜지만 창의적이고 열정적인 학생이었다. 그는 자신이 살던 아파트도 버리고 사무실에서 숙식을 해결하며 연구에 몰두했다. 다른 동료인 벤 주Ben Zhu는 거의 말이 없었고, 루카스 페리에라Lucas Periera는 매우 정열적이었다. 유일한 여학생 타마라 먼즈너Tamara Munzner는 스스로 괴짜라고 소개하면서 또 다른 괴짜 루카스를 가리켜 '너무 쾌활해서 탈인친구'라고 말했다.

게이츠빌딩 306호의 괴짜들

당시 실리콘밸리에는 인터넷 붐과 넷스케이프 상장 성공으로 활기가 넘쳤다. 이런 분위기에서 학교에 남아 있던 학생들은 돈을 벌거나 자기 사업을 시작해야 한다는 유혹을 뿌리치기 힘들었다. 먼즈너는 당시를 이렇게 회상했다. "대학원에 그냥 머물러 있기가 정말 힘들었어요. 파티에 참석할 때마다 정말 괜찮은 조건의 일자리 제안을 많이 받았거든요. 학기가 끝날 때마다 그런 제안에 마음이 흔들리다가도 학교를 떠나지 말자고 마음을 고쳐먹곤 했죠."

서로 가까이 지내면서 사이가 틀어질 수도 있지만 306호 사무실 멤버들은 오히려 점점 가까워지며 우정을 쌓았다. 당시 다른 사무실에 있던 세르게이 브린조차 래리 페이지와의 인연 때문에 곧 대부분의 시간을 게이츠빌딩 306호에서 보내게 되었다.

스탠퍼드대 교직원이 브린에게 새로운 빌딩 사무실에 호수를 매기는 시스템을 개발해달라고 요청한 적이 있었다. 그는 그 요청을 수락하는 대가로 대학이 애초에 선택한 의자가 아니라 인체공학적으로 디자인된 의자를 제공해달라고 졸랐다. 이런 브린의 행동에 앤더슨은 "세르게이는 정말 영리했죠"라고 회고했다.

당시 게이츠빌딩 306호는 조그만 정글과 같았다. 사무실 천장에는 화분을 걸어 늘어뜨리고 벽에는 덩굴이 자랐다. 자기 책상에서 식물을 키우던 앤더슨의 솜씨였다. 앤더슨은 양동이를 컴퓨터에 연결한 자동 급수 시스템을 설치하기도 했다. 당시 306호 멤버들은 사무실에 각자 원하는 여러 가지 작은 장난감들을 가지고 왔다. 피아노를 컴퓨터에 연결해 누구나 연주할 수 있게 만들었고, 먼즈너는 누구나 사무실 바닥에서 낮잠을 잘 수 있도록 침낭을 가져왔다.

래리와 세르게이는 항상 붙어 다녔다. 캠퍼스에서는 그들을 가리켜 혀를 굴리며 운율에 맞춰 '래리세르게이'라고 불렀다. 먼즈너는 두 사람과 함께했던 시절을 회상하며 말한다. "어울려 지내기 아주 재밌는 친구들이에요. 그땐 정말 신이 났죠. 한번은 토요일 새벽 3시까지 모두 사무실을 떠나지 않고 함께 일한 적도 있어요. 정말 다들 괴짜라고 생각했어요."

끝없이 장난을 치는 래리와 세르게이를 두고 먼즈너는 그들이 '엉뚱한 수재'이지, 오만한 사람들은 아니라고 보았다. 그들은 컴퓨터나 철학적 주제 외에도 마음속에 떠오르는 모든 주제를 놓고 끊임없이 대화했다. 한번은 리마콩으로 건물 크기만 한 컴퓨터 디스플레이 장치를 만드는 게 가능한가를 놓고 목소리를 높여가며 논쟁을 벌인 적이 있었다. 회전의자에 앉아 가만히 지켜보던 먼즈너는 외쳤다. "너희들 지금 날 놀리고 있는 거지!" 또 이들은 게이츠빌딩 306호 래리의 책상 아래에 장난삼아 레고블록으로 컴퓨터 본체 선반을 만들어놓은 적이 있는데, 누가 건드리기만 하면 와르르 무너지곤 했다. 같은 사무실을 쓰던 다른 사람들은 그들의 행동에 신경을 끄지 않고는 아무 일도 할 수 없다는 걸 곧 깨달았다. 이처럼 래리와 세르게이가 남들을 놀리고 난리법석을 피우는 통에 동료들은 나름대로 생활 방식을 터득해야 했다. 먼즈너는 당시를 이렇게 회상했다. "저는 아예 헤드셋을 쓰고 귀를 막은 채 프로그래밍 하는 법을 터득했을 정도 니까요."

래리 페이지가 가장 좋아하는 토론 주제는 새롭고 더 나은 교통 체계에 관한 내용이었다. 교통이 혼잡한 디트로이트 근처에서 자란 그는 어려서부터 사람과 상품이 이동하는 방식에 대해 창의적인 방법을 떠올려보곤 했다. 특히 교통사고, 물류 비용, 대기오염과 교통체증 등 각종 문제를 없앨 구체적인 방안을 이야기했다. "페이지는 자주 자동 운송 시스템에 대해 말했습니다. 예를 들어, 일반 자동차와 같은 이동수단이지만 자동차에 타서 목적지를 말하면 목적지까지 자동으로 데려다주는 자율주행 시스템을 구상했죠. 마치 운전자가 없는 택시와 비슷한 형태입니다. 페이지는 이런 운송 시스템을 통해 사람과 화물을 더 많이 실어 비용을 낮추고 고속도로의 효율을 높일 수 있다고 믿었죠." 앤더슨은 306호 시절을 떠올리며 말했다. "래리는 사람과 사물이 이동하면서 생기는 문제를 해결하려고 많은 노력을 기울일 것입니다."

서른 살의 젊은 교수 라지브 모트와니Rajeev Motwani는 1993년 스탠퍼드대학교에 부임한 이후 계속 세르게이 브린의 지도교수로서 그를 관찰했다. 그가 세르게이와 래리를 지속적으로 만나며 발견한 그들의 공통점은 바로 "내가 지금까지 만난 학생 중 가장 똑똑한 학생"이었다는 점이다. 그러면서도 서로 조금 다른 면도 있었다. 브린은 실용적이고 문제 해결에 뛰어났다. 그는 어떤 일을 시작하면 반드시 결실을 거뒀고 뛰어난 수학적 재능, 빠른 행동력, 외향적인 성격을 지녔다. "세르게이는 다소 건방져 보이긴 하지만 아주 똑똑합니다. 그의 모습과 행동을 보면 그가 얼마나 영리한 두뇌를 지녔는지 금방 알 수 있지요." 세르게이에 대한 모트와니의 평가다. 세르게이는 궁금하거나 필요한 게 생기면 노크도 없이 모트와니 교수의 연구실을 불쑥 찾아가곤 했다.

이에 비해 래리 페이지는 깊이 숙고하는 성향이었다. 그는 사물이 작동하는 원리에 더 관심이 많았다. 끝이 보이지 않는 야망으로 세르게이보다 늘 신중한 태도를 보였다. 모트와니 교수 연구실에 들어갈 때 항상 노크를 했다는 점이 큰 차이였다. "20여 명이 모이는 회의가 있다면 세르게이는 금세 눈에 들어옵니다. 세르게이와 달리 사람들 속에 조용히 앉아 있는 래리는 일부러 찾아보지 않으면 눈에 잘 띄지 않습니다. '이봐, 자네 생각은 어때?'라고 물어보면 그제야 그가 있다는 사실이 알려질 정도였습니다."

세르게이의 행동 방식은 전형적인 스탠퍼드대 박사과정 학생들과 달랐다. "세르게이는 항상 주목을 받습니다. 매우 직설적이고 일에 대한 열정이 남다르거든요." 스탠퍼드대 교수인 데니스 앨리슨은 브린의 비범함에 주목했다. "세르게이는 현재에 매우 충실합니다. 그는 대화나 논쟁을 하면서 상대의 의도를 정확히 파악해 직설적으로 전달하는 능력을 발휘합니다. 그런 다음 서로의 의견을 발전시키려고 하죠."

세상 모든 웹사이트를 다운로드한다면

세르게이 브린은 모트와니 교수와 함께 미다스 MIDAS라는 새로운 연구 그룹을 출범하여 대량의 데이터에서 정보를 추출하는 방법을 연구했다. MIDAS는 'Mining Data at Standford'의 약자로, 그리스 신화에서 손에 닿는 모든 것을 황금으로 바꾼다는 왕의 이름이기도 하다. 세르게이는 미다스 그룹의 토론을 위해 매주 발표자와 주제를 선정했고, 모트와니 교수와 협력해 관련 논문을 다수 발표했다.

데이터마이닝 기법은 주로 판매 데이터를 신속하게 분석해 상점에서 고객이 어떤 상품을 주로 사느냐를 결정하는 데 사용된 데이터 처리 기법이다. 그러나 브린과 모트와니는 데이터마이닝 기법을 인터넷에 적용하는 실험을 했다. 1990년대 당시 새롭게 등장한 인터넷은 말 그대로 무법지대였다. 아무런 규제도 없었고 무질서했으며 통일된 규칙도 없었다. 수많은 사람이 인터넷에 접속해 이메일을 주고받았지만 연구자들은 인터넷의 큰 혼란에 점점 더 좌절감을 느낄 뿐이었다. 인터넷 상용화 초창기에 웹크롤러, 라이코스, 마젤란, 인포시크, 익사이트, 핫보트처럼 인터넷에서 정보를 찾도록 돕는 검색엔진들이 여럿 있었지만 사용자의 기대 수준에 부합하지는 못했다.

"인터넷 검색은 하나같이 형편없었습니다. 검색을 해봤자 아무런 의미도 없는 결과만 잔뜩 얻을 뿐이었습니다." 당시 검색엔진의 성능에 대해 모트와니는 말했다. 1995년 그는 자신이 박사학위를 받은 버클리대학교에서 개발한 잉크토미^{Inktomi}라는 검색엔진의 성능을 시험했다. 그는 이 검색엔진에 '잉크토미'란 단어를 쳐봤다. 어떤 일이 일어났을까? "잉크토미는 아무런 결과도 제시하지 못했습니다. 자신의 존재조차 찾아낼 수 없었던 것이지요." 그는 실망감을 감추지 못했다.

그러는 사이 스탠퍼드대학교 박사학위 과정 학생인 제리 양^{Jerry Yang}과 데이비드 필로^{David Filo}가 인터넷 검색에 대한 새로운 방법을 고안했다. 기술에만 의존하는 것이 아니라 에디터그룹을 꾸린 다음, 웹사이트를 알파벳 순서로 정렬하고 목록화하는 디렉터리 방식을 선보인 것이다. 그들은 이 검색엔진으로 회사를 차리고 '야후^{Yahoo}'라는 이름을 붙였다. 야후의 이 디렉터리 방식은 중요한 정보를 간단하게 찾는 방법을 제공했다. 하지만 야후의 검색결과는 포괄적이지 못했고 인터넷의 빠른 성장을 쫓아갈 수도 없었다.

그밖에도 브린과 모트와니는 다른 디렉터리와 검색엔진을 시험했지만 제대로 기능을 발휘하기는커녕 구별조차 하기 어려운 비슷한 결과만 잔뜩 제공할 뿐이었다. 기존 검색엔진을 이용해 원하는 정보를 찾으려면 일일이 검색결과를 다시 뒤지면서 시간을 낭비해야 했다. 결국 브린과 모트와니는 인터넷을 검색하는 더 나은 방법이 필요하다는 결론을 내렸다.

브린과 모트와니가 인터넷 검색에 주목하는 동안, 전자도서관 프로젝트를 연구하던 래리 페이지는 '알타비스타'라는 새로운 검색엔진을 사용해 정보를 검색하기 시작했다. 알타비스타는 기존 검색엔진에 비해 더 빠르고 나은 결과를 제시했지만 여전히 문제점은 있었다. 알타비스타의 검색결과는 웹사이트를 단순히 열거하기보다는 '링크^{Link}'라는 다소 모호한 정보를 포함하고 있었다. 링크는 인터넷의 역동성을 활성화하고, 사용자는 검색결과 내 강조된 단어나 문장을 클릭해서 더 많은 정보를 얻거나 다른 웹페이지로 이동할 수 있었다. 하지만 래리는 알타비스타가 제공한 검색결과에 만족하지 않고 링크를 분석해서 무엇을 얻을 수 있을지 연구하기 시작했다.

래리 페이지는 링크를 가장 기본적인 형태로 제공할 뿐인 알타비스타의 허점을 더 깊이 파고들며 링크의 새로운 활용 방법을 찾으려 했다. 그야말로 막대한 데이터베이스가 필요한 연구였다. 그는 연구에 필요한 데이터의 양을 가늠해보고는, 지도교수 헥터 가르시아 몰리나^{Héctor Garcia Molina}에게 데스크톱 컴퓨터에 월드와이드웹 전체를 다운로드하겠다고 말해 그를 놀라게 했다. 지도교수가 보기에 이 아이디어는 과감함을 넘어 어리석어 보였지만, 페이지는 전체 인터넷을 다운로드하는 일을 생각보다 쉽고 빠르게 완성할 수 있다고 장담했다. 가르시아 몰리나와 다른 사람들의 비웃음 섞인 반응에도 페이지는 진지했고 연구를 완성하겠다는 의지는 강했다.

래리 페이지에게는 좋은 롤모델이 있었다. 바로 1989년 월드와이드
웹을 발명한 영국의 컴퓨터 과학자인 팀 버너스 리 Tim Berners Lee였다. 버
너스 리는 링크로 연결된 문자를 클릭해 관련 웹페이지로 이동한다는
미래지향적 개념을 처음 고안해 세상에 소개했다. 그는 이 방법을 통
해 정보에 굶주린 컴퓨터 사용자가 더 쉽고 효율적으로 한 문서에서
다른 문서로 이동하면서 정보를 효과적으로 얻을 수 있다고 판단했다.
미래지향적인 컴퓨터 전문가에게 웹은 링크에 대한 모든 것이었다.

페이지랭크와 백럽

1996년 내내 페이지와 브린은 서로 협력해 웹페
이지를 다운로드해 분석하는 작업을 했다. 데이터를 얻는 작업은 페이
지가 생각했던 것보다 오랜 시간이 걸렸다. 웹페이지를 다운로드하려
면 '스파이더 Spider(검색엔진의 색인에 들어갈 내용을 만들기 위해, 웹사이트들을
방문하여 웹페이지와 기타 여러 정보를 읽어오는 프로그램—옮긴이)'라는 정보
수집 프로그램을 돌려야 했다. 스파이더 프로그램은 가동할 때마다 학
과에 2만 달러의 사용료가 청구되기 때문에 비용 부담이 컸다.

하지만 페이지는 자신의 프로젝트를 끝마치기를 간절히 원했고, 페
이지가 고군분투하는 모습에 브린과 그의 지도교수 모트와니마저 그
의 연구 주제에 관심을 갖게 됐다. 그가 연구에서 밝히고자 한 것은
웹페이지의 자동화된 상호참조 기능의 중요성으로, 그는 이 기능이
인터넷 검색의 기능을 크게 향상시킬 수 있다고 보았다. 우연한 기회
에 페이지의 프로젝트에 참여하게 된 브린은 무작위의 방대한 데이터
에서 정보를 추출한다는 아이디어에 큰 흥미를 느꼈다.

전체 월드와이드웹을 활성화하고 발전시키는 데 브린의 뛰어난 수학과 프로그래밍 능력은 매우 유용했다. 페이지는 상호참조 기능을 분석하기 위해 이론을 세웠다. 바로 다른 웹사이트로 연결되는 링크의 숫자를 헤아려 해당 사이트의 인기도를 측정하는 것이었다. 당시에는 웹사이트의 인기가 높은 것과 그 정보의 질이 좋은 것은 무관한 문제였다. 하지만 학구적인 가정환경에서 자란 두 사람은 금세 학술 논문의 인용문과 링크가 매우 비슷한 형태라는 것을 떠올렸다. 과학계에서 발표된 논문의 인용 횟수가 높으면 높을수록 그 논문은 신뢰도와 영향력이 높다는 의미를 지닌다는 점에서 착안한 것이었다. "인용 횟수는 매우 중요합니다. 노벨상을 수상한 사람의 논문은 1만여 개의 다른 논문에 인용되기도 합니다. 과학 논문이 많이 인용된다는 사실은 그 연구가 중요하다는 의미입니다. 다른 사람도 그 논문을 인용할 가치가 있다고 생각하기 때문이죠." 페이지는 말했다.

페이지는 이 논리를 웹사이트에 적용해보기로 했다. 가령 모든 링크가 동일한 가치가 있는 것이 아니고 어떤 링크는 다른 것보다 중요하고 어떤 링크는 중요하지 않다. 여기서 그는 한 단계 발전시켜 사고의 돌파구를 마련했다. 중요한 사이트에서 들어오는 링크에 더 높은 가중치를 두기로 한 것이다. 어떤 사이트가 중요한지는 어떻게 결정할 수 있을까? 바로 어떤 웹페이지가 많은 링크로 연결돼 있다면 그보다 링크가 적은 웹페이지에 비해 중요도가 높은 것이다. 다시 말해 야후의 어떤 유명한 홈페이지가 다른 사이트에 링크로 많이 연결돼 있다면 그 중요도가 더 높아지게 된다. 페이지는 이 인터넷 문서의 중요도를 매기는 방법에 자신의 이름을 붙여 '페이지랭크PageRank'라 불렀다.

페이지의 또 다른 지도교수 테리 위노그래드는 이러한 지적 탐구 과정이 결국 '획기적인 아이디어'로 발전한 것이라고 평했다. 웹사이트의 링크를 추적하면 무엇을 얻을 수 있을까라는 단순한 아이디어에서 시작해 웹페이지의 중요도를 측정하는 방법을 고안하게 된 것이다. 위노그래드는 평했다. "처음에 래리는 무작위 방식의 인터넷 서핑에 대해 이야기했습니다. (수학 등식으로 된) 알고리즘을 적용하자는 동기는 바로 그 서퍼들, 인터넷 사용자를 고려한 데서 나왔죠. 왜냐면 사람들은 웹페이지에서 시작해 관련 링크를 일일이 클릭해서 결과를 확인하는 데 대부분의 시간을 쓰고 있었으니까요. 페이지랭크는 이런 일련의 과정을 정제한 것이었습니다."

브린과 페이지는 박사학위 논문으로 인터넷에 페이지랭크를 적용하는 방법을 쓰기로 했다. 1997년 초 페이지는 '백럽BackRub'이라는 프로토타입 검색엔진을 개발했다. 이 백럽은 특정 웹페이지에 링크된 다른 웹페이지, 즉 백링크backlink를 다루기 때문에 붙인 이름이었다. 검소한 페이지는 따로 돈을 들이지 않고 자신의 왼손을 스캔하여 손바닥 모양을 흑백 이미지로 전환해 백럽의 로고를 만들었다. 이 프로젝트는 페이지, 브린 그리고 모트와니가 기여한 결과였다. 모트와니는 그들이 협력해서 만든 새로운 검색엔진이 단지 학문적 연구에 그치지 않으리란 것을 확신했다. 이 세 명은 비록 처음부터 의도하지는 않았지만 인터넷 사이트의 등급을 매기는 시스템을 창안해냈고, 이 과정에서 정보를 검색할 때 부딪치는 가장 큰 문제 중 하나를 우연히 해결해냈다.

모트와니는 말했다. "그들은 가만히 앉아 있지 않았습니다. 차세대 검색엔진을 개발하자고 의견을 모았죠. 흥미로운 문제를 풀어내는 과정에서 서로 근사한 아이디어를 떠올렸습니다. 래리가 아이디어를 내면 세르게이도 아이디어를 내고, 저도 아이디어를 보탰죠. 그렇게 완전한 형태의 검색엔진을 구축할 수 있었습니다."

브린, 페이지, 그리고 모트와니는 서로 힘을 합쳐 스탠퍼드대학교 내부에서 사용할 수 있는 검색엔진의 초기 형태를 완성했다. 이 검색엔진은 기존의 검색엔진 기술에 페이지랭크를 접목하여 상호 연관성에 기초를 둔 개인 맞춤형 검색결과를 제공하는 방식을 구현한 것이었다. 다른 검색엔진이 검색어에 의존해 단순히 검색어를 포함한 웹페이지를 찾아주는 방식을 취하고 있는 것에 비해, 페이지랭크는 사용자가 찾는 정보의 논리적 질서에 따라 한 차원 높은 검색결과를 제공하는 방식을 택했다. 세계 최초로 인터넷 검색을 통해 유용한 정보를 신속하게 찾는 방법이 생긴 것이다.

세상을 바꿀 그 이름

1997년 가을 브린과 페이지는 백럽의 이름을 새로 짓기로 했다. 페이지는 이 검색엔진에 걸맞은 이름이 떠오르지 않아 연구실 동료 숀 앤더슨에게 도움을 청했다. 앤더슨은 지금 당장 화이트보드에다 브레인스토밍을 해보자고 권했지만 페이지는 "아냐, 아냐" 하고 거절했다. 앤더슨은 당시의 상황에 대해 이렇게 말했다. "그는 점점 조급해졌어요. 우리는 바로 브레인스토밍을 시작했죠. 화이트보드 앞에 앉아 있던 나는 마지막으로 떠올린 이름 '구글플렉스'는 어떠냐고 물어봤죠. '지금 너는 사람들이 방대한 데이터를 효율적으로 활용하도록 검색하고 이를 인덱스하는 검색엔진 이름을 찾고 있는 거잖아? 구글플렉스는 엄청나게 큰 숫자를 뜻하니까 적당할 것 같은데'라고 말했죠. 그는 마음에 든 표정을 짓더니 '그러면 구글은 어떨까?'라며 좀 더 간단한 이름을 제시했습니다. 저는 제 워크스테이션에 G-o-o-g-l-e이라고 쳤습니다. 그는 바로 좋다며 그날 밤 그 이름으로 인터넷 도메인을 등록했어요. 그리고 화이트보드에 'Google.com' 이라고 써놨죠. 야후나 아마존처럼, 인터넷이라는 거친 링에 구글이 등판하게 된 거예요. 다음날 아침 화이트보드에 타마라가 '스펠링이 틀렸어. Google이 아니라 Googol이라고 써야 해'라고 써놓은 메모를 봤어요. 이미 구글로 이름을 정해버린 뒤였죠."

1997년 드디어 학생과 교수, 그리고 사이트 관리자google.standford.edu 직원들이 이 검색엔진을 사용할 수 있게 되었다. 구글의 인기는 학교 주변에 입소문을 타고 퍼졌다. 스탠퍼드 기술특허지원사무소는 구글의 기술에 특허를 내려 했다. 그리고 스탠퍼드대 교수와 학생들은 온라인에서 정보를 찾는 수단으로 구글을 사용하기 시작했다. 스탠퍼드대 테이스 앨리슨 교수는 "구글은 내가 유일하게 사용하는 검색엔진이 되었어요"라고 말했다. 위노그래드 교수도 "구글 외에 다른 검색엔진을 사용할 필요가 없었습니다. 이 검색엔진은 대학 전체에 퍼졌죠"라고 밝혔다.

구글의 인기가 날로 치솟았지만 페이지는 구글의 홈페이지를 계속 단순한 형태로 유지했다. 자금이 부족해서 구글을 폼 나게 꾸며줄 디자이너와 예술가를 고용할 수 없었기 때문이다. 그런데 오히려 사용자들은 구글 사이트가 군더더기 없이 소박한 점에 큰 매력을 느꼈다. 순수한 흰색 배경과 원색만을 사용한 디자인은 널리 인기를 끌었다. 구글의 이런 디자인은 당시 각종 플래시 광고와 복잡한 그래픽과 서체로 정신없는 인터넷 사이트들 사이에서 오히려 훨씬 눈에 잘 띄었다. 이는 구글이 그 무엇도 팔고 있지 않다는 인상을 주었기 때문에, 점차 이 검색엔진에 대한 충성도가 높아졌으며 기본 검색엔진으로 활용하는 사람도 늘어났다. 앨리슨은 구글의 디자인에 대해 "구글은 디자인 면에서 정말로 뛰어났습니다. 디자인 회사에 홈페이지를 꾸며달라고 의뢰했다면 절대로 마음에 드는 디자인을 얻지 못했을 겁니다. 구글의 홈페이지에는 어떤 애니메이션도 요란한 색깔도 없습니다. 아울러 소리나 특수효과도 사용하지 않죠. 이는 사람들이 소음 속에서 일하기 좋아한다는 통념을 완전히 뛰어넘은 것입니다."

구글의 데이터베이스가 축적되고 사용자 층이 확장되면서 브린과 페이지는 더 많은 컴퓨터가 필요했다. 자금이 부족한 상황에서 그들은 컴퓨터 부품을 구입해 스스로 조립해 사용하고 또 대학 여기저기 방치돼 있는 컴퓨터 케이스 등 재활용 부품을 모아 쓰면서 돈을 아꼈다. 브린은 "주변을 둘러보다가 놀고 있는 컴퓨터 몇 대를 빌려 쓰기도 했습니다. 그들에게 컴퓨터가 그렇게 절실해 보이지 않았기 때문입니다"라며 당시를 회상했다.

브린과 페이지의 사정을 아는 일부 지도교수는 스탠퍼드 전자도서관 프로젝트에서 1만 달러를 마련해 그들에게 전해주기도 했다. 게이츠빌딩 306호 연구실이 점점 더 많은 컴퓨터로 가득 차서 공간이 부족해지자 페이지의 기숙사 방을 데이터센터로 만들어버렸다. "우리는 잡동사니를 긁어모아 별걸 다 만들었습니다." 래리는 어렵게 컴퓨터를 마련하는 과정에서 값진 교훈을 얻었다. 여기저기서 값싼 PC를 모아서도 큰일을 해낼 수 있다는 것이었다.

우리가 아니라 세상이 틀린 것

1998년 3월 페이지와 브린은 팔로알토Palo Alto에 있는 중국음식점에서 스탠퍼드대학교 박사 출신이자 당시 검색엔진의 대명사로 불린 알타비스타를 구축한 폴 플라어티Paul Flaherty를 만났다. 이들은 특허 출원 중인 페이지랭크 기술을 알타비스타에 제공하는 조건으로 100만 달러를 받기 위해 이 자리에서 구글의 기술적 우월성과 장점을 홍보할 계획이었다. 이들은 인터넷 검색 시장 점유율이 54%인 알타비스타가 당연히 최고의 기술을 도입할 것이라 믿었다. 구글의 라이선스 판매에 성공하면 스탠퍼드대에서 연구를 계속할 생각이었다.

그런데 플라어티가 알타비스타의 작동 원리를 설명하고 난 뒤 두 사람은 자신들이 가지고 있는 것이 그보다 더 가치가 있다는 사실을 깨닫게 되었다. 플라어티가 한 말이 결정적이었다. 알타비스타의 전체 데이터베이스를 종이에 출력하여 쌓으면 거의 100킬로미터에 육박하는 높이가 되는데, 검색엔진으로는 이런 방대한 데이터베이스에서 한 단어를 검색하는 데 단 0.5초도 걸리지 않는다는 것이었다. 그림이 그려졌다. 이 저녁 모임을 주선한 데니스 앨리슨은 식사를 다 마치고 포춘쿠키가 나올 즈음 이 만남에서 불꽃이 일게 될지 새로운 동료애가 탄생할지 궁금해졌다. 이는 래리와 페이지가 어떻게 생각하느냐에 달려 있었다.

두 사람은 말했다. 알타비스타는 시작일 뿐 구글이 미래라고. 이에 플라어티도 브린과 페이지의 아이디어가 매우 훌륭하다는 점을 인정하며, "링크된 웹페이지에 순위를 매기는 접근 방식은 상당히 중요한 아이디어라고 생각합니다. 현재 알타비스타의 약점을 보완할 수 있는 기술입니다"라고 화답했다. 아울러 두 사람에게 주의를 당부하는 말도 전했다. 두 사람이 유명해진 이후에 인터넷에서 문제와 골칫거리가 생길 거라고 말이다. 누군가 구글의 네트워크에 침투하여 인터넷 사이트를 공격하고 검색엔진을 조작함으로써 혼란을 일으킬 위험성에 대한 것이었다. 그러나 페이지와 브린은 그런 위협이 두렵지 않았다. 오히려 자신감이 넘쳤고 더 많은 이들이 구글의 기술을 사용하기를 원했다. 이들은 예의 바른 태도로 이렇게 말했다. "알타비스타는 활기를 잃었고 해야 할 일을 하지 않고 있습니다."

그러나 이로부터 몇 주 뒤 브린과 페이지는 플라어티로부터 알타비스타가 구글의 기술을 채택하지 않을 계획이라는 소식을 전해 들었다. 알타비스타의 모기업인 디지털이퀴프먼트Digital Equipment가 외부 기술에 의존하는 것을 원치 않는다는 이유였다. 플라어티는 안타까운 소식을 전하며 이렇게 말했다. "엔지니어링 기업에서 일하는 사람들은 외부 기술을 쉽게 수용하지 않습니다. '우리가 개발한 기술이 아니잖아'라는 식의 매우 폐쇄적인 입장을 보입니다." 협상이 결렬된 또 다른 이유는 당시 디지털이퀴프먼트가 컴팩Compaq과 합병을 앞두고 있는 등 복잡한 경영 상황에 놓여 있다는 것이었다. 합병 테이블에서 검색엔진은 중점 사업 혹은 우선순위가 아니었다. 특히 알타비스타는 검색엔진이라는 본래의 기능에 충실하기보단 사람들이 온라인을 이용하는 거점 역할을 했을 뿐이었다. 그들에게 검색은 단지 알타비스타가 인터넷 사용자에게 제공하는 뉴스, 쇼핑, 이메일 등 수많은 기능 중 하나에 불과했다.

스탠퍼드대학교 교수진과 기술특허지원사무소의 도움에도 불구하고 페이지랭크 시스템을 익사이트 등 다른 검색엔진에 팔려는 브린과 페이지의 노력은 수포로 돌아갔다. 더 우수한 성능과 기술은 중요하지 않은 것 같았다. 주변 사람 모두가 단지 더 많은 광고를 팔아 가능한 한 빨리 돈을 버는 데 집중하는 것 같았다. 위노그래드 교수는 두 사람을 벤처캐피털이 몰려 있는 샌드힐로드에 데려갔지만 그 누구도 검색엔진 자체 흥미를 느끼지 않았다.

래리와 세르게이는 검색엔진이야말로 정보를 찾는 사용자가 인터넷에서 경험할 수 있는 특별하고 가장 중요한 존재라 여겼지만, 다른 이들은 그저 검색을 부차적인 기능으로 인식하고 인터넷의 다양한 서비스 중 하나로 여겼다. 그러나 두 사람은 결코 포기하지 않았다. "그들은 기득권에 다소 회의적이에요." 위노그래드 교수는 두 사람의 가치관과 태도에 대해 이같이 말했다. "세상이 한 방향으로 흘러가고 있을 때 그들은 세상이 다른 방향으로 가야 한다고 믿습니다. 아마 '우리가 다시 생각해봐야겠어'라고 말하기보다 '세상이 잘못된 거야'라고 말할 거예요. 그들은 자신들의 방식을 확신했고 모든 사람이 틀렸다고 당당히 말할 겁니다."

논리적으로 보면 야후는 구글의 바이어가 될 수 있었다. 야후의 검색 서비스는 사람이 손수 편집하는 디렉터리 서비스에 의존하고 있었고, 전체 인터넷을 빠르게 검색할 기술적 방법도 보유하고 있지 않았기 때문이다. 하지만 그들은 구글의 기술을 구입하거나 사용 계약을 맺을 기회를 스스로 거부했다. 야후는 사용자가 야후의 자체 제공 서비스에 더 오래 머물러 있기를 바랐다. 구글의 검색엔진이 사용자가 원하는 정보에 가장 근접한 웹사이트로 빠르게 이동하도록 개발됐다면, 야후의 디렉터리는 야후 사이트 안에서 검색결과를 찾으며 계속 머무르도록 개발된 서비스였다. 그래야 사용자가 자사 사이트에서 쇼핑하고 광고를 보며, 이메일을 확인하고 게임을 즐기면서 더 많은 돈과 시간을 쓸 수 있기 때문이었다.

야후의 공동 창업자 데이비드 필로는 브린과 페이지에게 구글의 독자적인 검색엔진이 지닌 잠재력에 믿음이 있다면 지금 당장 스탠퍼드대 박사과정을 그만 두고 사업을 시작하라고 조언했다. 그 방법만이 자신들이 개발한 검색엔진에 가장 적합한 사업을 구축할 수 있기 때문이었다. 만약 그들이 주장하는 대로 구글이 뛰어나다면 아무리 인터넷 시장이 급속도로 성장하고 컴퓨터 사용자들이 최고의 인터넷 서비스와 사이트에 자연히 모여드는 이때라도 충분히 따라잡을 수 있다는 것이었다.

래리와 세르게이는 검색엔진의 라이선스 판매 실패에 좌절했고, 세상의 편견에 화가 났다. 그런데도 오히려 의지는 굳어졌다. 다만 무엇을 해야 할지 모를 뿐이었다. 그들은 두 가지 선택의 기로에서 판단을 내리지 못했다. 학교를 떠나야 하는가, 아니면 공부를 계속해야 하는가? 그들은 당분간 가능한 한 많은 스탠퍼드대 학생과 교직원 들이 구글을 사용토록 하면서 검색엔진의 성능을 개선하는 데 집중하기로 결정했다. 다른 중요한 결정은 잠시 미루기로 한 것이다.

어느 날 세르게이는 컴퓨터그래픽 프로그램 GIMP(무료 공개 그래픽 프로그램으로 어도비 포토숍의 대안—옮긴이 주)를 만지작거리다 구글 로고를 여러 가지 색으로 바꾸고 'Yahoo!' 로고처럼 감탄사를 덧붙였다. 그는 새로운 로고가 꽤 만족스러웠다. 새로운 로고는 마치 유치원 교실에 붙여놓은 원색의 글자 같았지만 세르게이에게는 로고의 모습보다는 구글이 세상에서 할 수 있는 역할이 더 중요했다. 스스로 로고를 만들고 난 뒤 그는 꽤 다루기 어려운 소프트웨어인 GIMP를 혼자서 익혔다는 생각에 기분이 좋아졌다.

1998년 봄 브린과 페이지는 '구글 친구Google Friends'라고 불리는 사용자들에게 이런 내용의 이메일 뉴스레터로 보냈다.

구글은 이제 한 달 동안 현재 데이터베이스를 시범 운영할 계획입니다. 사용자의 의견을 기다립니다. 검색결과가 어떠했으면 좋겠습니까? 새로운 로고와 홈페이지 구성을 어떻게 생각하십니까? 새로 필요한 기능이 무엇입니까? 의견, 비판, 오류, 아이디어 등 어느 것이든 환영합니다. 그럼 안녕. ─래리와 세르게이가 그해 7월까지 이들은 구글의 모든 검색결과를 요약하고 분석하는 작업을 했다. 그리고 이 작업을 통해 홈페이지에 표시된 모든 글자와 내용이 검색어를 중심으로 구성돼야 한다는 사실을 깨달았다. 이는 구글 사용자가 여러 사이트를 직접 클릭하여 들어가지 않아도 찾고 싶은 가장 적합한 검색 결과를 확인할 수 있다는 의미였다. 두 사람은 다시 메일을 보냈다. "앞으로 몇 달 동안 구글에 많은 변화가 있을 것입니다. 우리는 조만간 현재의 2400만 페이지보다 훨씬 큰 인덱스를 보유할 계획입니다. 로고에 대한 의견과 많은 제안을 해주신 여러분께 감사드립니다. 계속 기능 개선을 해나가겠습니다. 구글링을 즐기시기 바랍니다."

두 사람이 사용자 의견을 묻는 이메일 뉴스레터에 사용자들은 수많은 격려 이메일로 답했다. 하지만 이런 발랄한 이메일을 받아보고도 위노그래드는 래리와 세르게이가 벽에 부딪혔다고 느꼈다. 구글을 정말로 성장시키려면 그들은 학교를 떠나 모험을 할 필요가 있었다. 그러나 외부 투자를 받지 않고 사업에 필요한 컴퓨터 부품을 구입할 방법은 없었다. 위노그래드 교수는 그들이 처한 곤경에 안타까워하며 "나는 창업에 필요한 자금을 어떻게 마련해야 할지 모르겠네"라고 말했다. 그러나 페이지는 실망하지 않고 답했다. "글쎄요, 두고 보십시오. 우리는 방법을 반드시 찾을 겁니다."

4장

페이지랭크

세상의 모든 정보를 연결하다

he Google Story

"그들은 돈이 아닌 비전의 당위성에서 추진력을 얻습니다.
래리와 세르게이는 기꺼이 뭉쳐서
한계까지 밀어붙이죠."

1998년 8월 하순 캘리포니아의 날씨답게 햇볕 좋은 어느 날이었다. 아침부터 래리와 세르게이는 팔로알토의 체리턴 교수 집 앞에 앉아 실리콘밸리에서 올 '천사'를 기다리고 있었다. 당시 두 사람은 밤낮을 가리지 않고 검색엔진 연구에 매진했으나, 아무리 돈을 아껴도 늘 자금이 부족한 상황이었다. 스탠퍼드대 대학원 교수 데이비드 체리턴 David Cheriton은 두 사람의 사정을 전해듣고, 자신의 친구인 앤디 벡톨샤임 Andy Bechtolsheim을 한번 만나보라고 권했다. 벡톨샤임은 실리콘밸리에서 알아주는 컴퓨터 전문가이며, 신생 벤처기업 투자 사업에 여러 번 성공한 전설적인 투자자였다.

은색 포르쉐가 체리턴의 집 앞에 멈춰 섰고, 곧이어 벡톨샤임이 나타났다. 세 사람은 현관에서 그를 맞았다. 실리콘밸리의 다른 부자와 마찬가지로 벡톨샤임은 더 이상 돈이 필요한 처지가 아니었지만 매사에 열심이었다. 그는 신기술에 열정적인 관심을 보였고 문제를 해결하는 새로운 방법에 관심이 많았다. 심지어 꽤 겸손하고 신중해서, 시스코시스템즈 Cisco Systems에서 기술 프로젝트에 종사하는 사람조차 부사장인 벡톨샤임이 썬마이크로시스템즈의 공동 창업자였다는 사실을 알지 못할 정도였다. 2년 전 자신이 설립한 회사를 수천만 달러를 받고 시스코에 팔았다는 사실도 잘 알려지지 않았다.

체리턴은 벡톨샤임에게 자기 제자인 브린과 페이지가 "뛰어난 아이디어"를 개발했으며 설명할 기회를 갖고 싶어 한다면서 그의 호기심을 자극했다. 그는 좀 더 구체적으로 브린과 페이지가 인터넷에서 정보를 신속하게 찾을 수 있는 획기적인 방법을 개발했다고 전했다. 벡톨샤임은 관심을 보였다. "당시 저는 인터넷으로 주로 검색을 했어요. 대표적 검색엔진이었던 알타비스타는 그다지 성능이 좋지 못해서 많이 실망하던 차였죠." 벡톨샤임은 당시를 회상하며 말했다. 그는 구글에 대해 더 많은 걸 알고 싶어서 브린과 페이지에게 개발 과정에 대해 물었다. 페이지는 자신에 찬 표정으로 웹페이지를 다운로드하고 인덱싱한 뒤, 값싼 PC로 구축한 네트워크를 사용해 전체 인터넷을 검색할 수 있는 검색엔진을 만들었다고 한다. 당시 유일한 난관은 추가로 장비를 구입할 자금이 부족하다는 점이었다.

벡톨샤임은 이 아이디어에 관심을 보였지만, 당시 알타비스타를 비롯해 인터넷 검색엔진들이 계속 손해를 보고 있는 터였다. 일부에서는 검색엔진이 지속 가능한 강점이나 경쟁우위가 없는 도서관식 장서 카탈로그 같은 상품에 불과하다고 생각했다. 그럼에도 벡톨샤임은 검색엔진의 상업성에 대한 이런 분석에는 완전히 동의할 수 없었다. 오래전 멜빌 듀이Melvil Dewey가 십진분류법을 개발하여 전 세계 도서관 속 수많은 장서의 보관법에 혁신을 가져온 사례를 무시할 수 없었기 때문이다.

10만 달러 수표를 받다

그날 아침 브린과 페이지는 벡톨샤임과 현관 벤치에 앉아 대화를 나누며 편안함을 느꼈고, 벡톨샤임은 두 사람이 개발한 기술이 맘에 들었다. 이후로도 벡톨샤임은 바쁜 와중에도 아직 특정 비즈니스로 정의되지 않은 구글의 이 놀라운 기술을 습득해나갔다. 하지만 여전히 사업성에 대한 확신은 없었다. 당시 실리콘밸리 안팎에서 신기술 붐이 지속되면서 '닷컴.com'이라는 이름을 단 많은 벤처기업이 주식시장에 상장됐고, 벤처기업들은 장밋빛 전망으로 가득 찬 사업설명을 통해 사람들을 매료했다. 하지만 그에게는 새로운 벤처기업을 평가하는 나름대로의 명료한 기준이 몇 가지 있었다. 단지 전망만을 보고 투자하는 것이 아니라 이런 점을 중시했다. '이 아이디어가 실질적 문제를 해결하고 있는가. 이 비즈니스는 실익을 창출할 잠재력이 있는가. 창업자가 영리하고 열정적이며 능력이 있는가.'

직관에 충실한 그는 절친한 실리콘밸리 동료의 의견을 귀담아 듣곤 했다. 사업을 해본 경험이 있는 박식한 교수 체리턴이 벡톨샤임의 기술 전문가 친구 중 하나였다. 체리턴은 벡톨샤임이 새로운 벤처기업에 관여할 때 그 성공 가능성이 훨씬 높아진다는 것을 알았다. 직접 자금을 지원할 뿐 아니라 투자 분야의 거물과 실리콘밸리의 기술자를 많이 알고 있기 때문이었다. 게다가 당시 벡톨샤임은 아주 적극적으로 새로운 아이디어와 재능 있는 젊은이들을 찾아다니는 중이었다.

그날 아침 젊은 두 친구와 대화를 나누면서 벡톨샤임은 그들이 자금과 경험이 부족해도 지적이며 추진력이 강한 사람임을 알아차렸다. 구글을 시험해본 뒤 벡톨샤임은 감사를 표하며 구글이 훌륭한 검색결과를 제공할 수 있는 뛰어난 기술임을 인정했다. 무엇보다도 그는 브린과 페이지가 광고나 고가 장비에 돈을 낭비하기보다, PC 마더보드 등 저렴하게 구입한 부품으로 직접 컴퓨터를 조립해 사용한 점을 크게 칭찬했다. 게다가 그들은 추가 투자를 위해 벤처캐피털과 협상하기 이전에 완전히 검색이 가능한 데이터베이스를 확실하게 구축해놓았다. 이는 우선 자금부터 받아놓고 사업을 추진하는 다른 벤처기업과는 상당히 다른 행보였다. 두 사람은 구차한 설명보다는 자신들이 개발한 검색엔진이 모든 걸 설명해주기를 바란 것이다.

벡톨샤임은 당시 두 사람을 이렇게 평가했다. "다른 웹사이트는 벤처캐피털로부터 상당한 투자를 받아 그중 많은 돈을 광고에 썼습니다. 하지만 두 사람은 입소문에 의지했지요. 완전히 다른 접근 방식입니다. 그들은 가치를 창출하고 훌륭한 서비스를 제공하면 사람들이 반드시 자신의 검색엔진을 사용하리라 믿고 있었습니다." 벡톨샤임은 검색 시범을 보고 구글이 더 나은 기술로 실질적인 문제를 해결할 것임을 확인했다. 그러니 더 이상 꾸물거릴 이유가 없었다. 그는 가장 중요한 문제를 언급했다. "인터넷 스타트업의 가장 핵심적인 문제는 어떻게 수익성을 올릴 것인가에 있어요. 저는 경제성이 전혀 없는 아이디어에 매달리고 싶지 않아요." 그가 고려한 가능성 중 하나는 구글을 공짜로 이용하게 만들어 사용자 층을 구축한 다음에 광고나 기타 판매를 통해 수익을 올린다는 전략이었다. 하지만 래리와 세르게이는 광고에 강한 거부감을 보였다. 광고가 검색엔진의 결과를 왜곡할까 봐 두려웠기 때문이다. 그들은 이미 광고를 제한한다는 내용을 구체적으로 문서화한 바 있었다. 또한 그들은 기업에게 일정한 대가를 받고 구글의 검색 기술을 제공하는 방안을 놓고 벡톨샤임과 대화를 나눴다. 그리고 대기업이 구글의 검색엔진을 매입할 가능성이 있을지에 대해 토론했다.

벡톨샤임은 검색엔진을 전자 수단으로 검색하는 전화번호부와 같은 인명부라고 생각했다. 이런 전화번호부에도 배관공의 연락처나 테니스 라켓 광고가 실리듯 검색엔진에도 다양한 서비스나 제품 광고를 실을 수 있었기 때문이다. 마침내 그는 투자를 결정했다. "최근 몇 년간의 아이디어 중에서 구글이 최고라고 생각합니다. 구글에 참여하고 싶습니다."

브린과 페이지 모두 어떻게 반응해야 할지 몰랐다. 이런 경험을 자주 해본 벡톨샤임이 두 사람을 진정시켰다. 그리고 그들이 컴퓨터를 더 구입해 네트워크를 구축하도록 수표를 써서 건네고 다음 약속을 정했다. 협상은 없었다. 주식의 가치에 관한 아무런 논의도 없었다. 브린과 페이지가 아직 정식으로 회사를 차린 것도 아니었다. 그러나 이런 세세한 부분은 아무 문제도 되지 않았다. 그는 자신이 썬마이크로시스템즈를 창업할 때 초창기 투자자들이 투자를 결정하던 순간 바로 그에게 수표를 건네던 방식을 잊지 않고 그대로 따라 했다. 그는 구글에게도 똑같이 하고 싶었다. 벡톨샤임은 자세한 내용을 상의하는 대신에 '구글사 귀하'라고 쓴 10만 달러 수표를 건넸다. 10만 달러는 그가 구글에 신뢰를 표현하기에 적절한 금액이었다. 브린은 이날 받은 수표를 자신의 책상 서랍에 안전하게 보관했다. 브린과 페이지는 구글을 법인화하고 새로 설립한 회사의 이름으로 은행 계좌를 열 때까지 이 수표를 사용하지 않았다.

체리턴이 자기 집 현관 앞에서 주선한 구글과 벡톨샤임의 만남은 성공으로 끝났다. 당시 20대였던 두 사람은 무척 기뻐하며 버거킹에서 햄버거를 먹으며 자축했다. 벡톨샤임이 건넨 수표는 그들에게 자신감을 주었을 뿐 아니라, 신용도를 높여 추가 자금을 모으는 데 큰 힘이 됐다. 순식간에 그들은 100만 달러를 모아 필요한 컴퓨터 장비를 구입해 프로젝트의 다음 단계로 넘어갈 수 있었다.

미다스의 손을 지닌 앤디 벡톨샤임은 그날 자신이 얼마나 중요한 일을 했는지 정확히 인식하지 못한 채 포르쉐를 몰고 돌아갔다. "내 마음 한구석에는 브린과 페이지가 수많은 사람들이 쉽게 인터넷 검색을 하도록 만들고 그 과정에서 수익을 창출할 수 있을지도 모른다는 생각이 있었습니다. 저는 당시 구글이 얼마나 큰 사업인지 몰랐습니다. 누구라도 마찬가지였죠." 벡톨샤임의 솔직한 고백이었다.

스탠퍼드대에서의 첫 시연회

　　　　　1998년 9월 벡톨샤임의 투자로 힘을 얻은 두 사람은 스탠퍼드대 게이츠빌딩 380호 강의실에 엘리트들을 모아놓고 구글의 완성된 기능을 선보이는 시연회를 개최했다. 데니스 엘리슨의 초청으로 자신들이 개발한 구글이라는 검색엔진에 대해 토론을 벌일 기회를 얻게 된 것이다. 이들은 이 행사에서 여타 인터넷 정보 검색 기술에 비해 얼마나 구글이 우수한지 알리고자 했다. 대학원생과 컴퓨터공학과 교수 들은 큰 기대를 안고 강의실에 모였다. 강의실 앞쪽에 앉아 있던 브린과 페이지는 돈에 관한 문제는 전혀 언급하지 않기로 했다. 이번 토론은 스탠퍼드대 사람들 앞에서 정식으로 구글의 개념을 설명할 첫 기회였다. 웹에 존재하는 정보를 가장 효율적이고 빠르게 검색하기 위해 다양한 요소를 결합하여 검색엔진을 만든 구글의 비결을 설명하는 최초의 시간이기도 했다.

　이 자리는 본래 앨리슨 교수가 매주 수요일마다 개최하는 일상적인 토론회로, 중요한 기술적 발전이나 획기적인 아이디어를 논하는 자리였다. 그는 여러 가지 이유로 브린과 페이지에게 큰 신경을 썼다. 두 사람의 활발한 성격, 지적 능력, 젊은 나이에 비해 매우 성숙한 인격, 다른 사람들이 겁먹고 포기한 문제를 해결하려는 강한 의지력과 야망을 인정했던 것이다. 브린과 페이지는 도전할 대상이 생기면 오히려 기운이 넘쳤다. 앨리슨 교수가 만난 뛰어난 컴퓨터과학자, 수학자, 기술자들 중에서도 브린과 페이지에게는 다른 사람과 다른 특별함이 있었다. 썬마이크로시스템즈, 야후, 로지텍^{Logitech} 등 비즈니스에 성공한 많은 스탠퍼드대 출신 창업자들을 보았지만 구글의 창업자 둘은 달랐다.

앨리슨은 래리와 세르게이에 대해 이렇게 말했다. "그들은 비범한 사람들입니다. 최고의 컴퓨터 '해킹' 기술을 지니고 있지요." 여기서 해킹이라는 말은 컴퓨터 시스템이나 웹사이트에 침입해 해를 끼치는 범죄 행위를 뜻하는 일상적인 의미와 거리가 멀다. 소프트웨어 엔지니어와 컴퓨터공학자 세계에서 이는 전혀 새로운 소프트웨어를 만들거나 새로운 가능성을 개척하는 혁신적 능력을 가리키는 말이다. 스탠퍼드대학교에 훌륭한 아이디어와 의욕이 넘치는 이들은 많지만 그 아이디어와 의욕을 실행하고 여러 가지 장애를 극복하는 사람은 소수에 불과하다. 그는 세상을 변화시키겠다는 과감한 꿈을 빠르게 현실로 옮기는 그들의 방법을 높이 샀다. "그들은 돈이 아닌 당위적인 비전에서부터 추진력을 얻습니다. 전 세계를 디지털화하여 현실에 적용하겠다는 아이디어에 그 누가 태클을 걸 수 있겠어요? 하지만 대부분의 사람들은 그냥 그런 게 있었으면 하겠죠. 하지만 래리와 세르게이는 기꺼이 뭉쳐서 한계까지 밀어붙여 보는 거예요. 운 좋게도 그 목표는 실제로 이뤄지고 있고요." 앨리슨은 말했다.

브린과 페이지는 한 발은 학문의 세계에 있고, 다른 한 발은 비즈니스를 시작하려고 문밖에 내놓은 박사과정의 학생이었다. 이번 토론은 구글이 탄생한 근원지인 학문의 세계에 있는 많은 사람에게 그들의 발명을 소개하고 의견을 수렴하는 중요한 기회였다. 그들은 일단 스탠퍼드대를 떠나 사업을 시작하면 경쟁자가 구글을 따라 하지 못하도록 성과나 전략, 거래에 관해서 비밀에 부쳐야 한다는 충고를 들어왔다. 이 경고에 따르면 그들은 게이츠빌딩 380호 강의실에서도 구글의 비밀을 유지해야 했다. 강의실에는 똑똑한 사람들이 브린과 페이지의 말 한마디, 한마디에 귀를 기울이고 있었다. 그들은 경쟁자를 스스로 키울 필요가 없었다. 하지만 이들은 달랐다.

"저는 세르게이고 저기 있는 친구는 래리입니다. 바로 시범을 보이 겠습니다." 브린은 특유의 격식을 차리지 않는 방식대로 강연을 시작 했다. 그는 여행을 하려는 한 사람을 사례로 들어 다른 검색엔진에 '렌터카 rent a car'라는 단어를 쳤다. 다른 검색엔진은 단지 렌트 rent와 자 동차 car라는 단어가 다른 웹사이트에 몇 번이나 나타났는지를 헤아려 그 순서를 정하는 방식을 채택하고 있는데, 이 방식에는 문제점이 있 다고 브린은 설명했다. 하지만 구글에 렌터카를 입력하면 단어의 관 련성에 기초해 검색결과를 제공한다. 수많은 전문가가 지켜보는 가운 데 브린은 구글 검색창에 렌터카라는 단어를 입력했다. 제일 먼저 나 온 검색결과는 에이비스 Avis, 내셔널 National, 돌러 Dolar, 알라모 Alamo 등 렌터카 업체의 공식 홈페이지였다. 그 밑에는 렌터카와 관련 있는 수 많은 웹페이지 목록이 나왔다.

브린은 설명을 계속했다. "우리가 새로운 검색엔진으로 하려는 일 은 단순히 웹페이지에 나와 있는 단어의 숫자를 헤아려 터무니없는 결과를 제공하는 게 아닙니다. 우리는 3년 전부터 연구를 시작했고 이 연구는 특정 웹페이지의 중요성에 대한 혁신적 사고로 이어졌습니다. 그리고 혁신적 사고를 담은 페이지랭크 알고리즘은 오늘 제가 여러분 에게 소개하려고 하는 구글 검색엔진의 핵심 요소입니다."

웹페이지를 서로 연결하는 것은 어렵지 않지만 여러 가지 요소를 고려하면서 서로 연관된 웹페이지에서 의미 있는 검색결과를 도출하 는 일은 상당히 어렵다. 그러나 이 방식이 성공적으로 작동하면 검색 결과는 향상된다. 연관된 웹페이지에서 의미 있는 검색결과를 도출하기 위해서는 우선 왜 웹사이트 운영자가 자신의 웹사이트를 다른 웹사이트와 서로 링크시켰는지 그 동기를 고려해야 한다. 그들은 다른 사이트의 방문자에게 중요한 정보를 제공하고 자신의 사이트에 더 많이 방문하도록 유도하기 위해서 링크를 건다.

브린은 말을 계속 이어갔다. "검색엔진이 직면한 도전이 무엇인지 말씀드리고 싶습니다. 여러분은 전체 웹을 색인해야 합니다. 정말 많은 데이터를 처리해야 한다는 뜻입니다. 우리는 웹을 색인하는 방법을 보여드리겠습니다. 그리고 더 나은 검색결과를 위해 우리가 어떤 일을 했고, 3년 동안 노력한 결과 우리가 무엇을 기대하는지 알려드리겠습니다. 그리고 사회적 이슈에 관해서도요."

브린은 더 기술적인 설명을 원하거나 시간을 낼 수 있는 사람에게 그와 페이지가 이번 학기에 검색엔진에 대해 가르치고 있는 수업을 듣도록 권했다. 그러면서 학생들에게 '전 세계 어디서도 들을 수 없는 귀한 정보'에 접근할 수 있게 해주겠다고 장담했다. 그러면서도 브린과 페이지는 토론 기회를 활용해 구글의 검색엔진을 개발한 방법에 대한 기본적인 설명을 하려고 최선을 다했다.

브린은 청중에게 물었다. "우선 무엇 때문에 검색엔진을 개발하려고 할까요?" 굳이 답을 들으려는 질문은 아니었지만 그는 혹시 검색엔진의 개발 이유를 이해하지 못하는 사람을 위해 그 이유를 설명했다. "세상에는 수백만 개의 웹사이트가 있고 웹페이지는 수억 개가 넘습니다. 올해 초 계산한 바로는 약 3억 개의 웹페이지가 인터넷에 존재합니다. 그 많은 웹페이지를 어떻게 다 셌는지 궁금하실 겁니다. 그렇게 힘든 일은 아니었습니다. 우리는 검색엔진을 구축하면서 무어의 법칙Moore's Law을 적용했습니다."

구글의 혁신을 이해하기 앞서 무어의 법칙에 관한 기본적인 이해가 필요하다. 무어의 법칙은 1960년대 중반 인텔의 공동 창업자인 고든 무어Gordon Moore 박사가 마이크로칩 기술의 발전 속도에 관해 발견한 것으로, 그는 18~24개월마다 한 번씩 마이크로칩에 저장할 수 있는 정보의 집적도가 두 배로 늘어난다고 예측했다. 이 법칙은 기업과 대학, 그리고 정부의 영역인 대형 슈퍼컴퓨터에서 발생하는 추세 변화를 보여주는 핵심적인 이론이었으며, 또 개인용 컴퓨터의 혁신적인 발전을 불러왔다. 무어의 예측은 시간이 지나 여러 차례 입증된 바 있다. 브린은 이 무어의 법칙이 전체 인터넷을 포괄하는 검색엔진을 구축하는 데 어떻게 적용되었는지 설명을 이어갔다.

"현재 컴퓨터 디스크 속도는 매우 빨라지고 있습니다. 우리는 앞으로 수십 년 안에 비디오 자료를 제외한 인간의 모든 지식과 정보를 여러분의 주머니 속에 집어넣을 수 있을 것입니다. 이 모든 일이 실제가 될 수 있습니다. 그러면 여러분은 모든 지식과 정보를 한곳에 모아두고 필요할 때마다 꺼내 처리할 수 있겠죠. 바로 그런 일을 우리가 해냈습니다."

브린은 사람들이 수천 건의 검색결과를 처리할 수 없다는 점이 문제라고 말했다. "불행히도 현재 인간에게는 무어의 법칙을 적용할 수 없습니다. 인간의 능력은 느린 속도로 발전하고 있으니까요. 그것이 큰 문제이지요. 정말로 우리가 해결해야 할 문제는 인간의 능력을 향상시켜야 하는 일일지도 몰라요." 청중이 웃음을 터뜨렸다.

앤디 벡톨샤임에게 10만 달러 수표를 받고 스탠퍼드대 박사 과정을 휴학하기로 결정한 뒤 브린은 래리와 함께 어떤 일을 하려는지 학계 전문가들에게 알리고 싶었다. "우리는 구글을 상업화하는 과정에 있습니다. 그리고 가까운 시일 내에 'Google.com'에서 우리가 하려는 일이 무엇인지 알 수 있을 겁니다. 지금 검색엔진의 성능을 높이려는 몇 가지 방법이 있습니다만 자세한 내용을 언급하진 않겠습니다." 브린이 말하고자 하는 것은 마치 공상과학 소설처럼 이야기하기는 쉽지만 완벽하게 실행하기는 어려운 일들이었다. 하지만 누군가 그 일을 할 수 있다면 이는 구글의 두 사람밖에 없다고 앨리슨 교수는 생각했다. 그들은 목표를 향해 순조롭게 나아가고 있었다.

구글의 검색엔진은 시장에 나와 있는 다른 검색엔진보다 더 많은 요소를 고려했다. 단지 단어나 링크의 숫자를 헤아려 검색결과를 제시하는 데서 나아가, 구글은 링크와 단어에 관한 정보를 다른 변수와 결합하는 새롭고 흥미로운 방식을 사용했다. 브린은 단어나 구절이 서로 가깝게 있는가 또는 멀리 있는가, 폰트의 크기는 어떠한가, 그리고 대문자로 쓰여 있는가 아니면 소문자로 쓰여 있는가와 같은 사항이 중요하다고 설명했다.

"우리는 가능한 한 많은 정보를 활용하려고 노력했습니다. 우리는 사용자 입장에서 접근했습니다. 또 좋은 검색결과를 얻기 위해 컴퓨팅파워가 많이 필요했죠."

좋은 검색결과를 얻으려면 올바른 수학 공식과 방정식이 소프트웨어에 포함돼야 하고, 기존 검색엔진이 사용하는 것보다 훨씬 우수하고 많은 컴퓨터가 필요했다. 컴퓨터는 가장 기본적이고 중요한 요소였다. 다른 사람들이 검색엔진 요소로 컴퓨터의 성능을 간과했지만 래리와 세르게이는 컴퓨터의 중요성을 예리하게 포착했다. 처음부터 두 사람은 검색 이용자에게 더 나은 결과를 제공하는 유일한 방법이 바로 과감한 컴퓨터 투자라고 생각했다. 이는 이전에는 누구도 해보지 못한 생각이었다. 그들은 소프트웨어 개발뿐 아니라 컴퓨터 네트워크의 모든 부분에 큰 관심을 뒀다. 하드웨어도 우수한 검색결과를 제공하는 데 중요한 요소였기 때문이다. 소프트웨어와 하드웨어는 불가피하게 서로 얽힐 수밖에 없고, 이 두 요소가 최적화되어야 최선의 검색결과를 제공할 수 있다. 그들은 앞으로 컴퓨터 가격이 계속 떨어지고 컴퓨터 메모리 등 부품의 성능이 계속 개선되면 큰 혜택을 입으리라 예상했다. 두 사람은 타고난 소프트웨어 개발 능력을 최대한 발휘하면서, 컴퓨터 부품을 구입해 검색을 수행할 수 있는 값싼 컴퓨터를 직접 조립해나갔다. 이처럼 하드웨어와 소프트웨어의 조화라는 그들의 비전은 상상을 뛰어넘는 훌륭한 검색결과로 결실을 맺었다.

| 검색엔진의 핵심, 중요도

강연을 들으면서 앨리슨 교수는 스탠퍼드대에서 브린과 페이지와 함께했던 지난날을 회상했다. 두 사람은 신뢰할 만했고 옳은 일을 하고자 했다. 모든 기술적 지식의 우수성을 제외하더라도 그들은 특별한 개성을 지닌 젊은이들이었다. 이들의 본모습은 특히 제품과 그 분야 종사자에 대한 신뢰가 필요한 분야에서 그들이 하는 일을 통해 드러난다. 브린과 페이지는 컴퓨터광이었지만 동시에 다양한 문제에 관심이 많았다. 이는 성공을 위한 필수 요건이었다. 두 사람은 사회적으로 진보적이었는데, 실리콘밸리의 무료 공개 소프트웨어 시스템을 선호하기도 했다. 시스템을 절대 공개하지 않는 빌 게이츠 및 마이크로소프트와는 정반대였다. "그들은 미국 기업들의 신중하지 못한 행태에 부정적이었어요." 앨리슨 교수는 말했다.

브린에 이어 페이지가 나서서 강연을 계속했다. 그는 핵심 아이디어를 포착하여 이를 모든 사람들이 이해하기 쉽게 설명하는 능력이 있는 그는 강연이나 강의를 매우 잘했다. 무엇을 말해야 하는지 정확히 파악하고 그 목적에 맞게 명쾌히 설명하는 데 뛰어났다. 페이지는 그가 무슨 말을 할지 기대하고 있는 청중을 향해 입을 열었다. "여러분이 링크를 만들 때마다 일종의 인용구를 만드는 셈이에요. 하지만 다른 검색엔진이 하듯이 단지 웹에서 인용되는 횟수만을 측정한다면 곧 문제에 부딪히게 됩니다. 웹은 과학 논문이 아니거든요. 누구라도 웹페이지를 만들 수 있으니까요. 페이지랭크를 이해하는 한 가지 방법으로 사용 모델usage model을 활용할 수 있습니다. 여러분이 무작위로 인터넷을 서핑하는 사람을 알고 있다고 가정해봅시다. 원숭이나 마찬가지로 이 사람은 그냥 컴퓨터 앞에 앉아 하루 종일 아무 생각 없이 링크를 클릭합니다. 여러분은 사람들이 웹에서 보이는 행동이 이와 비슷하다고 생각할 수 있습니다." 페이지는 사람들이 여기저기서 웃음을 터뜨리자 잠시 말을 멈췄다. 그리고 다시 말을 이었다.

"페이지랭크를 간단히 설명해보죠. 누군가 여러분의 웹페이지에 링크를 걸었다면 여러분은 그 사람에게서 중요성을 획득한 겁니다. 정말로 중요한 사람이 여러분의 웹페이지를 링크했다고 합시다. 이 링크는 무작위로 인터넷을 돌아다니는 사람이 건 링크보다 중요합니다. 예를 들어 야후가 여러분의 홈페이지에 링크를 걸었다면 정말 큰 중요도를 획득한 겁니다. 그런데 여러분이 야후 홈페이지를 링크했다면 그 중요도는 다소 떨어지겠죠. 링크를 거는 이유는 여러분이 큰돈을 지불하거나 여러분의 홈페이지에 좋은 정보나 내용이 담겨 있기 때문입니다. 여러분이 제 홈페이지에 링크를 걸었다면 아무도 크게 신경쓰지 않겠죠."

순위를 정해 검색결과를 정확하게 제공하는 비결이 무엇인지 쉽게 설명됐다. "우리는 웹페이지마다 그 중요도에 해당하는 숫자를 부여했습니다. 그리고 페이지를 링크한 다른 웹페이지의 중요도 점수를 모두 합한 결과로 웹페이지의 순위가 매겨지는 거죠." 페이지는 검색엔진이 직면한 또 다른 도전으로 사람들이 자신의 웹페이지가 검색결과에서 높은 순위를 차지하도록 속임수를 쓴다는 점을 지적했다. 검색엔진은 더욱 영리해져서 조작된 웹사이트들과의 사이버 전쟁에서 이겨야 하는 것이다.

"사람들은 검색엔진을 오도하려고 애씁니다. 어떤 내용을 검색하려 했는데 엉뚱하게 포르노사이트 검색결과가 나왔던 경험이 얼마나 많습니까? 그랬던 경험이 있는 분은 손을 들어주세요. 좋습니다. 솔직한 분이 몇 분 있네요. 엉뚱한 검색결과가 나오는 현상은 검색엔진이 직면한 큰 문제입니다. 기본적으로 사람들은 모든 검색결과에서 자신의 웹페이지가 나오도록 만들어 돈을 벌려고 합니다. 그들은 여러분이 무엇을 찾고 있는지에는 전혀 신경을 쓰지 않죠. 매우 심각한 문제입니다."

페이지는 이러한 검색엔진들의 문제를 풀 해결책을 찾았다고 밝혔다. 웹사이트의 진정한 중요도를 측정하는 기준을 매번 역동적으로 바꾸는 방법을 포함하여 갖은 아이디어를 동원해 이런 문제를 해결했다는 것이다. 이렇게 하면 웹사이트 운영자는 검색 시스템을 속이기가 점점 더 어려워지게 된다. 최종 사용자의 편의를 최대한 고려함으로써 엉뚱한 검색결과가 나오는 문제를 해결한 것이다.

페이지는 그가 목격한 다른 검색엔진의 딱한 처지를 언급할 수밖에 없었다. "기존 검색엔진은 생각보다 성능이 좋지 못합니다. 여러분이 다른 검색엔진에 알타비스타를 입력한다면 알타비스타의 홈페이지가 가장 먼저 나오는 검색결과를 얻을까요? 그렇지 않을 수도 있습니다. 하지만 구글은 알타비스타를 검색하면 그 홈페이지가 가장 먼저 뜨게 만들었습니다. 이 일을 우리 힘으로 해낸 것이죠. 이는 정말로 중요한 시도입니다."

구글은 복잡한 문제를 작게 분할하여 동시에 처리하는 접근 방식을 취했다. 올바른 수학 방정식과 수많은 PC를 활용해 정보를 수집·색인하고 정보를 제시하기 위한 첨단 처리 라인을 만들어냈으며. 무어의 법칙을 사용해 적은 비용으로 막강한 컴퓨터 능력을 구축했다.

"우리는 웹을 샅샅이 뒤지며 전체 웹사이트를 다운로드했습니다. 초당 100여 개의 웹페이지를 다운로드한 셈입니다. 신뢰할 만한 분석 결과를 얻는 일은 상당히 복잡했습니다. 하지만 연구에 좋은 자료였기 때문에 실제로 모든 웹페이지를 다운로드하여 저장했습니다. 우리는 전체 웹페이지를 디스크에 저장해 연구실에 보관해놓았습니다. 이 자료는 검색엔진의 성능을 높이는 연구에 매우 유용할 겁니다."

페이지가 구글의 검색엔진이 기존 다른 검색엔진보다 훨씬 우수하다는 사실을 증명하자 스탠퍼드대 학생과 교수 들은 그의 말 한마디, 한마디에 더욱 집중했다. "한 단어 이상의 검색어를 입력할 때마다 우리는 웹페이지에 존재하는 해당 단어 사이의 거리를 조사합니다." 이를 위해 많은 방정식을 이용하는 복잡한 소프트웨어가 도움이 됐다. 다른 검색엔진은 다소 간단한 접근방식을 취하기 때문에 인터넷의 성장을 쫓아가지 못한다. 그러나 적절한 수학 공식을 활용해 프로그램을 만들고 가능한 한 많은 웹사이트를 다운로드하여 포괄적으로 인터넷을 분석한 구글은 다른 검색엔진보다 우수한 검색결과를 제공한다. "여러분이 더 좋은 정보를 원한다면 더 많이 웹을 크롤링crawling (인터넷에 존재하는 자료와 정보를 검색해 수집하는 기술—옮긴이)해야 합니다. 그것이 훌륭한 정보를 얻는 가장 쉬운 방법입니다." 페이지는 말했다.

래리 페이지와 세르게이 브린은 페이지랭크와 구글의 모든 비밀을 다 털어놓지 않도록 조심했다. 강의실에는 다른 회사에서 정보를 캐러 온 스파이가 있을 수도 있는데, 어렵게 달성한 성과를 그렇게 빼앗기기는 싫었다.

브린은 강의를 좀 더 흥미로운 내용으로 이끌었다. 그는 인터넷의 크롤링과 인덱싱이라는 단어가 완전히 기술적 용어처럼 보이지만 나름 모험적이고 위험한 측면도 있다고 말했다. 웹사이트 보유자의 측면에서 보면 크롤링은 원치 않는 침입을 의미할 수도 있다. "크롤링을 하면서 재미있는 일도 많았습니다. 100만 개의 웹사이트와 접속한다면 여러분은 기본적으로 이 웹사이트를 운영하는 100만 명의 웹마스터와 만나는 셈입니다. 이는 마치 100만 개 가정을 일일이 찾아다니며 문을 두드리면서 여러분의 이메일 주소를 받는 것과 같거든요. 이런 행동을 하면서 죽지 않고 살아 있을 확률이 얼마나 되겠어요? 특히 돌아다니는 지역이 우범 지대라면?"

브린은 일부 '이성을 잃은' 웹마스터 이야기를 이어나갔다. 그들은 구글의 크롤링이 자신의 웹사이트를 망가뜨렸다며 매우 화가 나 대량으로 이메일을 보내 보복하거나 법적 조치를 취하겠다고 으름장을 놓기도 했다. "말로 경고하기도, 고소하기도 합니다. 한번은 몬태나에 있는 웹사이트를 차단한 적도 있습니다. 지금은 싱가포르에 있는 모든 웹사이트를 차단했고요. 때로 그들에게 그냥 당하면서 아무 대응도 안 하고 있으면 스탠퍼드대 위험관리 담당관에게 가서 항의하기도 해요. 여러분은 그런 담당관이 있는지도 몰랐을 텐데 말이죠. 하지만 실제로 있습니다. 그러면 그 담당관이 우리에게 연락을 취해옵니다. 말썽은 끝없이 일어납니다."

5장

벤처캐피털

끝까지 협상을 밀어붙이다

he Google Story

"기업을 시작하려는 사람이 반드시 갖춰야 할 덕목은
목적의식입니다. 확고한 신념은 사업을 하면서
부딪치게 될 난관을 극복하는 데
반드시 필요하기 때문입니다."

1998년 가을 래리 페이지와 세르게이 브린은 세계 최고의 검색엔진을 만들기 위해 스탠퍼드대학교를 떠났다. 그들은 그때까지 사용하던 컴퓨터, 각종 기구와 장난감 등을 챙겨 학교 근처 멘로파크Menlo Park에 있는 창고와 욕실이 딸린 한 주택을 빌려 마련한 사무실로 이사했다.

새 사무실 주인인 수전 워치츠키Susan Wojcicki는 브린과 이전부터 알고 지낸 사이였다. 브린이 워치츠키의 룸메이트와 사귄 적이 있기 때문이다. 브린과 페이지는 한 달 임대료 1,500달러 대신 모든 세금과 공과금을 포함한다는 조건으로 1,700달러를 냈다. 사업은 처음부터 계획대로 착착 진행됐다. 9월 7일 그들은 공식적으로 구글사Google Inc.를 설립했다. 그러고 나서 은행 계좌를 열고 벡톨샤임에게 받은 10만 달러짜리 수표를 예치했다. 또 구글의 첫 직원으로 스탠퍼드대의 박사과정에 있었던 크레이그 실버스타인Craig Silverstein을 채용했다. 실리콘밸리의 여느 성공한 벤처기업들처럼 구글의 시작 역시 창고였다. 워치츠키는 구글 사람들이 자신이 출근하고 집을 비운 낮에만 창고에서 일할 것이라 생각했지만, 그들은 늘 창고에 틀어박혀 열정적으로 일했다. "그런데 실은 24시간 내내 일하고 있던 거예요. 그래도 결국 그들은 해냈고, 덕분에 우리는 공짜로 인터넷 접속을 할 수 있게 됐죠." 워치츠키는 말했다.

다섯 달 뒤인 1999년 초에 브린과 페이지는 비좁은 워치츠키의 창고를 떠나 팔로알토 시내의 유니버시티애비뉴University Avenue로 이사했다. 이곳은 후에 구글이 독특한 문화를 형성하고 성장하게 된 기념비적인 장소이기도 하다. 그들은 언제나 열정적으로 재밌게 일하고 싶었고, 그런 회사 분위기를 계속 이어가고자 했다. 그래서 멋진 대학가의 2층 건물에 자리 잡은 사무실은 구글에게 최적의 장소였다. 스탠퍼드대 캠퍼스에서 고작 2킬로미터 정도 거리라 주변 분위기도 오피스타운보다 훨씬 활기찼다.

대학을 떠나 실리콘밸리 정글로

처음에 구글은 어떻게 수익을 올려야 할지 몰랐다. 그래도 구글이 최고의 검색엔진을 보유한다면 사람들이 구글의 서비스를 이용하게 될 것이라는 다소 막연한 믿음이 있었다. 무엇보다도 사람들이 온라인에서 더 빠르게 더 많은 정보를 찾을 수 있도록 돕는 데 항상 큰 보람과 기쁨을 느꼈고, 자신들의 사업이 성공한다면 그 파급효과는 상당할 것이라 믿었다.

이미 스탠퍼드대에서 꽤 유명해진 구글은 하루에 10만 건의 검색을 처리하고 있었다. 이러한 성장은 순전히 입소문과 이메일, 인스턴트 메시지만으로 이뤄진 것이었다. 이는 돈 한 푼 들이지 않고도 강력한 바이럴 마케팅 방식에, 캠퍼스를 떠났어도 고립되지 않고 끈을 놓지 않으려던 그들의 노력이 더해진 결과였다. 1999년 1월 브린과 페이지는 스탠퍼드대에서 학생들과 내부 인사를 포함한 40여 명을 대상으로 간담회를 열어 구글이 앞으로도 교수들과의 관계를 유지하겠다고 강조하기도 했다. 2월에는 구글의 사용자와 대학의 친구들에게 뉴스레터를 보냈다.

"구글이라는 연구 프로젝트는 이제 구글닷컴 Google.com 이 됐습니다. 우리는 세상에 양질의 검색엔진을 내놓고자 합니다. 이 회사야말로 그 목표를 달성하는 최고의 수단이라고 생각합니다. 우리는 더 많은 인력을 채용하고 21대의 컴퓨터를 추가하여 서버를 확충하고 있습니다. 크롤링 빈도를 늘려 더 신속하면서도 업그레이드된 검색결과를 지향하고 있죠. 우리는 웹에서 최신의 그리고 최고의 기술을 구현할 유능한 인재를 신속히 충원하고자 합니다."

브린과 페이지는 구글에서 일해야 하는 열 가지 이유를 제시했다. 그중에는 훌륭한 기술, 스톡옵션, 무료 스낵과 음료, 그리고 수많은 사람들로부터 '여러분의 소프트웨어를 사용할 수 있어서 정말 감사드립니다'라는 말을 들을 기회라는 항목도 있었다. 처음에 두 사람은 일부 비즈니스 파트너와 투자자로부터 외면을 당하기도 했지만 좌절하지 않고 높은 목표를 세웠다. 그런 그들의 열정은 사용자 수가 늘어나도 변함이 없었고, 점점 구글을 주목하는 사람이 늘어나기 시작했다. 구글은 여전히 성능을 시험하는 베타버전에 머물고 있었지만 컴퓨터 전문 잡지인 〈PC매거진〉은 구글을 1998년도 100대 최고 웹사이트와 검색엔진 중 하나로 선정했다.

인터넷에 나타나기 시작한 새로운 추세는 브린과 페이지에게 더 큰 기회가 됐다. 알타비스타, 익사이트, 라이코스 등 유명한 상업 검색엔진들은 가장 중요한 사업 영역인 검색을 향상하는 데 투자를 게을리하고 있었다. 대주주들이 검색엔진의 성능 개선에 관심이 없었고, 닷컴 열풍이 불자 기술 개발보다는 광고 수익 같은 수익성만을 좇았던 것이다. 점점 더 검색의 질이 떨어지면서 새로운 대안을 찾던 인터넷 이용자들은 구글에 더 큰 호감을 보이기 시작했다. 〈PC매거진〉에 구글 기사가 실리자, 많은 사람의 이목이 구글에 집중됐다. 이때 두 사람은 미디어 보도가 돈을 들이지 않고도 매우 큰 광고 효과를 거둘 수 있는 방법임을 간파했다. 실리콘밸리에 산재한 수많은 기업들처럼 수백만 달러를 들여 미식축구 슈퍼볼에 광고를 하거나 마케팅을 하지 않고도 구글은 인지도와 인기를 점점 높여갔다.

당시에는 사람들이 다기능 웹사이트를 통해 인터넷에 접속한다는 통설이 있었다. 그러나 브린과 페이지는 한순간도 그 말을 믿지 않았다. 잡다한 내용까지 모두 담으려는 포털 사이트는 사용자의 특정하고 전문화된 요구를 충족시키지 못한다고 보았고, 인터넷이 공급자에서 사용자 중심으로 변하는 추세에 있었기 때문이다. 한 가지 목표에 전념하던 페이지와 브린에게 인터넷 검색이야말로 그들이 해결할 수 있는 가장 중요한 장기 과제였다. 그리고 이를 해결한다면 신규 사용자가 늘어날 것이라고 굳게 믿었다. 검색의 정확도, 속도, 신뢰성을 높이기 위해서 컴퓨터 하드웨어 구입에 대부분 자금을 투자했고, 유능한 인재를 뽑고 소프트웨어의 성능을 개선하는 데 대부분의 시간을 보냈다. 그들은 한 가지 목표를 맘에 새겼다. 다른 기업들이 검색을 하나의 상품에 불과하다고 우롱하며 검색 사업을 내던지고 있을 때 구글이 이 분야에서 독보적인 지위를 차지하겠다는 것. 이들은 검색이야말로 확장하고 있는 월드와이드웹을 항해하는 데 가장 중요한 역할을 한다고 굳게 믿었다. 그리고 구글을 통해 검색하는 횟수가 늘어나면서 우연히 개발한 검색엔진의 이름과 로고가 매우 유명해졌다는 사실을 깨달았다.

팔로알토에 있는 사무실로 이사한 지 얼마지 않아 구글은 여덟 명의 인력을 새로 채용해 늘어나는 검색 수요에 대처했다. 이들은 저렴한 컴퓨터 부품을 직접 조립해 만든 컴퓨터와 이 작은 슈퍼컴퓨터에 적합한 소프트웨어로 이루어진 독특한 시스템을 활용하여, 계속 늘어나는 검색 수요에 대처하고 점점 커지는 전 세계 웹 정보를 다운로드했다. 그러나 곧 이것만으로는 급속도로 치솟는 검색 수요를 충족하지 못할 때가 오리라는 조짐이 보였다. 백톨사임과 초기 투자자 그리고 두 사람의 신용카드로 조달한 초기 투자금인 100만 달러가 거의 바닥나고 있었기 때문이다. 하루 검색 횟수가 50만 건에 이르자 브린과 페이지는 컴퓨터 시스템 확충을 위한 추가 자금의 필요성을 더 절실하게 느꼈다. 컴퓨터를 더 많이 확보할수록 검색 수요를 처리하는 능력도 더 커진다. 그리고 더 많은 검색을 처리할수록 구글의 비즈니스는 빠르게 성장할 것이다. 하지만 두 사람이 원치 않는 것은 바로 이 추가 투자로 인해 회사에 대한 통제력을 잃는 것이었다.

1999년 초반에 실리콘밸리에 불어닥친 투자 열풍 속에서 아직 이윤을 내지 못한 구글 역시 주식 상장을 통해 자금을 모을 수 있었다. 그러나 브린과 페이지는 기업 상장 때문에 구글의 기술과 기업 비밀이 공개적으로 알려지는 것을 원치 않았다. 타인의 간섭 없이 검색엔진을 계속 발전시킬 수 있는 기회를 돈 때문에 놓치고 싶지는 않았다. 필요한 자금의 규모가 너무 컸기 때문에 엔젤 투자자Angel investor에게서 투자를 받는 방안도 좋은 선택은 아니었다. 그러나 비즈니스를 키우기 위해서 추가 자금은 불가피했다. 그들은 구글의 검색 기술을 사용하려는 기업에게 임대하기 시작했다. 공개 소프트웨어 업체인 레드햇Red Hat(리눅스 배포판을 공급하는 소프트웨어 회사—옮긴이)이 구글의 기술을 임대해 사용한 첫 번째 기업이었다. 그러나 이는 예외적인 경우였다. 곧 두 사람은 검색이 별로 중요하지 않다는 시각이 우세한 상황에서 검색 서비스에 비용을 지불하도록 기업을 설득하기는 어렵다는 사실을 깨달았다. 결국 대규모 외부 자금 유치를 더 이상 피할 수 없었다.

페이지와 브린은 벤처캐피털의 현황을 파악하고, 경영에 간섭하지 않는 블루칩 투자회사로부터 자금을 조달하기로 했다. 이는 전체 웹을 검색하여 모조리 다운로드하자던 페이지의 초기 아이디어만큼 황당한 생각이었지만, 이들은 원하는 방식으로 투자를 받을 수 있으리라 믿었다. 실리콘밸리에서 모든 벤처기업은 샌드힐로드에 있는 유명한 벤처캐피털로부터 투자 받기를 꿈꾼다. 그리고 기술기업에게 정상적인 계약을 맺고 정상적인 투자를 받는 것은 성공과 실패를 가르는 매우 중요한 열쇠다. 반면 경영권이 벤처캐피털로 넘어갈 경우 창업자의 비전과 혁신적 기술이 지닌 장기적 가능성이 무너질 수도 있다. 투자 의향을 보일 만한 벤처캐피털을 두루 조사하면서, 두 사람은 많은 기업이 투자로 인해 기업의 방향에 대한 통제권을 상실하게 된다는 점을 깨달았다. 벤처캐피털은 주식 상장이 되면 주식을 빨리 팔아치워 큰 이익을 취하거나, 가능한 한 많은 광고를 통해 기업의 가치를 올려 주식을 되팔려는 약삭빠른 행동을 하는 경우도 많았다.

아마존닷컴의 최고경영자인 제프 베조스Jeff Bezos와 기술기업에 투자한 초창기 투자자의 조언을 받아 브린과 페이지는 실리콘밸리에서 명성이 높은 두 곳의 벤처캐피털과 접촉하기로 했다. 그 두 회사는 클라이너퍼킨스카우필드앤드바이어스Kleiner Perkins Caufield & Byers와 세쿼이아캐피털Sequoia Capital이었다. 그들의 목표는 경영권을 간섭받지 않고 두 회사에게 투자를 받는 것이었다.

벤처캐피털은 자신들이 투자한 회사에서 지배적인 지위를 차지해 경영을 통제하고 특권을 누리려고 서로 치열하게 경쟁했다. 그러나 브린과 페이지는 투자를 받더라도 구글의 목표를 직접 이끌며 최대주주로 남아 있기를 원했다. 그렇지 못한다면 이 두 공동 창업자는 새로운 곳에서 자금을 찾아야 했다. 만약 그들이 원하는 방식대로 투자를 받지 못한다 해도 애초의 생각을 버리지 않았을 것이다. 그들에게 다른 길은 없었다. 협상의 여지는 없었다. 이 사실만큼은 분명했다.

오랜 인연이 될 투자자를 만나다

비정상적인 닷컴 열풍 속에서 클라이너퍼킨스의 존 도어John Doerr와 세쿼이아캐피털의 마이클 모리스Michael Moritz는 파워포인트로 작성된 새로운 비즈니스 아이디어를 신물이 나도록 봐왔다. 어떤 기업이 투자할 만한 가치가 있는지 결정하는 일은 무척 어려웠다. 대형 화면에 파워포인트의 특수 효과와 함께 요란하게 나타나는 여러 아이디어들 가운데 어떤 새로운 개념이 투자할 가치가 있는지를 정신을 집중해 판단해야 했다. 그렇기에 오히려 벤처캐피털의 두 거물에게 세르게이 브린과 래리 페이지는 신선하게 다가왔다. 그들은 파워포인트를 이용한 프레젠테이션 대신에 최고의 검색엔진을 당당하게 직접 시범해 보였다. 페이지와 브린은 너무 똑똑해 심지어 오만해 보이기조차 했다. 그들도 그런 모습을 잘 알고 있었다. 그러나 그들은 스탠퍼드대 출신 특유의 자부심 말고도 천재적 영감과 현재에 충실한 태도까지 보여주었다. 훌륭한 아이디어를 지니고도 실천하지 못하는 평범한 사람과 달리 이 두 사람이 하는 일이라면 무엇이든 성공할 것처럼 보였다.

문제는 아직 실제적인 비즈니스 모델이 없던 검색 기술로 어떤 가치를 창출할 것인가였다. 그리고 두 사람에게 최대한 경영권을 맡긴 채 원하는 만큼 자금을 제공할 투자자가 있을지도 불투명했다. 도어나 모리스는 브린과 페이지가 원하는 장기적 사업 전략에 이의를 제기하지 않았다. 두 벤처캐피털은 모두 닷컴 열풍에서 엄청난 수익을 거두고 있었다. 믿을 만한 벤처캐피털리스트이자 스탠퍼드대 교수인 데이비드 체리턴이 이들에게 만남을 주선하면서 브린과 페이지의 정직성과 직업 윤리를 보증한 터였다. 체리턴은 그들에게 특별한 무언가가 있다고 말했다. 브린과 페이지는 페이지랭크 기술과 컴퓨터 하드웨어 전략에 매우 단호한 태도를 보였지만 그렇다고 외골수는 아니었다. 매우 다양한 주제에 열린 대화를 했고 사회에 관심이 많은, 순수하고 틀에 얽매이지 않는 자유로운 청년들이었다. 그런 모습이 도어와 모리스는 마음에 들었다.

모리스는 브린과 페이지가 스탠퍼드 박사학위 과정에 있을 때 야후의 데이비드 필로를 통해 그들을 처음 만났다. 모리스와 그의 회사인 세쿼이아캐피털은 야후에 200만 달러를 투자했고, 1996년에 야후가 3200만 달러에 주식공개 상장을 하면서 큰 수익을 거뒀다. 당시에 브린과 페이지는 회사를 시작하기 위해 재고자산 평가방법을 포함해 여러 가지 창업 정보를 모으고 있었다. 아울러 페이지랭크의 특허를 출원하려는 스탠퍼드대와 합의해서 학교로부터 이 특허를 사용할 권리를 얻어냈다. 모리스는 자금난에 처하기 전에 미리 벤처캐피털리스트와 접촉해보라는 조언을 해주었다. "그들은 내 사무실로 찾아와 회사를 어떻게 시작해야 하는지 물었습니다. 그러나 정말 간단한 대화였습니다. 사업을 시작하려는 많은 사람과 대화를 나눴지만 그처럼 간단한 대화는 없었습니다. 그리고는 대화 내용을 잊고 있었죠." 모리스는 두 사람을 처음 만났을 때를 회상했다.

1999년 갈수록 구글은 자금이 달리기 시작했다. 구글에 투자한 엔젤투자자이며 실리콘밸리에서 자금 관리자로 일하던 론 콘웨이Ron Conway는 모리스에게 연락해 브린과 페이지를 만나달라고 부탁했다.

모리스는 "론 콘웨이는 그들에 대해 간단히 소개했습니다. 우리는 야후에 있는 사람들을 통해 그들에 대해 잘 알고 있었습니다. 1999년 봄이었는데, 그땐 모든 것이 매우 혼란스러웠습니다. 닷컴 열풍이 너무 심해 어떤 기업이 제대로 된 유망 기업인지 판단하기 힘든 시기였습니다." 모리스는 구글의 검색엔진에 관한 프레젠테이션을 보고 큰 감명을 받았다고 기억한다며 이렇게 말했다. "우리는 세쿼이아 사무실과 팔로알토 시내에서 몇 번 만난 적이 있습니다. 당시 구글은 베타버전의 검색 사이트를 운영하고 있었지만 구글의 검색결과는 다른 검색엔진과 질적인 면에서 확연한 차이가 났습니다. 그들의 초기 아이디어는 광고와는 전혀 무관했습니다. 인터넷 기업이 그들의 검색 기술을 사용하고 그 사용료를 받아 수익을 얻는 방향이었으니까요."

모리스는 구글의 가능성을 어떻게 평가했을까? 실리콘밸리 안에서 가장 성공적인 벤처캐피털리스트로 꼽히는 그의 의사결정 방법을 살펴보면 그 실마리를 찾을 수 있다. 그의 의사결정 방법은 과학보다는 기술에 가깝다. 야후 투자자라는 그의 존재는 큰 역할을 했다. 이는 수많은 관계들이 연속적으로 나타나는 의사결정에 어떤 역할을 할 수 있는지 보여주는 것이었다.

모리스는 다음과 같이 설명했다. "우리는 잘못된 의사결정을 내린 경우도 많습니다. 구글은 다른 검색엔진보다 훨씬 더 나은 결과물을 분명히 보여줬습니다. 바로 그 때문에 투자를 결정했습니다. 우리는 인터넷이 발전할수록 검색의 중요성이 높아지리라 예상했고, 래리와 세르게이는 매우 똑똑한 사람들이었습니다. 우리는 인터넷의 발전에서 이미 큰 이익을 봤고, 또 야후는 많은 검색엔진 개발 업체와 라이선스 계약을 맺고 있었습니다. 오픈텍스트Open Text, 알타비스타, 잉크토미 같은 검색엔진 회사가 야후와 관계를 맺고 있었죠. 구글은 가장 최근에 합류한 업체였습니다. 야후는 서비스의 질을 높일 수 있다고 생각해 구글에 관심이 지대했고, 아울러 자신에게 도움이 될 거라고 보고 구글에 투자하고 싶어 했습니다. 세쿼이아는 야후를 돕는 입장에서 구글에 투자하려고 했죠. 1999년에 누구도 상황이 어떻게 발전해갈지 알 수가 없던 가운데 야후는 구글을 정확히 판단했어요. 구글은 야후에 서비스를 제공하는 유망 기업이었습니다. 우리는 인터넷이 두 가지 유용한 응용프로그램을 탄생시켰다고 봤습니다. 하나는 이메일이고 다른 하나는 바로 검색이죠. 야후와 구글은 서로 협력해 더 나은 검색 서비스를 구축한 것입니다."

또한 모리스는 브린과 페이지 모두 필요한 자질을 갖추고 있다고 보았다. 비전을 공유한 두 사람이 함께 창업한 벤처기업이 한 명의 창업자가 경영하는 벤처기업보다 성공률이 높다는 사실을 그는 경험을 통해 알고 있었다. 빌 게이츠와 폴 앨런Paul Allen이 함께 시작한 마이크로소프트가 공동 창업 성공 신화의 대표적 사례였다. 스티브 잡스와 스티브 워즈니악Steve Wozniak이 만든 애플도 마찬가지였다. 야후도 그랬다. 그리고 어쩌면 구글도 그 뒤를 쫓아갈 수 있었다.

"두 사람은 너무나 명석했습니다. 이 사실만큼은 분명했습니다. 업무상 많은 사람을 만나다 보면 어떤 사람이 특별한지 판단하는 기준이 생깁니다. 첫째, 그 사람이 한 일이나 하고 있는 일이 무엇인가. 둘째, 그 사람이 자신을 표현하는 방법이 무엇인가. 브린과 페이지는 목적의식이 대단히 뛰어났습니다. 이런 목적의식은 기업을 시작하려는 사람이 반드시 갖춰야 할 덕목입니다. 자신이 할 일에 대한 확고한 신념은 사업을 하면서 부딪치게 될 난관을 극복하는 데 반드시 필요하기 때문입니다."

투자자가 아닌 창업자 중심 회사

모리스가 브린과 페이지, 그리고 그들이 개발한 검색엔진에 초점을 두고 있던 반면에, 클라이너퍼킨스의 존 도어는 인터넷의 장기적 발전 전망에 관심이 있었다. 그 과정에서 구글의 가능성과 전망을 살펴봤다. 다른 벤처캐피털리스트와 달리 도어는 장기간에 걸쳐 더 효율적으로 사람들이 인터넷을 사용할 수 있도록 하는 기술이 투자 수익을 가져다준다고 생각했다. 닷컴 열풍 속에서 인터넷 기업이 과열되고 과대평가되고 있다는 통념을 도어는 믿지 않았고, 오히려 사람들이 인터넷을 과소평가하고 있다고 주장했다. 도어는 컴팩컴퓨터, 썬마이크로시스템즈, 아마존닷컴에 투자해 크게 성공한 벤처캐피털리스트였다.

그는 다른 사람보다 먼저 이 기업들의 성장 가능성을 이해했다. 사실 그는 이미 아마존의 설립자이자 구글의 초기 투자자이고 브린과 페이지의 비공식적 조언자인 제프 베조스를 통해 구글과 관계를 맺고 있었다. 오랜 벤처 투자 경험과 실리콘밸리의 벤처캐피털리스트로서의 명성에 걸맞게 도어는 구글의 가능성을 간과하지 않았다. 도어가 구글과 관련을 맺는다면 브린과 페이지는 자신의 비전과 아이디어를 실제 비즈니스로 구현할 수 있을 것이었다. 또한 도어는 규모가 가장 큰 인터넷 공급자이며 구글의 최대 고객이 될 가능성이 높은 AOL의 초기 투자자였다. 래리와 세르게이는 외부 투자가 가져올 가치를 계산했다. 지구상에서 가장 훌륭하고 포괄적인 검색엔진 개발이라는 그들의 꿈을 실현하기 위해 투자가 어떤 역할을 하게 될지 반드시 짚어봐야 했다. 도어가 주도하는 클라이너퍼킨스의 투자는 신생 기업의 성공을 의미하는 보증수표와 같았다.

1999년 봄, 모리스와 도어는 모두 구글에 투자하기로 결정했다. 브린과 페이지는 원하던 대로 투자를 받게 됐지만 성가신 문제가 남아 있었다. 두 벤처캐피털리스트는 서로 상대방과 공동으로 투자하기를 거부한 것이다. 구글은 둘 다 잃게 될 위험에 처했다. 두 회사 모두 구글의 지배적 투자자가 되길 원했고 구글을 '자기 거래'라고 지칭했다. 이들은 워낙 대규모 투자회사였기 때문에 상대방에게 통제 권한을 양도하고 소수 파트너로 전락한다면 굳이 이 거래를 할 필요가 없었다. 실리콘밸리의 서열 문제가 아니라면 적용될 수 없는 문제였다. 클라이너퍼킨스나 세쿼이어 모두 스타트업 회사를 두고 나눠 가지려는 번거로움을 감수하기엔 너무 큰 자본을 운용하고 있었다. 적어도 샌드힐로드에 있는 명망 있는 회사로서, 다른 벤처캐피털처럼 홈런만 치면 되는 그런 문제가 아니었다.

브린과 페이지는 딜레마에 빠졌다. 투자를 하겠다는 회사가 두 곳이나 있었지만 서로 자신의 투자만 받으라고 요구하는 난감한 상황이었다. 두 사람은 경영권에 간섭하지 않는다는 조건에서 투자를 하도록 두 회사를 설득할 수도 있었다. 물론 어려운 조건이었고 잘못하다가는 두 투자자 모두 잃을 수도 있었다. 다행히 구글의 초기 투자자인 론 콘웨이와 램 슈리람Ram Shriram은 모리스나 도어와 개인적인 친분이 있어 딜레마를 해결하기 위해 나섰다. 별다른 성과 없이 몇 주가 흐르면서 브린과 페이지는 벤처캐피털리스트에게 '독수리vulture 캐피털리스트'라는 별명이 붙은 이유를 알 수 있었다. 두 사람은 구글이 두 회사의 투자 없이 가는 게 낫겠다는 생각이 들었다.

브린과 페이지는 자금 담당 관리자로서 다른 투자처를 알고 있던 콘웨이에게 엔젤 투자자를 모집할 수 있냐고 물었다. 기관 투자자보다 적극성이 덜한 개인에게 투자를 받으면 래리와 세르게이는 경영권 간섭을 받지 않을 수 있다. 그리고 자금난이 점점 심각해지고 있으므로 빨리 개인 투자자를 주선해야 한다고 말했다. 하지만 콘웨이는 엔젤 투자자를 찾아보는 대신에 슈리람과 이 상황에 대해 논의했다. 그리고 클라이너퍼킨스와 세쿼이아가 서로 협력해 투자하지 않는다면 그들은 투자를 받지 않을 거라고 도어와 모리스에게 전하기로 했다. 허풍이 아니었다. 당시 모든 닷컴기업들이 클라이너퍼킨스와 세쿼이아에서 투자를 받지 못해 안달하고 있는데 투자를 거절할 수도 있다니, 이는 전혀 뜻밖의 반응이었다.

두 벤처캐피털은 자존심을 내려놓았고 콘웨이와 슈리람은 투자 계약을 성사했다. 클라이너퍼킨스와 세쿼이아는 2500만 달러의 투자 금액을 반으로 나눈 1250만 달러를 각각 투자했다. 그리고 경영권은 여전히 래리와 세르게이에게 맡기기로 양보했다. 그러나 막대한 자금을 투자한 만큼 도어와 모리스는 한 가지 조건을 내걸었다. 검색엔진이 수익성 있는 사업이 될 수 있도록 업계에서 경험 많은 임원을 채용해야 한다는 것. 변변한 사업계획서 하나 없는 구글의 입장에서 보면 그들의 요구는 합리적이었다. 그리고 브린과 페이지는 그 조건에 동의하고 2500만 달러의 투자금과 경영권을 보장받았다. 이제 그들은 구글의 경영을 강화하기 위해 경영진 한 명을 채용하려 나섰다. 그러나 한 가지는 확실했다. 두 사람이 채용할 사람은 두 사람이 보고를 해야 할 상사가 아니라는 점이었다.

실리콘밸리를 놀라게 한 투자 소식

스탠퍼드대학교를 떠난 지 1년도 안 된 1999년 7월 7일 브린과 페이지는 클라이너퍼킨스와 세쿼이아캐피털이 구글에 2500만 달러를 투자하기로 결정했다는 보도자료를 내보냈고, 이 소식에 스탠퍼드대와 팔로알토 주변이 들썩였다. 실로 엄청난 규모의 투자였기 때문이다. 더구나 두 벤처캐피털이 공동 투자가 아닌 각자 투자하는 방식인 데다, 도어와 모리스 모두 구글의 이사회에 참여한 것이다. 스탠퍼드대 재학 시절 자신감에 넘쳤던 두 사람은 경영권을 포기하지 않고도 엄청난 투자를 이끌어냈다. 어느 모로 보나 최상의 투자 조건이었다. 이제 그토록 애착을 가진 검색엔진을 개발할 자금을 마련했고 구글을 의도대로 이끌어갈 수 있는 통제력과 권한을 획득했다. 페이지는 다음과 같이 공식 발표했다. "우리는 회사를 발전시킬 수 있는 유명 벤처캐피털리스트에게서 투자를 받게 되어 매우 기쁩니다. 앞으로도 회사와 기술의 공격적인 성장으로 웹에서 최고의 검색결과를 제공하겠습니다." 브린은 평소보다 훨씬 자신감에 넘쳐 구글의 미래에 대해 다음과 같이 말했다. "완벽한 검색엔진은 세상에 존재하는 모든 정보를 처리하고 해석해야 합니다. 구글은 그런 목표를 향해 전진할 겁니다."

당시 보도자료에 따르면 특허 출원 중인 페이지랭크 시스템은 5억 개의 변수와 20억 개의 용어로 구성돼 있다. 페이지랭크의 전례 없는 정확성과 품질은 스탠퍼드대에서의 연구가 대규모 데이터마이닝으로 확대 발전된 결과였다. 구글의 보도자료에 도어와 모리스의 발언이 없었다면 스탠퍼드대 재학생들은 이메일이 도용되었다고 여겼을 것이다.

세쿼이아캐피털의 모리스는 말했다. "구글은 인터넷 검색의 표준이 되어야 합니다. 래리와 세르게이의 회사는 모든 인터넷 사용자를 구글의 변치 않는 열렬한 팬으로 만들 것입니다." 도어는 여기에 이렇게 덧붙였다. "검색은 매우 멋진 도전이며 검색 기술의 발전은 매우 중요합니다. 매일 1억 회 이상의 인터넷 검색이 이뤄지고 있는 지금 올바른 정보를 신속하게 찾는 일은 직업을 막론하고 누구에게나 중요한 문제입니다. 구글은 검색 기술을 혁명적으로 발전시켰고 사용자 중심 정보를 전달하고 있습니다."

보도자료에는 구글에 대한 추가 정보와 더불어 투자의 상세 내용이 실렸다. 유명한 투자자 목록과 함께 회사가 매달 50%씩 성장하고 있다는 사실도 언급됐다. 이는 세상의 이목을 끌기에 충분했고 언론 보도를 통해 돈 한 푼 들이지 않고도 구글을 홍보하는 효과가 있었다.

보도자료가 나간 다음날 세르게이와 래리는 구글 친구에게 이메일 한 통을 보냈다.

이번 달은 정말로 흥분되는 기간이었습니다. 우리는 새롭고 즐거운 방향으로 구글을 계속 발전시킬 자금을 확보했습니다. 이제 구글의 능력은 계속 향상되고 있고(덕분에요!!) 우리는 검색 수요에 맞게 회사를 확장하고 있습니다. 이번 달에는 사용자가 더 빠른 검색결과를 얻도록 추가로 컴퓨터 서버를 설치했습니다. (이전에 주문한 21대 외에도 추가로 80대의 컴퓨터 세트를 더 주문했어요.) 또한 중복된 검색결과를 없애려고 노력하고 있으며, 새로운 기능을 추가해(쉿!!) 사용자 검색 경험이 앞으로 향상될 것으로 기대합니다.

구글과 공동 창업자에게 매우 흥분되는 순간이었다. 언론은 연일 앞다퉈 구글의 보도자료와 투자 소식을 보도했고, 구글의 검색엔진과 미래에 칭찬을 아끼지 않았다. 하지만 아직도 풀어야 할 중요한 문제가 남아 있었다.

'구글은 어떻게 수익을 창출할 것인가?'

6장

구글두들

브랜드 로고조차
끊임없이 변화할 수 있다

he Google Story

"우리 모두 핼러윈을 기대하고 있잖아.

그래서 구글도 핼러윈에 큰 관심을 두고 있다는 사실을

세상 사람들한테 알려야 해."

1999년 8월 말 래리와 세르게이는 구글 직원과 친구들과 함께 차를 타고 네바다주에 있는 황량한 블랙록 사막으로 여행을 떠났다. 그들은 잠시 인터넷에서 해방되어 휴대폰도 없이 자유를 만끽했다. 물이나 음식을 살 곳이 근처에 없었기 때문에 일주일치 식량을 꾸려서 떠났다. 하지만 이곳에 있는 것은 그들만이 아니었다. 기술자, 예술가, 무정부주의자, 지식인 그리고 자유로운 정신의 소유자에 이르기까지 1만 8000명이 모였다. 리노Reno 북쪽의 좁은 도로는 갑자기 몰려든 자동차로 극심한 정체를 빚었고, 일교차가 거의 40도나 되는 악조건에서 그들은 지도에도 없는, 행사가 있을 때만 잠시 사람이 살다가 행사가 끝나면 사라져버리는 도시로 향했다. 오랫동안 전위예술과 술 축제가 그곳에서 열렸다. 페이지와 브린은 사업이 아무리 바쁘더라도 이 축제를 그냥 놓칠 수는 없었다. 두 사람과 더불어 구글의 충성스러운 사용자와 예비 비즈니스 파트너들이 이 축제에 참여했다. 황량한 사막을 배경으로 아름다운 무대장치를 설치해 이 많은 사람을 끌어모은 축제의 이름은 바로, '버닝맨Burning Man 축제'.

이 이름만 보면 격렬한 열정과 이교도 의식을 떠올리게 된다. 서부 하늘에 펼쳐진 10미터가 넘는 휘황찬란한 네온사인과 나무로 만든 거대한 사람 형상 '맨Man'은 래리와 세르게이 그리고 사막에 모인 모든 사람의 호기심을 자극하기에 충분했다. 이 형상이 무엇을 의미하는지, 축제가 열리는 이유가 무엇인지 구체적인 설명도 없었다. 버닝맨 축제는 그저 매우 개인적이고 자발적인 사교 모임이었다. 서부 해안 지역, 특히 실리콘밸리에서는 늦은 여름 무더운 날씨 속 먼지와 땀으로 범벅이 되면서도 이 축제에 참가하는 것이 연례 행사였다. 연구에 몰두하는 엔지니어에서 파티광까지 모든 사람은 저마다 사회에서 지니고 있던 굴레를 벗어던지고 자유가 넘치는 '임시자유구역', 사막으로 몰려들었다. 사람들은 친구나 연인과 함께 이 사막 분지의 축제에 와서 나체족이나 마약과 뒹굴다가 서로 다른 파트너를 만나 따로 돌아가기도 했다.

버닝맨 축제에 참가하기 위해 구글 사람들이 통과한 임시 도로의 이름은 태양계에 있는 행성의 이름을 따왔다. 사막에 새긴 거대한 해시계가 있는 자리가 교차로 역할을 했다. 무대를 중심으로 트럭과 텐트, 지프, 그리고 이국적인 야영촌이 형성됐다. 그리고 축제장 한가운데 세워진 '맨'이라는 사람 형상의 나무 조형물은 주변 산과 묘한 대조를 이뤄 공상적이고 기이한 분위기를 연출했다.

경찰은 버닝맨 축제에 크게 간섭하지 않았지만 나름대로 규칙은 있었다. 커피와 얼음을 판매하는 중앙 카페를 제외하고 모든 매매는 금지됐다. 사막의 자연환경을 보호하는 것도 매우 중요한 원칙이었다. 이 축제의 자칭 '지구수비대장'인 할리 비어먼Harley Bierman은 말한다. "부지를 사용하는 윤리의 측면에서 버닝맨 축제는 우드스톡 축제와 확연히 차이가 납니다. 버닝맨은 사회 경험의 장입니다. 모든 도시가 지어지고 사람들이 머물다가 축제가 끝나면 깨끗이 사라지죠. 그리고 전체 축제 중에서 가장 중대한 퍼포먼스는 바로 축제 후에 아무것도 남기지 않는다는 거예요."

래리와 세르게이는 버닝맨 축제에 참여하기 위해 사무실을 떠나기 전 구글 홈페이지에 다소 실험적인 예술을 선보였다. 구글 로고에 새로운 생명력을 불어넣기 위해 구글의 스펠링 중 두 번째 O를 버닝맨 축제의 '맨' 형상으로 표현해놓은 것이다. 다소 급하게 만들었기 때문에 구글 로고 속에 나타난 사람 형상은 조금 조잡해 보였지만, 그 의미를 아는 사람은 이 로고를 보고 구글 직원 모두가 그 시기에 축제에 참여하러 떠났다는 것을 알 수 있었다.

임시로 만든 로고 디자인은 유기적인 변화를 불러왔다. 축제를 축하하기 위해 메인 페이지 대문을 바꾼 이 일은 뜻하지 않게 구글두들Google Doodle의 시초가 되었다. '구글두들'은 기념일이나 행사, 업적, 인물을 기리기 위해 홈페이지의 로고를 일시적으로 특별히 바꿔놓은 로고를 말한다. 버닝맨으로 바뀐 로고는 구글러들에게는 구글의 첫 번째 공백을 의미했다. 이는 회사 창립자와 직원들이 사막에 가 있는 동안 검색엔진이 다운되더라도 이를 소통하고 고칠 수 있는 사람이 없다는 것을 알리는 방법이었다. 그해 여름에 구글에 입사한 엔지니어 마리사 메이어Marissa Mayer는 말했다. "우리 모두 버닝맨에 있다. 이 말은 그냥 사무실에 아무도 없다는 뜻이었죠."

구글 창의력의 원천, 버닝맨 축제

버닝맨 축제는 1986년에 샌프란시스코 해변에서 하지를 축하하기 위해 우연히 시작한 소규모 행사로, 이날 사람들은 250센티미터 크기의 나무 사람 형상을 불에 태웠다. 래리와 세르게이가 1990년 중반에 북부 샌프란시스코로 이사해 버닝맨에 참가하기 시작했을 때, 이 축제는 대표적 저항문화 행사로 성격이 변했다. 이 축제를 창설한 래리 하비Larry Harvey에 의하면 이 축제는 '진부한 일상 생활에서 벗어나고 싶은' 수많은 사람에게 한순간의 오아시스가 되어 수천 명의 사람들을 끌어들였다.

버닝맨 축제를 거닐며 브린과 페이지는 창의성과 공학, 재능과 기술이 혼합된 거대한 설치 예술 작품에서 많은 영감을 얻었다. 1999년 축제의 주제는 '시간의 수레바퀴'였고, 과거, 현재, 미래를 표현하는 다양한 예술 작품이 '맨'의 주위를 둘러싸고 있었다. 새천년이 임박한 시점에 이 축제는 신선한 아이디어를 적극적으로 제안하고 공유할 좋은 기회였다. 몇 주부터 몇 달에 걸쳐 공들인 작품을 선보이는 일부 예술가나 엔지니어와 달리 브린과 페이지는 이 축제에서 즉흥적인 경험을 하기를 원했다. 페이지에 따르면 "계획이 적을수록 좋았다."

래리는 카메라를 들고 축제 여기저기를 돌아다니며 사진 찍기를 좋아했다. 그는 카메라의 성능이 감당하기 어려운 대형 장면을 사진에 담으려고 했다. (여러 장에 걸쳐 찍은 파노라마 프레임의 버닝맨 축제 사진은 나중에 구글 본사 벽에 걸렸다.) 래리와 세르게이는 '시간의 모래알'이라는 전시회에서 해시계 주변을 돌아봤는데, 여기에서는 미리 녹음해둔 유명한 과학자의 시간 개념에 관한 대화가 흘러나왔다. 시간의 수레바퀴 근처에 설치된 3층 높이의 기괴한 '뼈 나무'는 세월이 흘러 완전히 표백된 뼈로 만들어진 조각품이었다. 2,000개의 손전등을 둥글게 설치해 여덟 개의 골프 카트 전지로 전원을 공급하는 'L2K'라는 작품도 있었다. 버닝맨처럼 이 작품도 밤에 빛났다. 밤이 되면 캠프파이어와 온갖 조명 예술품, 그리고 온갖 종류의 춤과 음악이 축제의 흥을 돋우었다.

버닝맨 축제에 참여하는 많은 이들이 술을 들이붓고 마약도 경험한다. 하지만 래리와 세르게이는 예외였다. 그들은 술과 마약에 취하지 않고도 축제의 활기를 누렸고, 광대와 이국적 무용수, 그리고 나이가 많은 사람들과도 자연스레 어울렸다.

"이 축제는 다양한 사고를 경험하고 여러 사람과 교류할 아주 좋은 기회가 됩니다. 축제에 참여하면 창의력이 솟아나고 다른 사람의 창의성에서 큰 영감을 얻죠. 축제를 통해 일상생활에서 잠시 떨어져 휴가를 보낸다기보다는 세상의 진부한 움직임에서 일탈할 수 있다는 데 의미가 있어요." 브래드 템플턴Brad Templeton이 말했다. 그는 유명한 정보 관련 시민운동 단체인 전자프런티어재단Electronic Frontier Foundation, EFF의 회장으로 브린과 페이지와 함께 축제에 참가해왔다.

일부 실리콘밸리 동료들은 짙게 화장을 하거나 보디페인팅을 하고 돌아다녀서 잘 알아볼 수도 없었다. 축제는 침묵과 기행으로 가득했다. 브린과 페이지는 '블랙홀'이라 불리는 9미터 길이의 바람자루 모양 터널을 어렵게 기어 나오기도 하고, 자전거를 탄 오렌지색 코끼리나 불 속을 뛰어다니는 사람의 환영을 한 키네틱아트를 보며 웃음을 터뜨렸다. 이들은 축제에 출품된 창의적이고 신선한 아이디어로 가득한 모든 작품에 큰 감명을 받았다.

브린과 페이지는 신생 기업인 구글이 생산적인 문화, 사회, 젊은 윤리를 유지해야 한다고 믿는 한편 광고를 엄격히 금지하는 버닝맨 축제의 비상업적 정신을 이어받아야 한다고 확신했다. 미래학자이며 두 사람의 친구인 스튜어트 브랜드Stewart Brand는 이 축제에 관해 "창의성을 중시하고 상업성을 완전히 배제합니다. 수억 달러가 있어도 축제 중에 커피 한 잔을 사는 것 외에 돈으로 할 수 있는 일이 없습니다"라고 언급했다.

버닝맨 축제 장소의 열악한 자연환경 속에서 래리와 세르게이를 포함한 모든 참여자는 생존을 위해 서로에게 의지해야 했다. 서로를 격려하고 팀워크를 지키는 와중에 이들은 구글이 어떤 기업문화와 환경을 만들어나가야 할지 깨달았다. 두 사람은 또한 버닝맨 축제의 '적극적 참여 중시' 철학과 서로의 벽을 허물게 하는 방식이 좋았다. 스튜어트 브랜드에 의하면 페이지와 브린은 버닝맨 축제에서 많은 영감을 얻었고 피곤해질 때까지 이곳저곳을 돌아다니다 잠들곤 했다.

화려한 불꽃놀이가 벌어지는 마지막 밤, '맨'이 불태워지며 축제는 절정에 달한다. 화형식이 있기 전에 구글러, 템플턴 등이 속한 한 그룹이 모의 시위를 벌였다. 그들은 '맨을 불태우지 마라! 맨을 불태우지 마라!'는 구호를 외치며 행진했다. 그리고 맨에 불이 붙은 후, 구호가 적힌 피켓을 그 불 속에 던지면 수천 명의 사람들이 큰 원을 이뤄 불타는 맨을 에워싸며 대규모 축하 행사를 벌였다. 템플턴은 축제의 마지막 광경을 이렇게 묘사했다. "맨을 불태우는 장면은 장관입니다. 맨의 형상이 쓰러지면 모든 사람이 불 주위로 다가와 춤추고 노래합니다. 너무 춥지 않으면 일부는 옷을 벗어 던지고 놉니다. 이곳이 아니면 맛볼 수 없는 대단한 장면이지요."

매일 바뀌는 브랜드 로고

버닝맨 축제가 끝나고 두 달 뒤 마리사 메이어는 핼러윈 축제 전야에 구글 사무실에 늦게까지 남아 있었다. 유럽으로 장기 출장을 떠나기 전 끝내야 할 업무가 있었기 때문이다. 새벽 2시 이메일을 쓰고 있는데 래리가 소리쳐 부르는 걸 들었다. "마리사, 이것 좀 봐! 이것 좀 보라구!" 아직도 버닝맨 축제의 열기를 잊지 못하고 있던 브린은 핼러윈을 주제로 새 로고를 만들어 화면에 띄워놓았다. 구글의 스펠링 중 두 개의 O자 위에 오렌지색 호박을 올려놓은 디자인

134

이었다.

　메이어는 그다지 깊은 인상을 받지 못했다. 그녀는 새 로고 디자인이 형편없다고 생각해 "조잡한 클립아트 같은데"라고 반응했다. "아냐, 홈페이지에 올리자"라고 세르게이가 대꾸했다. "이 로고를 홈페이지에 올리자고? 내 말을 제대로 듣기나 했어?" 메이어는 면박을 줬다. 호박 하나는 중심도 제대로 맞지 않고 빨간 O자 밑으로 내려온 모습이 금세 눈에 거슬렸다. 하지만 브린은 아랑곳하지 않았다. "우리 모두 핼러윈을 기대하고 있잖아. 그래서 구글도 핼러윈에 큰 관심을 두고 있다는 사실을 세상 사람들한테 알려야 해."

　나중에 드러난 사실에 의하면 이 핼러윈 로고는 사용자들에게 매우 큰 호응을 얻었다고 한다. 이후 컴퓨터 관련 소식을 전하는 슬래시닷 Slashdot은 컴퓨터 전문가라면 반드시 봐야 할 웹사이트로 구글의 핼러윈 홈페이지를 선정하기도 했다.

　세르게이 브린은 때때로 사용자에게 기쁨과 놀라움을 선사하기 위해 로고 디자인에 다양한 아이디어를 제안했다. 기념일이나 명절을 축하하는 데 그치지 않고, 자라나는 식물처럼 로고도 시간이 흘러도 오래도록 지속되면서 다양하게 변화하도록 만들고 싶어 했다. 일부는 부정적인 시각도 있었지만 다양한 '구글두들'은 사용자에게 큰 인기를 끌었고 사람들은 더 많은 재밌는 디자인을 기대하기 시작했다.

　브린과 페이지는 앞으로도 기념일이나 상황에 맞게 구글의 디자인을 다양하게 디자인하기로 결정했고, 이 구글두들의 디자인은 메이어가 맡게 됐다. 초창기에 서너 번은 로고에 미국 독립기념일을 축하하는 메시지를 반영했는데 이를 탐탁지 않게 생각하는 사람들이 있었다. 종교 기념일에 대한 반응도 비슷했다. 그래서 이들은 음력 설날이나 지구의 날, 올림픽 등 정치성이 없는 기념일을 중심으로 한 달에 한두 번 정도 로고를 새로 디자인해서 선보였다.

2001년 11월 메이어는 인도 빛의 축제인 드왈리^{Dwali}를 주제로 한 구글두들을 선보였다. 대체로 재밌는 주제일수록 인기를 끌었다. 메이어는 드왈리가 종교적인 축제인지를 먼저 확인한 뒤 로고를 만들었는데, 결과물을 웹사이트에 올리기 전날인 11월 13일 한 동료가 드왈리는 힌두주의에 기초를 두고 있으며 논란이 될지도 모른다는 의견을 주었다. 그 말을 듣고 실망한 메이어는 온라인 달력으로 기념일을 검색하다가 드왈리 축제 다음 날이 유명 화가인 클로드 모네^{Claude Monet}의 생일이라는 걸 알게 됐다. 그녀는 차라리 이 화가를 테마로 한 구글두들이 보편적으로 통할 수 있다고 보았다. 그녀의 예상대로 모네 테마의 구글두들은 큰 호응을 얻었다. (메이어의 어머니는 미술 선생님이기도 했다.)

메이어는 모네 테마 구글두들을 만들기 위해 디자이너 데니스 황^{Dennis Hwang}에게 전화를 걸었다. 스탠퍼드대 컴퓨터공학과에서 컴퓨터 그래픽을 전공한 데니스 황은 2000년 여름 인턴 사원으로 근무하면서 구글두들을 디자인한 경험이 있었다. 정식 사원이 된 이후로 그는 매주 몇 시간씩 두들을 제작하는 데 보냈다. 그러나 메이어가 전화를 걸었을 때 데니스 황은 병가 중이었고, 메이어는 스스로 로고를 디자인하기로 마음먹었다. 그녀는 그래픽 프로그램인 GIMP에 내장돼 있던 '인상파' 필터를 사용했다. 데니스는 집에서 메이어가 GIMP로 디자인한 모네 기념 로고를 보고 깜짝 놀랐다. 결국 데니스는 아파서 열이 펄펄 끓는 상태에서 메이어의 로고를 온라인으로 전송받아 한밤중에 수정 작업을 해서 다시 그녀에게 보냈다.

이 모네 로고는 폭발적인 반응을 불러왔고, 지금도 데니스 황이 가장 좋아하는 로고 디자인 중 하나가 되었다. 이후 구글은 예술가의 생일을 축하하는 로고를 계속 만들었다. 그 범위를 계속 넓혀 과학자, 역사적 발견, 그리고 가끔 연예인을 테마로 삼기도 했다. 모든 테마가 다 인기를 끈 것은 아니다. 예를 들어 살바도르 달리를 주제로 삼은 로고는 저작권 문제로 몇 시간 만에 구글 홈페이지에서 삭제돼야 했다. 그러나 대부분 로고 디자인은 전 세계 구글 사용자에게 특별한 즐거움을 주는 존재가 되었고, 어떤 사용자는 검색할 일이 없어도 하루에 한 번씩은 새로운 로고가 떴는지 확인하려고 구글 홈페이지를 방문하기도 했다.

메이어는 말한다. "로고가 사람들을 감동시킵니다." 구글의 로고 디자인이 큰 인기를 끌자 사용자들은 재밌는 이메일을 보내왔다. 어떤 사용자는 구글이 임시로 특정 주제를 대상으로 로고를 만든다는 사실을 모르고 구글의 로고가 완전히 바뀌었다고 오해하기도 했다. 한번은 미켈란젤로의 생일을 기념해 구글의 알파벳 'L' 자를 그 유명한 다비드상으로 바꾸고, 깨진 바위 위에 전체 로고를 올려놓은 형상의 두들을 만들기도 했다. 그러나 이 로고가 미켈란젤로 테마인지 몰랐던 일부 사용자는 로고가 형편없다면서 다음과 같은 이메일을 보내기도 했다. "바위 인간 완전 별로예요."

서체는 바꿀 수 없다

1999년 마리사 메이어가 입사한 때는 마침 구글이 검색엔진 구글 사이트의 레이아웃을 분석하고 시험하며 향상시킬 엔지니어를 찾고 있을 때였다. 웹사이트의 레이아웃은 글자 크기나 서체 같은 문제를 다루기 때문에 그리 중요하지 않은 사소한 영역일 수도 있지만, 실제로 검색엔진 사이트에 대한 사용자의 인식이나 재

방문 여부에 중요한 영향을 미쳤다.

접수된 이력서를 검토하면서 메이어의 상사는 메이어를 가장 적합한 인물이라고 생각했다. 위스콘신에서 태어난 메이어는 스탠퍼드대학교 컴퓨터공학과에서 석사학위를 받았고 언어학과 심리학을 공부했다. 그녀는 구글 홈페이지의 방식과 어떻게 씨름해야 하는지에 대해 엄격한 지시를 받았다. 심지어 그녀의 상사는 "새로운 의견을 제시하지는 마세요. 당신은 의견을 제시할 권한이 없습니다. 그냥 데이터를 수집하는 일만 하면 됩니다"라고까지 말했다.

당시 구글의 웹디자인은 복잡한 과정을 거쳐 진행되는 구글 검색에 비해 무척이나 단순하고 평범했다. 구글 홈페이지를 처음으로 방문한 사용자는 가끔 너무나 평범한 디자인을 보고 놀라기도 한다. 화려하게 꾸며진 다른 웹사이트나 당시 유행과 달리 구글 사이트는 단순하고 별 꾸밈이 없었다. '간결한 것이 더 아름답다Less is more'는 말은 구글을 두고 하는 말이었다. 래리와 세르게이는 검색엔진을 구축할 때 화려하기만 하고 속도만 느려지게 만드는 과도한 그래픽 디자인보다는 속도에 초점을 맞추었다.

사용자는 무엇보다 구글의 속도에 만족했고 구글을 사용하면 할수록 구글에 강한 유대감을 느끼기 시작했다. 일부 사용자는 구글의 단순한 홈페이지에 너무나 익숙해져 조그만 변화가 일어나도 금방 눈치를 챘다. 메이어는 구글의 사용자가 매우 민감하고 때론 구글의 단순한 홈페이지에 크게 집착한다는 사실을 깨달았다. 어떤 익명의 사용자는 종종 37이나 43 같은 숫자만 적어 보내곤 했는데, 알고 보니 이는 구글 홈페이지에 뜬 글자 수를 의미하는 것이었다. 그만큼 누군가 구글 홈페이지를 주시하고 있으니 지금의 구글 디자인을 망치지 말라는 뜻이었다.

그해 12월 메이어는 구글 디자인에 처음으로 큰 변화를 시도했다. 새로운 서체를 도입한 것이다. 그녀는 의견이 아니라 데이터를 수집하라는 지시에 충실하며 컴퓨터 화면에서 가장 읽기 쉬운 서체가 무엇인지 조사했다. 그리고 산세리프 Sans serif 서체 중에 버다나 Verdana 체가 가장 적합하다고 결정했다. 당시 구글은 삐침이 있는 세리프체를 사용했지만, 이 조사를 통해 메이어는 검색 결과를 산세리프체로 볼 때 더 훑어 읽기 편하다는 것을 발견했다. 메이어는 서체를 바꿔놓고 더 할 나위 없음에 만족했다. 그리고는 다른 여성 엔지니어와 함께 멋진 호텔로 나가 반나절 동안 차를 마셨다. 몇 시간 뒤 사무실에 돌아온 그녀는 강경한 어조를 담은 반응에 맞닥뜨렸다. '버다나는 크기가 적당하지 않다!' '2포인트나 작아져 있지 않은가!' '어떻게 구글이 세리프체를 버리고 산세리프체를 사용할 수 있는가? 누군가 구글을 망치고 있다!' 등의 비난이었다. 예상과 달리 강한 반발에 메이어는 놀랐지만 앞으로 디자인에 변화를 줄 때 주의해야 한다는 중요한 교훈을 얻었다. 데이터 수집도 중요하지만 사용자의 의견도 들어야 한다는 교훈이었다.

그다음 달에 구글은 스탠퍼드대 게이츠빌딩 지하에 있는 강의실에 외부인 열여섯 명을 초청했다. 그곳에서 구글 직원 네 명이 한 팀을 이뤄 그들의 행동을 관찰했다. "우리는 컴퓨터마다 두 명을 배치해 서로 무슨 말을 하는지 관찰했습니다"라고 메이어가 설명했다. 실험에 참가한 사람들에게 구글을 사용해 다음과 같이 몇 가지 질문에 답하라고 요청했다. 1994년 올림픽에서 금메달을 가장 많이 딴 나라는? 그들은 'www.google.com'을 치고 홈페이지가 나타나기를 기다렸다. 그러나 홈페이지가 나오지 않자 더 기다렸다. 15초, 20초, 45초가 흘러갔다. 메이어는 무엇 때문에 실험자들이 아무 일도 하지 않고 화면을 보며 기다리고 있는지 궁금했다. 그러나 아무런 간섭도 하지 않고 지켜보기로 했다.

마침내 그녀는 실험자에게 무엇을 기다리고 있느냐고 물었다. 그들은 나머지 페이지가 다 뜨기를 기다린다고 대답했다. 다른 실험자도 마찬가지였다. 메이어는 당시를 회상하며 이렇게 말했다. "당시 웹은 플래시 동영상이나 깜빡거리는 특수효과 등으로 가득 차 있었죠. 그래서 사람들은 구글 홈페이지가 이미 다 떴는데도 나머지 내용이 있을 것이라 짐작하고 짜증나지만 기다리고 있었던 거예요."

좋은 실험 결과는 아니었다. 메이어의 팀은 홈페이지 화면 하단에 저작권에 대한 공지 사항과 꼬리말을 강화하기로 결정했다. 법적인 이유 때문이 아니라 사용자에게 '화면이 다 떴습니다. 이 화면이 전부입니다. 검색을 시작하세요'라고 알리기 위해서였다.

그날 메이어의 팀은 구글 홈페이지를 개선하는 방법이 여러 가지 있을 수 있다는 중요한 교훈을 얻었다. 심지어 한 실험자는 구글이 적법한 회사인지를 무척 궁금해했다. 웹사이트가 너무 간단해 보였기 때문이다. 메이어가 그 실험자에게 구글은 적법한 회사이며 많은 직원을 채용하고 있다는 사실을 말하자 그 실험자는 이렇게 답했다. "저는 심리학과에서 구글이라는 가상 회사를 만들어 실험하는 줄 알았어요."

신경정신과 전문의가 개발한 구글웨어

래리와 세르게이는 구글의 컴퓨터 네트워크를 개선할 인력으로 한 신경외과 의사를 채용했다. 짐 리스 Jim Reese 박사는 하버드대학교 의과대학과 예일대학교 의과대학에서 모두 학위를 딴 의학자로, 1999년 구글의 열여덟 번째 직원으로 입사하기 이전에 스탠퍼드 연구소에서 일하고 있었다. 구글의 운영 책임자로 임명된 리스는 회사의 성장하던 컴퓨터 하드웨어 부문을 관리했다.

1999년 가을 구글은 대규모 구매를 시작했다. 구글에 투자한 두 벤처캐피털의 풍부한 자금 지원으로 세르게이와 래리는 회사를 공격적으로 성장시키기 위한 자원을 마련했다. 실질적인 수입을 얻을 수 있는 위치에 도달하기 위해 구글은 네트워크를 확장할 컴퓨터 부품과 메모리를 구입해야 했다. 그들은 더 이상 컴퓨터를 마련하기 위해서 학교를 뒤지며 재활용 부품을 구할 필요가 없었다. 한 단계 업그레이드 된 두 사람은 자동차를 몰고 실리콘밸리에서 가장 큰 전자 부품 매장인 프라이스Fry's와 들러 필요한 물품을 샀다. 평범한 PC와 하드디스크, 메모리를 구입한 그들은 물품을 가지고 구글플렉스로 돌아와 기존에 전력과 자원을 낭비하던 모든 불필요한 부품을 없앴다. 그리고 효율성이 높은 컴퓨터로 개조해 소프트웨어를 장착하고 서로 네트워크로 연결했다. 물론 구글의 검색을 매우 빠르게 만드는 특별한 비법을 첨가했다.

"우리는 컴퓨터가 가능한 한 최대의 비용 대비 효과를 내기를 바랐습니다"라고 제프리 딘Jeffrey Dean이 말했다. 그는 알타비스타 검색엔진을 탄생시킨 연구소에서 1년 전에 구글로 옮긴 서너 명의 엔지니어 중 하나였다. 이 시기에 딘과 다른 구글러들은 자신들이 값싼 개인용 컴퓨터를 조립하여 슈퍼컴퓨터를 만들어낸 이야기를 들려주길 좋아했다. 딘은 88대의 일반 컴퓨터를 구입하는 데 25만 달러를 투자해 80만 달러짜리 IBM 컴퓨터에 버금가는 처리 능력을 구축했으며, 이것이 오히려 하드디스크 저장 용량은 더 컸다고 말했다. 또 그들은 마이크로소프트에서 소프트웨어를 구입하지 않고 리눅스 같은 무료 운영체제를 사용했다. 이런 비용 절감으로 구글은 설비 투자 비용을 구하는 데 급급한 다른 회사보다 유리한 위치에 섰다. 동일한 비용에서 경쟁 회사보다 세 배나 높은 컴퓨터 성능을 보유한 것이다.

일반 컴퓨터를 이용해 네트워크를 구축하는 구글의 방식은 IBM 슈퍼컴퓨터처럼 백업 공간을 따로 마련하거나 별도의 예비 자원을 보유하지 않기 때문에 컴퓨터의 성능이 떨어질 경우에 문제가 발생할 가능성이 컸다. 일반 데스크톱 컴퓨터처럼 구글의 PC도 2~3년이 지나면 교체해야 했다. 아무리 관리를 잘해도 몇 년이 지나면 새 컴퓨터보다 성능이 떨어지기 때문이다. 게다가 구글은 상당히 많은 PC를 사용하기 때문에 하루에도 서너 대의 기기에 문제가 발생했다. 래리와 세르게이는 사람이 직접 일일이 점검해 컴퓨터를 교체하기보다는 소프트웨어를 사용해 끊임없이 발생하는 컴퓨터 고장이나 성능 저하에 대처하기로 했다.

리스 박사는 인간의 뇌를 수술하는 대신에, 무슨 상황이 발생하더라도 구글의 컴퓨터를 빠르고 안정적으로 운영하는 소프트웨어 개발을 담당했다. 많은 컴퓨터를 여러 곳에 설치하여 데이터와 컴퓨터 업무를 분산시키는 방법으로 큰 혼란 없이 컴퓨터 오류에 대처할 시스템을 개발한 것이다. 신경정신과 전문의인 리스 박사가 개발한 이 구글웨어 Googleware를 통해 구글의 전체 시스템을 관리할 수 있었다. 구태여 외부에 있는 데이터센터들을 일일이 방문할 필요가 없어진 것이다.

대부분의 구글 컴퓨터는 별 특징이 없고 온도를 제어하는 데이터센터에 설치돼 있다. 이 데이터센터는 구글이 시스템을 항상 안정적으로 가동시키기 위해 임대한 공간이었다. 경쟁이 치열하던 1990년대 말 구글은 전력 소모량이 아닌 점유 면적에 따라 데이터센터 임대료를 내고 있었다. 전기료에 구애받지 않는 대신 가능한 한 많은 컴퓨터를 위아래로 포개 공간을 효율적으로 사용한 것이다. 리스 박사와 그의 팀은 이런 방식으로 비용을 절감할 수 있었다. 하지만 전기료가 폭등하자 비용 부담을 이기지 못한 일부 데이터센터 주인이 파산을 하고 말았고, 구글은 어쩔 수 없이 다른 곳으로 컴퓨터를 옮겨야 했다. 래리와 세르게이는 이사를 몇 번 하더니 아예 컴퓨터 선반에 바퀴를 달아버리기로 했다.

장비를 많이 구입할 수 있게 되자 구글의 컴퓨터 보유 대수는 리스 박사가 입사할 때 300대였던 것이 한 달 후엔 2,000대로 늘어났고, 그해 여름에는 거기서 두 배가 됐다. 계속 장비 규모가 커지면서 구글은 한 라인의 컴퓨터가 고장이 나거나 완전히 파괴됐을 경우를 대비해 예비 시스템을 마련할 필요가 있었다. 고장 난 컴퓨터의 인터넷과 기타 데이터를 예비 컴퓨터에 복사해두면 검색 속도가 느려지지 않게 시스템을 운영할 수 있기 때문이다. 당시 구글은 캘리포니아 북부에 두 곳의 데이터센터와 워싱턴D.C. 지역에 한 곳의 데이터센터를 보유하고 있었고, 후에 미국 전역과 해외에 많은 데이터센터를 추가로 마련했다.

구글이 보유한 모든 것을 여러 곳에 분산해야 한다는 필요성은 구글의 데이터센터 한 곳에 화재가 났을 때 분명해졌다. 래리와 세르게이는 이제 더는 버닝맨 축제를 즐기던 사람들이 아니었다. 이는 실제로 자신들에게 닥친 일이었다. 다행히 예비 시스템을 미리 마련한 덕분에 난관을 헤쳐나갈 수 있었다. 소방차 여섯 대가 출동해 화재를 진압했고, 그 사이 예비 시스템이 임무를 대신해 이전처럼 빠른 검색결과를 제공했다. 이를 통해 구글은 다시 한 번 시스템의 안정성을 증명했고 정보에 굶주린 많은 사용자는 여전히 구글에 무슨 일이 일어났는지 알아차리지 못했다.

7장

바이럴

관찰자의 냉정한 평가에
귀 기울이다

he Google Story

"검색과 관련한 모든 문제를 가까운 시일 안에
전부 해결할 순 없습니다.
하지만 내년에 더 개선된 검색결과를 제공하지 못한다면
우리는 곧 잊혀질 겁니다."

서른 살의 대니 설리번Danny Sullivan은 〈로스앤젤레스타임스Los Angeles Times〉와 〈오렌지카운티레지스터The Orange County Register〉의 기자였다. 그는 1999년 후반 구글의 가능성을 알아차린 몇 안 되는 사람 중 하나였다. 그는 종이와 잉크로 대변되는 구시대 미디어인 신문사를 그만두고 친구와 함께 웹사이트 디자인 회사를 차렸다. 캘리포니아에서 나고 자란 설리번은 당시 마치 모든 사람이 인터넷이 최고 화두이며 닷컴 사업에 투자하거나 스타트업을 차리는 것처럼 느껴졌다. "정말 대단한 열풍이었고, 나 역시 그 열풍에 뛰어들고 싶었어요"라고 설리번은 말했다.

아이러니하게도 회사를 차려 새로운 인생을 시작한 지 얼마 되지 않았을 때 터닝포인트가 찾아왔다. 오렌지카운티에서 채용 정보 웹사이트를 운영하는 한 고객이 설리번과 그의 사업 파트너를 찾아와 크게 화를 낸 것이다. 이 고객은 이 회사에서 디자인한 자신의 사이트가 검색 사이트에서 만족스럽게 노출되지 않는다고 불평했고, 설리번은 고객의 심한 불평에 크게 상심했다. 그는 친절하고 논리적인 성격이었지만 그렇게 남에게 야단맞는 일에는 익숙지 않았다. 더구나 무엇이 잘못된 건지 이해할 수가 없었다.

대니 설리번은 고객의 심한 질책을 계기로 검색엔진이 실제로 어떻게 데이터를 수집해 순위를 매기고 결과를 제시하는지 조사해볼 필요를 느꼈다. 그는 몇 달 동안 웹 이곳저곳을 탐방하며 인터뷰를 했고, 그동안 무관심했던 검색엔진의 세계에 점점 큰 매력을 느꼈다. 무엇보다도 그는 알타비스타와 다른 유명 검색엔진에서 자동으로 웹 정보를 수집하는 프로그램인 크롤러가 데이터베이스에서 특정한 정보를 임의로 누락한다는 사실을 발견했다. 이유를 정확히 파악할 순 없었지만 웹의 규모가 커지는 속도를 검색엔진이 쫓아가지 못해서 일어나는 일 같아 보였다.

관찰자 대니 설리번

설리번은 이런 문제점을 발견하고 무엇인가 큰 일을 할 수 있다고 생각했다. 무엇보다 그는 웹사이트 운영자가 방문객들을 모으고 세간의 주목을 받기 위해선 검색엔진의 원리를 잘 알아야 한다고 생각했다. 그래서 〈웹마스터를 위한 검색엔진 가이드A Webmaster's Guide to Search Engine〉라는 제목으로 자신의 연구 결과를 인터넷에 발표했고, 검색엔진 마케팅을 통한 비즈니스의 난점을 설명했다. 당시 존재하는 여러 종류의 검색엔진은 여러 가지 측면에서 아직도 초보 수준을 벗어나지 못했고, 중요한 데이터를 생략했으며 검색 속도조차 느렸다. 웹사이트 운영자에게 모든 검색엔진에서 자기 사이트의 검색 결과 순위를 높이는 것은 매우 중요한 문제다. 하지만 세상엔 너무 많은 검색엔진이 있고, 순위를 높이는 여러 가지 방법이 있기 때문에 이 방법들을 효과적으로 연결하기가 쉽지 않았다. 따라서 설리번은 전체 검색엔진을 대상으로 하기보다는 알타비스타, 익사이트 등 몇 가지 주요 검색엔진에 집중하는 것이 좋다고 조언하곤 했다. 이는 상당히 좋은 충고였다.

설리번이 연구 결과를 인터넷에 발표할 때쯤 그의 회사는 문을 닫았다. 하지만 그는 적절한 때에 적절한 일을 하고 있었다. 그는 자신의 연구 결과에 대한 많은 긍정적인 반응에 힘입어 캘리포니아닷컴 california.com이라는 회사를 차려 인터넷 컨설팅 사업을 시작했다. 인터넷을 이용해 장소에 구애받지 않고 컨설팅 업무를 할 수 있다고 확신한 그는 영국인 아내와 함께 1997년에 캘리포니아에서 영국 런던으로 이사해 가족과 가까이 살면서도 사업을 지속할 수 있었다.

또한 〈서치엔진워치Search Engine Watch〉라는 온라인 뉴스레터에 주기적으로 글을 발표하기 시작했다. 설리번은 첫 번째 연구에 대한 반응과 웹사이트에 올라온 독자의 의견을 분석하는 동안, 특정 분야에 전문 지식을 갖춘 개인이 온라인에서 뉴스레터를 발행하는 것으로도 생계를 꾸릴 수 있다는 사실을 간파했다. 전통적인 뉴스레터와 달리 온라인 출판은 배포 비용이 전혀 들지 않았고, 검색엔진 산업에서 일어나는 최신 동향과 새로운 아이디어를 거의 즉각적으로 게재할 수 있었다. 그의 온라인 뉴스레터는 갈수록 인기가 높아졌다. 그해 11월에 설리번은 온라인 시장조사와 뉴스 네트워크의 선두 주자인 주피터미디어Jupiter Media에 〈서치엔진워치〉를 매각했다. 물론 그는 웹사이트 이름을 계속 보유했고 전문가로서의 명성을 계속 유지할 수 있었다. 그리고 곧 주요 도시에서 매년 열리는 검색엔진 전략회의라는 행사에서 사회자 역할을 맡을 정도로 자신의 영향력을 확대해갔다.

설리번은 시간이 날 때마다 실리콘밸리를 방문해 새로운 개발 현황을 파악하고 검색엔진 산업의 새로운 루키들과 교류하는 일을 중시했다. 1998년 출범 당시부터 구글을 주목한 그는 스탠퍼드대에서 브린과 페이지가 개발한 검색 기술이 인상적이라고 생각했지만 그 사업성에는 다소 의구심이 들었다. 그들이 수익을 어떻게 창출해야 할지 걱정하지 않는 것처럼 보였기 때문이었다.

구글은 1999년 벤처캐피털로부터 2500만 달러의 투자를 받으면서 기존의 열광적 추종자를 넘어서 처음으로 외부의 관심을 받기 시작했다. 구글이라는 브랜드가 세상에 알려지고 전 세계 수백만 사용자가 구글을 사용한 지 상당히 오랜 시간이 흘렀지만, 구글은 여전히 수익을 창출하는 데 애를 먹고 있었다. 아주 예외적으로 레드햇, 넷스케이프 두 회사를 제외하고, 누구도 구글의 검색엔진을 사용하는 대가를 지불하려고 하지 않았다. 클라이너퍼킨스와 세쿼이아캐피털이 투자한 이후 1년 동안 두 벤처캐피털이 엉뚱한 곳에 투자해 돈만 낭비했다는 회의적인 반응이 일면 타당한 듯 보였다.

대니 설리번이 샌프란시스코에서 개최한 1999년도 검색엔진 전략 회의에서, 참석자들은 세르게이 브린이 롤러스케이트를 타고 무대를 가로질러 가는 모습을 보고 웃음을 감추지 못하며 그를 주목했다. 그러나 구글의 투자자는 그리 감명받지 않았다. 세쿼이아의 마이클 모리스는 당시 구글의 비즈니스 상황에 대해 이렇게 말했다. "애초에 구글의 비즈니스 모델은 다양한 인터넷 기업에 주요 검색 기술을 빌려줘서 수익을 창출한다는 것이었습니다. 첫 해 동안 우리 투자자는 구글이 목표로 삼은 시장이 생각보다 어렵고 진출하기 힘들다는 우려가 컸죠. 잠재적인 고객과의 대화나 거래 협상은 쉽게 성과를 거두지 못했습니다. 경쟁이 상당히 치열했고 구글은 영업을 담당할 인력조차 없었습니다. 고객들은 구글의 검색 기술을 사용하는 대가에 매우 각박했죠. 이런 식으로 계속 영업한다면 구글의 전망은 결코 밝을 수 없었죠."

브린과 페이지는 이런 상황에 결코 실망하지 않았다. 그들은 구글이 더 나은 검색엔진을 보유하고 있다는 자부심을 잃지 않았다. 대신 이들은 대니 설리번과 유대관계를 강화함으로써 광고비를 들이지 않고도 설리번을 통해 국제적으로 구글의 이름을 널리 알리려 했다. 이런 전략은 효과가 있었다. 설리번은 자신의 웹사이트에 구글에 대해 긍정적인 논평을 실었고, 그 내용을 독자들에게 이메일로 보냈다. 구글은 광고도 없이 마케팅을 할 수 있었다. 이러한 방법은 구글과 대니 설리번이 다른 기업이나 구글, 그리고 대니 설리번 모두가 이익을 볼 수 있는 상호 협력관계가 구축된 것이다.

수익보다 중요한 것은 완벽한 기술

구글은 1999년 말 하루 평균 700만 건의 검색을 수행했지만 검색엔진의 임대를 통한 매출액은 보잘것없었다. 브린과 페이지에게 수익에 대한 강박관념은 없었지만 구글이 비틀거리길 원하지도 않았다. 구글이 비즈니스를 계속 이어갈 수 있을 정도로 수익을 거두지 못한다면, 가장 쉽게 세상의 모든 정보를 무료로 제공하겠다는 구글의 비전은 이룰 수 없을 것이었다.

두 사람은 구글에 닥친 큰 난관을 극복할 최선의 방법이 무엇인지 고민했다. 그들은 광고의 필요성에 갈등을 느꼈지만 구글의 사용자와 형성한 신뢰 관계를 무너뜨리면서까지 큰 수익을 올리는 방법은 결코 용납할 수 없었다. 1998년 발표한 글에서 강한 어조로 광고에 대한 검색엔진의 입장을 이렇게 표현한 바 있다. "광고 수익에 의존하는 검색엔진은 '어쩔 수 없이 광고주에게 편향'될 수밖에 없다. 소비자가 원하는 검색결과를 제공하기 위해 광고를 적게 싣는 검색엔진이 더 바람직하다." 하지만 동시에 일부 사용자는 일종의 정보로서 광고를 원할 수도 있다는 생각이 들었다. 모든 광고가 '사악해지지 말라'는 구글의 사훈을 위배하는 것은 아닐 수도 있지 않은가.

광고 의존도가 높은 대형 인터넷 사이트 야후는 검색 개념을 넓은 의미로 보고 외부 기업과 협약을 맺어 검색 사이트에 광고나 상업적 정보를 함께 제공했다. 야후의 메인 비즈니스는 수백만 메일 사용자의 홈페이지 역할을 하는 동시에 콘텐츠와 커뮤니티를 제공하며 우수한 서비스를 제공하는 일이었다. 그러나 검색에 관해서는 원래 창업자의 비전에 충실하여 손수 편집하고 분류한 디렉터리에 따랐다. 이 방식으로는 규모가 우후죽순 팽창하는 웹을 따라 잡지 못했고, 디렉터리들의 가치는 점점 떨어졌다. 이 문제를 해결하기 위해 야후는 잉크토미와 같은 외부 검색엔진에 의존해야 했다. 이름 없는 외부 검색엔진을 이용해 웹의 정보를 크롤링한 후 이를 종합해 사용자에게 검색결과를 제공한 것이다.

마이크로소프트 역시 소비자 검색을 주요 비즈니스로 보지 않고 다양한 영역에 투자했다. 마이크로소프트의 MSN이나 AOL 등 대형 온라인 사이트에게 광고 수익을 창출하는 황금알을 낳는 거위는 이메일이지 검색 사업이 아니었다. 그들 역시 이름 없는 외부 검색엔진에 의존하고 있었다.

대니 설리번은 래리와 세르게이를 유심히 관찰하면서 다른 기업들이 검색을 등한시하는 동안 그들이 뛰어난 기술을 활용해 검색이라는 한 가지 일에 집중하고 있다는 사실을 간파했다. 또한 구글의 매출 증가 속도는 느리지만 직원의 브레인파워는 빠르게 성장하리라 보았다.

구글은 엔지니어에게 높은 연봉을 주는 대신 적당한 급여와 더불어 회사가 번창한다면 매우 가치가 높아질 스톡옵션을 수천 주씩 제공했다. 이는 실리콘밸리 기업이 훌륭한 엔지니어를 영입하는 전형적인 방식이었다. 구조조정 바람이 불었던 다른 기업들과 달리 세르게 이와 래리는 앞날이 유망한 지원자를 직접 인터뷰하며 훌륭한 인재를 채용해나갔다. 벤처기업의 거품이 빠지고 있던 시기에 기업공개를 하지 않고 비상장기업으로 남아 있는 상황도 도움이 됐다. 구글은 적절한 매출을 달성하지 못해 압박을 받고 있었다. 하지만 이는 시장에서 충분한 생존 가능성이 보장되지 않았는데도 단지 이름에 '닷컴'이 붙었다는 이유로 기업을 공개하여 높은 가격으로 주식을 판 상장기업이 받았던 고통에 비하면 아무것도 아니었다.

뛰어난 검색 기술과 구성원의 뛰어난 실력을 바탕으로 브린과 페이지는 이상과 원칙을 포기하거나 타협하지 않고 구글을 계속 운영할 방법을 찾기 시작했다. 검색 기술을 다른 기업에 임대하는 기존의 수익 창출 방법 대신에, 광고가 사용자에게 더 많이 노출되고 충실한 구글 사용자에게 더 깊이 도달하게 만들어 이익을 창출하는 데 집중하기로 결정했다. 공중파 TV가 엔터테인먼트와 뉴스를 무료로 제공하듯이 검색결과를 무료로 유지하는 반면, 검색결과 페이지에 눈에 잘 띄지 않는 타겟 광고를 기업에 판매하여 수익을 창출하는 방안이었다.

설리번은 기본적으로 모든 광고가 다 사악한 건 아니라고 보았지만, 검색엔진이 무료로 제공하는 검색결과가 광고나 다른 상업적 목적에 영향을 받아선 안 된다는 강경한 태도를 보였다. 따라서 무료 검색을 내세워 광고를 파는 검색엔진을 신뢰하지 않았다. 아울러 결과가 뜨는 웹페이지에 특정한 사이트를 포함시키거나, 해당 정보를 제공한다는 조건으로 대가를 받는 검색엔진이 공정하게 운영될 리 없다고 생각했다. 그는 〈서치엔진워치〉에서 이러한 독자에게 광고와 검색엔진의 관계에 대한 문제점을 제기했다. 돈에 급급한 일부 검색엔진은 검색결과에 특정 사이트의 순위를 높여주는 대가로 돈을 받고 있었고, 브린과 페이지 역시 이를 '매우 위험한' 편향이라고 판단했다. 어떤 형태든 검색결과를 조작하는 행위로 이익을 챙겨서는 안 된다고 믿었고, 또 인터넷에 가득한 검색과 무관한 플래시나 배너 광고를 혐오했다. 하지만 이처럼 편향되고 노골적인 광고 외에 수익을 창출하는 다른 형태의 광고 방식이 있었다. 바로 '문자로만' 만들어진, 특정한 광고 대상을 목표로 사용자가 특정한 검색으로 요청했을 때만 나타나는 방식의 광고였다.

브린은 이상에 충실했던 학생 시절과 달리 현실에 충실해야 할 기업의 사장으로서, 광고에 대한 생각이 바뀌었음을 털어놓았다. "우리는 돈을 벌고 수익을 내야 합니다. 배너는 효과가 없고, 시간이 갈수록 배너 광고 클릭률은 떨어집니다. 저는 광고 대상을 명확히 설정한 후에 펼치는 광고만이 그 해답이라고 생각합니다."

아주 간단한 이유로 브린의 관심을 끈 회사가 하나 있었다. 나중에 오버추어Overture Inc.로 이름을 바꾼 고투닷컴GoTo.com으로, 이들은 검색결과와 함께 광고를 팔아 돈을 벌고 있는 듯 보였다. 대부분의 고객은 오버추어라는 이름을 전혀 들어본 적도 없었지만 이 회사는 야후, AOL, 어스링크EarthLink 등 주요 인터넷 사이트의 검색결과에 나타나는 광고를 제공했다. 당시 성가신 팝업이나 배너 광고가 오히려 역효과를 내는 데 비해서 검색결과와 연계된 광고는 가장 효과가 컸고, 성장하는 광고 분야로 자리를 잡아가고 있는 상황이었다.

브린과 페이지는 오버추어를 연구하기 시작했다. 하지만 이내 오버추어의 별로 바람직하지 못한 측면을 발견했다. 무엇보다도 오버추어의 광고 방식은 검색결과에 해당 광고가 나타나는 것을 보장하는 대가로 광고를 수주했기 때문에 더 많은 광고가 나올수록 기업은 더 많은 광고비를 지불해야 했다.

구글은 두 가지 선택을 할 수 있었다. 하나는 오버추어와 계약을 맺고 구글이 제공하는 검색결과 웹페이지에 광고를 실어주는 조건으로 광고를 수주하는 방법이고, 다른 하나는 구글이 독자적으로 광고를 파는 방법이었다. 결정은 매우 어려웠다. 페이지와 브린은 그동안 자력으로 소프트웨어를 개발하고 컴퓨터 하드웨어를 구축해온 만큼, 스스로의 능력과 노력으로 다른 모든 일도 다 이루고 싶었다. 샌드힐로드에 있는 까다로운 벤처캐피털리스트를 정복할 수 있었듯이, 그들은 스스로 광고를 팔아 필요 없는 수수료를 지불하지 않고도 모든 광고 수익을 구글의 몫으로 돌리고 싶었다. 오버추어와 광고 수익을 굳이 나눠 가질 필요가 있을까? 오히려 광고를 독자적으로 판매하면 광고에 대한 통제권을 행사할 수 있고, 신뢰받는 브랜드로서 구글의 명성과 지위를 위협할 미래의 위험한 갈등을 피할 수도 있었다.

이에 두 사람은 1998년부터 오버추어가 시작한 광고 전략을 약간 변형시켜 시행하기로 결정했다. 새로운 비즈니스 전략은 간단했다. 빠른 검색결과를 지속적으로 제공하고 광고를 팔아 수익을 달성한다는 전략이었다. 여기서 핵심은 광고 때문에 검색결과를 편향되게 만들거나 왜곡하지 않는 것이었다. 설리번은 이들의 결정에 대해 이렇게 말한다. "언제나 분명한 것은 올바른 일을 하고자 하는 그들의 헌신과 진지함이었습니다."

브린과 페이지는 새로운 광고 전략을 시행하기 전에 많은 사람과 대화를 나눠 그 어떤 실수도 없도록 하려 했다. 그들은 신문의 기사와 광고가 시각적으로 분명히 구분되듯 구글 사이트에서도 검색결과와 광고를 분명히 구획해야 한다고 보았다. 그러나 처음부터 고수해온 홈페이지 디자인을 어지럽히는 복잡한 광고는 용납할 수 없다는 입장은 여전했다. 그래서 당분간 광고가 없는 홈페이지를 계속 유지했다.

이후 검색결과와 광고를 분명히 구분하기 위해 광고 영역과 검색결과 영역을 밝은 색의 선으로 구획하고, 광고 영역에는 '스폰서링크Sponsored Links'라는 이름을 붙였다. 이런 방식이라면 검색결과와 광고가 서로 섞여 있다는 논쟁의 여지가 없을 것이었다. 오히려 사용자들은 '광고'라 이름을 붙였을 때보다 이 '스폰서링크'라고 말로 광고임을 분명히 했을 때 해당 광고를 더 자주 클릭했다.

처음부터 구글은 전통적인 미디어들처럼 광고 대상의 크기에 따라 광고 단가를 매겼다. 다양한 전문가와 의견을 교환한 끝에 여러 가지 화면 구성 형태를 시험한 뒤 광고임을 분명히 알 수 있도록 무료 검색 결과 위에 상자 모양으로 구분하여 신기로 했다. 그들은 사용자의 검색 편의성에 가장 중점을 뒀기 때문에 구글의 검색결과를 혼란스럽게 만드는 팝업이나 다른 그래픽 광고를 허용하지 않았다. 구글의 광고는 간단하고 모두 동일해 보였다. 헤드라인과 링크, 그리고 하이쿠처럼 짧은 설명만이 붙어 있는 광고였다. 처음에는 일일이 광고주와 접촉해 광고를 팔았고 대부분 대규모 광고를 해야 하는 대기업을 대상으로 삼았지만, 나중에는 자체 기술을 활용해 광고주가 온라인에서 쉽게 광고를 신청하도록 했다. 이를 통해 비용을 절감함으로써 중소기업도 광고주가 될 수 있었다. 또한 광고주가 광고 문안을 제출한 뒤 실제로 웹에 광고가 나타나는 시간의 격차를 줄여, 비슷한 서비스를 제공하는 경쟁업체보다 우위에 설 수 있었다. 문자 광고targeted text advertisement는 광고주가 신용카드로 대금을 지불하고 광고 문안을 제출하면 몇 분 만에 구글의 검색결과 페이지에 올라왔다.

마이클 모리스는 구글의 새로운 광고 전략에 대해 다음과 같이 말했다. "명석한 두뇌에 걸맞게 두 사람은 오버추어의 비즈니스 모델을 분석해 이 비즈니스가 얼마나 매력적인지 한눈에 파악했습니다. 그리고 오래지 않아 어떤 광고 전략을 추구해야 돈을 벌 수 있을지를 알아냈습니다. 검색 기술 임대가 아닌 광고 비즈니스가 안정적인 수익을 창출한다는 사실을 깨달은 것이죠."

대니 설리번은 자신의 웹사이트에 글을 올려 구글의 이러한 접근 방식을 격찬했다. "그들이 검색결과와 광고를 구별하고 싶어 하는 사용자의 심리를 이해했다는 점이 매우 중요합니다. 그리고 그들은 언제나 광고와 검색결과를 구분했습니다." 이 칭찬은 세르게이와 래리의 자신감을 높이는 계기가 됐다.

수개월 뒤, 브린과 페이지는 또 다른 획기적인 아이디어를 제시했다. 검색결과를 제시하는 방식과 마찬가지로 상관성에 기초해 광고의 순위를 매기는 것이었다. 구글은 돈을 가장 많이 지불하는 광고의 순서대로 단순하게 열거하는 대신, 광고주가 얼마나 많이 지불할 용의가 있는지와 컴퓨터 사용자가 해당 광고를 얼마나 자주 클릭할지를 모두 고려한 공식을 기초로 광고의 순위를 매겼다. 인기가 높은 광고는 순위가 올라가고 인기가 없는 광고는 순위가 떨어지기 마련인데, 여기서 브린과 페이지는 가장 많이 클릭된 광고가 가장 상관성이 높다고 생각했다. 다시 말해 광고의 순위와 관련해 사용자를 따른 것이다. 광고가 검색결과 웹페이지에 나타날지 여부를 결정하는 주체는 기업이 아니라 사용자의 선호도였다.

"사용자의 검색결과와 가장 상관성이 높은 광고를 게재하는 방식은 매우 효과적인 홍보 효과를 보여줍니다. 여기서 광고주는 자신의 광고가 실제로 클릭되기 때문에 적절한 광고를 한다고 생각할 수 있죠." 설리번은 말했다. 구글이 가장 인기 좋은 광고의 순위를 높이면, 순위가 높은 광고는 사용자의 눈에 더 잘 띄게 되므로 클릭되는 횟수가 많아진다. 그리고 이런 방식을 통해 구글은 더 큰 이익을 창출할 수 있다는 것이다. "광고에 대한 이러한 접근 방식은 구글이 독자적으로 개발한 아이디어입니다."

인터넷 검색을 최초로 시작한 건 구글이 아니지만 이들은 경쟁 기업보다 뛰어난 검색결과를 제공하는 방법을 개발해냈다. 검색엔진에 광고하는 방법을 처음 고안한 것 역시 구글이 아니지만, 이들은 오버추어보다 명확하고 통합된 방식으로 광고를 제공할 수 있었다.

그러나 여전히 브린과 페이지는 구글의 현 상황에 위기를 느꼈다. 브랜드 명성은 하루가 다르게 높아지고 수백만의 고객이 구글을 찾았지만, 구글 사이트에 등록하거나 이메일 서비스를 이용하는 '충성스러운' 고객은 없었다. 더 나은 검색 기술이 등장하면 구글은 어떻게 될까? 이런 걱정에서 헤어 나올 수 없었던 그들은 혁신을 통해 기술을 개선하는 데 전념해야 했다. 구글의 검색결과는 어느 검색엔진보다 훌륭했지만 사용자가 마음에 두고 있는 의문에 완벽하게 대답하진 못했다. 2000년도에 페이지는 다음과 같이 말했다.

"검색과 관련한 모든 문제를 가까운 시일 안에 전부 해결할 순 없습니다. 너무나 많은 문제와 오류가 발생하고 있기 때문입니다. 우리가 할 일이 너무 많습니다. 내년에 더 개선된 검색결과를 제공하지 못한다면 우리는 곧 잊힐 겁니다."

구글의 냉정한 분석가

구글의 뛰어난 기술은 많은 기업의 광고를 유치하기에 충분했지만 이는 구글이 기업으로서 성공할 것인가라는 질문에 답하지 못했다. 18개월 전 매일 1만 건의 검색을 처리했던 구글은 2000년 중반에 하루 1500만 건을 처리하는 기업으로 성장했다. 과연 사용자가 구글에 접속하는 만큼 광고를 클릭해 광고주가 더 많은 상품을 판매하는 안정적인 수익 모델이 될 수 있는가? 브린과 페이지는 여전히 자신만만했지만, 무료 검색을 유지하면서 배너 광고는 거부하고 검색결과에 광고를 게재해 수익을 올리려는 구글의 비즈니스가 성공하기 힘들다는 회의적인 시각도 여전히 건재했다.

2000년 12월 〈비즈니스위크〉는 '구글의 순수성이 결실을 거둘 것인가?Will Google's Purity Pay Off?'라는 제목의 기사를 실었다. 이 기사에 따르면 사람들은 구글이 수익성보다는 검색과 사용자에 중점을 두는 경영 방식을 고수하면서 살아남을 수 있을지 의문을 갖고 있었다. "솔직히 말해 구글처럼 검색에만 중점을 둔 기업이 성공을 거뒀다는 선례는 아직까지 없다"고 경쟁 검색엔진인 노던라이트Nothern Light의 최고기술책임자CTO 마크 크레런스테인Marc Krellenstein이 말했다.

하지만 구글은 검색결과의 우수성을 인정받고 있었고 미디어는 그런 구글을 주목하고 있었다. 브린과 페이지는 유료 광고와 무료 검색을 결합하는 데에 확고한 원칙을 고수하고 있었다. "어떤 사람이 '암'이라는 단어를 검색했을 때 여러분은 검색엔진이 광고 비용을 지불한 사이트를 먼저 보여줘야 한다고 생각합니까, 아니면 더 나은 정보를 포함한 사이트를 보여줘야 한다고 생각합니까?"라고 브린은 반문한다. 〈서치엔진워치〉의 편집자로서 대니 설리번은 여러 검색엔진이 채택한 검색에 대한 접근 방식을 분석해 논평을 내놓았다. 그는 구글의 초창기에서부터 성장 과정, 광고의 채택에서 나타난 다양한 변화를 추적해 시간의 흐름에 따라 매우 자세한 분석을 했다. 그리고 자신이 주최하는 검색엔진 전략회의에 해마다 참석하는 구글의 모습을 통해 그들의 성장을 다양한 시각에서 바라봤다. 1999년에 열린 첫 행사에서 구글은 조그만 부스를 마련해 참가하여 주목을 받았는데, 이때 구글과 함께 검색엔진의 전도사인 대니 설리번도 새로운 산업의 중심에 서 있다는 인상을 남겼다.

설리번은 공평한 관찰자로서 큰 신뢰를 받으면서도 구글과 매우 긴밀한 관계를 유지했고, 검색엔진 시장 분석 전문가로서 두 공동 창업자가 성공하도록 도움을 줬다. 설리번은 구글에 대해 이렇게 회상한다. "구글은 제게 매우 특별합니다. 대부분 검색엔진 회사가 행사에 참가했는데 그들 대부분은 제가 검색에 관심을 갖기 이전부터 존재했죠. 하지만 구글은 최신 기술을 보유한 신생기업이었고, 저는 구글이 시작할 때부터 관심을 갖고 이 회사의 모습을 주의 깊게 관찰한 사람입니다."

8장

성장 가도

빗방울 같은 호재가
폭풍 성장을 부른다

The Google Story

"구글은 뭉뚝한 막대기를 쥔 경쟁자 앞에
레이저 무기를 들고 대결하고 있다."

2000년은 인터넷 주식의 거품이 꺼지면서 실리콘밸리가 대규모 정리해고와 파산으로 매우 혼란스러운 시기였다. 하지만 구글은 이러한 버블 붕괴의 영향권 밖에 있었다. 아니, 세르게이 브린과 래리 페이지는 오히려 이 사태 때문에 호기를 맞았다. 건전하게 성장을 지속하던 벤처기업에게 이 시기는 더할 나위 없이 좋은 기회였다. 무리하게 주식을 공개하고 호황을 누린 수많은 기술기업들이 버블 붕괴 때문에 정리해고로 인력을 대폭 줄인 반면 구글은 오히려 사람을 채용해 눈길을 끌었다.

비공개기업은 월스트리트에서 일어난 혼란에 영향을 받지 않았기 때문에, 구글은 주식시장의 붕괴로 인해 직장을 잃거나 아무 쓸모 없는 스톡옵션만 쥐게 된 뛰어난 소프트웨어 엔지니어와 수학자들을 채용할 수 있었다. 주식시장이 혼란스러운 덕에 구글의 경제적 여건이라면 절대 채용할 수 없던 유능한 인력을 대거 확보한 것이다. 검색엔진 분야에서 굴지의 경쟁업체들이 극심한 재정 문제로 회복 불능 상태에 빠졌지만, 구글은 오히려 마운틴뷰Mountain View로 본사를 확장해 옮겼다.

새 본사는 샌프란시스코만 주변에 위치한 탓에 환경이 다소 삭막해 보였지만 내부는 활기로 넘쳤다. 검색엔진의 특허를 양도했던 스탠퍼드대학교의 기술특허지원사무소는 구글에 관한 소개문에서 구글의 매우 독특한 업무 환경에 대해 언급했다. 당구채를 들고 다니는 프로그래머, 젤리빈 사탕을 입에 물고 일하는 어시스턴트, 그리고 단순하면서도 빠른 검색 서비스에 만족하는 고객 등 구글의 여러 면모를 언급하며 이 회사가 즐거움으로 가득 차 있음을 묘사했다.

구글플렉스, 최고의 근무 환경

브린과 페이지는 비즈니스의 원동력인 컴퓨터 시설을 구축하면서 불필요한 비용을 쓰지 않으려고 노력했으나, 구글플렉스 내부에 올바른 문화를 창출하고 구글러들이 회사에 애착을 가지고 자신의 업무에 만족하도록 업무 환경을 구축하는 데는 돈을 아끼지 않았다. 다채로운 색깔의 메디신볼(운동치료용 공), 라바램프lava lamp (용암처럼 액체가 흘러가면서 빛을 내는 전등) 등 여기저기 눈에 띄는 다양한 최신 발명품과 장난감으로 가득 찬 사무실 내부는 기업이라기보다는 대학 캠퍼스 같은 인상을 주었다. 두 사람은 이런 분위기가 장기적으로 구글의 발전에 상당히 도움을 줄 것이라고 믿었다.

래리 페이지와 세르게이 브린, 그리고 이들과 함께 일하는 85명의 직원은 근무 시간은 길었지만 가족처럼 지냈다. 공짜 식사와 신선한 음료, 스낵을 아낌없이 지원받았으며, 사내에 마련된 세탁소, 미용실, 치과와 보건소, 세차장 등 편의시설을 이용할 수 있었다. 이후에 유아원, 트레이너와 마사지사가 상주하는 체력단련장이 추가돼 사실상 구글러들은 회사를 벗어날 필요가 없었다. 여기에 비치발리볼, 푸스볼 (손으로 나무 핸들을 움직이며 하는 축구 게임), 롤러하키, 스쿠터 경주를 하는 것은 물론, 팜나무, 흔들의자에 애완견도 키우게 해주었다. 즐겁고 창의력을 높일 수 있는 최고의 업무 환경을 조성하는 데 아낌이 없었고, 대부분의 젊고 미혼인 구글 직원들은 가능한 한 많은 시간을 회사에서 보내고 싶어 했다. 여기에 구글은 한 시간 거리의 샌프란시스코에 사는 직원들이 편안하게 통근하도록 무선인터넷을 장착한 버스를 운영했다. 따라서 직원들은 출근 시간을 맞추느라 아침부터 허둥대지 않고 버스 안에서 노트북을 이용해 업무를 보며 생산성을 높일 수 있었다. 구글의 근무 환경은 다른 기업과 달리 파격적인 측면이 있었지만 훌륭한 비즈니스 전략의 여러 요소들을 갖춰나가고 있었다.

우수함은 물론 재미와 진실성을 동시에 주는 강력한 브랜드인 구글은 최고 품질의 검색엔진과 광고에 기반한 수익원을 갖고 있었다. 나아가 컴퓨터 인프라를 비롯해 광고 판매, 지원 시스템, 신제품 출시 능력 등 경쟁에 필요한 여러 분야에서 성공 기반을 갖춤으로써 모든 분야에서 재빠르게 규모를 키울 수 있는 최고의 인력과 기술을 보유하고 있었다. 구글의 두 창업자는 구글 서비스 사용자를 우선시하고 검색결과의 질을 중시하는 경영 방침을 고수했다. 두 사람은 시장 점유율이 하락하자 수단과 방법을 가리지 말고 수익을 창출하라는 투자자의 압력을 단호히 거부했다.

"기존 인터넷 광고에서 구글이 달성한 혁신적인 원칙은 바로 구글의 홈페이지입니다. 사용자가 가장 많이 보는 홈페이지에 광고가 전혀 없다는 사실은 기존 광고의 기본 원칙을 깨는 혁신입니다." 스탠퍼드대학교 기술특허지원사무소는 구글의 광고 원칙을 혁신으로 설명했다. 구글의 가장 소중한 온라인 자산인 홈페이지는 상업성을 거부하고 사용자의 편의에 초점을 맞춰, 광고를 전혀 싣지 않았기 때문에 검색결과를 신속하게 제공할 수 있었다. 아울러 온갖 멀티미디어 광고를 배제하고 문자로 된 맞춤형 광고만을 내보냈기 때문에 검색결과 페이지도 빠르게 나타났다.

　지속적인 성장세 속에서 단순한 홍보 목적을 지닌 요란하고 무작위적인 광고를 피하는 대신, 두 창업자는 학생 시절에 시작한 입소문 마케팅을 계속했다. 충성스러운 사용자는 이메일로 검색결과를 친구들에게 알려 구글의 우수성을 홍보했고, 스탠퍼드대에서 열린 축구 경기에서 구글 로고를 새긴 응원 도구를 나눠주는 등 비용이 적게 드는 홍보를 선호했다. 온라인 상점을 열어 구글 로고가 새겨진 모자, 티셔츠, 라바램프 등 각종 물품을 팔기도 했다. 검색 서비스가 탁월하다면 많은 비용을 들여 홍보를 하지 않더라도 사용자들이 기꺼이 나서서 '소문'을 내줄 것이라 믿었다.

　구글이 자체 조립한 컴퓨터 시스템의 능력은 초창기 시절의 상황을 통해 단적으로 드러난다. 구글은 다섯 명의 직원으로 100만 명 정도의 접속자를 상대했는데, 이때는 홈페이지에 접속해도 구글의 전화번호를 찾을 수 없었다. 고객의 문의전화를 감당할 충분한 인력이 없었기 때문이다. 구글은 거창한 광고 전략을 사용하지 않고도 뛰어난 검색 능력을 경험하게 함으로써 사용자와 언론을 통해 자사의 브랜드를 널리 알리는 게 가능함을 입증했다. 코카콜라의 전임 마케팅 담당 임원인 피터 실리Peter Sealey 역시 "구글의 서비스는 너무 좋아서 별다른 홍보 없이도 성장할 수 있었어요"라고 평했다.

전 세계로 퍼져나가는 검색창

　　　　　구글은 계속 사업을 확장해나갔지만 경쟁자들은 오히려 사업 규모를 축소해나갔다. 2000년 6월, 구글과 가장 치열하게 대적할 만한 마이크로소프트는 워싱턴에서 열린 연방법원 재판에서 패소했다. 토머스 잭슨Thomas Jackson 판사는 웹브라우저인 인터넷 익스플로러를 운영체제인 윈도에 끼워 판매하는 것이 독점금지법에 위배된다는 판결을 내렸다. 재판이 진행되는 동안 검사는 마이크로소프트의 창업자인 빌 게이츠를 가장 못된 독점 기업가로 묘사했다. 많은 소프트웨어 기업이 게이츠와 마이크로소프트를 횡포를 부리는 못된 기업가와 기업으로 여기며 대단한 반감을 보이고 있었다. 심지어 이번 판결을 거대한 이익을 챙기는 마이크로소프트가 당연히 받아야 할 처벌이라며 조롱하기도 했다.

마이크로소프트 관련 반독점법 소송으로 구글은 또다시 일련의 사건과 시대적 변화의 수혜자가 됐다. 마이크로소프트에서 일하고자 했던 엔지니어들은 이 사건을 계기로 마이크로소프트를 소프트웨어 산업의 다스 베이더Darth Vader (영화 〈스타워즈〉의 악당)이자 불공정 경쟁 기업으로 여기기 시작했다. 이와 반대로 구글은 '사악해지지 말자'는 사명을 지닌 신선하고 공정한 신생 기업이자, 두 젊은 창업자의 훌륭함에 대한 평판이 자자했다. 구글 홈페이지의 깨끗하고 단순한 구성은 사람들에게 좋은 인상을 줬다. 또 사용자가 세상의 모든 정보를 무료로 유용하게 사용하도록 한다는 구글의 사명은 이상주의적이지만 호감이 갔다. 반면에 마이크로소프트의 운영체제는 다시 부팅하라는 메시지나 악명 높은 '치명적인 에러'라는 문구가 수시로 등장하는 등 불편함이 이만저만이 아니었다.

두 기업의 이와 같은 대조적인 행보 가운데 마이크로소프트는 점차 대중의 평판이 나빠져 새로운 시장에 진입하려는 시도조차 할 수 없었다. 하지만 구글은 이 기회를 통해 더 많은 사용자를 확보해나갔다. 마이크로소프트는 연방법원 판결에 불복해 상소했고, 법무부나 유럽연합과 다른 국가의 법정으로부터 경쟁 기업에 너무 공격적으로 행동해 경쟁 질서를 저해한다는 혐의로 고소당하지 않으려고 조심했다. 이에 비해 훌륭한 평판과 사랑 속에 최고의 검색엔진으로 자리 잡아가던 구글은, 인터넷 사용자의 99%가 다른 검색엔진보다 구글이 뛰어나다고 인정했다는 한 연구단체의 발표에 성장세가 가팔라졌다. 미국의 주요 대학들은 구글을 기본 검색엔진으로 삼아 대학 웹사이트에 구글의 알록달록한 로고가 표시된 검색창을 걸었다. 이런 추세 속에서 구글은 자연스럽게 학생, 교수, 동문 등 대학 관련 사람들 사이에서 사용자 층을 확대해나갔다.

2000년 5월판 〈뉴요커The New Yorker〉는 구글을 "디지털 시대에 하나의 유행으로 자리 잡은 검색엔진"이라고 묘사했다. 같은 달에 나온 〈타임디지털Time Digital〉은 "구글은 뭉뚝한 막대기를 쥔 경쟁자 앞에 레이저 무기를 들고 대결하고 있다"며 최고의 칭찬을 아끼지 않았다. 실리콘밸리의 기업들이 문을 닫고 있는 와중에 브린과 페이지는 거침없는 성장 가도를 달렸다.

"모자가 바람에 날리지 않도록 조심하십시오. 이제 우리는 프랑스로 갈 겁니다. 그다음에 독일, 이탈리아, 스웨덴, 핀란드, 스페인, 포르투갈, 네덜란드, 노르웨이, 그리고 덴마크까지 거침없이 달려갈 테니까요. 전 세계의 수많은 우리 검색엔진의 충성스러운 사용자들을 위해 우리는 다양한 언어로 검색 서비스를 제공할 필요가 있습니다."

브린과 페이지는 친구들에게 보내는 이메일에서 위와 같이 썼다. 구글은 세계 곳곳에서 폭주하는 검색 수요에 대처하고 편리한 서비스를 제공하기 위해 웹페이지를 다양한 언어로 번역해, 각 나라의 언어로 된 구글 웹사이트를 구축하기 시작했다. 또 휴대폰으로 서비스를 이용할 수 있도록 무선 검색 서비스를 도입했다.

점점 더 자신감을 얻은 구글은 본격적으로 사업을 확장하고 브랜드를 인터넷 사용자에게 알리는 활동을 벌였다. 더 이상 사용자가 구글의 홈페이지를 방문할 때까지 기다리고만 있지는 않겠다는 의지의 표현이었다. 새로운 프로그램, 미디어, 쇼핑몰 등 여러 웹사이트가 구글의 검색창을 홈페이지의 기본 검색 도구로 장착하여, 각 웹사이트에 검색 도구를 제공해 수익을 올리는 동시에 사용자 층을 넓히는 이중의 효과를 봤다. 구글 검색엔진 탑재는 구글에게나 웹사이트 운영자에게나 모두 큰 이익을 안겨주는 변화였다. 수많은 웹사이트가 허술하기 짝이 없는 기존 검색엔진을 버리고 구글을 채택하면서 뛰어난 검색결과를 제공할 수 있게 됐다. 이런 흐름은 미국에서 처음 나타나 곧이어 전 세계로 퍼져나갔다.

NBC나 FOX 방송이 미국 각 지역 방송국에 프로그램을 공급해 브랜드를 널리 알리는 것처럼, 다른 웹사이트에 연결돼 있는 구글의 검색창도 홍보에 큰 역할을 했다. 이들 방송국은 수십 년 동안 지역 방송국에 프로그램을 공급해 브랜드를 널리 알리는 전략으로 큰 효과를 거뒀는데, 구글 역시 다른 웹사이트에 구글 검색창을 연동시킴으로써 전 세계 수백만의 인터넷 사용자와 웹사이트 소유자와 접촉할 수 있었다. 이 방식은 다른 경쟁 검색엔진이 사용자에게 외면당하기 시작하는 시점에 도입됨으로써, 구글이라는 브랜드를 더욱 널리 알리는 수단이 됐다. 구글은 사용자에게 최대한 가까이 다가가고 접촉하기 위해 노력을 기울이는 과정에서도 지나치게 욕심을 부리지 않는 지혜를 발휘했다.

"우리와 제휴를 맺으면 여러분은 구글 검색창을 웹사이트에 설치할 수 있습니다. 그 검색엔진을 이용해 한 번 검색을 할 때마다 3센트씩 드리겠습니다. 이는 구글의 검색엔진을 널리 알려주신 여러분에 대한 감사의 표시입니다."

2000년 6월 26일 구글은 야후에 검색엔진을 제공하기로 계약을 체결하면서 인지도가 획기적으로 높아지기 시작했다. 인터넷 포털의 대명사 격인 야후를 통해 수백만 명이 구글 검색 서비스를 이용하면서 널리 명성을 알리게 된 것이다. 야후는 구글의 중요한 고객이었다. 인터넷 사이트 중에서 가장 오래됐고, 유명한 사이트이기도 했다. 구글은 이전에 야후에게 검색 서비스를 제공하던 잉크토미를 제치고 야후의 새로운 검색 서비스 제공자가 되었다. 야후와 맺은 계약은 젊은 기업인 구글의 미래를 밝히는 중요한 계기였다. 야후는 검색의 전문성과 포괄성 등 여러 이유를 고려해 구글을 선택했다고 밝혔다.

"야후는 구글이 소비자에 주력하는 경영 방침 등 유사점이 많았기 때문에 구글을 선택했습니다. 구글은 빠른 인터넷의 성장 속도에 발맞춰갈 수 있는 능력을 분명히 보였고, 야후가 세계적으로 계속 성장하는 데 좋은 비즈니스 파트너였습니다." 야후의 사장인 제프 말레트 Jeff Mallet가 말했다.

세르게이 브린은 이 계약이 구글의 중요한 이정표이자 비즈니스 전략이 옳았다는 강력한 증거였다고 말한다. 야후와 구글은 두 회사의 창업자가 서로 알고 지냈고 모두 스탠퍼드대 박사학위 과정 학생이었으며, 또 마이클 모리스라는 동일한 벤처캐피털리스트에게 투자를 받았다. 이 사실을 감안하면 두 회사의 협력은 아주 자연스러운 결과였다. 이 거래는 래리 페이지에게 특별히 중요했다. 그의 형인 칼 주니어도 야후와 큰 비즈니스 거래를 성사했기 때문이다. 다음날인 6월 27일 야후는 칼 페이지가 설립한 기술기업인 이그룹스 eGroups를 4억 1300만 달러에 매입한다고 발표했다.

야후와 페이지 형제에게도, 아울러 야후와 구글에게도 중요한 한 주였다. 특히 구글은 웹사이트 인덱스에 10억 페이지 이상을 보유한 세계 최대의 검색엔진이 됐다고 선언했다. 이제 구글은 가장 빠르고 가장 적절한 검색결과를 찾아줄 뿐 아니라 가장 포괄적인 검색결과도 제공하는 검색엔진이 됐다. "이제 여러분은 종이로 쌓으면 그 높이가 110킬로미터가 넘는 정보를 0.5초 이내에 검색할 수 있습니다. 우리가 생각해도 꽤 만족스러운 검색 능력입니다." 페이지는 말했다.

정보는 정확하게, 광고는 광고처럼

2001년 초 구글은 매일 1억 건의 검색을 수행했다. 1초에 1,000건의 검색결과를 처리한 셈이다. 또한 미국의 어휘 사전에 '구글'은 인터넷 검색을 의미하는 동사로 등재됐고, 〈뉴욕옵저버 New York Observer〉는 뉴요커들이 데이트를 하기 전에 구글링을 하는 것이 하나의 추세로 자리 잡았다는 기사를 냈다. 구글이 유명해지면서 장난삼아 자신의 이름을 검색해보는 의미 없는 검색도 늘어나고 있었다. 이는 자연스러운 일이었다. 많은 사람이 자신의 중요성을 구글의 검색결과를 통해 확인하려 했다.

구글에게는 검색 산업을 꿰뚫고 있는 〈서치엔진워치〉를 운영하는 대니 설리번이 바로 그 우수성을 확인하는 수단이었다. 이는 브린과 페이지가 구글 친구들에게 보낸 글에서 잘 드러난다. "〈서치엔진워치〉의 편집자인 대니 설리번은 검색에 관한 모든 분야에서 실력을 인정받은 전문가입니다. 그는 독자의 의견을 조사한 후에 〈서치엔진워치〉를 발간해 구글이 '가장 뛰어난 검색 서비스를 제공하고 웹마스터에게 가장 유용한 검색엔진'이라고 썼습니다. 설리번 씨가 온라인의 모든 검색 서비스에 대해 세세한 부분까지 꿰뚫고 있는 전문가라는 사실을 감안할 때 이 글은 대단한 칭찬입니다."

비즈니스 측면에서 브린과 페이지는 영업 담당인 오미드 코데스타니Omid Kordestani의 도움을 받아 미국 최대의 소매유통업체인 월마트wallmart, 메이저 자동차 회사 혼다Honda의 프리미엄 브랜드 아큐라Acura와 광고 계약을 체결했다. 구글과 광고 계약을 맺고 있던 수천 개의 중소기업과 마찬가지로, 대기업들까지 구글에 광고를 하기로 결정했다. 브린과 페이지는 광고를 사악한 대상으로 여겼던 생각을 바꿔, 광고도 온라인 검색 사용자에게 제공할 수 있는 중요한 정보의 일부분으로 바라보기 시작했다.

브린과 페이지는 구글의 광고에 대해 다음과 같이 설명했다. "구글의 광고 프로그램이 빠른 성장을 이뤘던 비밀이 뭔지 아십니까? 대답은 바로 구글의 독특한 접근방식에 있습니다. 구글은 검색 키워드와 관련된 광고를 다룰 때 문자 광고만 다룹니다. 다시 말해서 이것은 여러분이 검색을 할 때 광고 관련 정보를 찾는 게 아니라면, 억지로 광고를 볼 필요가 없다는 것을 뜻합니다. 또 주목을 끌기 위한 동영상 배너 광고도 없기 때문에 사용자들은 문자 광고를 읽고 가치 있는 정보를 얻을 수 있겠다고 생각할 때만 조심스럽게 클릭하게 되죠."

그러면 구글은 새로운 광고의 추세를 통해 어떻게 큰 수익을 올릴 수 있었을까? 이스라엘 출신 기업가이자 벤처캐피털리스트인 요시 바르디와 컴퓨터공학자이자 썬마이크로시스템즈 출신인 에릭 슈밋Eric Schmidt이 구글에 합류했다. 슈밋은 구글의 CEO를 맡았다. 비즈니스 경험이 풍부한 이 두 사람은 각자 구글의 매출과 이익을 크게 키울 아이디어를 제시했고, 구글의 직원들은 그들의 조언을 따랐다.

바르디는 무료로 제공하는 검색결과의 웹페이지 위에 단지 몇 가지 문자 광고를 내보내는 대신에 구글의 검색결과 웹페이지를 수직으로 분할하자는 아이디어를 제시했다. 즉 검색결과를 제공하는 데 웹페이지의 3분의 2를 할애하고, 오른쪽 나머지 3분의 1에는 문자 광고를 싣자는 제안이었다. 브린과 페이지는 많은 사람들과 논의를 거친 후에 이 제안을 받아들였다. 이제 구글이 광고에 사용하는 공간이 획기적으로 늘어나게 됐다. 광고가 차지하는 공간이 늘어나 눈에 쉽게 띄자 사용자가 해당 광고를 클릭하는 횟수가 늘어났다. 처음에 브린과 페이지는 이런 변화로 검색결과의 질이 떨어진다는 인상을 줄지 모른다고 걱정했다. 그러나 비즈니스 경험이 풍부한 바르디는 검색결과와 광고가 수직으로 분리되어 명확히 구별되기 때문에 그런 문제가 없을 것이라 말하며, 이를 통해 구글 검색결과의 공정성에 대한 인상을 계속 유지하면서 광고 매출은 빠르게 증가할 것이라고 두 사람을 설득했다.

CEO에 취임한 에릭 슈밋은 곧 세르게이와 래리가 생각하지 않았던 중요한 문제를 제기했다. '구글의 사용자는 어느 곳에 살며 광고는 어디서 나오는가?' 이 질문은 구글이 새로운 광고와 매출 계획을 세우는 데 중요한 역할을 했다. 구글 사용자의 60%는 미국 밖에서 살고 있지만 북아메리카 지역 이외의 해외에서 얻는 광고 수입은 5%밖에 되지 않았다. 구글은 자사의 브랜드를 국제적으로 알리고 다양한 언어로 구글을 검색할 수 있도록 많은 노력을 기울였지만 실상 해외에서 얻는 매출은 보잘것없었다. 슈밋은 무엇을 해야 할지 정확히 알았다. 그는 영업력이 탁월한 오미드 코데스타니를 유럽으로 보내어, 그곳의 비즈니스와 매출을 운영할 핵심 임원을 채용하기 전까지 돌아올 생각을 하지 말라고 지시했다. 슈밋은 구글의 해외 매출을 담당할 영업 인력을 구축하기 위해서 미국 서부와 유럽을 수없이 오가다 보면 비행기 마일리지가 엄청나게 쌓일 것이라고 코데스타니에게 농담처럼 말했다. 코데스타니는 자신의 임무를 훌륭히 수행했다. 그는 런던,

함부르크, 도쿄, 토론토 등 세계 주요 도시에 해외 사무소를 설립했다.

구글 본사인 구글플렉스에서는 끊임없는 혁신이 이어졌다. 한 엔지니어는 검색창에 이름과 우편번호를 입력하는 것만으로 전화번호를 검색하는 방법을 고안했다. 다른 엔지니어는 철자의 오류를 수정하는 방법을 제안했다. 검색창에 잘못된 철자를 입력하면 자동적으로 '당신이 찾는 단어가 ○○○입니까?'라는 질문을 던지는 것이다. 구글은 사용자의 의도를 추측해 그들이 실제로 입력한 철자가 아닌 그 '의미'에 초점을 맞춰 단어를 검색했다. 시간이 흘러 인터넷 사용의 여러 측면을 혁신적으로 변화시키는 새로운 기능이 추가되었다. 사용자는 '구글 이미지 검색Google Image Search'이라 불리는 서비스를 이용해 수백만 장의 사진과 그래픽 자료를 클릭만으로 검색할 수 있게 됐다. 구글의 이미지 검색창에 사진의 이름이나 원하는 사진의 설명을 입력하면 즉시 관련 사진과 그래픽을 검색할 수 있다. 이미지 검색은 큰 히트를 쳤고, 이미지 검색을 포함하면서 구글의 검색 능력과 서비스의 범위가 크게 향상됐다. 이미지 검색 서비스를 처음 시작한 2001년 여름에 구글은 2억 5000만 장의 이미지를 색인화했다. 규모로 보면 감히 경쟁할 상대가 없을 정도였다.

"그림 한 장이 1,000단어의 가치가 있다면 100만 장의 그림은 얼마나 가치가 크겠습니까? 하물며 보유한 이미지가 2억 5000만 장이 넘는다면?" 브린과 페이지는 새로운 이미지 검색 기능을 알리며 그 중요성을 강조했다. 두 사람은 사용자들에게 성인 자료가 예상치 못하게 나타날 수 있다고 경고하기도 했다. "여러분은 이미지 검색을 통해 성인물이 포함된 이미지를 찾을 수 있다는 점을 유념해야 합니다. 구글은 많은 요소를 사용해 어떤 이미지가 여러분이 원하는 검색어와 관련이 있는지 결정합니다. 이 방법은 완벽하지는 않기 때문에 검색결과로 제시된 이미지 중에 적절하지 못한 것이 있을 수도 있습니다."
구글의 이미지 검색을 통해 사용자는 원하는 검색결과를 문자뿐만 아니라 그와 관련된 이미지로까지 얻을 수 있게 됐다. 이는 사람들이 첫 데이트를 할 때 상대방의 마음과 더불어 외모도 중요하게 생각한다는 아이디어에서 착안한 것이었다.

2001년 9월 11일 테러리스트가 미국을 공격했을 때 구글의 검색 수요는 급격히 증가했다. 브린과 페이지는 당시 상황을 이렇게 회고 했다. "수많은 사이트가 정보에 굶주린 대중의 접속 과부화로 인해 중요한 뉴스를 온전히 제공할 수 없었습니다. 이때 구글은 홈페이지에 관련 뉴스를 파악하고 저장한 후 이를 사용자에게 제공해 정보의 공백을 메우려고 최선을 다했습니다. 그리고 세계 도처의 주요 뉴스를 광범위하게 링크시켜 사용자에게 정보를 제공하는 노력을 계속했습니다." 평상시든 큰 사건이 일어났을 때든 구글은 미국 내 문화를 연결할 뿐 아니라, 전 세계 66개 언어로 검색 기능을 제공하면서 국제 사회를 긴밀히 연결하는 역할을 하고 있었다.

2001년 말, 브린과 페이지의 비즈니스 전략이 뛰어난 결실을 거둬 구글의 경영 실적은 훌륭했다. 3년밖에 되지 않은 이 회사는 다른 닷 컴기업과의 경쟁에서 유리한 위치를 차지했다. 끊임없는 혁신에 중점을 두고 올바른 기업문화를 육성함으로써, 잠재적인 비즈니스 성장을 위한 새로운 제품과 서비스의 공세를 이어갔다. 구글의 사용자는 계속해서 놀라운 속도로 증가했고, 작은 규모였지만 광고 수입 또한 늘어나기 시작했다. 벤처캐피털리스트이자 구글 이사회 구성원인 마이클 모리스는 구글의 성장에 흐뭇했다. 그는 구글의 검색 기술이 최고이며, 이 회사가 올바르게 경영되고 있다는 사실을 알았다. 나머지는 시간이 흐르면 해결될 것이다. "매출은 비가 오는 것과 닮았죠. 매출은

언제나 빗방울처럼 시작합니다. 처음에는 몇 방울씩 뚝뚝 떨어지기 시
작하다가 나중에는 폭우로 변하기 마련이에요"라고 모리스는 말한다.

래리 페이지는 구글이 돈을 잘 벌어야 하는 이유를 두고 세르게이
가 여자의 환심을 사기 위해서라고 농담하기도 했다. 당시 하향세에
있던 닷컴기업의 사장은 인기가 없었기 때문이다. "2000년 팔로알토
에 있는 많은 이들이 손해 보는 닷컴기업의 사장이었어요. 그들은 데
이트 상대로부터 다시는 연락을 받지 못했죠. 그래서 세르게이는 '내가
돈을 잘 버는 닷컴기업의 사장이 된다면 상황은 크게 달라질 거야'라고
생각했답니다." 세르게이 브린과 그의 단짝 래리 페이지는 2001년에
그 소망을 이뤘다. 검색결과 페이지의 오른쪽에 문자 광고가 실리자
사용자가 해당 광고를 클릭하는 횟수가 증가하면서 수입이 크게 늘어
났고, 처음으로 순이익을 기록한 것이다. 그해 구글의 순이익은 700만
달러였다.

9장

CEO 에릭 슈밋

사회적 이상주의자와
지독한 현실주의자의 만남

he Google Story

"신이 내린 지시라 해도 래리와 세르게이는
여전히 이의를 제기할 겁니다."

2000년 12월 에릭 슈밋은 세르게이 브린과 래리 페이지를 만나러 가면서도 구글 방문에 큰 관심이 없었다. 우선 그의 눈길을 끈 것은 프로젝션을 이용해 벽에 비치고 있던 자신의 사진이었다. 구글이 기업문화가 매우 독특하다는 얘기를 들은 적이 있는데, 그런 소문을 두 눈으로 확인한 셈이었다. "정말 분위기가 독특했죠." 슈밋은 가능하면 구글 창업자들과 만남을 피하려고 했지만, 막강한 영향력을 발휘하던 벤처캐피털리스트이자 이전부터 친분이 있던 클라이너퍼킨스의 존 도어가 브린과 페이지를 만나보라고 계속 권유하던 차였다. 적어도 경영팀의 역할에 대해 그들과 대화를 나눠보라는 부탁이었다. 슈밋은 도어를 존중했고 그와 우호적인 관계를 유지하는 게 매우 중요하다고 판단했기 때문에 구글 공동 창업자들을 한번 만나보기로 했다. 만약 도어가 구글의 투자자와 이사회 구성원이 아니었다면 슈밋은 그들과 접촉하지도 않았을 것이다. 도어의 부탁에도 불구하고, 슈밋은 가능하면 구글 창업자들과 만남을 뒤로 미루고 싶어 했다. 도어가 2000년 10월로 예정된 지방의회선거의 정치자금 모금 활동을 하면서 슈밋에게 접근한 적이 있기 때문이었다.

"구글과 한번 이야기해보세요."

"요즘 누가 검색에 관심 있다고 그래요."

"그래도 가서 구글을 한번 보세요. 앞으로 조금 도와주면서 닦으면 빛날 보석이라니까요."

에릭 슈밋이 보기에 기술기업의 세계와 선진 투자자 집단에서 도어보다 오랫동안 뛰어난 실적을 올린 인물은 없었다. 그래서 브린과 페이지와의 만남이 시간 낭비에 불과하다고 해도, 도어의 청을 받아들이고 그와 돈독한 관계를 계속 유지할 필요는 있었다. 소프트웨어 업체인 노벨Novell의 최고경영자인 슈밋은 당시 진행 중인 노벨 합병 건이 마무리되는 대로 곧 새 직장이 필요할지 모른다고 생각했지만 그렇다고 당장 급한 것은 아니었다. 슈밋이 이직을 하더라도 박사학위까지 받은 기업 경영인에게 구글은 적합한 곳이 아니었다. 당시 구글은 검색엔진을 운영하는 기업에 불과했고, 호황을 누리던 실리콘밸리에서 검색엔진은 사양 산업으로 취급받고 있었다. 오히려 여러 요소를 모두 포괄한 인터넷 포털이 유망한 비즈니스 모델이라는 인식이 지배적이었다.

불꽃 튀는 설전

에릭 슈밋은 당시의 추세로 보아 사람들이 뉴스를 비롯해 날씨, 쇼핑, 이메일을 제공하는 소수의 포털 사이트를 통해 인터넷을 접속한다고 철저히 믿고 있었다. 그러니 도어가 왜 그렇게 구글의 일에 흥분하는지 이해할 수 없었다. 슈밋은 도어가 어떻게든 구글에 대한 투자 이익을 내기 위해, 그리고 자신이 구글에 합류함으로써 그동안 발생한 손실을 만회하려고 이 회사를 구제하려는 건 아닌지 의심이 들었다. 어느 경우든 에릭 슈밋은 구글과 접촉하기를 꺼렸지만 도어의 기대를 저버리기 힘들어서 마지못해 젊은 두 사업가를 만나기로 했다. 그러고는 바로 노벨로 돌아와 하던 일을 계속할 생각이었다.

마찬가지로 브린과 페이지도 슈밋을 만나는 데 별 관심이 없었다. 두 사람에게 슈밋은 벤처캐피털 후원자인 도어와 모리스의 기대를 저버리지 않기 위해 시간만 낭비하며 만나야 했던 여러 명의 기술기업 경영자 후보 중 한 명에 불과했다. 브린과 페이지는 이번에도 다른 후보자를 면담했던 경우와 마찬가지로 그냥 형식적으로 만나서 대화를 나누고 돌려보내기로 계획했다. 솔직히 그들은 다른 어떤 누구도 자신들을 감독하기를 원치 않았다. 브린과 페이지가 원하는 사람은 경영에 간섭하는 사람이 아닌 그냥 재무 문제만 담당할 임원이었다. 기존 기업에서 흔히 찾아볼 수 있는 스타일의 경영자를 영입해 경영을 맡긴다면 구글의 혁신은 억제되고 발전 속도도 늦춰질 것이라 생각했기 때문이었다. 그 결과 경영 실적이 떨어지면, 외부에서 영입한 경영자는 구글이 어떻게 투자금을 낭비했는지를 클라이너퍼킨스와 세쿼이아캐피털에 상세하게 보고해 문제를 일으킬 수도 있다. 구글은 기업공개를 준비하는 기업이라기보다는 대학원이나 캠퍼스 같은 분위기여서, 기업공개로 투자수익을 올리려는 벤처캐피털이 보기에 적합한 모양새의 기업은 아니었다. 일반 기업이나 기술기업의 일부 경영자가 보기에 구글의 문화는 결코 이해할 수 없는 분위기였던 것이다.

세르게이와 래리는 외부의 간섭을 받지 않고 자신의 주관대로 구글을 경영하고 싶어 했다. 두 벤처캐피털은 구글에 2500만 달러를 투자했지만 아직 아무런 성과를 거두지 못했고 오히려 골칫거리만 얻고 있었다. 구글의 경영을 완전히 통제하고 있는 두 경영자에게서 아주 이따금 경영 상태에 대한 보고를 받을 뿐이었다. 두 벤처캐피털은 구글이 경험이 풍부하면서 나이가 더 많고, 또 기업을 경영할 줄 아는 사람을 고용해야 한다고 계속 주장해왔다. 이런 경영자가 있어야 기업공개를 위해 월스트리트 증권회사와 상대할 때 얼굴 마담 역할을 할 수 있다고 투자자로서 생각한 것이다.

하지만 두 사람은 사태를 완전히 파악하고 있었다. 그들은 자신이 쥐고 있는 패가 좋든 나쁘든 상관없이 베팅을 하고 허풍 치며 게임을 주도하는 노련한 포커플레이어처럼 능숙하게 행동했다. 벤처기업에 대한 연구를 많이 한 세르게이와 형 칼 주니어의 경험에서 소중한 교훈을 얻은 래리는, 벤처 투자자에게 가장 큰 고통은 그냥 무시했던 투자 기회가 나중에 대박으로 드러날 때라는 것을 잘 알고 있었다. 미래가 불확실하고 경영 방식에 불만을 품고 있더라도 투자자는 벤처에 미련을 버리지 못한다는 것을 말이다.

존 도어는 지난 16개월 동안 기대에 미치지 못한 실적을 거둔 검색 엔진 기업에 적합한 최고경영자를 찾고 있었고, 브린과 페이지는 구글에 합류하려면 자기들 입맛에 맞는 사람이어야 한다는 고집을 버리지 않았다. 그리고 에릭 슈밋은 구글과의 미팅 전에는 이러한 내부 사정을 잘 모르고 있었다. 당시 도어는 자신이 물색한 인물들 누구도 이 두 사람을 충족시키지 못하리라고 생각하던 중이었다. 새 경영자는 브린과 페이지가 설정한 높은 기준을 만족시킬 능력과 개성이 적절히 조화된 사람이어야 했다. 아울러 구글에 합류하자마자 자기 자존심을 굽힐 각오가 돼 있어야 했다. 브린과 페이지는 만나는 CEO 후보들을 모두 퇴짜 놓았다. 항상 그랬듯 계속 자신들이 직접 구글을 통제하기를 원했고, 외부에서 영입한 최고경영자나 도어의 추천인이 경영에 간섭하는 것도 싫었다. 무엇보다 두 사람은 구글에 아무런 문제도 없다고 생각했다. 그들은 도어가 추천하여 이들과 함께 일하고 싶어 찾아온 사람들을 퇴짜 놓으려고 최선을 다하는 것처럼 보였다.

슈밋이 약속 장소인 방으로 들어갔을 때 세르게이와 래리는 접시에 음식을 담아 먹고 있었고 슈밋의 사진이 프로젝션을 통해 벽에 비치고 있었다. 마운틴뷰에 있던 썬마이크로시스템즈의 건물에서 찍은 오래전 사진이었다. 슈밋은 썬마이크로시스템즈의 CTO였지만 오래전에 새로운 도전을 찾아 노벨로 자리를 옮긴 상태였다. 슈밋이 의자에 앉자마자 세르게이는 노벨에서 펼쳤던 슈밋의 전략을 '어리석었다'고 지적하며 공격을 퍼부었다. "나도 강하게 반박했습니다. 우리는 거의 90분간 뜨거운 논쟁을 벌였습니다." 슈밋이 당시를 회상했다.

그들은 서로를 인정하기도, 반박하기도 하며 서로 치열하게 논쟁하면서 지적 대결을 벌였다. 만남을 끝내고 나올 때쯤 수개월 동안 노벨을 떠날 가능성에 대비해 준비 작업을 해왔던 슈밋은 이 논쟁에 대해 두 가지 생각이 들었다. 하나는 그동안 자신이 해왔던 논쟁 중에 이번 것이 최고였다는 것, 그리고 다른 하나는 결국 어떤 방식이 됐든 구글과 계속 관계를 지속할지 모른다는 것. 구글의 두 사람도 그동안 만나본 다른 어떤 후보자들보다 슈밋이 마음에 들었다.

실은 그들도 내부 경영 문제를 다룰 사람을 채용해야 한다는 압박이 점점 커지고 있음을 알고 있었다. 모리스는 투자 계약 당시 맺었던 일류 경영 전문가를 채용하겠다는 약속을 지키지 않는다면 구글은 투자액 1250만 달러를 돌려줘야 한다고 위협하는 중이었다. 상당히 심각한 위협임에도 두 사람은 그다지 신경 쓰지 않으며 그런 위협을 무시하고 있었다. 모리스에게 이들의 행동은 마치 부모의 말을 듣지 않는 반항기 청소년처럼 보였다. "신에게서 지시를 받는다고 해도 래리와 세르게이는 여전히 이의를 제기할 겁니다." 모리스는 말한다.

이들의 만만찮은 반발에 도어는 접근 방식을 달리했다. 그는 브린과 페이지가 존경하는 앤디 그로브Andy Grove 인텔 전 회장과 같은 첨단 기술 업계의 거물들과 연이어 만나도록 주선했다. 도어는 이런 만남을 통해 독립심이 강한 기업가인 두 사람이 발상을 전환할 수 있기를 바랐다. 달리 말해 구글이 계속 성장하는 가운데 래리와 세르게이가 좀 더 핵심적이고 어려운 문제에 집중하고, 나머지 현실적인 경영문제를 다른 전문가에게 맡긴다면 구글은 장기적으로 더 나은 성과를 거둘 수 있다는 발상 말이다. 그들에게 애초 심각하게 생각하지 않았던 약속을 지키라고 강요하기보다는, 여러 사람을 만나면서 자연스럽게 생각을 바꾸도록 하는 방법이 더 효과적으로 보였다. 그러나 도어도 자신의 전략이 얼마나 성과를 거둘지 확신하지는 못했다.

대책 없는 창업주를 길들이는 법

〈지큐GQ〉의 기사에 따르면, 두 사람이 아마존의 최고경영자인 제프 베조스와 대화를 나눈 후 베조스가 도어에게 이렇게 말했다고 한다. "어떤 사람들은 고무보트를 타고 노를 저어 대서양을 건너려고 해요. 이는 당사자에게는 아무 문제가 없는 행동입니다. 문제는 당신이 그 행동을 참을 수 있느냐는 것이죠."

이런 상황에서도 도어는 여전히 브린과 페이지가 결국은 새 경영자를 영입할 것이라고 낙관했고, 슈밋이야말로 구글에 적합한 배경과 성격을 지닌 사람으로 보였다. 브린과 페이지가 슈밋을 높게 평가한 점은 그가 최고경영자로서 경험이 많을 뿐 아니라 컴퓨터공학자라는 사실이다. 구글이 채용한 최고의 인력처럼 슈밋은 학문적 업적도 뛰어나며 연구를 좋아하는 과학자의 특성을 지녔다. 그는 캘리포니아 버클리대학교에서 컴퓨터공학으로 박사학위를 취득했고, 프린스턴대학교에서 전기공학으로 학사학위를 받았다. 그는 PARC라는 약자로 유명한 제록스^{Xerox}의 팔로알토 연구센터에서 연구 활동을 했다. PARC는 벨연구소만큼이나 유명한 연구 기관이었다. 그는 주위의 눈치를 살피지 않고 당당히 의견을 피력하는 사람이었고 래리와 페이지를 만나서도 전혀 위축되지 않았다. 이런 태도로 두 사람의 첫 번째 관문을 통과한 것이다.

슈밋에게는 다른 사람들에게는 약점으로 보이지만 브린과 페이지에게는 강점으로 보이는 특성이 있었다. 바로 실패한 경험이었다. 썬마이크로시스템즈에서 그는 운영체제에 독립적인 프로그래밍 언어인 자바^{Java}의 개발을 주도해 마이크로소프트에 도전한 적이 있었다. 그리고 회사의 인터넷 전략을 이끌었다. 당시 슈밋은 비록 큰 실패를 했지만, 컴퓨터 사용자에게 선택의 여지를 주지 않고 자사 제품만을 사용하도록 강제하는 빌 게이츠와 마이크로소프트의 윈도 운영체제에 맞서 싸우기를 두려워하지 않았다. 브린과 페이지는 슈밋의 이러한 성격과 행동에서 독립심을 확인했다. 동시에 이는 슈밋이 썬마이크로시스템즈가 마이크로소프트의 고압적인 지배력에 맞설 때 어떤 실수를 저질렀는지 잘 알고 있다는 뜻이었다. 이런 슈밋의 도움을 받아 구글이 마이크로소프트에 맞서 인터넷을 기반으로 한 새로운 언어를 개발하면서 저지를 실수를 미리 방지할 수 있다면? 구글의 두 사람은 슈밋과 썬마이크로시스템즈가 저지른 전략과 전술적 실수에서 많은 것을 배울 것으로 판단했다. 세 사람의 첫 번째 만남에서는 어떤 결론도 나지 않았지만 서로 관심 끌기는 성공한 것이다.

세르게이와 래리는 슈밋이 지금까지 만나본 다른 후보보다 능력과 자질이 있다고 생각했다. 다만 한 가지는 분명히 했다. 실질적인 헌신과 기여 없이 최고경영자가 된다는 것만으로 그에게 스톡옵션을 헐값에 넘길 일은 없다는 것. 두 사람은 슈밋이 그들이 창업하고 이끄는 구글에 정서적으로나 재정적으로 전력투구하리라는 증명이 필요했다. 세르게이와 래리는 슈밋에게 전화를 걸어 넌지시 떠봤다.

"앞으로 무슨 일을 하고 싶습니까?" 두 사람이 슈밋에게 질문했다.

"저는 지금 회사를 매각하느라 정신없이 바쁩니다." 슈밋이 대답했다. 그는 매각 작업을 한창 벌이고 있는 과정에서 회사를 당장 그만둘 생각이 없었다. "구글 회장이 된다면 매우 기쁘겠습니다." 슈밋은 당장 책임질 필요가 없는 이사회 의장직을 원한다며 이렇게 말했다. "그리고 가까운 미래의 적절한 시점에 CEO가 될 수 있으면 좋겠습니다."

"우리도 당장은 당신이 필요하지 않아요. 그러나 조만간 당신이 필요할 것 같습니다." 래리가 말했다.

"회사가 성장하면서 내 경험이 도움이 될 거라고 생각합니다." 슈밋이 대답했다.

전화를 끊고 양측은 크게 심호흡을 했다. 양측 협상이 진행되는 동안 도어는 물밑에서 양측이 서로 합의점을 찾도록 밀어붙였다. 그는 슈밋과 구글이 서로 잘 맞는다고 생각했다. 슈밋은 당시를 이렇게 회상한다. "도어의 역할이 매우 중요했습니다. 외부에서 보기에 구글은 래리와 세르게이가 똑똑한 인력들을 데리고 아주 재미있게 놀고 있는 곳이었어요. 그런데 모리스와 도어는 이런 분위기에 진지함을 덧붙이려고 애를 쓴 거예요. 사실 이는 간과할 문제는 아니었죠."

양측이 서로 의사를 확인한 뒤 슈밋에 대한 대우 문제가 심각한 의제로 떠올랐다. 래리와 세르게이는 슈밋이 구글에 어느 정도 투자를 해야 한다고 주장했다. 이에 슈밋은 구글에 참여한다면 먼저 이사회 의장이 된 다음에 최고경영자가 되는 순서를 밟아야 하고, 실리콘밸리에서 당연시되던 상당한 스톡옵션을 받아야겠다고 주장했다. 슈밋은 구글이 현금이 부족해도 아이디어가 풍부한 회사라는 사실을 알고 있었기 때문에 높은 연봉을 요구하지는 않았다. 그는 노벨을 매각하면서 구글에 투자할 만큼 충분한 현금도 생겼지만, 구글이 검색엔진으로 성공하리라는 확신이 없었기 때문에 현금보다 훨씬 가치 있는 자신의 '명성'을 투자하기로 했다. 스톡옵션에 관한 논의는 여러 차례 이어졌다. 래리와 세르게이는 창업 당시 성공 보장 없는 아이디어만 믿고 구글에 참여한 스탠퍼드대 출신 친구들이나 직원들에게는 상당히 관대한 스톡옵션을 부여했었다. 그러나 슈밋은 이사회 의장과 최고경영자로서 참여하면서 수백만 달러의 가치가 있을지도 모르는 스톡옵션을 요구했다. 그의 요구 조건대로라면 그는 구글의 내부 인력 중 제일 많은 주식을 보유하게 될 것이었다.

이때 두 가지 사항이 교착에 빠진 협상에 돌파구가 되었다. 첫째, 슈밋이 구글의 우선주 100만 달러어치를 구입하겠다며 회사에 대한 헌신을 보였다. 그는 구글이 현금 부족으로 어려움을 겪던 2001년 초에 이 약속을 지켰고, 구글은 이 돈을 경영상 목적으로 유용하게 사용했다. 둘째, 브린과 페이지가 슈밋을 채용하자 존 도어는 구글에 추가로 자금을 지원했다. 도어와 모리스가 구글에 2500만 달러를 투자한 지 1년이 넘었지만 브린과 페이지는 최고경영자를 영입하겠다는 약속을 지키지 않은 상태였다. 그렇기 때문에 두 투자자는 구글이 당장 감당할 수 없는 투자금 회수를 요구할 수 있었고, 그럴 경우 구글은 재정적인 측면과 평판에서 치명적 타격을 입게 될 처지였다. 2001년 1월 슈밋은 브린과 페이지와 합의했고, 그로부터 두 달 후인 3월 정식으로 계약을 맺었다. 재정과 법적인 조건이 마무리된 것이다. 3월부터 7월까지 슈밋은 구글의 이사회 의장과 노벨의 최고경영자 역할을 동시에 수행했다. 그는 노벨에서 일하는 시간을 쪼개어 구글에 투자했다. 일정 기간 동안 구글의 이사회 의장만 하려는 이유에 대해 슈밋은 이렇게 말했다. "매일 출근하지 않으면서 최고경영자가 될 순 없습니다." 7월 둘째 주 노벨의 합병이 완료되자 그는 구글의 최고경영자로 정식 취임했다.

"저는 구글의 최고경영자와 이사회 의장일 뿐 아니라 돈을 투자한 투자자이기도 합니다. 이 회사는 현금이 절실했고, 두 사람은 내가 회사에 돈을 투자하며 헌신하기를 원했습니다." 슈밋은 당시 분위기를 이처럼 회상했다. 슈밋이 구글에 들어와 발견한 것은 두 가지였다. 바로 구글이 설립된 지 3년이나 지났지만 두 공동 창업자가 사람이나 검색엔진, 사용자에게만 대부분의 시간을 보내면서 회사를 경영하고 있다는 사실, 그리고 내부 경영 문제에는 자금과 시간을 거의 투자하지 않고 있다는 사실이었다.

스타트업에서 진정한 기업으로

슈밋은 장난감, 컴퓨터 장비, 그 외의 잡동사니로 가득한 두 사람의 넓은 사무실 근처에 있는 작은 사무실로 옮겼다. "구글의 사무실은 언제나 동물원 같죠." 슈밋은 무엇을 해야 할지 알고 있었지만, 세르게이와 래리에게 비즈니스 인프라를 갖추는 일의 필요성을 설득하는 게 우선이었다. 예를 들어 구글은 퀵켄Quicken이라는 사무용 소프트웨어를 사용해 각종 재무 자료를 보관하고 급여를 처리하고 있었는데, 이 프로그램은 소규모 회사나 개인이 자신의 소득세를 계산하는 데에나 적합한 소프트웨어였다. 슈밋은 말한다. "스타트업들이 쓰는 소프트웨어를 직원 200명에 매출액이 2000만 달러인 구글이 사용하고 있었던 거죠."

퀵켄 문제는 나중에 논쟁거리가 됐다. 슈밋은 오라클Oracle에서 만든 대규모 비즈니스 및 재무 관리 시스템을 도입하기를 원했으나 페이지와 브린은 제안이 돈 낭비에 불과하다고 보았다. 이때 슈밋은 구글에서 해야 할 자신의 기본 임무가 도전에 직면했다고 느꼈다. "정말 큰 싸움이었습니다. 그들은 퀴켄을 사용해서 일처리를 하면 되는데 굳이 오라클에 돈을 지불해야 하느냐는 반응이었어요."

이런 갈등에도 슈밋은 페이지와 브린과 적절하게 밀고 당기는 싸움을 할 줄 알았다. 밀어붙일 때와 물러설 때를 알았고 서로의 차이를 인정하며 적절히 합의하는 법도 알고 있었다. 시간이 흘러 그는 두 사람이 창출한 문화와 경영의 투명성, 회사 전체에 퍼져 있는 사명감에 감명받기 시작했다. 구글 직원 모두는 큰 비전을 공유하고 있었고, 슈밋의 소임은 바로 이 비전을 체계화하여 구글이 가시적인 재무 성과를 낼 기틀을 마련해주면 되는 것이었다. "구글의 기본적인 구조와 전략, 그리고 문화가 좋았습니다. 구글에 와서 첫 한두 해 동안 제가 한 일은 래리와 세르게이가 창출한 비전과 가치를 기초로 비즈니스와 경영 구조를 만드는 일이었다고 설명할 수 있겠네요."

슈밋이 한 일은 겉보기에 간단해 보이지만 실제로 달성하기는 쉽지 않은 일이다. 그는 회사의 핵심인 구글 DNA를 바꾸거나 래리와 세르게이와 맺은 관계를 망칠 수 있는 일은 그 무엇도 원치 않았다. 엔지니어 출신 경영자인 슈밋에게 구글 경영은 마치 연료 재공급을 위해 착륙하지 않고 가능한 한 비행 도중에 고장을 수리해야 하는 열정적인 조종사의 과제와 같았다. 하지만 결국 이 삼총사는 도어가 연결해준 인튜이트Intuit의 최고경영자인 빌 캠벨Bill Campbell 등 외부인의 도움을 받아 점점 하나의 팀처럼 훌륭한 역할을 해냈다. 슈밋은 싸워야 할 때와 다른 방법을 모색해야 할 때가 언제인지를 알게 됐고, 신뢰를 강화하고 결정을 해야 할 때 서로 역할을 자연스럽게 분담하는 방법을 배웠다. 나중에 드러난 사실이지만 브린은 거래를 성사하는 능력이 있었고, 페이지는 셋 중에서 기술력이 가장 뛰어났으며, 슈밋은 경영의 세부적인 문제를 처리하는 능력이 있었다.

여전히 브린과 페이지는 악동처럼 굴며 슈밋의 성질을 자극했고, 그의 권위를 깎아내리고 추진력을 방해하려고 갖가지 농담과 장난을 쳤다. 아울러 회사에서 권력 서열을 분명히 하려는 노력도 했다. "처음 왔을 때 회사에는 법인 명의의 신용카드가 있었고, 래리와 세르게이는 이 신용카드를 직원에게 그냥 나눠줬습니다. 제가 이 회사에서 가장 먼저 한 일이 바로 래리와 세르게이가 직접 사용하는 신용카드 하나만 남기고 모든 법인카드를 없앤 거예요. 그러자 두 사람은 자신의 신용카드를 직원에게 주어 물건을 사게 했습니다. 내 조치를 무시하는 행동이었지요. 어느 날 내 사무실 앞에 공중전화 박스가 설치됐습니다. 저는 '누가 공중전화 박스를 구입했느냐'고 물었죠. 우리는 신용카드 번호를 추적해 구입한 사람을 알아내려고 했습니다. 그 후 또 재밌는 일이 벌어졌어요. 어느 날인가 사무실에 마사지 의자가 나타난 거예요. 누가 산 것일까요? 모르죠. 그들은 악동 같은 행동을 그 뒤로도 계속했답니다."

구글의 성장을 위해 슈밋을 채용하도록 도어가 브린과 페이지를 다그친 일은 결국 옳았다는 게 분명해졌다. 아울러 빌 캠벨에게 외부 컨설턴트로서 삼총사를 지도하고 조언을 주도록 한 일도 마찬가지 결실을 거뒀다. 구글은 도어와 클라이너퍼킨스로부터 돈보다 훨씬 값진 것을 받은 셈이었다. 세 사람은 빠르게 성장하는 비상장기업을 좀 더 전문적으로 경영하는 데 필요한 조언을 받았고, 그러면서도 소중한 혁신성과 기업가 정신을 잃지 않았다. 마침내 세 사람은 기업계에서는 흔치 않은, 세 사람이 최고경영권을 함께 지휘하는 위계질서를 구축해냈다. 트리오 경영 구조 아래에서 에릭 슈밋은 비록 최고경영자라는 직함을 지니고 있었지만, 이사회 투표 대결에서는 두 사람에게 질 수 있는 위치라는 것도 알고 있었다.

10장

광고 비즈니스

비즈니스의 구조가
스스로 일한다

he Google Story

"저는 현금이 부족하면 구글이 더 이상
비즈니스를 지속할 수 없다고 봤어요.
그러나 두 사람은 위험을 감수할 용의가 있었습니다.
결국 그들이 옳았지요."

2002년 구글은 최고의 재무 성과를 거뒀다. 이로써 구글은 기술적으로 검색엔진의 혁명적 변화를 이끌었듯이 비즈니스적 잠재력도 크다는 사실을 분명히 보여주었다. 3400만 명 이상의 회원을 자산으로 보유한 AOL은 그해 5월 1일 구글을 검색엔진으로 채택했다. 이후 AOL의 사용자는 모든 웹페이지에 나타난 조그만 검색창으로 검색을 할 수 있었고, 그 옆에는 '구글 제공Search Powered by Google'이라는 문구가 붙었다. 구글은 AOL의 막대한 회원을 활용해 더 많은 사람에게 접근함으로써 그 어떤 파트너십으로도 달성할 수 없던 홍보 효과를 거뒀다. AOL이 구글을 기본 검색엔진으로 채택한 이유는 부분적으로 구글이 사용자를 최우선으로 삼아 그들에게 가장 빠르고 믿을 만한 검색결과를 제공하기 때문이었다. 구글과 AOL의 계약은 의미 있는 승리였다. 구글이 그때까지 AOL에 광고를 제공하던 검색 광고 업체인 오버추어와 라이벌 경쟁에서 승리를 거뒀기 때문이다.

AOL 서비스에 구글의 검색을 추가하자는 아이디어를 처음 제시한 사람은 AOL의 공동 창업자 스티브 케이스Steve Case였다. 열성적인 AOL 사용자로서 그는 스스로도 인터넷에서 정보를 찾을 때면 꼭 구글을 찾게 된다는 걸 발견했다. 구글이 그의 질문에 빠른 속도로 응답하기 때문에 자연스레 구글에서 많은 시간을 보내게 된 것이다. 그는 당시 AOL에 직접 관여하고 있진 않았지만 AOL 경영진에게 구글의 검색엔진을 AOL의 주력 서비스의 하나로 채택하도록 계약을 추진해보라고 권유했다. 그러나 케이스의 관심을 얻게 된 것과는 별개로, 구글이 AOL에 검색엔진을 제공하는 잉크토미나 검색 관련 광고를 제공하는 오버추어를 물리치고 AOL과 제휴 관계를 맺기까지는 쉽지 않았다.

당대 최고 인터넷 기업과의 제휴

어려운 협상 과정에서 드러났듯이 AOL이 기존 제휴 관계를 청산하도록 만드는 유일한 방법은 AOL에게 수백만 달러에 이르는 금전적 보상을 해주는 것이었다. 이는 구글이 검색엔진과 관련 광고를 모두 제공하고, 거기서 발생하는 이익을 AOL과 공유하는 것을 의미했다. 여기에 AOL은 거래 조건을 하나 더 보태 스톡옵션을 요구했다. 구글의 성장을 열망하는 브린과 페이지는 AOL과 계약을 맺기 위해 어떤 대가도 치를 준비가 돼 있었다. 하지만 새로운 최고경영자 에릭 슈밋은 AOL에게 수백만 달러를 지불한 뒤 예기치 않게 어려운 상황에 처하게 된다면 현금이 부족한 구글이 곤경에 처하게 될 수 있다고 우려했다.

슈밋은 당시 구글이 장부상으로 900만 달러의 현금자산과 900만 달러의 부채를 기록했다고 회상했다. 재무 상황은 하룻밤 사이에도 크게 변할 수 있다. 그리고 오랜 경험을 통해 그는 만일의 사태를 대비하여 현금을 보유하는 것이 중요하다는 것을 알고 있었다. AOL의 요구를 받아들여서는 안 된다고 주장하는 슈밋과 거래 성사에 매달려 무리한 요구 조건도 받아들이자는 두 창업자 사이에 치열한 논쟁이 벌어졌다. AOL과 제휴는 그 규모가 너무 컸기 때문에 이 제휴에서 발생할 수 있는 현금 부족 사태와 그로 인해 발생할 파산 가능성에 대비할 필요가 있었다. 그래서 슈밋은 구글이 추가로 투자를 받아야 한다고 제기했다. "저는 만약의 사태를 크게 염려했습니다. 그래서 래리와 세르게이와 심한 논쟁을 벌였죠. 저는 현금이 부족할 경우 구글은 더이상 사업을 지속할 수 없으리라고 보았어요. 그러나 두 사람은 나보다 위험을 감수할 용의가 있었습니다. 결국 그들이 옳았지요."

구글이 AOL과 맺은 제휴는 마이크로소프트와 경쟁을 한층 심화시켰다. 오랫동안 마이크로소프트는 MSN과 무료 이메일인 핫메일 Hotmail 등 인터넷 서비스를 강화함으로써 AOL의 서비스를 없애버리려고 위협해왔다. AOL은 마이크로소프트가 인터넷 익스플로러 브라우저를 컴퓨터 사용자에게 무료로 배포하는 바람에 존재 기반을 잃어버린 넷스케이프를 인수했고, 이후 불공정 행위와 독점금지법 위반 등으로 마이크로소프트에 소송을 제기한 바 있다. 이에 마이크로소프트는 검색 광고 업체인 오버추어를 선택해 구글과 함께하는 AOL에 대항했다. 구글과 마이크로소프트의 싸움은 세상에 알려진 것 말고도 많은데, 두 회사는 서로 경쟁하면서 유리한 위치를 차지하고 상대를 경쟁에서 탈락시키려고 온힘을 다했다.

그 사이에 에릭 슈밋의 전 직장 썬마이크로시스템즈가 독점금지법 위반을 이유로 마이크로소프트를 상대로 민사소송을 제기했다. 연달아 소송에 휘말린 마이크로소프트는 이미지에 큰 타격을 입었다. 반면 구글은 연달아 새로운 제휴 관계를 성사하며 기업의 이미지를 높이고 있었다. 브린과 페이지는 구글 친구들에게 보낸 이메일에서 다음과 같이 썼다. "지난 몇 주 동안 구글플렉스의 가장 큰 화제는 구글과 AOL의 제휴 관계를 선언한 일이었습니다. AOL 타임워너의 최고 운영책임자COO로 취임한 밥 피트먼Bob Pittman은 '구글은 온라인 검색 분야의 현 챔피언입니다. 우리는 AOL과 웹 유저에게 최고의 온라인 수단과 콘텐츠, 그리고 편리함을 제공합니다. 구글의 인기 있는 플랫폼을 제공하게 되어 매우 기쁩니다'라고 말했습니다."

AOL과 구글의 제휴 소식에 오버추어의 주가는 거의 3분의 1이나 떨어졌다. 슈밋은 말했다. "AOL과의 제휴는 우리의 광고 모델이 인정받았다는 중요한 증거입니다. 아울러 고객에게 우리 비즈니스의 밝은 전망을 제시한 셈입니다. AOL과의 제휴는 우리에게 큰 도움이 될 겁니다." 구글이 잉크토미와 오버추어를 밀어내고 AOL과 제휴를 맺는 모습을 지켜본 검색 산업 전문가 대니 설리번 역시 구글의 빠른 성장에 놀라움을 금치 못하며, 정말 믿기 힘든 대단한 승리라는 평을 남겼다. 구글과 AOL의 제휴로 더 편리한 종합 서비스를 제공하게 된 것이다.

AOL과 맺은 제휴 외에도 구글은 인터넷 서비스 업체인 어스링크EarthLink에 검색 서비스를 제공하기로 계약했다. 또한 라이벌 검색엔진 업체 애스크지브스Ask Jeeves와 1억 달러의 가치가 있는 3년짜리 계약을 성공적으로 매듭지었다. 구글은 애스크지브스에게 문자 광고를 제공하기로 했다. 지브스는 자체 검색엔진이었지만 경쟁자인 구글의 뛰어난 기술과 빠른 성장을 인정하고 제휴를 맺을 수밖에 없었다.

그해 봄 구글은 사용자가 광고를 클릭할 때만 광고비를 부과하는 새로운 정책을 채택했다. 이 방식을 통해 광고주는 자신의 광고에 비용을 얼마나 쓸지 통제할 수 있었다. 두 번이나 중요한 고객을 구글에게 빼앗겨 당황한 오버추어는 구글이 특허법을 위반했다고 소송을 제기했다. 구글의 검색 광고 비즈니스는 오버추어가 개발해 특허를 획득한 클릭 기초 광고 시스템을 부당하게 사용했다는 내용이었다. 구글은 이 소송에 아무런 실익도 없으니 취하하라고 했지만 오버추어는 끝까지 소송을 지속하겠다고 우겼다. 그 사이에 구글은 사용자 층을 넓히고 유명 TV프로그램에 등장하면서 인기를 높였다. NBC의 인기 드라마 시리즈인 〈웨스트윙 The West Wing〉에서 한 등장인물이 동료에게 구글을 이용해 정보를 찾아보라고 하는 장면이 나온 것이다. 구글은 인기 드라마 시리즈에 자사의 제품을 등장시키는 대가로 돈 한 푼 들이지 않았다.

AOL의 공동 창업자 스티브 케이스는 말한다. "결국 구글 스토리는 결국 다 상품에 관한 것이에요. 더 좋다. 더 좋다는 입소문으로 구축된 비즈니스죠. 사람들은 이게 더 좋으니까 구글을 사용하고 그 과정에서 구글은 더 좋아지죠. 흥미롭고 새롭고 달랐기 때문에 구글은 뛰어난 엔지니어들을 끌어모았어요. 구글은 인터넷을 검색하고 정보를 수집하는 더 나은 방법이었죠. 이게 바로 구글 성공의 핵심이에요."

가장 비싼 검색어 광고는?

일반 구글 사용자는 느끼지 못하겠지만 검색엔진은 정교한 시장을 24시간 작동시키는 근본적 힘이었다. 그 시장에서는 사람들이 매일 검색창에 입력하는 수많은 단어나 구절이 마치 일반 상품이나 서비스처럼 거래가 이뤄졌다. '반려견 식품'이라는 검색어는 구글에 30센트의 이익을 안겨주며, '투자 조언'과 같은 단어는 금액이 훨씬 높아 3달러 정도의 이익을 남긴다. 이 가격은 사용자가 구글에서 특정 단어를 검색하고 이와 관련한 광고가 결과 페이지에 나타날 때 해당 광고주가 구글에 지불할 용의가 있는 금액이다. 검색이라는 전자상거래 시장에서 가격이 결정되는 방식을 알게 되면 그동안 베일에 싸여 있던 구글에 관한 의문이 풀릴 것이다.

구글은 사용자의 검색과 관계없는 광고를 미리 내보내는 게 아니라, 사용자가 검색결과 웹페이지에 뜬 광고를 클릭할 때마다 돈을 번다. 구글은 홈페이지나 제휴 사이트에서 논스톱 온라인 경매 방식을 이용해 광고를 했다. 이 방법으로 매일 수백만 건의 광고 중에 가장 높은 가격을 제시하는 광고를 내보냈고, 결과적으로 더 많은 수익을 올릴 수 있었다. 광고를 내보내기 위해 많은 사람이 컴퓨터 앞에 앉아 전자 경매로 입찰 가격을 제시했다. 일부는 자동화된 소프트웨어를 이용해 경매에 임하고, 일부는 전자 경매에 능숙한 마케팅 전문가를 외부에서 고용해 일을 처리했다. 하지만 사용자는 컴퓨터 화면에 광고 하나가 등장하기까지 이렇게 복잡한 과정을 거친다는 사실을 알 수 없다. 단지 경매에서 입찰에 성공한 광고를 결과로 보게 될 뿐이다. 구글의 검색결과 웹페이지 우측의 광고는 모두 이런 복잡한 경매 과정을 거쳐 입찰에 성공한 것들이다.

컴퓨터와 전자제품 제조업체 게이트웨이Gateway의 임원이었던 안토넬라 피사니Antonella Pisani는 매일 구글의 키워드 광고 경매에 입찰했다. 그녀는 자신을 주식과 채권 대신 검색 키워드와 문구를 거래하는 포트폴리오 매니저라고 생각한다. 투자 시장에서와 마찬가지로 온라인 광고에서 회사의 투자 수익을 극대화하는 행동을 하기 때문이다. 예를 들어, 피사니는 '디지털 카메라'와 복수형 '디지털 카메라들'이라는 검색어로 입찰했다. 그리고 단수형 단어에는 75센트를, 복수형 단어에는 1.08달러의 입찰가를 제시했다. 두 검색어에 각기 다른 입찰가를 제시한 이유에 대해 그녀는 복수 단어를 검색어로 입력한 고객이 최종적으로 물품을 구입할 가능성이 높기 때문이라고 답했다. 그녀는 경험을 통해 검색어의 미세한 차이로 어떻게 결과가 갈리는지 파악했고, 수많은 사용자 중 어떤 사람이 실제로 상품을 구매할 가능성이 높은지 구별할 수 있었다. 물론 구글의 모든 온라인 광고가 이렇게 복잡한 논리와 직관이 개입되는 것은 아니며, 광고 경매는 모든 사람이 쉽게 참여할 수 있도록 이해하기 쉽게 설계되어 있다.

이러한 검색어 경매 방식을 구글이 처음 창안한 것은 아니다. 광고 시장에서 구글의 경쟁자이자 야후에 인수된 오버추어가 최초였다. 오버추어는 구글이 경매 방식을 도용했다고 소송을 걸었지만 구글의 온라인 광고 경매는 오버추어보다 더 큰 인기를 누리며 수익을 낳았다. 분기마다 다양한 규모의 기업이 구글의 키워드 경매에 참여해 수백 달러에서 수백만 달러까지 지불했다. 오래전부터 TV나 신문은 미리 최저 광고 가격을 설정해 놓고 광고를 수주해왔으나, 구글은 미리 광고 가격을 설정하는 전통적인 방식에서 벗어나 광고주가 지불할 용의가 있는 금액에 따라 가격을 결정한다. 경매라는 특성 덕분에 입찰을 따로 담당할 인력이 없는 소규모 기업도 최저 입찰 가격으로 입찰에 성공해 경쟁할 수 있었다. 구글에서는 소규모 자영업자도 〈포춘〉이 선정한 500대 대기업과 마찬가지로 수백만의 소비자에게 접근할 동등한 기회를 가질 수 있다.

과거의 광고 방식으로는 기업이 필요한 것보다 두 배나 많은 광고비를 지출하고도 어떤 광고가 불필요한지 파악할 수 없었다. 구글은 불필요한 광고를 심각한 문제로 보고 이를 기술적으로 해결하려 했다. 바로 이 클릭당 광고 단가 설정 방식으로 기업은 광고의 효율성을 더 쉽게 측정할 수 있었다. 특정 광고를 클릭한 사용자가 실제로 물품을 구매했는지 추적할 수 있기 때문이었다. (일반적으로 사용자가 광고를 클릭하면 컴퓨터는 물품을 구입할 수 있는 인터넷 페이지를 보여준다.) 광고가 매출로 연결된다면 기업은 광고 입찰 금액을 높이거나 광고를 확대할 것이고, 반면에 광고가 비효율적이라면 기업은 입찰 금액을 줄이거나 광고를 완전히 철수할 수 있다.

24시간 진행되는 구글의 광고 경매에서 최저 입찰 금액은 5센트다. 최저 입찰 가격만 정해져 있고 나머지 모든 가격은 입찰에 따라 수시로 변한다. 광고 가격은 입찰 시기마다 광고주들이 어떤 시점에 결과에 자신들의 회사를 노출시키려고 하느냐에 따라 등락이 결정된다. 가장 비싼 검색어는 석면에 노출됐을 때 발생하는 암의 일종인 '중피종mesothelioma'이라는 단어였다. 이 단어에 제시한 가장 높은 입찰 가격은 한 번 클릭에 30달러를 지불하는 조건이었다. 변호사 수수료를 많이 지출할 수 있는 의뢰인을 모으기 위해 여러 변호사가 경쟁하면서 결정된 가격이었다. 하지만 구글에서 가장 높은 입찰 가격을 제시했다고 가장 먼저 광고가 나오리라는 보장은 없었다. 바로 이 점에서 구글은 다른 경쟁 검색엔진과 달랐다.

구글은 두 가지 요소를 고려해 광고의 순위를 매겼다. 하나는 광고주가 지불할 용의가 있는 금액이었고, 다른 하나는 사용자가 얼마나 자주 해당 광고를 클릭하느냐 여부였다. 따라서 한 기업이 최고 금액으로 입찰했다고 하더라도 사용자가 해당 광고를 자주 클릭하지 않는다면 광고 순위가 떨어지게 된다.

이에 비해 야후는 가장 높은 금액을 제시한 광고를 항상 스폰서 광고란의 가장 위에 놓는다. "야후는 더 많이 지불할수록 광고의 순위가 높아진다는 '철저한 자본주의 원칙'을 따랐습니다. 그러나 구글은 다소 사회주의 경향을 지녔습니다. 그들은 사용자의 선호도를 중요시했으니까요." 양방향 광고 대행 업체의 임원인 다나 토드의 평가다.

구글의 이러한 광고 방식은 기업이 잠재적 고객에 도달하는 매우 효과적인 방법임이 증명됐다. 구글은 무작위로 걸리는 대상이 아니라 특정한 대상을 상대로 광고를 할 수단을 제공했다. 즉 사용자에게 무차별적으로 광고를 내보내는 것이 아니라 사용자가 특정 제품을 구매하려고 결정할 시점에 필요한 광고를 내보낸 것이다. 이처럼 기업 규모에 관계없이 기업들이 검색 광고가 판매에 효과가 있다는 사실을 인식하면서 온라인 광고 비즈니스는 빠르게 성장했다. 인터넷을 사용하는 사람이 많아질수록 온라인 광고도 늘어나게 마련이었다. 이러한 가운데 구글은 기업이나 컴퓨터 사용자에게 여러 가지 측면에서 적합한 온라인 광고 방법을 찾아내 그 시장에서 선두 주자가 됨으로써 큰 이익을 달성할 수 있었다.

시간이 흘러 구글은 광고에 대한 엄격한 제한 규정을 완화해 제휴 사이트에도 광고를 허용했다. 이제 광고는 문자뿐 아니라 이미지나 사진도 함께 내보낼 수 있게 됐다. 그리고 구글은 주요 광고주에게 광고를 내보낼 곳과 내보내지 말아야 할 곳을 결정할 수 있도록 더 큰 권한을 부여했다. 하지만 기업이 아무리 돈을 많이 지불하더라도 광고의 순위를 변경할 수 없다는 확고한 원칙만은 고수했다. 여전히 구글의 홈페이지에는 여전히 작은 칸의 문자 광고 자리만 허용된다.

광고 경매를 통해 많은 수익을 올리면서도 구글의 검색결과는 다른 요인에 전혀 영향을 받지 않고 사용자의 검색어에 가장 적합한 결과를 우선 제공했다. 그리고 사용자의 시선이 왼쪽에서 오른쪽으로 움직인다는 연구 결과에 따라, 검색결과를 왼쪽에 배치하고 광고를 오른쪽에 배치해 사용자를 우선한다는 기존 원칙을 지켰다. 기업들은 구글에 나타날 검색 순위를 높이는 목적으로만 개발된 최적화 프로그램을 사용하여 자사의 웹사이트 순위를 높이려고 했다. 하지만 광고 경매에서 첫 자리를 차지하는 것보다 검색결과의 순위를 높이는 일은 훨씬 어려웠다.

기업 입장에서는 무료 검색결과에서 상위에 노출되든, 아니면 많은 돈을 내고 상단 광고 칸에 오르든, 결과적으로 상위 리스트에 오르는 게 매우 중요했다. 온라인 마케팅 회사인 아이프로스펙트iProspect의 최고경영자 프레더릭 마키니Frederick Marckini는 구글 광고에 대해 이렇게 말한다. "모든 연구 결과를 종합했을 때, 여러분이 검색결과 첫 세 페이지에 나타나지 않는다면, 즉 검색결과 중 30위에 들지 않는다면, 여러분은 숲 속에서 광고판을 들고 서 있는 꼴이다. 그렇다면 아마 누구도 여러분을 찾지 못할 것이다."

인터넷 광고 시장의 중심

야후, AOL, 어스링크, 그리고 애스크지브스와의 제휴로 구글은 이제 인터넷에서 가장 크고 잘 알려진 기업들과 관계를 구축한 것이었다. 검색 서비스를 제공하면서 형성된 제휴 네트워크는 구글의 방문자를 늘리고 브랜드를 널리 알려 이윤을 창출하는 역할을 했다. 시간이 흐르면서 구글의 검색창을 도입한 웹사이트 숫자는 크게 증가해 2만 5000개에 이르렀고, 그 누구도 흉내 낼 수 없는 이윤 창출 네트워크를 형성했다.

인터넷 혁명은 재화를 비롯해 서비스, 광고, 마케팅의 속성 등을 근본적으로 변화시켰다. 그리고 구글은 이런 변화를 최대한 활용했다. 인터넷 혁명 속에서 중소기업은 큰 도약의 기회를 맞았고 소비자는 이전처럼 수동적 위치가 아닌 능동적인 지위를 차지했다. 이는 대기업들이 알아차리기 전에 벌어진 급속한 변화였다. 인터넷 덕에 기업은 온라인으로 소비자와 직접적이고 효과적으로 접촉할 강력한 힘을 얻게 됐다. 이전에는 상상도 하기 어려운 일이었다. 소비자는 인터넷에서 무료로 상품에 대한 정보를 검색하고 비교한 뒤 관심이 있다면 해당 광고를 클릭했다. 이제 소비자는 상점에 가거나 줄 서서 기다릴 필요도 없이 편리하게 정보를 구하고 상품을 구매할 수 있게 됐다. 마우스 클릭만으로 이 모든 것이 가능해졌다. 현대 사회에서 손가락이 할 일이 하나 더 추가된 것이다.

구글과 벤처캐피털 투자자는 검색엔진이 큰 재무 성과를 달성할 것으로 예상했다. 구글의 검색엔진은 2002년 4억 4000만 달러의 매출과 1억 달러의 이익을 냈지만, 구글이 아직 비상장기업이었기 때문에 외부에서는 이 사실을 알 수 없었다. 거의 대부분 이익은 사용자가 구글과 제휴 사이트가 제공한 페이지 우측 문자 광고를 클릭해서 나온 것이었다. 이 훌륭한 재무 성과가 외부에 알려지지 않았기 때문에 브린과 페이지, 슈밋은 외부의 간섭 없이 구글의 공격적인 성장을 위해 이익을 자유롭게 사용할 수 있었다. 그들은 구글의 재무 성과를 외부에 철저히 비밀에 부쳤다. 특히, 구글이 온라인 검색과 광고 비즈니스를 통해 돈을 번 방법이 마이크로소프트나 야후에게 알려져서는 안 됐다. 비밀이 밝혀진다면 경쟁 기업은 검색엔진을 새롭게 개발하거나 인수하기 위해서 돈을 쏟아부을 것이 분명했기 때문이다.

검색 시장을 선점한 구글은 앞으로도 초고속 성장을 지속할 것으로 보였다. 많은 기업이 TV와 라디오, 신문과 잡지에 하던 광고를 대폭 줄이고, 이제는 인터넷 광고에 수십억 달러를 지출하기 시작했기 때문이다. 한때 검색 서비스만을 제공하던 한 인터넷 기업이 이제는 전체 인터넷 광고 시장의 중심에 당당히 서게 된 것이다.

11장

구글 이코노미

경쟁자를 이용해
시장의 파이를 키우다

The Google Story

"에릭은 성장속도가 빠른 시장에서는
경쟁자를 죽여 시장의 규모를 축소시키기보다는
서로 협력해 시장을 성장시키는 행동이
더 바람직하다며 협상을 제안했습니다."

스티브 버코위츠 Steve Berkowitz는 2001년 쇠락하던 검색엔진 애스크지브스를 회생시키는 임무를 맡기 전부터 막연하나마 구글 경제 The Google Economy의 위력을 알고 있었다. 한두 수를 먼저 내다보는 뛰어난 비즈니스 감각을 지닌 그는 궁지에 몰린 기업을 회생시키는 역할을 좋아했고, 표류하는 기업을 되살려 다시 성장하고 수익성 있는 상태로 만드는 업무에 큰 도전 의식을 느꼈다. 그는 전에도 비슷한 경험을 해봤기 때문에 애스크지브스도 회생시킬 자신이 있었다. 버코위츠는《더 미를 위한 For Dummies》이라는 모호한 제목의 컴퓨터 교재 시리즈를 기획해 출판계에서 스테디셀러가 된 경험도 있었다. 기술 산업계의 아웃사이더로 그는 수많은 웹 전문가가 철저히 간과한 부분을 꿰뚫어봤다. 인터넷은 전통적인 미디어와 공통점이 많으며, 세계의 사용자에게 콘텐츠와 광고를 전달하는 또 다른 방법이라 할 수 있었다. 선구안을 지닌 그는 브랜드 가치와 고객 충성도 사이의 밀접한 관계를 이해하고 있었다. 그것이 바로 자신의 능력을 한껏 발휘하기 위해 출판 사업에서 구글 경제로 무대를 옮긴 이유였다.

버코위츠의 새 직장인 애스크지브스는 지명도는 있지만 이를 잘 활용하지 못한 채 재정적으로 곤란을 겪는 브랜드였고, 그동안 미래를 지나치게 낙관하며 기대 이하의 성과를 보이고 있었다. 연미복을 입은 영국인 집사 지브스를 모델로 만든 심벌이 가진 엄청난 가치조차 제대로 활용되지 못했다. 애스크지브스 홈페이지의 집사 캐릭터는 일반적으로 참을성이 별로 없는 소비자들에게 인간적인 매력으로 다가왔고, 최고의 서비스를 받으리라는 느낌을 주었다. 그래서 다른 사이트에 접속했을 때보다 검색결과나 서비스가 느려도 조금 더 인내심을 보였던 것이다.

지브스의 인간적인 매력과 버코위츠의 뛰어난 비즈니스 감각에도 불구하고, 구글 경제가 없었더라면 이 회사는 실패했을 가능성이 크다. 세계적으로 사랑받는 구글 검색엔진의 성공은 양질의 검색에서 혜택을 보는 비즈니스와 관련 광고 산업에 엄청난 영향을 미쳤다. 더불어 첨단 기술 혁신에 대한 신념을 회복시키는 데도 일조했다. 구글의 성공은 수천 개의 일자리와 수십조 달러 규모의 경제를 창출했을 뿐 아니라 다른 기업가나 경제계 거물들에게도 큰 기회를 제공했다.

구글의 이런 면모는 본사 내부로 가보면 더욱 명확하게 드러난다. 구글 본사인 구글플렉스에는 밤낮을 가리지 않고 전 세계 수백만 건의 검색 트래픽을 국가별로 실시간 분류해 표시해주는 지구본이 있다. 이 지구본은 전 지구촌에 걸쳐 영향력을 미치고 있는 구글이라는 브랜드를 단적으로 설명하는 동시에, 과거의 어떤 인터넷이나 비즈니스도 경험해보지 못한 구글의 브랜드 파워를 상징하는 것이기도 하다.

사업의 인기도와 수익성을 측정하는 전통적이고 정적인 분석 방법으로는 사용자와 광고주로 구성된 구글 네트워크의 역동적이며 자생적인 면모를 측정하기 어렵다. 전혀 새로운 비즈니스 모델로서 구글은 스키장에서 가장 난이도가 높은 코스의 꼭대기에서 아래로 굴러 내려오는 눈덩이와 같다. 이 눈덩이는 아래로 내려오면서 속도가 빨라지고 크기도 점점 커지기 때문이다.

구글의 검색엔진은 이메일의 탄생 이래 가장 대중적인 인터넷 응용 프로그램으로 사람들이 새로운 아이디어를 얻도록 돕고, 비즈니스 파트너와 친구들을 연결시켜준다. 또 기업가들은 원할 때 언제든 시장조사를 하고, 나아가 채용, 광고, 이벤트, 프로모션을 저렴하게 할 수 있다.

구글이 그런 목적을 표방하지는 않았지만, 비즈니스 세계에서는 이미 비즈니스맨들의 최상의 사업 도구가 됐다. 기업이 크든 작든 상관없이 구글은 미국과 세계 비즈니스계에 광범위한 영향을 미치게 되었다. 기업뿐 아니라 대학, 정부, 연구소도 마찬가지였다. 구글이 색인화해서 빛처럼 빠른 속도로 제공하는 정보를 통해 돈과 아이디어가 이전보다 훨씬 빠른 속도로 교환됐다. 이제 신생기업인 구글을 검색엔진, 광고엔진, 성장엔진, 그리고 신경제의 촉매라고 부르는 것은 결코 과장된 표현이 아니다.

페이지랭크를 능가하는 검색 알고리즘

스티브 버코위츠는 2001년 5월 애스크지브스로 이직하면서, 한때 잘나갔지만 다른 많은 닷컴기업과 마찬가지로 사양길로 접어든 기업을 구하라는 임무를 받았다. 이때만 해도 자신이 발을 들여놓은 세계를 완전히 이해하지 못했던 그는 자신이 기획한 더미 시리즈를 애스크지브스의 '헬프데스크 Help Desk' 코너에 제공하기로 협상하면서 애스크지브스를 알게 됐다. 버코위츠가 캘리포니아에 본거지를 둔 지브스의 최고경영자로 취임하기 전, 그의 눈길을 끄는 것이 있었다. 그가 전에 일했던 출판사 IDG의 매출액은 2억 달러였고, 주가총액은 1990년대 말에 2억 5000만 달러였다. 반면에 애스크지브스는 매출액이 고작 1000만 달러이고 8000만 달러의 손실을 보는 상황에서 기업을 공개했다. 그러나 주가총액은 1999년 12월 말 기준으로 50억 달러나 되었던 것이다. "잠시 생각해보고는 바로 인터넷의 세계에 발을 들여놓기로 결정했죠"라고 버코위츠는 회상했다.

애스크지브스는 닷컴기업으로서 화려한 경력을 지니고 있었지만 버코위츠는 과거보다 미래에 집중하기로 했다. 우선 수십억 달러의 가치가 있던 회사가 비틀거리는 이유를 알아봤다. 아울러 이 회사의 장점은 무엇인지, 그리고 가장 중요하게는 이 회사에 대한 사용자의 평판은 어떤지를 파악했다. 오래지 않아 그는 애스크지브스 또는 애스크닷컴Ask.com으로 알려진 이 회사가 계속해서 기대에 미치지 못해 사용자를 실망시키고 있음을 알게 됐다.

애스크지브스는 한때 검색창에 영어 문장으로 질문을 입력하면 정확한 대답을 찾아주겠다고 마케팅을 벌였다. 수많은 사용자가 복잡한 인터넷의 현실을 감안할 때 이를 대단한 서비스로 여기며 직접 검색 성능을 실험해봤다. 하지만 예외 없이 사용자는 애스크지브스의 검색 결과에 실망하고 말았다. 이 검색엔진의 충실한 '집사'가 제 기능을 수행하지 못한 것이다.

1999년 애스크지브스는 아이디어만 지닌 채 기업을 공개했지만 수익을 위한 계획은 마련하지 못했다. 이 회사는 공모를 통해 모은 수백만 달러를 마케팅과 홍보에 지출해 브랜드를 알리고 접속자를 끌어모았다. 하지만 약속을 지키는 데 필요한 기술 투자는 등한시했다. 이 회사는 실제 검색결과를 제시할 수 없음에도 대중의 흥미만 돋울 목적으로 '하늘은 왜 파란색인가?'나 '새끼 비둘기를 발견할 수 없는 이유는?' 같은 광고 문구만 선전하고 있었다.

2000년 12월, 주가 거품이 사라지면서 다른 닷컴기업과 마찬가지로 지브스의 주가도 폭락했다. 버코위츠에 의하면 "지브스는 주식 시장의 거품과 함께 떴다가 거품과 함께 추락했다." 그러나 버코위츠는 브랜드의 가치를 믿었고 다른 검색엔진이나 웹사이트와 달리 브랜드에 생명을 불어넣은 지브스라는 캐릭터가 있다는 사실을 깨달았다. 주식시장의 거품 붕괴에도 애스크지브스의 이미지와 충성스러운 사용자는 여전히 강인하게 살아남아 있었다. 수치로 측정할 수는 없지만 이는 매우 소중한 자산이었다.

최고의 헤드헌팅 업체가 애스크지브스에 버코위츠를 추천했을 때 그를 인터넷과 콘텐츠에 대한 이해가 충분하고 공개기업을 경영할 능력을 지닌 인물로 소개했지만, 그는 검색에 대해 아는 것이 거의 없었다. 2001년 새로운 직장에 온 이후 수개월 동안 그는 주변 사람에게 모르는 것을 묻고 그들의 의견을 들으며 공부하고 상황을 파악했다. 버코위츠는 이 회사가 한 분기에 평균 700만 달러의 매출을 올리고 있다는 말을 듣고 처음에는 이 매출액이 얼마나 형편없는 실적인지 잘 몰랐다. 검색에 대한 지식과 현황을 어느 정도 파악한 뒤 그는 기업 회생을 위한 핵심 요소인 인력에 대한 중대한 결정을 내렸다. 그는 한 분야씩 단계적으로 사람을 조심스럽게 바꿔나가며 사실상 거의 모든 경영진을 교체했다. 그는 정상적으로 회사를 운영하면서도 혁신을 위한 방법을 찾아야 했다. 자동차가 전속력으로 달리고 있는데 타이어를 교체할 순 없는 법이었다.

버코위츠가 보기에 검색은 고유한 브랜드 가치를 지닌 훌륭한 상품이었다. 그가 새로 채용한 짐 랜존Jim Lanzone은 애스크지브스가 새로 시작한 '질문-응답 서비스'가 사람들이 일일이 붙어서 처리해야 하는 노동집약적인 서비스라는 사실을 발견했다. 반면에 구글은 페이지랭크처럼 자동화된 시스템을 구축해 빠르고 연관성이 높은 검색결과를 제공할 수 있었다. 랜존은 기술집약적인 구글의 모델을 흉내 내면서도 나름대로 애스크지브스만의 특색 있는 서비스를 찾으려고 노력했다. 랜존이 2001년 8월 입사했을 당시 애스크지브스는 검색에 대한 평판이 형편없었지만 상위 웹사이트 15위 안에 들어 있었다. 이 점이 이상했다. 사용자들은 애스크지브스의 검색결과에 상당히 실망하면서도 다음에는 나아지겠지 하는 희망으로 다시 찾고 있던 것이다.

버코위츠나 랜존 모두 애스크지브스에 1500만 명에서 2000만 명이나 되는 방문자가 있다는 것은 예외적이라고 봤다. 지브스가 지닌 브랜드파워는 놀라웠다. 결국 두 사람은 애스크지브스에 필요한 것은 사용자의 검색어에 제대로 답하는 기술을 구입하는 것이라는 결론에 도달했다. 그래야만 사용자 집단을 계속 유지하며 재기에 성공하고 성장할 발판을 마련할 수 있기 때문이었다.

당시 월스트리트는 애스크지브스가 주식의 시장 가치에 비해 너무나 많은 현금을 보유하고 있다고 비난했다. 다시 말해 애스크지브스가 많은 현금을 다 소진한 뒤 비즈니스를 접으려는 것이 아니냐는 의심을 하고 있던 것이다. 그러나 버코위츠와 랜존의 생각은 달랐다. 그들은 적절한 인수 대상을 찾고 있었고 그에 대비한 자금을 마련했을 뿐이었다. 랜존에 의하면 그들은 검색엔진이 필요했고, 사용자가 원하는 수십억 건의 검색에 대답할 수 있는 유일한 방법은 바로 검색엔진의 인수였다.

2001년 가을 애스크지브스는 실리콘밸리에서 멀리 떨어진 뉴저지 주 피스카타웨이Piscataway에 있는 한 이름 없는 회사를 주시하고 있었다. 테오마Teoma라는 이 회사는 총인원이 일곱 명밖에 되지 않는 작은 기업이었다. 국방부의 지원을 받아 럿거스대학교의 컴퓨터공학과 교수 몇 명이 세운 회사였다. 테오마는 '제3세대 검색 기술'이었다. 적어

214

도 버코위츠와 랜존에게는 그렇게 보였다. 그들이 보기에 제1세대는 알타비스타이고 제2세대는 구글이었다. 그리고 제3세대는 테오마 또는 애스크지브스가 엑스퍼트랭크Expert Rank라 부르는 기술이라고 보았다. 테오마의 기술은 수학적 공식과 계산에 기초하고 있고, 인기도에 기초한 구글의 페이지랭크 시스템보다 우수했다. 사실 세르게이 브린과 래리 페이지 역시 스탠퍼드대 시절에 쓴 논문에서 웹사이트를 인덱스화해서 순위를 매기는 한 방법으로 테오마의 기본 개념을 언급한 적이 있었다.

랜존은 이에 대해 다음과 같이 말한다. "브린과 페이지는 페이지랭크의 개념을 포괄적인 인기도Global popularity라고 불렀고, 테오마의 개념을 국지적 인기도Local popularity라고 언급했습니다. 국지적 인기도는 웹의 전체가 아닌 부분과 주요 정보만을 검색한다는 의미입니다." 그는 브린과 페이지가 국지적 인기도로는 정보 검색을 올바로 수행하기 힘들다는 결론을 내렸다고 말했다. 국지적 인기도를 활용한 검색은 실시간으로 정보 검색을 처리하려면 막대한 컴퓨터 처리 능력이 필요하고, 또 작업을 수행하는 데에도 시간이 많이 걸리기 때문이었다.

럿거스대에는 아포스톨로스 게라솔리스Apostolos Gerasoulis라는 50세의 그리스 출신 컴퓨터공학자가 있었다. 그는 대학 안팎에서 항상 같은 티셔츠를 며칠이나 계속 입고 다니는 천재 컴퓨터공학자로 이름을 날리고 있었다. 그는 테오마 개념을 현실에 적용해 국지적 인기도에 기초한 검색을 몇 분의 1초 안에 처리할 방법을 발견했다. 그러나 닷컴버블이 무너진 상황에서 동부 해안의 조그만 기술기업에 수백만 달러를 투자하도록 애스크지브스 이사회를 설득하는 일은 쉽지 않았다. 지브스는 여전히 수익을 올리지 못했고 한 푼의 현금도 소중한 상황이었다. 게다가 장밋빛 전망을 제시하며 투자를 유치했다가 덧없이 사라져버린 기술기업이 주변에 너무 많았기 때문에 설득하기는 더욱 어려웠다.

2001년 여름 버코위츠는 여러 차례 이사회를 소집하여, 애스크지브스의 재도약을 위해 독자적으로 검색엔진을 개발하거나 외부에서 매입하는 것이 광고를 수주하는 것보다 중요하다고 역설했다. "구글의 검색 서비스는 그 무엇보다 뛰어납니다. 성공의 열쇠는 훌륭한 제품을 보유하는 것입니다." 버코위츠는 애스크지브스가 보유한 검색 기술로 사용자를 계속 유지할 수 있다고 생각했다. 일부 이사회 임원은 다른 기업이 개발한 검색엔진을 임대해 사용하면서 그 비용을 지불하는 편이 현명한 방법이라며 버코위츠의 견해에 반대했다. 회사의 주가가 1달러 이하로 하락하면서 상황이 어려워지자 설득은 더 힘들어졌다. 그러나 결국 버코위츠는 자신의 주장을 관철했다. "일이 성공적이지 못할 경우 누가 책임을 지겠습니까?"라는 이사회의 질문에 그는 자신이 책임을 지겠다고 나섰다.

2001년 9월 11일 이른 아침에 그는 그동안 눈을 떼지 않고 지켜보던 테오마를 450만 달러에 인수하는 계약을 마무리지었다. 이 인수 금액은 당시 애스크지브스 시가 총액의 10%가 넘는 규모였다. 이 거래는 우여곡절 끝에 성사됐고, 9·11 테러가 일어나기 직전에 발표됐다. 테오마를 개발한 그리스 출신 교수 아포스톨리스는 거래 성사에 대한 기쁨이나 테러리스트 공격에 대한 분노를 표현하는 대신에 시를 써서 지브스에 보냈다. 그리고 "애스크지브스에 접속해 9·11 테러에 대한 정보를 검색하는 사용자의 요구를 해결하도록 노력하십시오"라는 메시지를 보내 이들을 감동시켰다. 그는 테오마 기술을 큰돈에 팔았기 때문에 이제는 더 이상 복잡한 일에 신경을 쓰지 않고 편히 살 수도 있었다. 하지만 그는 금전적 욕구보다는 훌륭한 기술을 개발하고 발전시키는 것에 보람을 느끼는 순수한 학자였다.

2001년 12월 애스크지브스는 테오마 기술을 이용한 검색 서비스를 제공하기 시작했다. 버코위츠는 회사의 밝은 미래를 확신했다. "애스크지브스가 다시 태어난 순간이었습니다. 우리의 고객들 역시 새로운 경험을 하게 될 것입니다." 버코위츠는 말했다.

경쟁인 동시에 협력

애스크지브스는 높은 브랜드 가치와 향상된 검색 기술을 보유하게 되었지만 수익성은 여전히 높지 않았다. 이제는 구글과 제휴를 맺을 때였다. 2000년 봄, 다른 기업과의 검색 광고 계약이 만료되면서 구글에 접근할 좋은 기회가 왔다. 버코위츠는 구글이 애스크지브스에 광고를 제공하고 그 이익을 공유하는 방식으로 제휴 관계를 맺을 수 있을지 알아봤다.

"우리는 테오마 인수로 어느 기업과도 계약이나 제휴를 맺을 수 있는 자유로운 위치에 있었습니다. 우리는 구글을 광고대행사로 간주했습니다. 대부분 구글의 알고리즘을 이용한 검색 서비스가 필요하기 때문에 이 회사의 볼모가 되어 있었지만, 우리는 자체 검색 기술을 보유했기 때문에 다른 기업보다 유리한 위치에 있었습니다." 버코위츠가 말했다.

구글과의 제휴에는 구글과 이윤을 공유한다는 매력적인 조건에 덧붙여, 검색결과와 상관성이 높은 광고를 애스크지브스의 사용자에게 제시한다는 추가 혜택이 따라왔다. 버코위츠는 제휴 가능성을 엿보기 위해서 구글 측과 몇 차례 접촉했다. 구글의 협상 상대는 최고경영자 에릭 슈밋과 해외 영업 책임자 오미드 코데스타니였다. 이렇게 양측 모두 최고위급 인사가 협상에 나선다는 사실은 서로가 이번 거래에서 상당한 이익을 기대하고 있음을 의미했다. 버코위츠는 당시 협상 테이블의 분위기에 대해 이렇게 회고한다. "저는 에릭과 직접 만나 협상했습니다. 그는 이번 거래가 성사되기를 무척 바라며 서로의 비즈니스 기반이 다르다고 말했습니다. 에릭은 성장 속도가 빠른 시장에서 경쟁자를 죽여 시장의 규모를 축소시키기보다는 서로 협력해 시장을 성장시키는 행동이 더 바람직하다고 말했죠."

구글은 협상이 타결되기 전에 애스크지브스가 시험 삼아 광고 제공 시스템을 운용해보도록 허용했다. 버코위츠는 시험 결과에 만족했고, 구글을 적이 아닌 동반자로 바라보기 시작했다. 그는 협상을 빠르게 마무리짓는 데 능숙한 편이었지만 이번 협상은 좀처럼 쉽게 결말이 나지 않았다. 협상의 길목마다 래리 페이지와 세르게이 브린이 주요 사항을 꼼꼼히 점검했기 때문이다.

구글이 지브스의 방문자를 가로채려 한다는 외부의 경고도 있었지만, 버코위츠는 2002년 7월 검색 산업의 리더 구글과 다년 계약을 맺었다. 마지막 순간에 연간 공유하는 이윤이 1억 달러에 이를 것이라는 예측에 기초해 계약 기간이 1년 더 늘어났고, 이 계약이 발표되자 주위의 이목이 집중됐다. 물론 산업 관계자는 이 계약을 회의적으로 바라봤다. 구글이나 애스크지브스 모두 사용자 확보를 중시하는 검색엔진이었기 때문이다. 하지만 버코위츠는 생각이 달랐다. "이 거래는 두 회사가 경쟁과 협력을 동시에 할 수 있다는 아이디어에서 시작했습니다. 우리와 구글이 하려는 일은 바로 경쟁인 동시에 협력입니다. 결국 이 과감한 거래를 통해 애스크지브스는 살아남을 겁니다."

사실 이 계약은 두 회사 모두에게 상당히 긍정적인 영향을 미쳤다. 애스크지브스는 그렇게 원하던 매출 신장을 이뤘고, 구글은 고객을 빼앗긴다는 두려움 없이도 다른 웹사이트나 검색엔진과 효과적인 제휴를 맺을 수 있다는 선례를 남겼다. 에릭 슈밋은 이 계약을 통해 구글의 광고주가 수백만의 새로운 사용자에 접근할 수 있게 됐고, 또 성격이 다른 애스크지브스의 사용자에게도 광고할 수 있게 됐다고 보았다. "구글과 애스크지브스는 사람들이 웹을 편하고 효율적으로 검색하게 만들자는 비전을 공유합니다. 우리는 제휴와 협력으로 검색시장 발전에 이바지할 겁니다."

구글 경제는 버코위츠가 원했던 광고 수익을 창출했다. 애스크지브스는 이를 계기로 2002년 4분기에 흑자로 돌아섰으며, 동시에 구글에게 새로운 사용자를 제공했다. 두 회사의 고객층이 확연히 달랐기 때문에 중복되는 사용자가 적었고, 결과적으로 제휴가 두 회사 모두에게 도움이 된 셈이다. 또한 구글은 애스크지브스와 맺은 제휴를 활용해 다양한 규모의 웹사이트와 거래를 맺어 광고와 구글 경제의 규모를 확대할 수 있었다. 이후 구글이 〈뉴욕타임스〉의 온라인 사이트, 아마존닷컴 등 방문자 수가 많은 웹사이트에 검색과 광고 서비스를 추가하면서 구글 경제의 성장 속도는 더 빨라졌다.

구글의 광고가 뜨는 웹사이트의 수가 늘어나자 광고를 원하는 기업도 많아졌다. 이에 따라 기업이 광고에 지불하려는 금액도 커졌다. 구글 경제는 외부의 도움 없이 자생적인 추진력으로 성장하고 있었다. 사용자가 구글의 광고를 더 많이 클릭할수록 웹사이트 소유자의 이익은 더 커졌다. 이를 본 다른 웹사이트들 역시 구글의 검색과 광고를 활용하기를 원했다. 네트워크의 규모가 커질수록 경쟁자는 도전하기 어려워진다. 광고주가 시청자들을 대상으로 한 가장 효과적인 광고로 주요 공중파 방송사를 선호하듯이, 구글은 광고주들에게 온라인 광고를 위한 최고의 파트너가 됐다.

구글 경제의 위력을 가늠해보려면 애스크지브스의 재무 성과를 살펴보면 된다. 이 회사의 매출 대부분은 구글을 통해 제공한 광고에서 발생했기 때문이다. 적자를 기록한 2002년 이후에 애스크지브스는 2003년에 1억 700만 달러의 매출을 달성했다. 2004년에는 매출 규모가 두 배 이상 커져 2억 6100만 달러를 기록했으며 이익은 5000만 달러를 넘었다. 이후 구글과 애스크지브스의 매우 성공적인 제휴로 2007년까지 계약을 연장한다고 발표했다. 애스크지브스는 경영 혁신에 성공했고 구글 경제의 주요 수혜자가 됐다. (이후 2005년 3월에 애스크지브스는 마찬가지로 다양한 포털 사이트를 소유 및 운영하는 회사인 IAC에 인수됐다. 버코위츠는 2006년 마이크로소프트의 온라인 사업부 상무로 옮겼다. — 옮긴이)

12장

20%의 법칙

직원의 꿈은
회사 안에서 실현시킨다

"위에서 내린 지시나 사전 승인에 따라

진행하는 프로젝트와 자발적으로

진행하는 프로젝트는 본질적으로 다릅니다."

크리슈나 바라트Krishna Bharat는 2001년 9월 11일 뉴올리언스에 있는 호텔 방에서 뉴욕과 워싱턴의 테러 장면을 보고 공포에 질렸다. 인도에서 온 서른한 살의 구글 소프트웨어 엔지니어인 바라트는 이리저리 TV 채널을 돌리며 테러 현장 중계를 지켜보다가, 무슨 일이 일어나고 있는지 가능한 한 많은 정보를 얻기 위해서 인터넷을 검색해봤다.

그는 가족과 돌아갈 교통편이 걱정스러웠다. 미국 연방 정부가 모든 비행을 금지했기 때문이다. 그에게 뉴올리언스에서 열린 정보검색에 관한 회의는 이미 안중에 없었다. 다른 참석자도 삼삼오오 호텔 로비에 모여 불안해하기 시작했다. 그는 이번 테러 공격이 진주만 습격 이후 최대의 공격이라고 생각했다. 그런데 때로 급박한 위기와 파괴의 순간에 훌륭한 아이디어가 생겨나기도 한다. 바라트에게 9·11 테러는 바로 그 새로운 시작을 알리는 순간이었다.

인도에서 살던 시절 바라트는 자신의 표현을 빌리면 "뉴스 중독자"였다. 그는 인도 신문을 읽고 인도 방송을 봤지만, 〈타임〉도 읽었고 같이 사는 할아버지와 함께 의자에 앉아 BBC 라디오 뉴스도 들었다. 언론에 대한 검열과 문화적 차이가 큰 문제임을 깨달은 바라트는 어떤 사건을 제대로 이해하려면 다양한 정보를 접해야 한다고 생각했다. 특히 인도와 관련된 뉴스는 여러 정보와 견해를 종합해 판단을 내려야 했다. 인도 미디어가 공개적이고 포괄적으로 다루기에 너무 민감한 주제들이 많기 때문에 바라트는 매주 〈타임〉이 도착하기를 기다렸다. 이렇게 얻은 국내외 소식을 할아버지에게 들려주는 일은 바라트의 큰 기쁨이었다. 이처럼 어린 시절부터 정보를 검색해본 경험은 결국 그가 나중에 할 일과 사고방식에 영향을 미쳤다.

조지아공과대학에서 박사학위를 받은 뒤 바라트는 캘리포니아 팔로알토에 있는 디지털이퀴프먼트에서 일했다. 그곳에서 그는 알타비스타의 검색엔진에 대한 컨설팅 업무를 담당했다. 이 업무를 하면서 그는 점점 인터넷 검색에 관심이 깊어졌고, 정보 검색에 대한 지식을 갖추고 필요한 교육을 받았다. 그 와중에 구글의 창업자 두 사람을 만났다. "저는 구글과 알타비스타의 기술을 모두 알고 있었습니다. 만나보니 래리와 세르게이가 좋았고 그들의 태도가 마음에 들었죠." 바라트는 회상한다. 1999년 그는 구글로 직장을 옮겼고 디지털이퀴프먼트에서 함께 옮긴 동료들과 구글 내 연구 그룹을 창설했다.

새로운 직장 구글에서 바라트는 다양한 업무를 수행했다. 검색엔진에는 개발할 여지가 있는 영역이 많았기 때문이다. 연구 그룹에서 그는 다른 구글 동료가 하는 업무보다 장기적인 프로젝트에 전념할 기회를 얻었다. 그는 수백만의 사용자를 구글이 앞으로 나아갈 방향과 활용도를 확립할 방안을 연구했다.

그런데 구글에는 바라트가 정말 좋아하는 특별한 규칙이 있었다. 바로 소프트웨어 엔지니어는 적어도 업무 시간의 20% 또는 일주일에 하루는 무엇이든 상관없이 자신이 좋아하는 프로젝트를 해야 한다는 규칙이었다. 혁신을 장려하기 위해 만든 이 20% 규칙은 올바른 기업 문화를 확립하고 유지하며, 훌륭한 기술자가 놀라운 아이디어를 개발하도록 장려하는 데 필수적인 요소였다. 다른 기업에서는 본 업무 이

외에 프로젝트를 자유롭게 추진하거나 새로운 아이디어를 개발하는 행동은 환영받지 못한다. 그렇기 때문에 아무리 기업가 정신이 충만한 직원이라고 해도 그 능력을 제대로 발휘하기 힘들며, 상사가 모르게 은밀히 새로운 프로젝트나 아이디어를 개발해야 하는 경우도 발생한다.

근무 시간의 20%는 딴짓을 하라

일주일에 하루는 상사가 아닌 자신이 정말로 좋아하는 일을 하라는 구글의 20% 규칙은 긍정적인 메시지가 됐다. 아울러 직원들이 20%를 다른 일에 사용한다고 해서 수익을 추구하거나 성공적인 제품을 개발해야 한다는 압박을 받을 필요도 전혀 없다고 강조했다. 한마디로 말하면 20% 규칙은 자신이 즐길 수 있는 일을 하라는 의미였다.

구글의 20% 규칙은 다른 기업에서 쉽게 찾아보기 힘든 경우였다. 하지만 선례는 있었다. 아주 오래전에 스카치테이프로 유명한 3M이 15% 규칙을 만들었다. 이 회사는 엔지니어가 스스로 선택한 프로젝트에 업무 시간의 일부를 할애하도록 하여 대단한 성과를 거둔 적이 있다. 포스트잇 개발이 대표 사례다. 브린과 페이지는 자신들의 대학 시절 경험을 바탕으로 이런 규칙을 만들었다. 대학에서 교수들은 종종 일주일에 나흘을 연구실에서 보내고 다섯 번째 업무일에는 주제에 구애받지 않고 스스로 택한 프로젝트나 연구를 했다. 세르게이와 래리는 구글을 설립하기 위해서 스탠퍼드대를 그만두기까지 삶의 대부분을 대학 환경에서 보냈기 때문에 대학의 자유롭고 자발적인 분위기를 그들의 회사에 접목하려 한 것은 자연스러운 일이었다.

바라트는 이 규칙에 대해 이렇게 말했다. "이 규칙은 사람들이 호기심을 추구하면서 시간을 보내도록 도입된 것입니다. 사람들은 중요하다고 생각하거나 스스로 개발한 일 또는 열정을 느낄 수 있는 일을 할 때 생산성이 높아집니다. 20% 규칙은 아래서부터 시작되는 혁신의 기회죠. 최고경영진이 지시하고 명령하는 일에서 큰 혁신을 이루기는 어려울 거예요."

엔지니어는 일주일에 20%의 시간을 쓰거나 아니면 한데 모아서 한 달가량을 한 가지 프로젝트에 사용한다.

"점심을 먹으며 자신이 할 일을 이야기할 땐 마치 작은 회사의 최고경영자가 된 듯합니다. 자신의 아이디어가 무르익으면 좀 더 공개적인 형태로 논의를 하죠." 바라트가 말했다. 그러나 이 단계에서 아이디어는 여전히 회사 내부의 것으로 머문다. 자신이 하고 있는 일을 주위에 알리는 한 가지 방법은 구글의 내부 컴퓨터 네트워크의 게시판에 올리는 것이다. 회사는 엔지니어가 개발하고 있는 아이디어에 대해 동료의 피드백을 받을 수 있도록 별도의 시간을 허용하고 있다.

"긍정적인 피드백이 있다면 그건 사람들이 그 아이디어를 놓고 여러분과 함께 일하고 싶다는 의사입니다. 그렇다면 여러분은 프로젝트를 본격적으로 진행할 조건을 마련한 셈입니다. 이제 여러분은 아이디어를 발전시킬 수 있게 됩니다. 구글은 20%의 시간 속에서 아이디어를 개발한 뒤 공개적으로 논의할 구조를 지니고 있습니다. 경영진은 일부 아이디어에는 자금을 지원하고 해당 프로젝트가 결실을 보도록 계속 관심을 갖고 지켜봅니다." 바라트가 말했다. 직원들이 아이디어를 개발할 때 집에서 또는 상사에게 숨기도록 놔두지 않은 것이다. 비공개적인 방식을 고수하다 보면 자원이나 지원의 부족으로 아이디어를 실현하는 데 실패할 수도 있고, 본격적으로 착수하기 위해 회사를 그만둬버릴 위험도 있다. 구글이 자유와 지원을 아끼지 않은 이유다. 바라트에 의하면 20% 규칙은 놀라운 사례로, 실제로 구글 엔지니어가 새로운 제품을 개발하는 데 많은 기여를 했다.

9·11 사태와 구글뉴스

바라트는 조지아공과대학에서 박사 과정을 밟던 1990년대 중반 뉴스에 대한 관심을 발전시켜 새로운 형태의 신문을 개발하려 했다. 그는 여러 웹사이트에 흩어져 있는 뉴스를 한곳에 모으는 진공청소기 같은 크롤러를 개발할 가능성을 알아보고 싶었다. 이러한 크롤러로 한데 모은 뉴스를 정리한다면 사람들이 특정 주제에 관한 정보를 쉽게 읽을 수 있다. "온라인 뉴스에 처음으로 관심이 갔습니다. 당시 온라인 뉴스 서비스는 그리 많지 않았거든요." 바라트는 말했다. 쉽게 접근할 수 있는 방식으로 정보를 조직화하는 데 남다른 통찰력과 기술을 지녔던 바라트는, 모든 사람에게 동일한 방식으로 뉴스를 전달하기보다는 개인 독자의 관심과 취향을 분류해 그들에게 적합한 정보를 제공하는 온라인 신문을 개발하고 싶어 했다.

"저는 뉴스를 전달하는 구성을 바꿔보고 싶었습니다. 정보를 맞춤형으로 제공하는 거죠. 사실 온라인 신문도 종이 신문처럼 지면 구성의 성격을 띠고 있어요. 여러분이 기사를 읽으려면 링크를 클릭하고 다시 화면으로 돌아와야 하죠. 저는 이보다 나은 지면 구성을 만들 수 있다고 말했습니다. 그리고 이를 실현하려면 먼저 사람들이 어떻게 행동하는지 살펴봐야 한다는 걸 깨달았습니다. 그러면 뉴스를 전달하는 방식을 획기적으로 바꿔 시대를 앞선 미래의 신문을 만들 수 있을 것으로 생각했죠."

인도에서 성장하며 여러 뉴스의 원천을 종합해 정보를 파악했던 노력, 조지아공대에서 떠올린 신문의 지면 구성을 바꿔보려는 아이디어, 구글이 혁신을 유도하기 위해 직원에게 부여한 20%의 규칙, 이 모든 것이 서로 결합해 9월 11일에 발현된 것이다. 믿을 만한 정보가 절실히 필요했던 그날, 그는 테러에 관한 뉴스에 목말라하던 일반 컴퓨터 사용자와 언론인을 위해 더 효과적이고 빠르며 쉬운 방법으로 정보를 전달하자는 생각을 하기 시작했다. 그는 인도에 살던 시절 BBC 방송을 듣던 할아버지의 모습이 떠올랐다.

"너무나 많은 일이 벌어졌고, 이에 대한 서로 다른 이해관계가 복잡하게 얽혀 있었습니다. 미국의 입장, 아프가니스탄의 입장, 유럽의 입장뿐 아니라 전 세계적으로 한꺼번에 많은 뉴스가 쏟아져 나왔습니다. 이때 저는 인터넷에서 어떤 사건에 대한 폭넓은 뉴스를 전달하기가 꽤 불편하다고 느꼈습니다. 모든 신문은 각자 훌륭한 기사를 올리지만 다른 기사나 정보를 참조할 시간적 여유가 없기 때문이었죠. 또한 뉴스는 실시간입니다. 〈워싱턴포스트〉 기자가 어떤 기사를 쓰면서 다른 기삿거리를 찾아 밖으로 나갈 수는 없습니다. 물론 여러분이 웹의 검색엔진에서 다른 관련 기사를 찾기도 쉽지 않죠. 그래서 검색엔진에서 관련 기사를 쉽게 찾을 수 있다면 나와 같은 독자는 물론 전문적인 언론인도 큰 혜택을 볼 수 있다고 봤습니다. 다른 사람이 쓴 기사나 의견을 찾는 데 오랜 시간이 걸리기 때문이에요. 특히 9·11 테러처럼 견해 차가 큰 기사가 너무 많을 때는 관련 정보를 검색하기가 더 어렵습니다. 뉴스에 관한 검색 문제를 해결하는 것은 도전할 만한 가치가 있었죠."

이후 몇 달 동안 바라트는 9·11 테러 때 분명히 드러난 문제 해결 방안을 연구했다. 그는 자신의 비전에 충실해 일련의 수학 방정식을 이용하여, 노련한 신문 편집자가 기사를 정하고 지면을 배정하는 방식처럼 자동적으로 뉴스를 수집하고 정렬할 수 있는지를 연구했다. 그는 클러스터링clustering이란 기법을 이용해 뉴스를 범주별로 지구촌 뉴스, 정치와 비즈니스, 스포츠 등으로 분류했다. 그리고 특정 기사를 올리는 데 얼마나 많은 편집 활동이 필요한지 관찰했다. 그다음 자료 원천에 따라 기사의 순위를 조정했다. 〈뉴욕타임스〉, 〈워싱턴포스트〉, AP통신, 로이터와 같은 주요 미국 신문이나 통신사에서 나온 기사에는 더 큰 가중치를 뒀다. 동시에 포괄성도 중요한 요소였다. 기사의 작성자가 얼마나 권위 있고 뉴스 원천이 얼마나 신뢰할 만한지와 무관하게, 바라트는 올바른 내용을 담은 기사를 포함할 방법을 찾고 싶었다. 뉴스의 갱신과 실시간 전달을 중요하게 생각했던 그는 오래된 뉴스보다 최신 뉴스의 순위를 높이도록 공식을 조정했다. "뉴스의 순위는 계산을 통해 변경되는 실시간 작업입니다." 바라트는 말한다.

그는 다양한 형태의 온라인 뉴스를 제공하기 위해 각기 다른 사이트를 운영하면서 구성을 조금씩 변화시켜봤다. 예를 들어, 미국에 거주하는 컴퓨터 사용자는 모두 캐나다 관련 기사보다 미국 관련 기사에 더 관심이 높았다. 캐나다에 사는 사용자는 반대였다. 이처럼 서로 다른 버전으로 구글뉴스가 출시되면 분명 유용하리라 판단했다.

2001년 말부터 2002년 초까지 그는 스토리랭크StoryRank의 초기 버전을 개발했다. 스토리랭크는 구글의 검색결과 순서를 정하는 페이지랭크 공식과 유사한 방식이었다. 기사의 제목을 보여주는 것만으로 충분치 않았기에 동료의 도움을 받아 수집한 온라인 뉴스에 적합한 검색 기능을 개발했다. 홈페이지에 담을 수 있는 분량보다 항상 훨씬 많은 뉴스가 존재하기 마련이지만, 맞춤형 정보 제공이라는 구글 특유의 방식에 따라 사용자가 원하는 주제를 정하면 그에 맞게 뉴스를 제공하는 방식을 택했다. 바라트는 다른 두 명의 구글러와 함께 데모 버전을 개발했다.

다른 이들의 반응을 알아보기 위해 사내에서 먼저 시범 운영을 했다. 그는 2001년 12월에 최고경영자인 에릭 슈밋이 사무실로 불쑥 찾아와 구글뉴스에 관해 대화를 나누었을 때 자신이 대단한 일을 하고 있음을 깨달았다. 바라트는 "저는 스토리랭크의 인기에 대해 전해 들었어요. 엔지니어에게서 정말 많은 피드백을 받았습니다. 그런데 갑자기 에릭 슈밋이 제 사무실로 찾아와 '멋진 서비스'라고 말해주었어요. 저는 그가 구글에서 얼마나 오랫동안 일했는지 모를 정도로 교류가 없었지만, 그는 뉴스 서비스에 정말로 관심이 많았고 구체적으로 상품화하기를 원했습니다. 그 이후 저는 래리와 세르게이에게 진행 상황을 말했고 그들도 모두 큰 관심을 보였습니다."

최고경영진의 칭찬과 격려 속에서 바라트는 20% 규칙을 활용해 진행하던 프로젝트를 정규 프로젝트로 추진하게 됐다. 바라트에게 이 프로젝트는 평소의 꿈을 실현하는 기회였다. 구글의 관례에 따라 데모 버전을 만들고, 이를 발전시켜 수백만의 사용자에게 온라인 뉴스 서비스를 제공할 수 있도록 아낌없는 지원을 받았다.

사용자 인터페이스를 중요시하는 노련한 디자이너 마리사 메이어는 사용자 관점에서 뉴스 서비스의 인터페이스를 다듬었다. 그리고 엔지니어로 구성된 팀이 웹에 존재하는 뉴스의 순위를 매기고 검색하는 소프트웨어를 개선하고 시험했으며, 일목요연하게 파악할 수 있도록 여기저기 흩어져 있는 정보를 조직화했다. 회사는 할 만한 가치가 있는 일에 자금을 지원했고, 그 과정에서 그 누구도 제품의 수익성을 따지지 않았다.

그러면 구글은 다양한 언론사가 자사의 홈페이지에 게재한 기사를 사용할 권리를 어떻게 획득했을까? 구글은 아무 권리도 얻지 않았다. 오히려 구글의 뉴스 서비스가 너무나 매력적이었기 때문에 각 뉴스 제공자는 구글 서비스의 일부가 되기를 자청했다. 구글뉴스는 언제나 뉴스의 출처를 명시했고, 사용자가 뉴스를 클릭하면 화면은 해당 뉴스 사이트로 이동했다. 사실상 뉴스 중개인 역할을 한 셈이었고 뉴스를 직접 생산한 것처럼 위장하지 않았기 때문에 수백 개, 이후 수천 개로 늘어난 미디어 제공자에게 허가를 받거나 사용료를 지불할 필요가 없었다. "저는 이 모델을 아주 좋아합니다. 우리는 정보에 접근하는 중간 지점이 되기를 원했지 자체적으로 뉴스를 생산할 생각은 없었습니다. 우리는 사용자가 중요한 정보나 뉴스를 신속히 접할 수 있도록 최선을 다했을 뿐입니다." 바라트는 말했다.

단순하고 군더더기 없는 구글의 홈페이지와 달리 구글뉴스 페이지는 수많은 제목과 콘텐츠로 가득 차 있다. 디자이너 메이어는 뉴스 페이지가 각종 정보로 꽉 차 있기를 바랐다고 말한다. 이 페이지는 사용자를 위한 정보가 가득한 콘텐츠 위주의 공간이 돼야 하기 때문이다. 그녀는 최종 디자인을 선택하면서, 사람들이 신문 1면의 상단 기사에 자연스럽게 관심을 가지는 것처럼 구글뉴스 역시 콘텐츠의 양이 매우 중요하다는 점을 고려했다. 다시 말해 사용자가 화면을 내려가면서 기사를 읽지 않도록 배려해야 한다는 의미였다.

구글뉴스는 또한 구글 알리미Google Alerts라는 새로운 서비스로 언론과 소비자의 관심을 집중시켰다. 이는 이메일로 자신의 관심 분야를 등록하면 관련 최신 뉴스를 이메일로 받아보도록 하는 서비스였다. 수백만 명의 고객이 구글 알리미 서비스에 등록했고, 기업, 사회 현안, 개인 또는 특정 주제에 대한 최신 뉴스를 받아봤다. 혹시 중요한 기삿거리를 놓치지 않을까 염려하는 언론인을 위해 구글 알리미는 구글뉴스 홈페이지와 검색 기능과 긴밀히 연계하여 효과적인 방법으로 중요한 사건과 기사를 제공했다. 나아가 구글 알리미는 아이디어의 공유를 촉진하는 역할을 했다. 대도시 일간지부터 지방 타블로이드 신문까지 다양한 뉴스 원천을 취합함으로써 그동안 제한적인 정보에만 접촉하던 소비자들에게 광범위한 정보와 뉴스를 제공한 것이다.

"다양한 주제의 기사를 많이 접할수록 사람들은 뉴스를 더 많이 읽습니다. 구글뉴스는 바로 정보에 대한 접근성을 높인 것입니다. 저는 정보를 읽는 사람들에게서 피드백을 받기 원했고 사람들이 현안이나 기사에 대해 더 많이 논쟁하기를 바랐습니다. 사람들이 뉴스에 관해 토론하고 논쟁하는 모습은 참 보기 좋거든요." 바라트는 말한다.

엔지니어 중심 문화

크레이그 네빌매닝Craig Nevill-Manning은 뉴저지에 있는 럿거스대학교 교수직을 그만두고 2001년 구글에 합류했다. 그는 이 대학에서 웹사이트에서 정보를 추출하는 혁신적인 방법을 연구했다. 뉴질랜드 태생인 그는 자신의 연구 주제뿐 아니라 아이디어를 제품으로 구현하고 싶다는 생각 때문에 구글에 이끌렸다. 1969년에 태어난 그는 대부분의 구글러보다 나이가 많았다. 나이와 지위, 그리고 스탠퍼드대학교에서 박사후과정을 거친 경력을 고려해 네빌매닝은 수석연구과학자라는 직책으로 입사했다. 그 역시 다른 사람들처럼 구글의 기업 문화나 20% 규칙에 매력을 느꼈다. 입사한 지 얼마 되지 않아 그는 20% 규칙을 활용해 전자상거래 분야를 탐구하기 시작했다.

"저는 소비자가 구글에 무엇인가를 구입하러 올 때 우리가 필수적인 도움을 주고 있진 못하다는 이야기를 관리자들과 논의했습니다.

구글이 웹의 모든 분야를 다루는 건 아니지만 때때로 사용자는 상품과 가격을 비교하고 싶어 하죠. 그래서 사용자가 쇼핑을 더 효과적으로 하도록 만들 방법이 무엇일까 생각하기 시작했습니다." 네빌매닝은 아마존닷컴 등 다양한 온라인 쇼핑몰을 자세히 연구하면서 특히 소비자가 상품의 분류와 가격, 제품 설명에 관한 정보를 어떻게 얻는지 살폈다.

6개월 뒤, 네빌매닝은 자신의 아이디어를 응용해 시험 프로그램을 만들었다. 그는 장난삼아 이 파일에 '프루글Froogle'(검소하거나 절약한다는 의미의 영어 단어 Frugal과 구글을 합성해 만든 단어―옮긴이)이라는 이름을 붙였다. 구글과 비슷한 발음의 이 프로그램은 소비자가 가격 비교를 통해 저렴하게 물건을 살 수 있도록 돕는 프로그램이었다. 내부의 공식 명칭은 '상품 검색Product Search'이었다. 2002년 초 그는 베타 버전을 페이지와 브린, 슈밋에게 선보이고 반응을 살폈다. 그들은 이 아이디어가 맘에 들었지만 본격적으로 추진할 가치가 있을지 확신하지 못했다. 무엇보다 프루글이 구글의 핵심적인 검색 서비스의 일부분이 되거나 별도의 서비스가 될 수 있을지 의문이었다. 네빌매닝은 구글의 광고 시스템에 대한 일상 업무에 중점을 두는 것이 적절하다고 생각하고 이 아이디어는 잠시 뒤로 미뤘다.

"구글은 수백만 개의 좋은 아이디어를 보유하고 있고 그중 극히 소수의 아이디어만 지원을 받아 본격적으로 추진됩니다. 저는 잠시 프루글을 제쳐놓고 애드워즈AdWords에 집중하기로 했습니다." 네빌매닝이 말했다. 그러나 시간이 흐르면서 네빌매닝은 프루글을 그냥 썩히기 아깝다고 생각했다. 그는 개념을 좀 더 다듬고 자신감이 서자 프루글이 공격적으로 추진할 만한 가치가 있다고 다른 사람을 설득했다. 하지만 최고경영진은 여전히 확신하지 못했다.

당시 상황에 대해 네빌매닝은 말한다. "사람들은 프루글에 매달려 고민했지만 추진할 가치가 있는지 판단을 내리지 못했습니다. 그러나 얼마 뒤 우리는 이 상품에 대해 더 많이 알게 됐습니다. 문제는 프루글이 구글의 검색엔진처럼 포괄적이고 구체적인 효용성이 있는지였습니다. 프루글의 효용성은 래리와 세르게이의 관심에서 증명됐습니다. 래리가 '새 디지털카메라를 사려고 해요'라고 프루글에 검색어를 입력했습니다. 또 세르게이는 '최근 녹색 레이저포인터가 나왔다던데 프루글에서 그 상품을 찾을 수 있는지 보고 싶네요'라며 프루글을 직접 사용했습니다. 결국 그들의 궁금증은 '신상품이나 잘 알려지지 않은 상품을 찾을 수 있는가'에 있었습니다. 구글은 웹의 구석구석을 뒤져 정보를 찾아내는 데는 매우 훌륭합니다. 하지만 상품의 가격이나 특성을 비교하는 데는 프루글이 더 훌륭한 역할을 했죠. 결국 래리와 세르게이는 프루글을 사용해보면서 매우 유용한 서비스라는 사실을 깨달았습니다."

마침내 브린은 의심을 접고 네빌매닝에게 엔지니어로 구성된 새로운 팀을 지원하며 프루글을 구축할 기회를 줬다. 프루글 프로그래밍 작업은 다른 구글 프로젝트와 달리 꽤 어려운 작업이었다. 페이지랭크와는 상당히 다른 접근 방식을 취했기 때문이다. 인터넷에서 찾을 수 있는 상품은 일반적으로 인기도에 따른 링크가 있지 않았기 때문에, 가장 유용하고 관련성 높은 상품을 찾으려면 다른 접근 방식을 찾아야 했다. 2002년 홀리데이 시즌(11~12월)에 맞춰 프루글 서비스를 개시하려던 계획은 개발이 완료되지 않은 관계로 12월 중순으로 미뤄졌다.

출시가 미뤄져 최대의 쇼핑 시즌을 놓친 프루글에 대한 초기 호응도는 그리 높지 않았다. 하지만 다음 해인 2003년 홀리데이 시즌이 오자 프루글은 큰 인기를 끌었고 구글 방문자 대부분은 프루글을 시험

삼아 사용해봤다. 다른 구글의 서비스와 마찬가지로 프루글도 다른 쇼핑 사이트와 크게 달랐다. 프루글의 검색결과도 광고주가 지불하는 광고 금액에 전혀 영향을 받지 않았으며, 제품 검색결과의 우측에 조그만 문자 광고가 나왔다. 하지만 검색결과와 광고는 누가 봐도 분명히 구분이 갔다. (프루글은 이후 구글프로덕트서치, 구글쇼핑으로 명칭을 바꿨다―옮긴이)

성과인가, 속임수인가?

한번은 구글러와 마이크로소프트 직원들 사이에 치열한 논쟁이 벌어진 적이 있었다. 요는 구글의 20% 규칙이 실질적인 성과를 내는가, 아니면 기술자를 끌어모으기 위한 속임수에 불과한가에 관한 것이었다. 이에 따라 두 회사 사이의 긴장도 높아졌다. 구글의 엔지니어 조 베다Joe Beda는 20% 규칙이 훌륭한 성과를 낸다며 이렇게 말했다.

"위에서 내린 지시나 사전 승인에 따라 진행하는 프로젝트와 자발적으로 진행하는 프로젝트는 본질적으로 다릅니다. 엔지니어가 업무시간의 20%를 할애해 좋아하는 프로젝트를 추진하도록 격려하는 이 규칙은 그냥 남는 시간에 어떤 일을 하라는 것이 아닙니다. 시간을 적극적으로 활용하는 행위죠. 아쉽게도 저는 아직 20% 규칙을 성공으로 이끌지 못했지만 앞으로는 해야 합니다. 하나도 해내지 못한다면 제 근무 평가에 부정적인 영향을 미치리라 생각합니다.

구글 직원들은 매우 정력적으로 일합니다. 어떤 사람이 새로운 아이디어를 제시하면 대부분은 적극적으로 나서서 활발히 의견을 나누고 토론합니다. 여기에 개인적 이해관계가 개입하는 경우는 거의 없습니다. 구글에 입사한 이래 다른 사람의 의견에 쓸데없이 목소리를 높여 반대하거나 일부러 다른 사람의 아이디어를 낮게 평가하는 사람을 본 적이 없어요.

그렇다면 다른 기업에서도 20% 규칙이 성과를 거둘 수 있을까요? 다른 회사도 이 규칙을 시도해봐야 한다고 생각합니다. 하지만 무엇보다도 이 규칙을 수용할 수 있는 기업문화와 철학이 갖춰져야 한다고 생각합니다. 저는 적절한 분위기가 조성되지 않은 상태에서 무조건 이 규칙을 도입하는 것은 의미가 없다고 봅니다. 단 이 견해는 내 개인 의견에 불과하고 구글의 공식적인 입장은 아닙니다. 내 말을 기업의 전략이나 비전으로 확대 해석하지 말아주십시오."

한 마이크로소프트의 엔지니어는 이에 반박했다. 구글이 다른 기술 기업과 다르지 않고 직원들도 마찬가지인데도, 특별한 척을 할 뿐이라는 주장이었다.

"마이크로소프트가 20% 규칙을 시행하지 않는 이유는 무엇인지 자문해봤습니다. 빌 게이츠가 내게 20% 규칙을 주겠다고 말한다면 저는 '나쁠 건 없습니다. 하지만 이미 저는 원하는 일을 하고 있기 때문에 굳이 20% 규칙을 사용할 필요가 없습니다'라고 대답할 겁니다. 마이크로소프트에는 나처럼 생각하는 사람이 많다고 생각합니다. 누군가 직장에 만족하지 못한다면 다른 곳을 찾아 떠날 기회가 많이 있습니다. 제 생각에 구글은 하고 싶지 않은 일을 너무 많이 하고 있기 때문에 20% 규칙이 필요할지 모릅니다. 예를 들어, 지출 보고나 다른 불필요하고 형식적인 업무가 많기 때문일 수도 있습니다. 불필요한 업무를 하지 않을 수 있다면 그것만으로도 직원에게는 큰 혜택일 텐데 말입니다."

13장

구글 마니아

구글 마니아가 키우는
소비자 중심 경제

he Google Story

"세상은 작은 의문으로 가득 차 있습니다.

그리고 구글은 해답을 제시합니다.

저는 하루에도, 아니 한 시간에도 몇 번씩 구글을 검색합니다."

리 멩잉Lee Meng-Ying 은 스물여섯 살의 타이완 사람으로, 전형적인 글로벌 구글러다. 그는 인터넷 검색으로 세상과 접촉하면서 다양한 지역에서 다양한 언어로 제공되는 인터넷 뉴스, 관심 비즈니스 정보를 활용하고, 여러 대륙에 흩어져 사는 친구, 가족과도 교류하면서 지낸다. 예의 바르고 활발하며 적극적인 성격을 지닌 리는 2000년 이후 처음으로 뒤늦게 웹을 경험했지만 이제는 구글이 없는 인터넷을 생각할 수 없다. 그가 타이완에서 2년의 병역 의무를 마치고 2001년 미국에 왔을 때는 영어에 매우 서툴렀고 컴퓨터도 거의 사용할 줄 몰랐다. 교환학생으로 플로리다에 있는 웨버국제대학교에 등록한 그는 병원 경영을 공부하면서 컴퓨터를 열심히 익혔다.

버지니아 북부에 있는 대학에서 경영학 석사 과정을 밟은 그는 학교 과제를 위해 영어판 구글을 사용하고, 집에서 새벽 3시까지 초고속 인터넷망이 연결된 컴퓨터 앞에 앉아 중국어판 구글을 서핑한다. 그는 모국어로 된 중국어판 구글이 쓰기가 쉽고 더 능률이 좋다. 그는 구글에서 투자한 기업의 주가를 확인하고 미국과 중국, 타이완에 대한 뉴스를 읽거나 시청하며 자신이 돈을 건 NBA 농구 경기의 결과를 확인하기도 한다. 그는 이 모든 일을 구글 중국어 서비스를 통해서 처리한다. 그러나 아직도 많은 웹사이트가 영어로 되어 있기 때문에 리는 영어로 된 웹페이지를 찾아보고 잘 이해가 되지 않는 부분이 있을 때 구글의 자동 번역을 사용한다. 이따금 잘 모르는 단어나 구절을 만나면 검색결과 제목 옆의 번역기 버튼을 눌러 대충 어떤 내용인지를 확인하고 그 과정에서 새로운 영어 표현을 배우기도 한다. 그는 구글을 웹브라우저의 인터넷 초기 화면으로 설정해뒀다. 최근까지 첨단산업을 중심으로 빠르게 성장하던 세계 경제와 무관한 삶을 살았던 젊은이 리는 클릭만으로 구글이 제공하는 막대한 정보를 얻게 됐다.

전 세계 구글 마니아

2003년 무렵 수천만 명이 매일 구글의 언어 지원 기능 중에서 원하는 언어를 선택하여 모국어로 구글을 검색할 수 있게 됐다. 이 당시 구글이 지원하는 주요 언어는 다음과 같다. 그리스어, 라틴어, 게일어, 힌두어, 우크라이나어, 우르두어, 크로아티아어, 체코어, 에스페란토어, 페르시아어, 포르투갈어, 노르웨이어, 스웨덴어, 스페인어, 스와힐리어, 태국어, 말레이어, 아프리칸스어, 몰타어, 중국어, 일본어, 타갈로그어, 아이슬란드어, 이탈리아어, 인도네시아어, 네덜란드어, 덴마크어, 줄루어, 한국어, 웨일스어, 독일어, 프랑스어, 아라비아어, 히브리어, 라트비아어, 루마니아어, 슬로베니아어, 러시아어, 핀란드어, 그리고 영어 등 100여 개 언어다.

또 100여 개 정식 언어 외에도 재미를 위해 피그라틴Pig Latin(말장난의 일종), 클링온 Klingon (TV 드라마 시리즈 〈스타트렉〉에 나오는 종족의 언어), 엘머퍼드어Elmer Fudd (만화영화 〈래빗 파이어〉에 나오는 혀 짧은 소리를 내는 사냥꾼), 그리고 스웨덴 주방장 언어인 버크, 버크, 버크! Bork, Bork, Bork! (꼭두각시가 내는 엉터리 언어)로도 검색할 수 있다. 세계 각국의 사용자는 자국어로 음식이나 주택과 같은 기본적인 것에서 상거래, 교육, 여가에 이르기까지 온갖 정보를 구글에서 검색할 수 있다. 섹스에 관한 정보도 물론이다.

세계 도처에서 비즈니스맨과 투자자 그리고 변호사 들이 상대방을 구글에서 검색하는 것을 필수로 여긴다. 작가들은 구글을 이용해 자료나 사실 관계를 빠르게 검색하며, 고위 공무원도 부하 직원에게 도움을 받지 않고도 구글에서 스스로 자료를 찾는다. 과학자는 어려운 문제를 해결하는 과정에서 구글의 유전자 정보를 검색해 자신이 모르던 유전자 사이의 새로운 관계를 발견한다. 10대 청소년은 최신 음악 가사를 구글에서 찾으며, 유명 요리사나 주방보조는 어떤 재료를 사용하면 요리를 빨리 만들 수 있을지 구글링해본다. CIA요원은 구글로 테러리스트를 추적하며, 소프트웨어 엔지니어는 책을 이리저리 뒤지거나 동료에게 묻지 않고도 구글에 의지해 컴퓨터 문제를 해결한다. 직원은 상사의 정보를, 운동선수는 경쟁자의 성적을 구글링한다. 여행을 좋아하거나 계획하는 사람은 여행사에 찾아가지 않고도 구글에서 먼 여행지의 정보를 얻는다.

펜실베이니아 베들레헴에 사는 모험 여행가인 에리카 스미스는 구글 예찬론자다. "최근에 저는 칠레로 가는 신혼여행 계획을 짜는 데 구글의 도움을 받았어요. 여행 서적이나 여행사의 도움 없이 소파에 앉아서 정확한 정보를 찾아냈죠."

버몬트주에 사는 건설업자이자 낚시 가이드 매트 스테디나는 구글을 통해 플라이 낚시 대회의 경쟁자에 대한 정보를 얻었다. "저는 경쟁자가 어느 지역에서 오며 어떤 숙박업소와 계약을 맺고 일하는지 알고 싶었습니다. 그리고 얼마나 많은 낚시꾼에게 가이드를 하는지도 궁금했습니다. 구글로 어렵지 않게 원하는 정보를 쉽게 얻을 수 있었죠."

헤지펀드 매니저 마크 코도버는 집 수리를 하면서 구글 스폰서링크의 편리함에 큰 감명을 받았다. "저는 선반을 고정할 스테인리스 볼트가 필요해서 홈데포Home Depot에 갔지만 두 시간 뒤 빈손으로 돌아왔어요. 그러고는 구글링으로 구하기 힘든 볼트를 파는 상점 12곳을 찾았죠. 30초짜리 슈퍼볼 광고를 할 만한 물품을 찾고 있었다면 볼트를 구하느라 돌아다니며 헛수고할 필요가 없었을 겁니다. 하지만 제가 필요한 것은 고작 스테인리스 볼트 하나였죠. 다행히 이 볼트를 파는 상점은 구글에 광고를 실었고 나 같은 소비자를 만족시킬 수 있죠."

실내 게임 제작자 마이클 슬라덱은 자신의 인터넷 브라우저에 원치 않는 팝업 광고가 뜨지 않도록 막아주는 '팝업 광고 차단' 기능 때문에 구글에 매료됐다. "구글은 검색에 대한 대답을 우선 제시하고 그 다음에 사용자가 원하면 관련 광고를 제공합니다. 다른 검색엔진처럼 광고를 강요하는 듯한 느낌이 없습니다."

미국의 IT 관련 유명 잡지 〈와이어드Wired〉는 두터운 사용자 층 중에서도 '구글 마니아'라는 열성적이고 특별한 사용자를 기사로 다뤘다. 이 구글 마니아는 뉴스를 보거나 검색을 하는 일상적인 활동 외에도 재미로 흥미로운 검색을 한다. '둔즈베리Doonesbury'라는 만화 주인공을 만든 만화가 개리 트뤼도Gary Trudeau는 작업 중에 항상 구글링을 해본다. "구글은 제 작업 조수입니다. 마감 시간이 다가오면 구글링으로 외국 인명의 철자를 확인하고 만화에 삽입할 군사 장비의 이미지를 얻거든요. 그리고 유명인들의 정확한 어록을 구하고 통계 수치를 확인합니다. 특정 문장을 번역하거나 특정 기업의 배경 지식을 조사하기도 하고요. 구글은 제게 스위스아미나이프처럼 만능 수단이죠."

영화 〈매트릭스〉 3부작에서 특수효과 감독을 했던 존 개타John Gaeta 역시 구글 마니아다. "영화를 완성하기 전 일주일 동안 구글은 튤립,

마인드 컨트롤, 일본풍의 신발, 폭력적인 아프리카 독재정권, 3D 고화질 배경화면, 매운 닭요리, 타일로 된 욕조, 연대기적 이미지 처리 방식, 치와와의 위생 등 많은 중요한 문제에 대한 내 인식을 바꾸고 넓혔습니다. 구글 덕택에 저는 이전과 완전히 다른 사람이 됐어요."

워싱턴처럼 뉴스광이 많이 사는 도시에서 구글뉴스의 인기는 특히 높다. 전 연방통신위원회 의장 마이클 파월Michael Powell은 "저는 구글뉴스가 없는 일상을 상상할 수 없습니다. 구글에 접속해 있으면 세계 도처에서 일어나는 수천 가지 정보를 확실히 접할 수 있습니다. 구글이 전해주는 다양한 시각은 놀라울 따름입니다"라고 말했다. 워싱턴의 진보 시민단체 '무브온MoveOn.org'의 대표 웨스 보이드Wes Boyd 역시 구글이 정말 감동적이라고 말한다. "구글 때문에 제 아이큐가 20 정도는 높아진 것 같습니다. 순식간에 필요한 참고자료나 인용문을 찾을 수 있고, 수많은 정치적 견해 중에서 무엇이 중요하며, 그 견해를 말한 사람이 어떤 인물인지 금세 확인할 수 있습니다."

《캐벌리어와 클레이의 놀라운 모험》의 저자 마이클 차본Michael Chabon은 과거 작가들에게는 위스키나 독주, 헤로인이 필수였지만 이제 구글이 그런 존재라고 말한다. "한 5분만 사용하려고 구글에 들어갔다가 결국 많은 시간을 보내고 정작 원고는 몇 자 쓰지도 못하는 경우가 많거든요. 한번 접속하면 정신없이 시간을 보내기 십상이죠." 〈심슨가족〉의 제작자 매트 그로닝Matt Groening 역시 구글은 자기 홈페이지나 다름없다고 말한다. "저는 인터넷에서 내 이름이 얼마나 언급됐는지를 구글에서 검색합니다. 그리고 뉴스도 구글에서 읽고 원하는 게 있으면 무엇이든 구글에서 검색합니다."

정보 앞에 모두가 평등하다

세상의 어떤 브랜드도 구글보다 빨리 국제적 명성을 얻지 못했다. 이 회사의 이름은 영어 사전뿐 아니라 다양한 언어의 사전에 등재됐다. 독일어로 'googelte', 핀란드어로 'googlata' 그리고 일본어로는 'guguru'로 사전에 실렸다. 그러나 모든 사람이 구글에 접속할 수 있는 것은 아니다. 예를 들어 서부 아프리카의 대부분 지역은 인터넷 속도가 매우 느리고 큰 비용이 들 뿐 아니라 컴퓨터조차 구형이다. 이곳의 젊은 세대들은 구글의 명성을 알고 있고 정보와 자기계발을 위해 구글을 열망하지만 통신 인프라가 이를 따라가지 못한다.

내전으로 피폐해진 라이베리아에서 프린스 찰스 존슨 3세는 대학교육을 받고 국제연합UN 사절단의 운전기사로 일한다. 그는 학창 시절 경제학과 경영학의 과제 대부분을 구글을 사용해 해결했고, 이제 미국 정치와 부시 대통령에 관한 뉴스를 알고 싶어 한다. "구글 덕분에 부시 대통령의 아내인 로라, 두 딸인 바버라와 제나 그리고 애완견인 비즐리와 고양이인 윌리까지 알게 됐습니다." 이곳에서 인터넷을 하려면 인터넷카페에서 시간당 2달러의 비용을 지불해야 한다. 이 금액은 라이베리아 부유층에게도 부담이 될 정도인데, 인접 국가인 기니에서는 인터넷 접속 비용이 훨씬 싸다. 물론 이곳에서도 전력 문제 때문에 인터넷 속도는 여전히 느리고 끊기는 경우도 많다. 수도 코나크리에 있는 인터넷 카페 사이버라토마에서 사람들은 구글 프랑스판 Google.fr을 통해 온라인 교육 기회, 비즈니스 아이템, 의약품 등을 검색하고 있다. 기니의 구글 사용자들은 영어로 된 정보를 볼 때 구글의 자동번역 서비스보다는 카페 주인인 사리푸 같은 사람에게 먼저 도움을 청한다. 사리푸는 구글의 빠른 속도와 간편한 인터페이스가 개발도상국에서 인터넷을 서핑하는 데 드는 수고를 많이 덜어줬다고 말한다.

1960년대 시작된 제트 여객기와 저렴한 국제전화, 이메일의 보급과 마찬가지로 구글과 검색엔진은 세상의 모습을 바꿨다. 구글은 통신과 상업의 지리적 장벽을 허물었다. 자택과 사무실에서 언제든 지구 반대편에 사는 낯선 사람과 효과적으로 의사소통하며 상대방의 배경을 알기 위해 구글링한다. 또한 그 사람의 모습이 어떤지 구글 이미지 검색을 해보고 전화번호와 홈페이지를 찾고 그들이 어떤 집에 사는지 구글어스를 통해 확인한다. 그러나 이러한 구글의 확산은 개인 사생활과 에티켓에 중요한 문제를 제기했다. 이 광범위한 문제는 구체적으로 다뤄지지 않았다. 구글이 변화시킨 세상에서 사람들은 새로운 행동 방식을 지켜야 한다. 개인의 사생활 보호 차원에서 구글링은 어떠해야 할까? 상대방을 검색한다는 사실을 알려야 할까, 아니면 검색에서 상대방에 대한 자세한 사항을 알면서도 모르는 척해야 할까? 인터넷에 개인의 사생활 정보가 고스란히 노출되고 간단한 검색만으로도 불편하거나 당황스러운 검색결과를 만나기 쉬운 요즘 세상에서 이질문은 간단히 답하기가 힘들다.

인터넷에는 과거 정보가 그대로 남아 있고 문제의 소지가 있거나 부정확한 정보나 각종 소문이 무성하다. 심지어 믿을 만한 사이트도 사실이나 수치를 제때 갱신하는 데 느리다. 이런 문제로 구글을 검색하는 사람이나 검색되는 사람 모두 분노를 터뜨린다. 일부는 구글 이미지 검색에 자신의 옛날 사진이나 보기 흉한 사진이 그대로 나타나는 것을 매우 불쾌하게 여긴다. 부정적이고 잘못된 정보가 순식간에 퍼지면 이를 추적하기는 힘들어진다. 구글은 일단 모든 페이지를 다운로드한 이후에는 오래된 웹페이지도 사라지지 않고 계속 검색결과를 제공한다. 따라서 원저작자가 특정 페이지를 삭제했더라도 구글의 사용자는 그 페이지를 검색하고 찾아낼 수 있다.

웨이백머신Wayback Machine이라 불리는 한 웹사이트는 비영리 기관이 운영하는 인터넷 아카이브로 한술 더 뜬다. 이 웹사이트는 1996년부터 현재까지 구글의 검색을 포함해 인터넷에 뜬 모든 웹페이지를 모아놓고 검색 서비스를 제공한다. 예를 들어, 초기 버전의 구글 사이트와 스탠퍼드대 시절에 페이지와 브린이 운영했던 개인 홈페이지도 여전히 웨이백머신으로 찾아볼 수 있다.

무차별적인 구글링의 폐해를 밝히는 것은 어렵지 않다. 하지만 논의에서 그치지 말고 개인의 사생활을 보호하는 구체적인 조치를 취하는 게 중요하다. 예를 들어 과거의 경솔한 행동 때문에 얻었던 전과 기록을 묻어두고 새출발을 위해 직장을 얻으려는 사람은 구글러의 희생양이 될 수 있다. 구글의 검색 범위와 영향력이 계속 커지면서 정부의 기밀 정보가 외부에 알려질 가능성이 커져 디지털 탐정의 업무를 제한하는 새로운 법이 필요할지도 모른다.

"I can't explain it—it's just a funny feeling that I'm being Googled."

© *NewYorker*

〈뉴요커〉는 2002년 말 전환기를 주제로 흥미로운 연재만화를 게재했다. 술집에서 만취한 한 남자가 다른 사람에게 다음과 같이 말한다. "나도 모르겠는데, 내가 구글 당하고 있다니 이상한 기분이야."

연령을 불문하고 구글을 가장 많이 사용하는 계층은 바로 학생이다. 일부 교사와 교수는 특정 분야에 적합한 별도의 검색엔진을 사용하거나 도서관을 이용하고 직접 상대방을 만나 정보를 얻는 등 전통적인 방법으로 정보를 얻도록 권하고 있다. 그래도 학생들은 구글을 가장 선호한다. 교육자 사이에서 구글의 유용성에 대해 찬반 논란은 분분하다. 구글 때문에 학생들이 게을러지고 남의 내용을 베끼는 등, 어렵게 정보를 얻는 과정에서 획득할 수 있는 학습 과정을 방해한다는 것이다.

이에 비해 구글을 옹호하는 사람은 구글로 밤낮을 가리지 않고 주요한 자료를 탐색하고 분석하도록 학생들을 장려한다고 말한다. 학생들이 직면한 각종 환경의 차이를 구글로 극복하고 최소화할 수 있기 때문이다. 학교가 크건 작건 부자이건 가난하건 도서관 시설이 좋건 나쁘건 상관없이 동등하게 구글을 통해 정보에 접근할 수 있다. 이들은 정보 접근의 민주화라는 구글의 비전을 지지하며, 이 덕분에 학문적 연구가 활성화되고 있다고 믿는다.

어른들이 어떤 입장이든 학생들은 구글이 학습 동기를 주는 만큼 그 편리함 때문에 게을러지기도 한다고 생각한다. 펜실베이니아대학교의 2학년인 대니얼 사비도는 다음과 같이 썼다. "저는 베타 버전일 때부터 구글을 사용해왔고 매주 구글에서 무언가 새로운 걸 배웁니다. 요즘은 구글을 계산기로 사용하고 있어요. '$3+4-\sqrt{16}$'을 입력하면 답이 나오죠. 요리하는 데도 유용해요. 미터법에 익숙한 외국 학생은 재료의 중량을 계산하는 단위가 달라 애를 먹는 경우가 있습니다. 하지만 구글에 '4갤런을 파인트로 바꾸면'이라고 입력하면 정확한 수치를 알려줍니다."

같은 대학의 경영학부 학부생인 로라 코니언은 이렇게 썼다. "세상은 작은 의문으로 가득 차 있습니다. 백조가 정말 사악한 동물일까요? 제니퍼 로페즈가 연예계에 나오기 전에 코를 성형했을까요? '기사도가 죽었다'는 말은 무슨 뜻일까요? 구글은 해답을 제시합니다. 저는 하루에도, 아니 한 시간에도 몇 번씩 구글을 검색합니다."

펜실베이니아대 학생이며 직원이기도 한 조앤 머레이는 이렇게 말한다. "매년 우리 부서는 졸업생이 어떤 직업에 종사하는지 조사하는 작업을 합니다. 동문회 데이터베이스는 졸업 후 자진해서 자신의 직업을 알려온 동창에 대한 기록을 가지고 있을 뿐입니다. (많은 졸업생은 동문회에 가입하지 않거나 거짓으로 직업을 알려옵니다!) 구글은 동문회 데이터베이스보다 정확하고 빠른 정보를 제공합니다."

펜실베이니아대 와튼스쿨의 마케팅 교수인 피터 페이더는 자신을 '구글 광신도'라고 생각한다. 그러나 그는 학생들이 구글에 지나치게 의존하면서 발생할 위험성을 지적한다. "구글의 검색결과가 뛰어나기 때문에 학생들은 구글 검색으로 충분하다는 생각을 하게 됩니다. 사실 그렇지는 않습니다. 특히 본격적으로 연구 작업을 할 때 구글만 믿고 있으면 낭패를 볼 수도 있습니다." 많은 정보를 구글링만으로 얻을 수는 없다. 특정 분야의 데이터베이스는 구글보다 더 나은 검색결과를 제공한다. 페이더 교수가 구글을 통해 하는 일은 강의에 사용할 마케팅 사례를 생생하게 전달하는 데 필요한 이미지를 찾는 것이다. "보통 강의할 때 구글 이미지 검색에서 얻은 일고여덟 개의 이미지를 사용합니다." 또한 교수를 채용하고 임기 연장 여부를 결정하면서 후보자가 어떤 논문을 썼는지 추적하는 데도 구글이 편리하다. 특히 새로운 연구에 구글은 뛰어난 도구가 된다. "여러 학문 분야에서 새로운 연구 주제나 아이디어를 얻는 데 구글 검색만큼 포괄적이며 훌륭한 도구는 없습니다."

구글 경제의 거대한 흐름

매우 광범위한 구글 사용자들 가운데 광적이며 전도사 역할을 하는 소수의 사람들은 검색 산업에서 선두주자인 구글의 모든 행동을 추적하며 갖가지 비평과 의견을 제시한다. 그들은 정상적인 직업을 가진 남성들로, 자신의 글로 유명세를 얻고 싶은 욕심보다 단지 생각을 공유하기 위해 검색 기술과 웹사이트에 깊은 관심이 있을 뿐이다.

28세의 독일 프로그래머 필립 렌센은 말레이시아 쿠칭에서 장기간 휴가를 보내며 전문적인 구글 관찰자들과 어울리는 데 열중하기로 했다. 하지만 외국인인 그는 노동 허가를 받지 못한다. 그래서 말레이시아에서 진짜 직업은 아니지만, 주변 친구들을 위해 작은 일을 직업 삼아 하기로 하고 말레이시아 인터넷 카페에서 개인 프로젝트를 시작했다. 검색엔진에 대한 전문 논문을 작성하는 일이었다. 그는 자신의 블로그에 구글과 관련된 글을 올려 공개했다. 나름대로 과학적인 뉘앙스를 풍기면서도 재미있는 느낌을 전달하려고 연재 글에 '구글로소피 블로고스코프드Googlosophy Blogoscoped'라는 이름도 붙였다. 하지만 구글 상호를 무단 사용하여 상표권 분쟁에 휘말릴 가능성을 고려하여 '구글 블로고스코프드Google Blogoscoped'라고 고쳤다. 그는 자신의 블로그를 독특하게 꾸미고 운영하여 수많은 블로그 중에서 단연 인기를 끌었다. 자신이 이름을 붙여 만든 이 블로그는 새로운 형태의 개인 홈페이지로, 형식에 얽매이지 않고 정치부터 여행까지 다양한 주제에 대해 논할 수 있는 편리한 수단이었다.

당시 대부분 사람들은 블로그를 여가 시간에 하는 취미 활동으로 여겼지만 전문적으로 블로그를 운영하는 일부는 상당한 수의 독자를 확보하고 수입을 올렸다. 인기 블로그는 구글의 제휴 네트워크에 광고를 게재하여 블로그 콘텐츠와 관련한 타깃 광고로 상당한 수입을 거둘 수 있다. 렌센의 블로그 역시 방문자가 늘어나자 본격적으로 광고 수주를 위한 경쟁에 뛰어들었다. 그는 구글네트워크와 정식 계약을 맺고, 독자적으로 자신의 블로그를 후원하는 스폰서를 끌어들였다. 처음에는 수입이 변변치 않았지만 시간이 흐르면서 적게나마 흑자를 내기 시작했다. 불필요한 광고 담당 직원을 두지 않고 최저 광고 단가를 높게 책정해 수입이 짭짤한 편이었다. 이처럼 구글은 독립적이고 수익을 추구하는 블로그를 탄생시켜 새로운 형태의 소규모 경제를 창출했다.

렌센은 구글 덕분에 수익을 거둘 뿐 아니라 실제로 구글과 관련된 링크를 운영해서 행복하다고 말한다. 아르마니와 DKNY의 광고가 패션 잡지의 판매에 도움이 되듯, 그는 광고 타깃을 분명히 하는 구글의 문자 광고 덕분에 자신의 빈약한 사이트의 가치가 오히려 올라가고 있음을 발견했다. 전 세계 사용자들이 그의 블로그를 방문해 개인적 의견과 분석, 뉴스, 산업 관계자 인터뷰, 그리고 특종에 이르기까지 다양한 글을 읽는다. 그 블로그에서 가장 큰 특종은 구글 직원이 내부 문제를 솔직하게 자신의 블로그에 쓰게 만든 일이었다. 그 직원은 즉시 해고됐다. "구글게이트라 불릴 만한 일은 아니었어요. 다만 일반 언론이 이 글을 기사화해서 문제가 커졌죠." 렌센이 말했다.

구글이 공식 블로그 서비스를 시작했을 때 렌센의 사이트를 비롯한

24개의 다른 사이트는 '방문할 만한 블로그What We're Reading'로 선정됐다. 방문할 만한 블로그에 선정된 것은 그들이 추종했던 회사에서 공식적인 인정을 받는 것과 같은 의미다. 렌센을 비롯한 구글 전도자들의 블로그는 고정적인 지지 세력을 바탕으로 방문자의 수가 점점 확대되고 있다. 그리고 더 많은 사람들이 돈을 벌기 위해서 구글 경제라는 거대한 흐름에 동참하고 있다.

14장

지메일

혁신가의 딜레마를
어떻게 극복할 것인가

"구글이 여러분의 개인 이메일을 검색해
키워드를 찾아내고 그에 맞는 광고를 게재한다는 것이
이 문제의 핵심이다.
이는 개인정보의 침해로 간주할 수밖에 없다."

2004년 봄 경기 호황 덕분에 구글이 폭발적인 인기를 누리면서 행복감에 빠져 있을 때, 래리와 세르게이는 사용자를 놀라게 할 만한 새로운 형태의 이메일을 선보이고자 했다. 구글의 강력한 브랜드를 바탕으로 내놓은 새로운 이메일 서비스는 '지메일Gmail'이라고 이름 붙였다. 굳이 복잡한 이름을 붙일 필요도 없었다. 구글의 첫 알파벳을 따는 것으로 충분했다.

구글의 투자자인 마이클 모리스는 여전히 사람들이 인터넷을 이용해 가장 많이 하는 일이 의사소통과 검색이라고 말한다. 검색 분야에서 독보적인 지위를 확보한 구글의 다음 행보는 당연히 이메일 서비스였다. 이는 고객의 편의와 비즈니스의 범위를 넓히는 훌륭한 수단이었다. 이 깜짝 공개를 위해 구글의 최고경영진은 지메일 개발의 세부 내용이 구글플렉스 밖으로 새어나가지 않도록 철저히 단속했다.

만우절에 발표된 지메일

래리와 세르게이는 지메일로 세상을 깜짝 놀라게 만들고 싶었다. 마이크로소프트, 야후, AOL 등 다른 업체의 이메일 서비스보다 훨씬 우수한 서비스가 아니라면 새로운 이메일을 개발할 이유가 없었다. 더 똑똑하고 쓰기 쉬우며, 값싸면서도 뛰어난 성능을 지닌 메일을 목표로 개발했다. 그렇지 않다면 고객은 아무런 감동도 받지 못하고 개발자도 구글의 높은 기준을 충족시키지 못할 것이다. 그동안 결점투성이인 타사 이메일을 사용하며 불만이 많았던 두 사람은 스스로 만족할 만한 형태의 새로운 이메일을 개발할 좋은 기회로 여겼고, 기존 이메일의 문제점을 구글의 막강한 컴퓨팅파워로 해결하리라고 확신했다.

예를 들어 타사 이메일에서는 오래된 이메일을 불러오는 게 불가능하진 않지만 매우 번거로웠다. AOL의 경우 유지 비용을 줄이기 위해서 30일이 지난 메일을 자동으로 지우는데, 이에 고객은 산더미처럼 쌓이는 이메일을 자신의 PC에 백업하여 컴퓨터 속도가 느려지는 것을 감수하거나 추가 비용을 지불하고 마이크로소프트나 야후의 유료 서비스를 이용하는 수밖에 없었다.

페이지와 브린, 그리고 지메일 팀은 구글플렉스에서 기존 이메일의 모든 문제점을 해결하고 거기에 경쟁력 있고 화제성 있는 요소로서 새로운 기능을 추가하기 위해 고군분투했다. 그 계획 중 하나는 지메일 계정 보유자에게 1기가바이트의 용량을 부여하는 것이었다. 이는 야후가 제공하는 무료 용량보다 250배, 마이크로소프트보다는 500배나 컸다. 구글은 자체적으로 워낙 막강한 컴퓨터 시스템을 구축하고 있었기 때문에 이렇게 큰 이메일 용량을 사용자에게 제공할 수 있었다. 검색을 새로운 차원으로 끌어올린 컴퓨팅파워, 그리고 소프트웨어와 하드웨어의 환상적인 결합인 구글웨어가 이제 이메일에서도 큰 성과를 노린 것이다. 구글이 지메일 고객에게 제공할 1기가바이트는 놀라운 저장 용량으로, 새로운 메일을 받기 위해서 매번 오래된 메일을 지울 필요가 없을 정도였다.

마지막으로 고객이 이메일을 내용별로 정리하거나 저장하는 번거로움 없이 직관적으로 사용할 수 있도록 설계되어 구글의 정신을 잘 구현했다. 지메일 검색은 구글 검색만큼이나 빠르고 정확하며 사용하기 쉬워서 구글플렉스 내부에서 시험으로 사용해본 직원 사이에서도 반응이 열광적이었다. 이들은 지메일에 관해 외부에 발설할 수는 없지만 언제 서비스를 시작할지 늘 입이 근질근질했다.

구글을 검색엔진의 리더로 도약시킨 바이럴 마케팅 전략을 여기에서 다시 활용하기로 했다. 구글사는 1,000명의 여론 주도층에게 우선 지메일 계정을 부여해 시험적으로 사용하도록 했다. 그리고 그들로 하여금 '초청' 형식으로 지메일 계정을 몇몇 가족이나 친구에게 제공하도록 하여 시간을 절약하고 버그를 수정했다. 이 방법으로 계정마다 1기가바이트의 용량을 부여하고도 네트워크 수요의 급속한 증가에 미리 대처할 수 있었다.

다른 구글 서비스와 달리 지메일은 시험 단계에서부터 수익성을 염두에 뒀다. 광고 수요가 증가하면서 구글은 광고를 게재할 공간을 늘려야 하는 상황이었다. 페이지와 브린은 검색결과 우측에 광고를 배치했듯이 지메일의 우측에도 조그만 광고를 실어 수익을 올리고자 했다. 이 광고는 이메일 내용의 단어와 상관성이 있는 '문맥 관련성'에 기초를 뒀다. 이런 방식의 광고 모델은 이미 구글 검색에서 유효성이 입증됐고 사용자와 광고주 모두에게 유익했다. 지메일은 광고주에게 더 많은 광고 기회를 제공함으로써 장기적인 수익의 모델이 될 수 있다. 지메일과 같은 커뮤니케이션 기술로 성장세 역시 가파르게 이어질 전망이었다.

구글의 시각에서 보면 지메일을 사용한 광고 전략은 모든 면에서 뛰어난 아이디어처럼 보였다. 래리와 세르게이, 그리고 관리자 위치에 있는 어떤 구글 엔지니어도 구글의 컴퓨터가 이메일 내용을 읽고, 그 내용에 기초한 타깃 광고를 내보내는 전략이 강한 반대에 부딪히리라고는 생각지도 못했다. 그러나 인터넷의 세계에 빠져 있던 그들은 앞으로 다가올 정치적 현실을 제대로 파악하지 못하고 있었다. 소프트웨어 개발자는 서비스를 개발하는 동안 외부와 차단되어 있기 때문에 적절한 조언을 받기 어려울 뿐 아니라, 미리 여론을 수렴해 지메일이 야기할 수 있는 개인정보 보호 문제에 조치를 취하지 못했다. 구글은 지메일로 인해 그동안 쌓았던 브랜드와 명성이 위기에 처했다. 모든 정보를 파악하고 있다고 자신했던 두 창업자는 이번 경험에서 지나치게 고립된 운영 방침을 고수할 경우 위험을 초래할 수 있다는 교훈을 얻었다.

지메일에 대한 흥미를 돋우기 위해 래리와 세르게이는 지메일을 2004년 4월 1일에 공식 출범하기로 결정했다. 이전에도 만우절에 장난스러운 이벤트를 한 적이 있었기 때문에, 언론이나 사용자들이 1기가바이트나 되는 용량의 지메일을 만우절 장난으로 여길 것이라 생각했다. 오히려 만우절 발표가 대중의 관심과 논의를 불러일으켜 광고나 마케팅에 비용을 들이지 않고도 큰 홍보 효과를 거두리라 보았다. 구글은 바로 이런 효과를 기대하며 만우절에 지메일을 발표한 것이다.

2004년 4월 1일 구글은 다음과 같은 제목의 보도자료를 배포했다. "검색은 온라인 활동 중 넘버투에 불과하다. 이메일이야말로 넘버원이다. '난 또 무슨 소리라고? 그래, 맞는 말이지'라고 구글의 창업자들이 말하다."

이 보도자료는 형편없는 수준의 서비스에 대한 구글 사용자의 불만으로 지메일을 개발하게 됐다고 밝혔다. 래리 페이지는 "그녀는 많은 시간을 들여 이메일을 따로 저장하고 이전의 메일을 검색하는 게 큰 불만이었습니다. 따로 이메일을 저장하지 않는다면 4메가바이트밖에 안 되는 이메일 용량 때문에 수시로 이메일을 지워야 합니다. 그래서 내게 '이 문제를 좀 해결해줄래요?'라고 물었죠."

브린이 이어갔다. "이런 이메일 사용자의 수많은 불만을 고려해 지메일이 등장했습니다. 구글 사용자가 이메일을 사용하는 데 문제를 겪고 있다면 그건 우리도 마찬가지입니다. 지메일 개발 과정은 예상보다 복잡했습니다. 하지만 우리는 사용자가 불편을 느끼던 문제를 해결하고 서비스를 제공할 수 있게 되어 기쁩니다."

페이지와 브린은 우선 일부 시험 사용자에게 서비스를 제공한 뒤 그들이 지메일 서비스에 만족할 경우 본격적인 서비스를 시작할 것이며, "운이 좋다면 지메일은 큰 인기를 끌 것"이라고 말했다.

이 보도자료는 지메일과 함께 서비스할 예정이었던 광고에 대해서는 아무런 언급도 하지 않았다. 그러나 발표 당일, 기자회견에서 엔지니어링 담당 부사장인 웨인 로징Wayne Rosing이 이 계획을 밝혔다. "지메일은 타깃 광고를 시험 운영해 만족할 만한 결과를 얻었습니다. 우리는 이메일 내용과 관련한 분석을 했고 이 분석을 광고와 연계시킬 수 있다고 봅니다." 구글은 일부 시험 사용자에게 지메일을 시범 운용했고 대중의 호기심을 불러일으키기 위해서 일부러 아주 극소수의 사람만 지메일을 사용토록 했다. "비록 시범 운용 기간은 짧았지만 수많은 사용자에게도 이 광고 전략을 적용할 수 있으리라 확신합니다." 로징은 말했다.

빅브러더로의 이미지 추락

이메일에 광고를 연계시킨다는 구글의 계획이 알

려지자 정치인과 개인정보 보호 단체는 구글과 광고 계획을 공격하기 시작했고, 언론도 이에 동조했다. 매사추세츠주는 안티 지메일 법을 발의했고, 개인정보 보호론자들은 구글에 대해 즉시 지메일 서비스를 철회하라고 주장하며 지메일을 상대로 소송을 준비했다. 캘리포니아의 어느 변호사는 구글이 지메일을 포기하지 않는다면 의회에서 새 법을 마련해 지메일을 금지시키겠다고 위협했고, 이후 주 상원 법률위원회에서 법안이 통과되었는데 반대표는 1표에 불과했다. 이 변호사는 이메일에 광고를 결부시켜 수익을 올리겠다는 구글의 전략이 개인의 정보를 침해하는 부당한 행동이라고 비난했다. 처음으로 구글은 세상의 큰 의심을 받게 됐다. 매우 개인적인 공간인 이메일을 광고 도구로 이용하겠다는 구글의 생각이 도를 지나쳤다고 본 것이다.

이 모든 것들은 래리와 세르게이가 간과한 것이었다. 그들은 뛰어난 지메일 서비스에 대한 적대적이거나 부정적인 반응을 전혀 예상치 못했다. 그동안 공들여 쌓아왔던 자유 추구라는 구글의 이미지는 곤두박질치고, 검색엔진이 빅브러더가 되어 수백만 사용자의 개인 이메일을 훔쳐보고 감시하고 있다는 부정적 이미지가 생겨났다. 추악한 이미지 추락이었다. 각 언론은 연일 개인의 자유와 개인정보 보호 문제를 다뤘다.

〈월스트리트저널〉의 유명한 기술 칼럼니스트인 월트 모스버그Walt Mossberg는 구글의 개인정보 침해 요소를 지적했다. "지메일이라고 부르는 새로운 이메일 서비스 때문에 구글의 정직성과 사용자를 최우선으로 삼는다는 방침이 의심받고 있다. 문제는 광고와 이메일 내용과의 연관성이 아니다. 구글이 여러분의 개인 이메일을 검색해 키워드를 찾아내고 그에 맞는 광고를 게재한다는 사실이 핵심이다. 이런 행동은 개인정보의 침해로 간주할 수밖에 없다." 이에 구글이 이메일을 훑어보는 것은 컴퓨터라고 반박했지만 모스버그는 "그래도 여전히 불쾌하다"고 썼다. 구글이 이메일 검색 결과를 오용할 경우 문제의 소지가 크다는 지적이었다. 아울러 정부의 소환이나 법원의 판결이 있기까지 수년이 걸릴 수도 있으므로 그동안 구글은 충분히 고객의 이메일을 검색할 위험이 있다고 경고했다.

우려가 확산되는 가운데 모스버그는 구글이 먼저 나서서 문제를 해결해야 한다고 주장했다. "소비자 중심과 정직성이라는 구글의 평판을 유지하기 위해 지메일을 대체할 새로운 형태의 서비스를 구글에 요청한다. 이 회사는 광고나 내용 검색 없이 차라리 적절한 비용을 받고 지메일 계정을 제공해야 한다. 그것이 바로 언제나 사용자를 우선하는 구글의 방침에 부합하는 선택이다."

구글과 구글 서비스를 열렬히 옹호했던 모스버그의 칼럼은 래리와 세르게이를 놀라게 했다. 물론 다른 개인정보 보호론자들의 비난 수위는 모스버그보다 더 심했다. "구글은 정부가 결코 허락하지 않는 프라이버시 침해를 저지르고 있는 셈입니다. 이는 정부의 권한입니다." 표현의 자유와 프라이버시의 보호를 외치는 EFF의 변호사 케빈 뱅크스턴Kevin Bankston이 말했다. 〈산호세머큐리뉴스〉의 편집자인 미구엘 헤프트Miguel Heft는 브린과 페이지가 문제를 제대로 처리하지 못해 결국 지메일을 '형편없는 만우절 농담'으로 전락시켰다고 썼다.

구글의 컴퓨터 시스템은 상대적으로 개인 컴퓨터보다 법적 보호가 취약하기 때문에 무한대에 가까운 용량을 제공하는 지메일 서비스는 정부에 의해 남용될 위험이 있었다. 구글이 정부가 통과시킨 강력한 개인정보 보호법을 준수해야 한다는 압력이 점점 거세졌다. 각종 사회단체에서 개인정보 보호 문제에 대한 격렬한 활동을 이어갔다. 샌디에이고의 사생활권리정보센터Privacy Rights Clearinghouse와 세계 도처의

30개 시민단체는 구글에 공개 서한을 보내 지메일을 즉시 중단하라고 요청했다. 미국 시민단체 외에도 오스트레일리아, 캐나다, 스페인, 네덜란드, 영국의 단체들도 마찬가지였다.

구글에 보낸 공개 서한에서 시민단체들은 검색엔진과 지메일을 운용하면서 데이터 공유에 관해 구글이 어떠한 정책과 입장을 가지고 있는지 구체적인 의견을 밝히라고 요청했다. 구글은 이미 검색을 수행한 IP 주소에 관한 데이터를 보유하고 있었다. 이 외에도 지메일에 등록하기 위해 입력한 사용자의 이름이나 신분뿐 아니라 고객이 메일에서 어떤 검색을 하는지도 알 수 있다. 특정한 곳에 모든 개인정보가 저장되고 있다는 사실은 사람들을 불편하게 했다. 구글에 부정직한 직원이 있거나 혹은 외부의 해커, 이혼전문 변호사, 사설탐정, 권력욕이 지나친 정치인 등이 한곳에 모아둔 개인정보를 남용할 수도 있지 않은가? 사람들은 자신의 개인정보가 직접 침해되기 전에는 개인정보 보호 문제를 그리 걱정하지 않기 마련이다. 그래서 시민단체들은 때가 너무 늦기 전에 미리 그 가능성을 발견하고 각성의 목소리를 높이는 것이다.

2004년 4월 6일자 공개 서한은 다음과 같았다.

> 지메일은 이메일 통신 분야에서 프라이버시를 침해하는 위험한 선례를 남길 가능성이 크다. 다른 기업이나 정부가 지메일을 본보기로 개인정보의 중요성을 과소평가하고 침해할 동기로 삼을 수도 있다.

이 서한은 이후 구글이 프라이버시 정책을 제대로 갖추지 못한다면 이후 개인정보 침해 문제로부터 소비자를 보호할 수 없을 것이라고 주장했다. 아울러 사람이 아닌 컴퓨터가 이메일 내용을 검색하는 것이므로 이는 개인정보를 크게 침해하지 않는다는 구글의 견해를 반박했다. "인간보다 저장 용량이 훨씬 크고 뛰어난 분석 능력을 지닌 거대한 컴퓨터 시스템이 이메일 내용을 검색한다고 하지만, 이는 사람이 통화 내용을 엿듣는 것과 다름없다."

구글 서비스의 막대한 저장 용량과 이메일을 영구히 보존한다는 점은 또 다른 우려를 낳았다. 당시 미국에서 이메일은 최장 180일 동안만 강력한 법적 보호를 받을 수 있었는데, 구글은 삭제된 메일이라도 영구히 보관하려 했기 때문에 문제의 소지가 컸다. (1986년 제정된 전자커뮤니케이션프라이버시법ECPA에 의하면 받은 지 180일이 지난 이메일은 영장 없이도 정부의 열람이 가능하다—옮긴이)

이런저런 이유로 전자개인정보센터Electronic Privacy Information Center는 지메일이 결함이 많은 서비스로 개인 통신의 '신성함'을 침해하고 있다는 성명을 발표했다. 구글은 이메일과 검색을 기록하고 보관해 전 세계 수많은 사람의 개인정보를 망라한 매력적인 데이터베이스를 구축하려고 했다. 그러나 많은 사람들에게 구글 검색의 매력은 익명성에 있었다는 사실을 이들은 간과했다. 구글이 검색 기록을 보관하고 추적할 수 있다는 사실이 알려지자 의심을 피할 수 없게 된 것이다.

개인정보에 관한 뜨거운 논란 속에서 무료 지메일 계정은 경매 사이트인 이베이에서 100달러에 거래되기 시작했다. 구글은 미국 이외의 지역에 지메일을 아주 제한적으로 공급했기 때문에 해외에서 그 인기가 더 높았다. 래리와 세르게이가 이 소식을 들었을 때 그들은 결국에는 대중의 반발이 잠재워지리라 예감했다. 결국 구글은 이 사건을 통해 혁신의 경계와 한계를 극복하는 회사의 정체성을 확립했다. 그리고 때때로 사람들이 구글이 일으킨 변화에 적응하는 데 시간이 필요하다는 사실을 확인했다. 어차피 개인정보 보호 단체는 조그만 문제가 생길 때마다 비난의 목소리를 높여왔다. 하지만 사람들은 결국 편리함과 성능, 저렴한 가격을 선호하기 마련이다. 게다가 구글플렉스에서의 실험에 드러났듯이 사람들은 다른 주요 이메일 서비스도 포르노와 바이러스, 스팸메일 등을 걸러내기 위해 이메일 내용을 검색하고 있다는 걸 알고 있었다. 이런 관점에서 보면 지메일이 다른 이메일 서비스와 특별히 다른 점은 없었다. 이는 사실이었다.

구글은 개인정보의 보호를 둘러싼 소동이 아무것도 아닌 일을 놓고 벌어졌다고 생각했다. 래리와 세르게이는 혹독한 비난에 수세적 입장을 취하거나 특별히 반응을 보일 필요가 없다고 봤다. 사실 모든 매체는 구글과 지메일의 우수성을 확실히 인정하고 있었다. 머지않아 지메일을 시험해보고 그 매력에 흠뻑 빠진 우호적인 칼럼니스트가 기존의 비판이 왜 부당한가를 알리는 글을 쓰기 시작할 것이다. 다른 기업이었다면 지메일을 포기하는 것을 심각하게 고려하거나 적어도 비판을 잠재우기 위해 일시적이나마 구글 서비스를 정지시켰을 것이다. 그러나 구글은 달랐다. 이 회사는 배짱이 있었고, 겁먹고 물러서기보다는 자신감 넘치는 리더십으로 당당히 싸워나갔다. 두 공동 창업자는 메시지를 통해 반응을 보이기 시작했다.

세르게이는 이와 같은 메시지를 보냈다.

문제인 듯 보이지만 사실 그렇지 않습니다. 광고는 여러분이 어떤 이메일을 읽고 있는 그 시간에만 그 내용과 관련성을 갖습니다. 우리는 여러분의 이메일을 보관하거나 분석하는 일을 하지 않습니다. 어떤 정보도 외부로 유출되지 않습니다. 우리는 메일과 사용자의 개인정보를 보호해야 합니다. 대부분의 웹메일 서비스도 여러분의 이메일 내용을 살펴볼 것입니다. 이는 스팸메일을 거르는 등 여러분에게 올바른 이메일을 전달하기 위해서입니다. 우리는 자동화된 방식으로 광고를 보여줄 뿐입니다. 어떤 사람도 여러분의 이메일을 몰래 보지 않습니다. 따라서 저는 지메일의 광고가 개인정보의 침해라고 생각하지 않습니다. 저는 지메일을 일정 기간 동안 사용해봤고, 이메일 내용과 관련성이 있는 광고가 좋았습니다. 우리의 광고는 혼란을 일으키지 않습니다. 오히려 유익합니다.

구글이 지메일을 시험했을 때 사람들은 함께 나타난 광고를 보고 쇼핑을 하는 경우가 많았다. 래리는 지메일 우측에 나타나는 광고가 컴퓨터 사용자, 광고주, 구글의 수익 등 모두에 도움이 된다고 생각했다. 세르게이는 이메일 광고가 처음에는 이상해 보이겠지만 유용하다고 강조했다.

그러나 지메일에 반대하는 세력이 커지자 구글 관계자 중에 혼란을 걱정하는 사람이 생겼다. 주요 투자자 일부는 지메일을 발표하는 방식과 시기가 잘못됐다고 불만을 표했다. 어떻게 최고경영자 에릭 슈밋이 기업공개를 발표하기 수주일 전에 이런 일이 일어나게 놔뒀단 말인가? 그는 래리와 세르게이의 튀는 행동을 막기 위해서 최고경영자라는 임무를 맡았다. 두 창업자가 스스로 멋지다고 생각해서 다른 모든 사람들이 멍청하거나 시기 적절하지 않다고 여기는 일을 하지 못하도록 막아야 했다는 것이다.

지메일을 둘러싼 논쟁은 구글의 명성과 신뢰를 크게 위협했다. 그대로 놔둔다면 지메일은 구글의 가장 소중한 자산인 수억 명의 고객과 광고주의 신뢰를 잃을 것이며, 오랫동안 쌓아온 선의의 관계도 무너질 것이다. 더욱이 구글이 이 문제에 제대로 대처하지 못하는 동안 마이크로소프트, 야후 등 경쟁 기업은 논란의 부정적인 측면을 부각시켜 구글을 밟고 올라설 기회를 호시탐탐 노리고 있었다. 그들은 구글에 대한 근거 없는 소문을 퍼트릴 수도 있다. 예를 들어, 사용자가 삭제했다고 생각하는 이메일의 사본을 구글이 모두 보관하고 있다는 소문을 퍼뜨려 대중에게 구글에 대한 부정적 이미지를 확산시킬 수도 있다.

페이지는 구글의 가장 큰 실수가 지메일을 만든 것이 아니라 새로운 이메일 서비스를 발표한 방식이라고 봤다. "우리는 몇 가지 교훈을 얻었습니다. 더 나은 방법이 있었을 거예요. 사람들은 실제로 지메일을 사용해보기도 전에 평가하기 시작했습니다. 저는 사람들이 그렇게 큰 관심을 가질 줄 몰랐어요. 우리가 발표한 개인정보 정책에 사람들의 이목이 쏠렸죠. 우리는 처음부터 많은 사실을 솔직히 털어놓았지만 오히려 너무 많은 정보를 알려준 덕분에 이런 논란이 생겼습니다."

페이지와 브린은 지메일에 반대하는 세력을 잠재우기 위해서 적극적으로 대처해야 했다. 그러기 위해서는 선의로 적절한 조언을 해줄 개인정보 보호 단체가 필요했다. 일방적인 경고나 위협이 아닌 객관적인 입장에서 진실을 말해줄 조언자 집단 말했다. 페이지는 고객에게만 집중하고 싶었지만 정치적인 차원과 프라이버시 차원에서 지메일을 바라볼 필요가 있다고 생각했다. 그는 프라이버시 보호 운동을 펼치는 브래드 템플턴이라는 친구를 찾아갔다. 템플턴은 오랫동안 사이버공간에서 활동하며 다수의 인터넷 기업을 만드는 데 관여했던 사람이다. 초창기 닷컴.com이라는 인터넷 주소에 점을 찍게 만든 사람으로도 잘 알려져 있다. 다양한 각도로 사안을 읽을 줄 알았던 그는 개인정보 보호단체 EFF의 의장이기도 했다. 그는 래리의 친구이자 버닝맨 축제의 열렬한 지지자였으며, 구글에 컨설팅을 하며 개인 웹사이트에 구글에서 제공한 광고를 실어 돈을 벌었다. 구글은 그 어느 때보

266

다 그의 조언이 필요했다.

기술력으로 논란을 돌파하다

래리 페이지는 브래드 템플턴과 EFF를 지메일 논쟁을 가장 공평하게 중재해줄 존재로 봤다. 템플턴이 이끄는 이 단체는 지메일 논란을 해결하기 위해 구글의 협조 요청에 응했다. 하지만 템플턴은 현재 개인정보 문제는 심각하며, 장기적으로 개인정보가 철저히 보호돼야 한다는 굳은 입장을 고수했다.

자유주의적인 성향의 페이지는 이런 문제는 매우 공정하게 해결해야 한다는 점을 이해하고 있었다. 템플턴은 현 상황을 지메일의 좋고 나쁨을 가르는 데 있지 않고 환경과 시각에 따라 이렇게도 저렇게도 판단할 수 있는 회색지대에 있다고 보았다. 그는 EFF의 동료인 케빈 뱅크스턴과 함께 이 문제를 논의했다. 뱅크스턴은 사람들이 이메일과 검색 서비스를 동시에 제공하는 기업이 이런 문제를 일으켰기 때문에 사안을 더 심각하게 여기고 있다고 판단했다. 바로 정보가 한 곳에 집중되는 것이 문제인 것이다. "개인정보 보호 차원에서 최선의 방법은 한 곳에 집중된 온라인 정보를 분산시키는 겁니다. 저라면 검색 서비스를 제공하는 기업의 이메일을 메인 이메일로 사용하지 않을 겁니다."

템플턴은 지메일 문제를 검토하기 위해서 페이지를 만났고, 원인과 결과에 대해 공평하고 깊은 분석을 제시했다. "구글은 전체 이메일 자료를 검색할 수 없도록 이메일을 암호화해야 합니다. 그리고 이메일 기록에서 개인정보를 제거해야 합니다. 구글은 애초의 계획을 양보해 이메일에 개인정보를 활용하겠다는 계획을 버려야 해요. 지금 구글은 이미 사용자와 고객의 행동 패턴을 연구하고 있습니다. 이 연구가 성과를 거두면 굳이 이메일 내용을 살펴보지 않더라도 이메일과 관련 있는 광고를 게재할 수 있습니다."

템플턴은 구글의 개인정보 문제를 능숙하게 해결했다. "지메일에 과민 반응이 있었지만 충분히 염려할 만한 문제였습니다." 그는 지메일과 사용자 맞춤형 서비스를 제공하는 구글 검색의 상관성 때문에 개인정보가 유출될 가능성이 크다고 말했다. 그리고 이 문제는 사용자가 더 늘어나면 늘어날수록 커질 것이라고 보았다.

"현대 사회에서 우리는 컴퓨터가 우리 삶을 침해할까 봐 걱정합니다." 템플턴은 외부 컴퓨터에 저장된 정보가 불순한 의도를 지닌 사람의 손에 넘어가 남용될 수 있음을 지적했다. 구글의 컴퓨터에 축적된 이메일과 검색결과로 원치 않는 데이터베이스가 구축될 가능성을 걱정하고 있는 것이다. 이런 정보는 템플턴이 말한 '감시사회'의 목적을 위해 사용될 수도 있다.

"컴퓨터로 작성한 문서가 집에 보관돼 있다면, 대중 감시 체제가 쉽게 구축될 수 없습니다. 문서를 감시하려면 수백만 번씩 개인의 컴퓨터에 침투해야 하기 때문에 비용이 많이 들겠죠. 그러나 온라인에서는 모든 개인 문서를 쉽게 한데 보관할 수 있습니다. 그런 시스템은 사법기관이나 해커에 의해 단 한 번 만에 훼손될 것이 분명하죠."

또한 그는 구글이 지메일 계획을 발표하기 전에 미리 염두에 두지 못했던 국제적 문제를 지적했다. 세계 여러 나라에서 구글이 구축한 데이터베이스를 각자 고유한 문화나 법률에 따라 악용할 수 있다는 점이었다. "사람들은 우리가 구축한 시스템이 중국 또는 사우디아라비아에서 인기를 끌게 된다면 그 나라의 법이나 문화의 영향으로 인한 문제가 발생하지 않을까 우려합니다. 아울러 우호적이지 않은 회사에 시스템이 팔리게 되면 어떤 문제가 발생할지도 모른다고 걱정하죠."

무엇보다도 템플턴은 컴퓨터 사용자가 스스로 앞으로 직면할 수 있는 문제점이 무엇인지 파악해야 한다고 말했다. "여러분은 엽서를 보낼 때보다 이메일로 보낼 때 개인정보가 더 보호될 수 있다고 생각해서는 안 됩니다. 여러분이 보내는 엽서 역시 엉뚱하게 다른 사람의 손에 넘어갈 수도 있으니까요." 그는 자신도 병원 처방약을 검색하는 등 구글 검색에 수많은 개인정보를 제공하고 있다고 말했다. 그리고 가장 큰 위험은 시민의 자유가 침해되는 환경에서 지메일과 구글 검색이 합쳐지는 것이라고 결론 내렸다. 이런 환경에서는 개인정보가 감시의 수단으로 전락하고, 개인의 자유를 크게 침해받은 사람들은 더 이상 자기 표현을 꺼리게 된다. 이처럼 구글과 지메일에 대한 두려움은 상당 부분 곧 사회 문제에 대한 두려움으로 귀결된다.

"지메일 문제는 단지 여러분의 개인정보에 국한되지 않습니다. 개인정보에 대한 여러분의 믿음에 큰 영향을 미칩니다. 자신이 감시받고 있다는 느낌을 받으면 여러분의 행동은 변하게 되고 개인으로서의 자유는 줄어듭니다." 그러나 템플턴은 신용정보회사, 은행, 병원, 그리고 기업의 컴퓨터가 이미 많은 개인정보를 보유하고 있기 때문에 정보가 온라인으로 움직이는 것은 불가피한 흐름이라고 지적했다. 지메일을 공격했던 많은 개인정보 보호론자는 개인정보를 해칠 우려가 있는 다른 새로운 서비스를 마찬가지로 계속 공격해왔다. 그리고 정보가 완벽하게 보호받지 못하는 현실에서 사람들이 변화에 적응하게 됐다. 언론이 처음으로 지메일을 칭찬한 것은 그들이 오래된 이메일을 쉽고 빨리 찾게 되면서부터였다. 방대한 이메일 용량을 무료로 제공하고, 대화를 나누듯 이메일을 주고받을 수 있도록 흥미로운 수단을 제공한 지메일. 래리와 세르게이는 더 많은 사람들이 실제로 지메일

을 사용할수록 지메일의 장점이 더 부각되어 개인정보 문제는 사그라
질 것이라고 기대했다.

템플턴은 말한다. "지메일은 매우 훌륭한 서비스고 전망도 밝습니
다. 구글과 마찬가지로 지메일도 혁신적이고 가치 있는 일을 하고 있
습니다."

15장

포르노 광고

'사악해지지 말자'의 사각지대

"일반적으로 구글은 명시적인

섹스 콘텐츠와 같은 성인물을 주제로 한 광고를 허용한다."

국가안전보장국NSA에서 근무하며 암호와 국가 안전 문제를 다루다가 구글로 자리를 옮긴 맷 커츠Matt Cutts는 이제 구글에서 사용자가 원치 않는 포르노와 싸우고 있다. 커츠는 포르노 유포를 막기 위해 개발된 프로그램 '세이프서치safe search 필터'를 개발했고 이를 관리하는 임무를 담당하고 있다. 그는 아내가 만든 쿠키를 구글러에게 나눠주며 포르노를 차단하는 자신의 일을 돕도록 유도한다고 해서 '포르노쿠키 가이Porno cookiesguy'라고도 불린다. 켄터키주 출신으로 노스캐롤라이나대학교에서 박사 과정을 밟은 커츠는 구글의 검색결과와 광고에서 사용자가 원하지 않는 포르노를 찾아 제거한다. 구글에 입사하여 이후 검색 서비스 부문 부사장을 역임했던 마리사 메이어는 커츠의 활동 덕분에 한때 구글의 가장 큰 문제였던 포르노가 크게 줄었다고 말했다. "매트는 뜻하지 않는 결과가 나타나지 않도록 노력해 검색의 질을 크게 높였습니다. 눈에 거슬리고 불쾌한 검색결과를 제거하는 일을 하고 있죠. 세이프서치 서비스를 이용하지 않는 사용자를 위해서도 그는 다양한 형태로 위장한 포르노를 찾아 없애고 있어요."

포르노 사이트는 여전히 다양한 방법으로 은밀하게 모습을 드러내려고 한다. 이런 포르노 웹사이트의 소유자는 더는 사용하지 않는 다른 웹사이트의 이름으로 위장한 채 검색결과에 등장하기도 한다. 포르노 사이트 운영을 위해 수백 개의 도메인을 구입하는 실정이다. 이런 관행은 '도메인 선점porn-napping'(인터넷 도메인 등록 완료 시기를 보고 있다가 갱신 시기를 놓친 도메인을 재빨리 선점하는 행위를 뜻함. 주로 포르노나 도박 사이트 운영자들이 자사 사이트의 무차별 노출을 위해 이런 행위를 벌임—옮긴이) 행위로 알려져 있다.

그런데 사용자가 원하지 않는 포르노와 싸우는 동안 구글은 검색결과 우측에 포르노와 관련한 광고를 실어 수백만 달러를 번다. 시민감시단체인 '가족안전미디어Family Safe Media'가 2004년에 실시한 연구에 따르면 구글과 다른 인터넷 검색엔진이 취급한 검색 네 건 중 하나는 포르노와 관련 있다. 구글 홈페이지 검색창 상단의 이미지 검색 메뉴는 성인 이미지를 무료로 보여주고 있다. 사용자가 성인물에 관련된 검색을 할 때마다 검색결과 페이지 우측에는 성인물 광고가 나타난다.

구글에 포르노를 검색하면?

구글은 "일반적으로 명시적인 섹스 콘텐츠와 같은 성인물을 주제로 한 광고를 허용한다"라고 자사 웹사이트에 광고 정책을 밝히고 있다. 이런 정책으로 구글은 가장 인기 있고 규모가 큰 검색엔진인 동시에 인터넷 포르노에 접근하는 최대 관문이기도 하다. 구글은 포르노에서 벌어들이는 수익의 규모를 밝히지 않고 있다. 물론 다른 비즈니스 범주에서 버는 수익도 일일이 발표하지 않는다. 일부 성인과 청소년은 인터넷의 익명성을 악용하여 신분을 드러내지 않고도 포르노에 쉽게 접근하고 소비하고 있다.

온라인에서 포르노를 검색하는 컴퓨터 사용자는 은밀하게 포르노를 본다고 생각하지만 이는 착각이다. 구글은 모든 검색을 기록하고 있으며 어느 IP에서 무슨 검색을 했는지 추적할 수 있다. 어떤 사람이 지메일 계정을 보유하거나 다른 구글 서비스에 등록했다면 이 정보를 통해 그 사람이 포르노를 검색했는지도 추적할 수 있다.

구글과 그 최대 경쟁사인 야후도 사실상 섹스와 관련한 광고에서 상당한 수익을 올리고 있다. 제한적이기는 하지만 미국의 제1차 수정 헌법은 포르노그래피를 보호하고 있다. 물론 온라인에서 포르노 제공을 전면 금지하는 독일과 인도 같은 나라에서 구글과 야후는 해당 국가의 법규를 준수한다. 구글이 제한 없이 성인 광고를 허용하는 것은 아니다. 예를 들어, 구글의 검색엔진은 매춘 광고를 용납하지 않는 다고 밝힌다. 그러나 다른 형태의 매춘 행위인 '에스코트 서비스^{escort} service'의 광고는 허용하고 있다. 이 단어를 검색창에 입력하면 다음과 같은 광고가 나타난다. '뜨거운 즉석 섹스, 여러분 지역의 남성과 여성, 적합한 상대자가 있습니다' 그리고 구글에 'XXX'라는 문구를 치면 '섹스를 원하는 수많은 사람들, 오늘 가입하면 뜨거운 밤을 보낼 수 있습니다'라는 광고가 뜬다.

구글은 세이프서치를 이용해 노골적인 음란물이 검색결과에 나타나지 않도록 차단할 수 있다고 밝히고 있다. 차단 정도를 가장 높여 세이프서치 필터를 사용하면 'XXX'라는 검색어를 입력해도 무료 검색결과에 모든 성인 콘텐츠가 차단된다. 그러나 다음과 같은 성인물 광고는 차단되지 않고 그대로 나온다. '무료 동영상', '섹시한 여성과 남성.'

또 포르노그래피를 입력하면 검색결과는 포르노그래피를 반대하는 웹사이트를 소개한다. 하지만 포르노를 입력하면 성인 콘텐츠를 보여준다. 그리고 두 경우 모두 검색결과 우측에 구글이 인터넷 포르노그래피 공급자에게 판매한 조그만 문자 광고를 보여준다. 사용자가 이 광고를 클릭하면 이 사이트는 구글에게 비용을 지불한다. 구글은 아동 포르노를 규제하는 모든 연방법과 주법을 준수하고 이를 다룬 성인물의 광고 역시 허용하지 않는다고 밝히고 있다.

흔들리는 광고 정책

구글이 성인 콘텐츠의 광고를 허용하는 것은 아주 특이한 기준이다. 성인 콘텐츠에 대한 광고는 검색엔진에서 어떤 광고를 받아들일지 결정할 힘이 있는 공동 창업자 특히, 세르게이 브린의 가치와 '사악해지지 말자'는 철학을 흐리고 있다. 광고 정책은 일반적으로 구글 공동 창업자의 개인적 선호를 반영하고 있으며 이를 바탕으로 회사는 자세한 광고 정책을 웹사이트에 밝힌다.

구글은 맥주와 알코올 도수가 높은 술의 광고를 거부하면서도 와인 광고는 허용한다. 또 관행이 아닌 정책으로서 선거에 입후보한 개인을 비방하는 정치적 광고를 금지하고 있지만, 이미 당선된 정치인의 지위를 깎아내리거나 비난하는 적대적 광고는 허용한다.

또한 구글은 모든 담배 광고와 총기 광고를 단호히 거부함으로써 정치적인 의사를 표명한다. 그러나 탄약, 소음기 등 총기를 더욱 위험하게 만드는 장치의 광고 판매에서 수익을 거둔다. 이는 총기류의 광고를 허락하지 않는다고 밝힌 기본 정책에 위배되는 행동이다. 그밖에 구글은 마약 검사를 회피할 수 있도록 돕는 약물이나 제품의 광고를 허용하지 않는다고 구체적으로 밝히고 있으며, 폭력을 조장하거나 연령, 인종, 종교, 장애자 또는 성별에 따른 '배타적 조직'을 옹호하는 광고를 거부하고 있다.

또한 케이블 TV를 무료로 시청하기 위해 불법적으로 사용되는 '블랙박스'라는 전자장치의 광고는 할 수 없다. 불법 의약품과 관련 기구, 폭약, 온라인 카지노, 신비의 치료법, 레이더 탐지기, 격투기 선수가 손가락 관절에 끼우는 놋쇠 조각과 같은 다양한 무기의 광고도 마찬가지다.

2004년 초에 구글은 섹스 콘텐츠를 제공하는 검색엔진인 부블닷컴 Booble.com에 소송을 제기했다. 부블닷컴의 이름과 홈페이지의 모양, 로고와 컬러가 구글과 비슷해 소비자에게 혼란을 일으켜 상표권을 침해했기 때문이다. 성인물 검색과 포르노그래피 디렉터리를 제공하며 수익을 올리던 영국의 부블닷컴은 제1차 수정헌법에 따라 구글을 패러디할 권리가 있다고 맞섰다. 부블의 로고는 철자 중 두 개의 O가 여성의 가슴 모양으로 되어 있다. 구글 검색창 아래 있는 'I'm Feeling Lucky'라는 버튼을 패러디해 부블은 'I'm Feeling Playful(나는 흥분을 느낀다)'이라는 버튼으로 바꾸기도 했다.

16장

기업공개

불리한 게임이라면
판도를 바꾼다

The Google Story

"구글은 관습적인 회사가 아닙니다.
우리는 그런 기업이 되고 싶지 않습니다."

래리와 세르게이는 구글의 기업공개를 가능한 한 미루려고 했지만 2004년 4월 말로 예정된 마감 시한은 빠르게 다가오고 있었다. 그들은 비상장기업으로서 누릴 수 있는 수많은 장점을 포기하기 싫었다. 무엇보다도 기업을 공개하게 되면 경쟁자인 마이크로소프트와 야후가 구글의 운영에 대한 세부사항과 더불어 구글이 얼마나 이윤을 남기는지를 알게 된다는 사실이 싫었다. 그런 정보가 공개되는 순간 경쟁은 치열해지기 마련이다.

그러나 연방법에 따르면 일정한 규모의 자산과 주주를 보유한 기업은 경영 실적을 공개해야 한다. 구글은 그 대상에 포함되어 있었다. 또한 신규 인력을 채용하면서 그들에게 많은 스톡옵션을 제공했기 때문에 그동안 고생한 직원들에게 보유한 주식을 현금화할 기회를 줘야 한다는 의무감도 있었다.

래리와 세르게이는 비상장기업 시절에는 창업자와 고용인 모두 열심히 그리고 현명하게 일했지만 기업공개 이후 서로 방향을 잃고 결국 실패해버린 다른 기업의 사례들을 익히 들어 알고 있었다. 기업공개로 자동차를 구입할 능력조차 없던 수백 명의 직원이 갑자기 백만장자가 되어 기업의 응집력과 집중도가 퇴색해버린 불행한 경우를 주위에서 흔히 볼 수 있었다.

브린과 페이지가 원치 않는다 해도 기업공개 때문에 많은 정보가 외부에 알려질 것이다. 그들이 억만장자라는 사실을 모두가 알게 되면 사생활과 가족의 안전을 위협받을 수도 있다. 그동안 만끽했던 일상생활의 자유는 어떻게 될 것인가? 위험을 피하기 위해 일거수일투족을 지켜보는 보디가드가 필요하게 되지는 않을까? 세르게이 브린의 아버지는 메릴랜드대학교에서 수학을 가르치고 있으며, 어머니도 고다드우주비행센터에서 계속 일하고 있었다. 부모의 동료 교수와 로켓 과학자들은 부모님들이 구글과 어떤 관계가 있는지를 전혀 몰랐다. 브린의 재산이 알려진다면 어떤 형태로든 부모의 삶을 변화시키거나 그들을 위험에 빠뜨리지는 않을까?

예정된 수순

브린과 페이지는 인정하기 싫었지만 클라이너퍼킨스와 세쿼이아캐피털로부터 2500만 달러를 투자받은 그날 구글이 기업공개를 향한 불가피한 첫걸음을 내디뎠다는 사실을 분명히 알고 있었다. 벤처캐피털은 투자했던 기업에서 수익을 거둬 투자자에게 현금 또는 주식으로 되돌려줘야 할 의무가 있었다. 그리고 초창기에 컴퓨터와 부품을 구입하기 위해서 벡톨샤임에게 10만 달러를 투자받았을 때처럼, 구글은 기업공개를 통해 빠른 성장을 위한 추가 자금을 만들 수도 있다. 또한 가족, 친구, 엔젤 투자자는 기업공개를 통해 구글에 투자한 100만 달러를 현금화할 수 있다.

사업의 성장을 위해서, 그리고 앞으로 발생할 것으로 예상되는 마이크로소프트와 충돌에 대비해 추가적으로 현금을 보유하는 것은 기업 입장에서 좋은 일이다. 하지만 구글은 이미 충분한 현금을 창출하고 있었고, 브린과 페이지는 상대적으로 검소하고 간소한 삶을 살았기 때문에 두 사람 모두 구글의 기업공개를 통해 개인적으로 수십억 달러를 챙기려는 목적이 추호도 없었다. 이들에게 부의 축적은 성공을 측정하는 지표나 측정 도구가 아니었다. 대부분의 실리콘밸리 기업가에게 기업공개는 궁극적인 꿈이었고, 세상의 주목을 한 몸에 받으며 기업이나 인간의 가치를 부로 평가하는 미국인에게 인정받을 기회였다. 그러나 브린과 페이지는 그 반대였다. 그들은 사생활과 자유를 사랑했고, 애널리스트와 경쟁자들이 구글의 성과를 계속 과소평가하려는 시도를 오히려 즐겼다. 이 회사는 부채 없이 스스로 자금을 만들었고 충분한 현금을 보유하고 있었기 때문에 추가 자금을 마련하기 위해 주식을 대중에게 팔 필요가 없었다. 그들에게 기업공개의 유일한 이점은 구글의 비전을 더 키우고 현실화할 수 있도록 자원을 더 보유하게 된다는 점이었다.

소중한 사생활을 포기하면서까지 기업을 공개해야 하는 상황이라면 래리와 세르게이는 벤처캐피털에서 투자를 받을 때처럼 그들만의 방식으로 기업공개를 하자고 서로 합의했다. 월스트리트나 어느 누구도 이들에게 기업공개의 방식을 가르쳐준 적이 없고, 고도의 금융 공학을 전공으로 하지도 않았지만 이는 아무런 문제가 되지 않았다. 위대한 검색엔진을 만들고 직원들에게 동기를 부여하고 빠르게 이윤을 내는 기업을 경영하는 일들에 비해서 월스트리트의 업무는 오히려 간단해보였다. 그저 래리와 세르게이가 신경을 쏟아서 집중하면 구글과 기업공개를 통제할 방법을 찾을 수 있다고 생각했다. 그러나 사실 기업공개는 은행계좌를 열기 위해서 서류를 작성하는 일보다 복잡하고 중요했다. 그렇다고 월스트리트로 달려가 굽신거리며 도움을 요청할 필요는 없었다.

월가의 아성을 깨뜨린 기업 공개

월스트리트 역사상 어떤 기업도 래리와 세르게이가 원하는 방식으로 수십억 달러의 기업공개를 성공적으로 해낸 경우는 없었다. 그렇다고 두 사람이 겁을 먹지는 않았다. 어느 누구도 할 수 없는 일을 꿈꾸고 실천하는 데 익숙했던 래리와 세르게이는 기업공개로 말미암아 새로운 길을 개척하기로 결정했다. 그들은 여러 가지 정보를 알아보고 옳다고 믿는 것에 근거해 결정을 내리기로 했다. 만약 월스트리트의 어느 누구도 두 사람의 결정을 반기지 않는다면 기업공개를 미룰 작정이었다.

일반적으로 기업공개를 하기 전에 월스트리트의 투자회사는 투자자의 수요, 시장 상황 그리고 기타 요소를 고려해 대중에게 팔 주식의 초기 가격을 결정한다. 이때 주식을 공개하는 회사와 투자회사 사이엔 팽팽한 긴장감이 감돈다. 보통 월스트리트의 주식중개인은 가격을 저평가해 팔기 쉽게 만들고, 거래 첫날에 가격을 올려 투자자에게 이익을 안겨주려고 한다. 반면 기업을 공개하는 회사는 지분 매각을 통해 사업 자금을 끌어 모으려는 목적이 있기 때문에 가능한 한 높은 가격을 원한다. 주가가 높을수록 더 많은 자금을 모을 수 있기 때문이다.

월스트리트의 투자은행들은 기업공개 때 주가를 약간 낮게 책정해 "탁자 위에 돈을 좀 남겨두면" 더 이익이 된다고 기업 간부를 설득하려고 한다. 그런 방식으로 큰 투자자들이 거래에 만족하면 나중에 그 회사가 추가 자금이 필요할 때 주식을 다시 매입한다는 논리다. 주요 월스트리트 투자회사는 기업공개의 전 과정을 통제했다. 주식의 초기 가격을 결정했고 지분을 할당받을 투자자를 결정했으며 기업공개에 따르는 서비스에 막대한 수수료를 청구했다.

두 사람은 월스트리트가 일부 기업의 공모 가격을 고의로 낮게 평가하여 거래 첫날 그 가격이 치솟으면 바로 매도하는 방법으로 우량 고객에게 이익을 넘긴다는 사실을 알고 있었다. 이런 행동의 일부는 범죄적이고 비윤리적이었으며 사악한 스캔들이었다. 두 사람은 이렇게 타락하고 부패한 시스템에 동참하고 싶지 않았다. 당연히 두 사람은 수수료에 굶주린 월스트리트의 조언자보다는 수학 공식과 소프트웨어와 기술을 믿었다. 사실 그들은 인터넷 시대에 어떻게 월스트리트가 수십 년 동안 사용해온 아주 기초적이고 구태의연한 방법으로 기업들의 자금을 끌어모을 수 있었는지 도무지 이해할 수 없었다. 기술의 발달로 더 나은 방법을 만들 수도 있었을 텐데 월스트리트의 군중들은 늘 해오던 과거 방식을 선호했다. 즉 고객에게 무엇이 최선의 방법인지를 생각하기보다는 인간관계나 수수료에 큰 비중을 두는 방식이었다. 주요 투자회사가 이 방식을 바꾸지 않는 한 다른 회사 역시 변화의 압력을 받지 않을 것이다.

월스트리트의 관점에서 봤을 때, 구글처럼 기업공개를 위해 스스로 규칙을 만들려고 시도할 만큼 막강하고 건방진 기업은 드물었다. 오히려 기업들은 빈번하게 자금을 마련하기 위해서 투자 로드쇼, 담합, 컨설팅 등 투자자가 그들의 이야기에 귀 기울이도록 만드는, 이미 입증된 방식을 원했다. 이러한 인간관계와 서비스를 위해서 기업은 수수료를 자체 재원에서 직접 지불하지 않고 주식 공모를 통해 모은 돈으로 지불하려고 했다.

하지만 증권거래위원회에 제출한 기업공개 준비 서류에서 구글은 완전히 다른 방법을 제시했다. 이 방법은 모든 사람이 참여할 수 있다는 점에서 평등주의적 측면이 있었고, 월스트리트의 주식 저평가라는 관행을 극복할 수 있을 듯했다. 이는 꽃, 생선 등 대량 다품종 경매에서 판매자가 최고가를 제시하고 값을 내려가다가 구매자가 나서면 거래가 종료되는 '네덜란드식 경매'를 현대적으로 변형한 것으로, 연속적인 자동 경매에 기초해 광고를 판매하듯이 구글은 잠재적 투자자의 온라인 입찰에 기초해 주식가를 매기고 매매하려고 했다. 이 회사가 정한 처분 목표 가격이나 이보다 높게 입찰한 사람들에게 주식이 배정되며, 반대로 그 처분 가격에 미치지 못하는 입찰자는 모두 주식을 배정받지 못한다. (구글 임원들은 가격을 특정하게 고정하지 않는 연속적인 주식 경매를 선호했다. 하지만 증권거래위원회 규칙에 따라 모든 투자자는 하나의 공모 가격을 정해야 한다.)

투자자가 증권중개회사를 통해 전자입찰을 하기 전에, 구글은 최소 가격과 최대 가격을 공개적으로 발표하고 그 범위를 염두에 두고 입찰하도록 투자자를 유치한다. 주요 투자자뿐 아니라 소규모 투자자 역시 동일한 과정을 통해 주식을 사게 된다. 어떤 특혜도 없고, 가족이나 친구에게 지분을 사전에 배정하지도 않았으며, 그리고 담합 거래도 있을 수 없었다. 대신 돈이 많지 않아 월스트리트에서 무시당하기 십상인 주식 초보자라도 최소 다섯 주를 살 능력만 된다면 그 경매에 참여할 수 있었다. 그것은 아주 적은 최소한도로, 만일 구글이 고집하지 않았다면 증권중개회사는 이를 허락하지 않았을 것이다. 한 번도 최초 주식 공모에 참여해본 적이 없는 미국의 수백만 구글 사용자는 갑자기 지불 능력만 있다면 소량의 주식을 살 수 있게 됐고, 어디에 살든 누구를 알고 있든 그 어떤 이유로도 주식 경매에서 소외되지 않게 됐다. 정말 구글다운 방식이었다. 브린과 페이지는 마지못해 기업을 공개할 것이라면 가능한 한 인기 있는 방법으로 기업공개를 하기로 한 것이다.

이들은 월스트리트가 수수료에 독점적인 권한을 행사하는 모습을 보고 분개했다. 모든 증권사는 기업공개를 주관하며 공모주의 매매가 어렵든 쉽든 상관없이 터무니없이 높은 수수료를 요구했다. 두 사람이 만나본 모든 증권사가 7%의 수수료를 요구했다. 이 증권사들은 20억 달러의 주식공개를 중개해서 1억 4000만 달러를 벌어들인다. 이론적으로 보면 그들은 주식을 보유하게 되면서 부담하게 되는 위험의 대가로 이렇게 막대한 수수료를 챙기는 것이다. 이것이 '증권인수'의 기본 개념이다. 월스트리트 회사들은 기업공개를 하는 기업에게 특정한 주가를 보장해주고, 몇 가지 이유로 그 주식들을 매각할 수 없을 경우에 발생하는 위험의 대가로 수수료를 받는다. 그러나 실제로 모든 증권사는 어떤 경우든 모든 거래와 주식 인수에 대해 동일한 수수료를 요구한다. 래리와 세르게이는 이런 관행을 논리적으로 납득할 수가 없었다. 특히 구글처럼 누구나 갖고 싶어 하는 주식에 대해서는 더 그랬다.

두 사람은 월스트리트에서 일반적인 수수료의 절반 이하로 낮은 수수료를 지불하기로 결정했다. 낮은 수수료에 반대한다면 그 증권사는 구글의 기업공개에 참여하지 않으면 그만이었다. 더 나아가 창업자 두 사람은 월스트리트에서 문제가 된 불공정한 주식 가격 책정과 주식 할당을 통제할 구체적인 계획을 세웠다. 그리고 그들의 마음이 바뀐다면 마지막 순간에 거래를 취소할 수 있는 권리를 확보했다. 부드럽게 표현하면 구글 창업자 두 사람은 월스트리트에 '넋을 잃게 만드는' 메시지를 보내고 있었다. 이 회사가 성공한다면 이번 기업공개는 앞으로 있을 다른 회사의 기업공개에서 수수료와 중개인의 역할을 대폭 낮출 전례를 만들 것이다.

또한 래리와 세르게이는 구글의 기업공개 과정에서 이사회 의장이 될 사람을 밝히려고 하지 않았다. 이사회 의장을 공석으로 남겨두려는 것이었다. 이는 아주 예외적인 경우지만 브린과 페이지가 기업공개를 통제할 수 있는 또 다른 방법이었다. 그렇지 않으면 최고경영자인 에릭 슈밋을 이사회의 의장으로 지명해 상장회사로서 필요한 제도적·법적 의무를 수행하는 역할을 맡길 수도 있다. 그리고 브린과 페이지는 공동 사장과 지배주주로 남아 있고, 권한이 제한적인 슈밋과 함께 이 두 사람이 구글을 운영할 수도 있다. 하지만 의장을 지명하는 것은 나중에 필요하게 되었을 때의 일이다.

구글의 기업공개를 대행할 파트너를 결정하는 과정에서 구글과 논의한 모든 월스트리트 투자회사는 엄격한 비밀유지 계약서에 서명을 해야 했다. 크레딧스위스퍼스트보스턴Credit Suisse First Boston과 모건스탠리Morgan Stanley가 기업공개를 위한 공동 주관사로 선정된 후 구글은 이들을 만날 때마다 새로운 비밀유지계약서에 서명할 것을 요구했다. 거기에 더해 구글은 공동 주간사에게 재무 정보 및 영업 정보를 가능한 한 적게 제공함으로써 최대한 오래도록 비밀을 유지하려 했다. 또 기업공개 전후로 비밀이 새나가는 경우 단호한 법적 조치를 하겠다고 모든 월스트리트 기업에 통보했다. 이에 투자 은행가와 변호사 들은 구글처럼 기업정보에 엄격한 조건을 내거는 기업은 본 적이 없다며 혀를 내둘렀다.

실리콘밸리와 월스트리트 사이의 큰 거래를 대부분 다뤘던 권위 있는 로펌 윌슨손시니굿리치앤드로사티Wilson Sonsini Goodrich & Rosati의 외부 법률 자문은 래리와 세르게이에게 증권거래위원회에 기업공개 서류가 접수된 후에는 구글 주식의 가치를 선전하는 어떤 발언도 해선 안 되는, 소위 '침묵기'에 들어가야 한다고 충고했다. 하지만 이 침묵 기간 중에 기업공개 신청 기업이 재력가, 기관 투자자, 그리고 월스트리트의 중진들을 밀실에서 만나 프레젠테이션하고 질문에 답하는 소위 로드쇼Road Show는 허용이 된다. 기회는 공평해야 한다고 믿는 브린과 페이지는 이런 관행이 도무지 이해가 가지 않았다. 일반적인 투자자들은 어쩌나? 투자를 원할지 모르는 전형적인 구글 사용자는? 외부인과 소규모 투자자는 스스로 알아서 하게 내버려두고, 전국에서 모인 대규모 투자자에게만 로드쇼를 해 이득을 주는 행동이 어떻게 정당할 수 있겠는가? 이런 방식이 월스트리트의 전형적이고 이기적인 악습으로 보였다.

그래서 래리와 세르게이는 기업공개 과정을 통해 이러한 관습을 타파하거나 적어도 완화해보자는 목표를 세웠다. 그들은 오히려 로드쇼에서는 새로운 소식을 거의 말하지 않고 대신 온라인에서 그 내용을 공개해 구글의 관한 한 모든 사람이 동일한 내용을 접할 수 있도록 했다.

"구글은 그런 회사가 아닙니다"

구글은 관습적인 회사가 아닙니다. 우리는 그런 기업이 되고 싶지 않습니다.

2004년 4월 셋째 주에 증권거래위원회에 제출된 구글의 재무 자료와 영업 관련 세부 의무사항을 담은 서류에 브린과 페이지가 쓴 편지 한 통이 동봉됐다. 윌슨손시니는 증권거래위원회가 요구하는 기업공개용 공식 서류에 창업자의 철학을 담은 편지를 넣자는 아이디어에 찬성했다. 이 창업자의 편지는 인터넷에 접속할 수 있는 모든 사람들이 볼 수 있도록 즉시 공개됐다. 두 사람은 구글의 벤처캐피털 후원자인 존 도어와 마이클 모리스가 어떻게 생각하든 상관없이 편지를 공개하기로 결정했다. 이 편지는 처음부터 래리와 세르게이의 아이디어였다. 그들은 구글이 새로운 형태의 기업과 직장이며 특별한 성격을 지녔다는 사실을 알리고 싶었다.

기업을 공개한 대부분의 다른 기업은 표준적인 법적, 재무적 공개 사항으로 채워진 일반적인 기업공개 서류를 제출했다. 구글의 두 창업자는 구글의 문화와 그들의 세계관을 밝힌 흔치 않은 편지로 세상의 주목을 받고 싶었다.

마이클 모리스는 브린과 페이지에 동의하지 않는 월스트리트와 투자자는 공모에 참여하지 않아도 좋다는 일종의 경고를 담은 편지 초안이 어떤 파장을 불러올지 염려되어 대책을 세우려 했다. 이 편지가 공개되기 전날 밤, 마침내 그는 페이지로부터 이 편지의 복사본을 가까스로 입수하여 편지의 내용을 좀 더 적절한 어조로 수정하고, 날카로운 부분을 다듬어 직설적인 말보다 부드럽고 완곡한 단어로 뜯어고쳤다. 무엇보다도 최고경영자인 에릭 슈밋이 경영에서 맡게 될 역할을 좀 더 자세히 설명했다.

래리와 세르게이를 설득해 슈밋을 고용하게 만든 후, 도어와 모리스가 한 마지막 일은 투자자의 시야에서 슈밋의 권위를 약화시키는 일이었다. 도어와 모리스는 구글의 미래를 확신시키고 기업공개에서 정확한 가치 평가를 받기 위해서는 창업자가 혁신을 주도하고 세상을 변화시키기 위해 노력하는 한편, 성실하고 경험 많은 임원이 그를 뒷받침해야 한다는 사실을 경험을 통해 알고 있었다. 그래야 투자자에게 상장회사가 주주를 중시하며 조직 관리나 재정적인 측면에서 안정적으로 경영되고 있다는 확신을 줄 수 있었다.

브린과 페이지는 편지에서 구글이 비상장기업이었을 때 성공적으로 수행했던 일들을 기업공개 후에도 변함없이 해나갈 것이라고 거듭

해서 주장했다. 예를 들어, 분기 실적을 중시하는 월스트리트의 압력에 굴복해 구글을 단기 실적에 급급한 회사로 만들지 않겠다고 공언했다. 대신에 장기적으로 구글에게 최선의 방향으로 회사를 운영하려 했다. 그들은 편지에 다음과 같이 썼다.

경영진이 계속 단기 목표에 급급해 회사를 운영하는 행동은 30분마다 몸무게를 재는 식이요법만큼 의미가 없습니다. 워런 버핏의 말처럼, 분기별 혹은 연간 성과에 '만족하지 않을 것'입니다. 회사가 기업 실적을 불만스러워한다면 여러분도 불만스러울 것입니다.

그들은 이 편지를 '구글 주주를 위한 지침서'라고 불렀고, 투자의 귀재인 워런 버핏이 이끌던 거대 보험회사 버크셔해서웨이의 연간 보고서에 딸린 편지에서 영감을 얻었다고 밝혔다. 몇 줄의 글로 래리 페이지와 세르게이 브린은 당대의 가장 성공적인 투자자인 버핏을 지지한다는 의사를 드러냈다.

두 창업자는 편지에서 구글이 두 종의 주식을 발행할 계획이라고 썼다. 주당 1표의 의결권을 지닐 일반 투자자를 위한 클래스A 주식과 주당 10표의 의결권을 지녀 회사를 확실히 통제할 권한을 부여하는 클래스B 주식이었다. 이런 이중 구조는 두 창립자의 승인 없이는 누구도 구글을 인수하지 못하고, 일반 투자자가 경영에 영향력을 행사하지 못하게 만들어, 간섭없이 회사를 운영할 권한을 유지하기 위한 수단으로 도입한 것이다. 이는 구글이 기업공개를 통해 수십억 달러를 끌어모으면서 기업의 경영을 주도할 수 있는 이상적인 방법이었다.

야후나 다른 경쟁자들과 달리 구글은 스스로 콘텐츠를 소유하거나 만들지 않는 순수 기술기업이었다. 구글은 광고에서 이윤을 냈고, 그

것은 미디어 기업들의 고유한 특성이다. 미국의 주요 신문사인 〈워싱턴포스트〉, 〈뉴욕타임스〉, 〈월스트리트저널〉 등은 다양한 종류의 주식을 발행해 창업주 가족이 편집의 독립성을 유지하고 있는데, 브린과 페이지는 여섯 살짜리 구글을 이들 사례와 비교함으로써 불평등한 의결권을 지닌 두 종류의 주식 발행을 정당화한 것이다.

실리콘밸리를 사랑하고 월스트리트의 전통적인 방식을 거부했던 두 사람은 기존 인습에 도전하는 동시에 원칙을 저버리지 않고 설득력 있는 사례를 제시해 자신의 주장을 납득시켜야 한다고 생각했다.

> 이 구조의 주요한 효과는 구글의 지분이 여러 사람을 거치게 될 때 우리 팀에게, 특히 세르게이와 저에게 회사의 결정과 운명에 대한 상당히 중요한 통제력을 준다는 점입니다. 〈워싱턴포스트〉, 〈뉴욕타임스〉, 〈월스트리트저널〉, 〈다우존스〉 모두 우리와 유사한 이중적 소유 구조를 유지하고 있습니다. 이런 이중 구조가 구글이 공개기업이 되어도 비상장기업의 많은 장점을 유지하게 해주리라 믿습니다.

이중 구조에 대한 설명에는 브린과 페이지가 구글 직원들의 직업윤리를 유지시키기 위해 내부에 전파한 필수 요소 하나를 빠뜨리고 있었다. 그것은 책임성이다. 간단히 말하면 사실상 구글에서 모든 직원을 채용할 때는 반드시 브린과 페이지 또는 임원의 승인을 얻어야 한다는 것이다. 그들은 심지어 직원들의 성적증명서나 시험 결과까지 보려고 고집했다. 고용과 해고에 관한 절대적인 권력을 보유했던 두 창업자는 구글을 공개한다고 해서 비상장회사로 운영할 때의 운영 체계를 바꿔야 할 필요성을 느끼지 못했다. 이는 그들이 가장 최근에 고용한 소프트웨어 기술자를 해고하는 것만큼이나 쉽게 에릭 슈밋을 해고할 수도 있다는 사실을 의미했다. 편지 내용이 다음과 같은 내용으로 이어졌다.

투자자로서 여러분은 우리 팀에 잠재적으로 위험한 장기 투자를 하고 있습니다. 잘 돌아가는 사회의 조건은 풍부한 양질의 정보에 대한 자유롭고 편향되지 않은 접근이라고 믿습니다. 그러므로 구글은 세상에 책임을 하나 지고 있습니다. 그리고 우리 주식의 이중 구조는 이런 책임을 달성할 수 있도록 도와줍니다.

사악해지지 말자

브린과 페이지는 좌우명 하나를 가슴 깊이 새기고 구글을 경영한다고 말했다. 바로 '사악해지지 말자'이다. 검색에 관련해서 이 좌우명이 무엇을 의미하는지 설명했다.

구글의 검색은 우리가 아는 한 최고의 방법으로 검색결과를 제공합니다. 우리는 특정한 검색결과나 최신 정보를 제공하는 대가로 돈을 받지 않습니다. 또한 최선을 다해 적절한 광고를 제시하려고 노력하고, 광고와 검색결과를 분명히 구분합니다. 이 방식은 신문이 광고와 기사를 분명히 구분하여 기사 내용이 영향을 받지 않는 이치와 같습니다.

두 사람은 다소 직설적인 표현으로 구글을 차별화하며 주요 경쟁자인 야후와 마이크로소프트에게 일격을 가했다. 구글의 공동 창업자 두 사람은 미국에서 두 번째로 큰 검색엔진인 야후를 '악'으로 규정하고 있었다. 야후는 돈을 받은 대가로 웹사이트들의 노출 가능성을 높여줬기 때문이다. 이 편지에는 뼈가 있었다. 구글의 검색결과는 우수하고 순수하다, 그러나 야후의 검색결과는 오염됐다. 이런 메시지였다.

그러나 사용자는 이런 차이를 쉽게 구별하지 못했다. 퓨자선재단Pew Charitable Trust의 한 연구에 따르면, 대부분의 사용자들은 구글의 검색결과에 광고가 있는지조차 인식하지 못하고 있었다. 똑똑한 사람들조차 구글이 어떻게 돈을 벌고 있는지 이해하지 못했다. 퓨의 연구는 구글 사용자의 62%가 구글의 무료 검색결과와 이 검색결과의 우측에 나타나는 광고의 차이를 이해하지 못한다고 보고했다. 만일 더 많은 사람들이 작은 문자 상자가 비용을 지불한 광고라는 사실을 인식한다면, 사용자는 그 문자 상자를 클릭하는 가능성이 줄어들 것이라고 마케팅 전문가들은 말한다.

실상 구글의 이윤은 새로운 방식의 광고가 모호한 형태를 띠고 있기 때문에 빠르게 증가했던 것이다. 구글은 광고를 '스폰서링크'라고 이름을 붙여 사용자가 광고를 명확히 인식하지 못하도록 했다. 이 방식은 '광고'라는 명칭에서 오는 편견을 피했고, 그 결과로 많은 사람이 광고를 클릭했다. "구글의 광고는 아주 효과적인데, 이는 대부분의 사람들이 그것을 광고로 인식하지 못하기 때문이다. 이것은 과연 사악하지 않은 것인가?" 앨런 도이치먼Alan Deutschman은 〈패스트컴퍼니Fast Company〉의 한 기사에서 구글의 전략에 의문을 던졌다.

구글은 선악을 자기 기준에 따라 평가하며 구글의 방식만이 유일한 방식이라고 주장하는 듯이 보인다. 그러나 이런 방식이 오히려 구글을 돋보이게 했고 전 세계의 이목을 집중시킨 것은 사실이다. 또한 이런 모습은 구글에 입사하기를 원하는 사람들에게 긍정적인 영향을 미친다. 구글플렉스 내 게시판에 구글의 방식에 매료되어 구글에 지원하게 됐다고 쓴 그런 사람들 말이다. 수많은 최고 기술자들이 구글이 제시한 옳고 그름과 선악이라는 깊은 철학적 주제에 대해 큰 의미를 부여했다. 기술 그 자체로는 빛을 가져올 수도, 어둠을 가져올 수도 있다. 그렇기 때문에 본능적으로 이윤 극대화와 시장점유율이라는 기업 이념보다는 매력적인 가치와 미덕을 지닌 기업에 마음이 끌리기 마련이다. 구글의 이러한 입장은 마이크로소프트와 빌 게이츠를 탐욕스러운 독점 자본가로 채색한 수년간의 독점금지법 소송에 반하여 더욱 빛났다.

기업공개 서류에서 드러난 구글의 주목할 만한 재무성과는 증권분석가와 경쟁자, 그리고 투자자를 깜짝 놀라게 했다. 구글은 검색엔진으로 손쉽게 고도의 성장을 이뤘다. 2004년 상반기에 이 회사는 14억 달러의 매출과 1억 4300만 달러의 이익을 기록해, 5억 6000만 달러의 매출과 5800만 달러의 이윤을 남긴 2003년에 비해 크게 성장했다. 이대로라면 앞으로 매출과 이익이 더 빨리 증가할 것이다. 구글이 공개한 실적이 그렇게 놀랍지 않았다면 사람들은 브린과 페이지의 말에 그다지 주목하지 않았을 것이다. 그러나 가난하고 힘없는 사람보다 부유하고 권력 있는 사람의 말이 더 주목받는 세상에서, 구글의 놀라운 실적은 구글 창립자의 발언에 큰 힘을 실어주었다.

적은 매출과 낮은 이윤의 인터넷 기업들 다수가 기업공개를 했던 1990년대 말, 구글은 비상장기업으로 남는 선택을 했고 가능한 한 마지막 순간까지 기업공개를 늦췄다. 그리고 그 사이에 전 세계 언론의 1면을 장식하며 투자자가 탐내는 알짜배기 기업을 건설해냈다. 〈뉴스위크〉는 "금세기의 가장 기대되는 기업 공개가 시작됐다. 그리고 세부 재무 실적, 경영 전략, 그리고 위험 요소를 담은 구글의 기업공개용 문서는 밥 우드워드Bob Woodward가 비슷한 시기에 발간한 이라크 관련 책을 제치고 이 나라에서 가장 주목 받는 문서가 됐다"라고 평했다.

브린과 페이지는 재무성과를 뛰어넘는 이상을 지니고 있었다. 구글의 목표를 설명하면서 두 사람은 구글의 번영과 천재성이 중요한 세계 문제를 푸는 데 적용하기를 희망한다고 밝혔다.

우리는 구글을 더 나은 세상을 만드는 기업으로 만들고 싶습니다. 우리는 구글재단Google Foundation을 설립하는 과정에 있으며 직원들의 시간과 구글의 자산 및 이윤의 1% 가량 투자한 재원을 이 재단에 기부할 생각입니다. 언젠가 세계에 미치는 이 재단의 영향력이 구글을 능가하기를 희망합니다.

그러나 구글의 기업공개 관련 문서는 증권거래위원회 관계자를 화나게 만들었다. 그들은 일련의 서신 문의를 통해 주식 경매의 작동 원리에 대해 상세히 물었고, 창립자의 철학적 편지에 대해서도 진부한 취향이라고 폄하했다. 증권거래위원회는 구글과 자문변호사에게 이렇게 요청했다. "'세계에 대한 위대한 서비스', '중요한 일을 하는 것', '세계에 대한 더 큰 긍정적 영향', '사악해지지 말자', 그리고 '세상을 더 나은 곳으로 만드는 것'이 포함된 문장을 고치거나 지우시기 바랍니다. 그리고 '세상을 더 나은 곳으로 만드는 것' 이라는 항목 밑에 적혀 있는 지메일 서비스의 개인정보 관련 문제처럼 구글의 상품이 미칠 수 있는 부정적인 영향을 구체적으로 설명하시기 바랍니다."

증권거래위원회는 투자자에게 잘못되거나 불완전한 인상을 줄 수도 있는 투자 위험에 관한 항목을 포함해 수십 개의 재정적·법적 질문을 던졌다. 이를테면 "오버추어 관련 소송이 '아무런 이익도 없다'라는 문장은 법적 결론인데, 구글은 이런 법적 결론을 내릴 자격이 없습니다. 이 문장을 수정하거나 삭제하시기 바랍니다"라면서 세세한 사항을 수정하도록 요청했다.

제출 서류를 수정하지 않는다면 증권거래위원회는 이 거래를 승인하지 않을 태세였다. 구글이 양보하긴 했지만 래리와 세르게이는 이 내용의 기초가 되는 원칙을 포기하려 하지는 않았다. 증권거래위원회의 관계자는 특히 창업자 두 사람과 슈밋, 그 외의 사람들이 비공식적인 방식으로 언급되는 것을 꺼렸다.

"제출 서류 전반에 걸쳐 여러분은 임원과 주요 주주를 성이 아닌 이름으로 언급하고 있습니다. 명확성을 위해 그들을 전체 이름 혹은 성으로 언급해주시기 바랍니다." 래리와 세르게이는 증권거래위원회의 이러한 요청을 거절했다.

위기

기업의 위기를
어떻게 돌파하는가

"우리는 지금도 앞으로도 지적재산권 소송에 취약합니다.
따라서 이 문제와 관련해 구글을 방어하는
비용과 피해 보상이 필요할 수도 있습니다."

2004년 5월 4일 구글의 기업공개 축하 파티가 있은 후 얼마 되지 않은 시점에 문제가 터졌다. 거대한 자동차 보험사인 가이코Geico가 구글의 검색엔진이 상표권을 침해했다며 소송을 제기한 것이다. 이 보험사는 구글의 광고 시스템이 자신이 소유한 상표권을 불법적으로 이용해 이익을 챙겼다고 주장했다.

광고에서 모든 매출과 성장이 이뤄지는 구글에게 이 소송은 불길한 징조였다. "우리는 지금도 앞으로도 지적재산권 소송에 취약합니다. 따라서 이 문제와 관련해 구글을 방어하는 비용과 피해 보상이 필요할 수도 있습니다. 그리고 이런 지적재산권 분쟁은 특정 기술에 대한 우리의 능력을 제한할 수도 있습니다." 구글은 잠재적 위험을 열거한 기업공개 문서에서 이와 같이 밝혔다. 구글의 잠재적 시장인 외국에서도 유사한 소송이 잇따랐다. "프랑스 법정은 광고주가 특정 상표 용어를 검색 키워드로 선택할 수 있도록 한 것에 대해 상표권을 침해했다는 판결을 내렸습니다. 우리는 이 판결에 항소했습니다. 그리고 독일에서도 두 건의 유사한 법정 소송에 걸려 있습니다."

설상가상으로 기업공개 서류를 제출하기 전 미국 시장에서 광고주가 다른 회사가 소유하고 등록한 상표를 키워드로 사용하도록 상표 정책을 완화했기 때문에 광고주가 다른 회사의 상표를 사용할 경우 소송을 당할 위험이 컸다. 경쟁사 야후는 구글과 같은 상표 정책을 허용하지 않았다. 구글은 사용자를 위해 정책을 바꿨다고 주장했지만, 일부 애널리스트는 이를 기업공개를 앞두고 이윤을 높이려는 의도로 분석했다.

현재의 위기와 잠재적 위기

문제는 여기서 그치지 않았다. 구글의 거대한 이윤구조가 밝혀진 뒤, 구글은 야후와 마이크로소프트로부터 더 큰 도전을 받았다. 많은 돈이 걸려 있으면 경쟁은 치열해지기 마련이다. 그러한 경쟁은 인터넷 사용자에게는 도움이 될지 모르지만, 구글은 잠재적 주주에게 추가적인 위협이 된다고 주장했다.

"마이크로소프트나 야후가 우리 검색결과와 유사하거나 그보다 나은 결과를 제공하는 데 성공한다면, 혹은 그들이 우리 서비스보다 더 쉽게 접근할 수 있도록 기존 서비스 기반을 효과적으로 활용한다면, 우리의 사용자 수는 크게 감소할 수도 있습니다." 이와 더불어, 경쟁과 매출이 한 차원 높은 수준으로 오르면 필연적으로 성장률이 하락하여 구글이 성장 추세를 유지하기 어려울 수 있다고 경고했다.

당시 구글은 광고에 지나치게 의존하고 있으며 특정한 형태의 광고가 그 수입의 대부분을 차지하고 있다는 점에서 투자자들을 불안하게 하고 있었다. 이는 잠재적으로 큰 문제였다. 야후나 마이크로소프트가 검색 기반을 마련한다면 사용자가 그곳으로 옮겨갈 수 있고 광고주도 따라서 움직일 것이다. "광고주의 지출 감소 혹은 광고주의 유실은 우리의 비즈니스에 심각한 타격을 줄 수 있습니다." 구글은 증권거래위원회에 제출한 서류에서 이와 같이 밝혔다.

초기에 구글은 자체 검색결과 화면의 광고에서 수익을 얻었으나, 지금은 성장의 대부분과 매출의 절반이 주로 구글이 광고를 제공하는 웹사이트의 네트워크에서 나온다. 이러한 자가 발전적 네트워크는 구글의 성공적 미래를 보장하는 중요한 요소다. 광고와 프로그램을 네트워크 제휴사에게 제공하는 텔레비전 네트워크 운영 방식으로 구글은 경쟁력을 유지할 수 있었다. 그러나 일부 구글의 제휴 업체, 특히 AOL과 검색엔진인 애스크지브스 등에서 발생하는 수입이 너무 크다는 단점도 있었다. 만약 어느 순간 그들이 구글을 떠나 마이크로소프트나 야후와 손잡는다면 구글은 막대한 수입 손실을 입을 것이며 이를 만회하기 쉽지 않을 것이다. 구글은 "이들과의 제휴 관계 중 하나라도 종료되거나 이에 견줄 만한 기업으로 대체되지 않는다면 우리 사업은 타격을 받게 될 것입니다"라고 밝혔다.

구글의 작고 잘 드러나지 않는 문자 광고는 성공적이었다. 그러나 주요 텔레비전 네트워크와 유선 네트워크가 사용자들이 광고를 건너뛸 수 있도록 하는 기술 때문에 피해를 본 것처럼, 문자 광고를 없애는 새로운 기술이 나오면 소비자들이 쉽게 광고를 꺼버릴 수 있기 때문에 구글에게 피해가 돌아갈 것이다. 기업공개 또한 구글의 문화에 잠재적으로 중대한 위험이었다. 구글플렉스의 생활은 특별한 격식을 차리지 않았다. 래리와 세르게이는 많은 사람을 성이 아닌 이름으로 기억했고, 여전히 많은 직원의 인사 문제에 관여했다. 하지만 빠른 성장과 기업공개로 좀 더 전통적인 경영 방식과 기업 구조를 갖춰야 할 필요성이 있었다. 적당히 비용을 줄여가며 체계 없이 기업을 경영할 수는 없다. 마침 주요 회계 법인에서 감사를 받아야 할 시기도 됐다. 구글의 고용 규모와 매출이 커지면서, 기업문화를 해치지 않고 경영하는 일이 최고경영자인 에릭 슈밋의 가장 큰 근심거리가 되었다.

순전히 입소문으로 전 세계에 알려져 네트워크를 구성하고 강력한 브랜드를 구축한 구글. 입소문만으로 구글처럼 큰 기업을 일군 경우는 없었다. 만일 구글이 브랜드를 알리고 유지하기 위해 광고와 마케팅에 비용을 지출했더라면 구글의 수익성은 크게 떨어졌을 것이다. 래리와 세르게이는 구글이 자사 브랜드에 대한 소비자의 인지도를 조사해야 한다는 마케팅 전문가 피터 실리Peter Sealey의 조언도 마케팅에 돈을 쓰지 않겠다는 말로 딱 잘라 거절했을 정도였다. "그들은 구글이라는 브랜드를 좀 더 세련되게 만들어 소비자와 소통할 필요성을 무시하는 오만한 기술자입니다. 이 친구들은 그들의 브랜드가 무엇을 의미하는지조차도 모르죠. 그들은 코딩을 하는 사람들일 뿐이에요." 실리는 말했다.

인터넷 포르노는 거대한 산업이지만 한동안 구글은 성인 광고를 싣지 않는다고 주장했다. 그러나 그들은 기업공개 전에 구글의 자동화 등록 시스템에 등록된 모든 성인 광고를 차단할 수는 없었고, 이에 따라 추가적인 법적 위험이 생겼다. 또한 이 회사는 의약품, 금융 서비스, 주류 혹은 소방 용품 회사들의 광고를 게재해 법적 책임을 지게 될 잠재적 위험도 있었다.

최근에 기업공개를 한 기업의 사례들처럼 구글도 기업공개 후 인재가 유출될 위험에 처했다. 구글은 비상장기업이었을 때 직원들에게 상당한 스톡옵션을 제공했고, 또 직원들이 스톡옵션을 팔아 쉽게 현금화하도록 허용했기 때문에 그 위험이 컸다. 실리콘밸리의 스타트업들은 이런 유능한 인재들을 유혹했다. 수백 명이나 되는 구글러가 백만장자가 되면서 그동안의 동기와 집중력을 잃어버릴 수도 있었다. 초기 직원들처럼 막대한 금전적 보상을 받으리라는 보장이 없는 상황에서 이 회사가 또 새로 유능한 인력을 채용할 수 있을까?

마지막으로, 세르게이와 래리가 구글이 더 이상 즐거운 곳이 아니라고 판단해 다른 벤처기업을 차리면 어떻게 되는가? "에릭과 래리, 세르게이 혹은 고위 경영진을 잃게 된다면 구글은 비즈니스 전략을 실행할 수 없을지도 모릅니다."

무엇보다 최악의 상황은 야후의 자회사인 오버추어가 구글의 전반적인 광고 시스템이 자사의 특허권을 침해했다고 주장하며 수십억 달러짜리 소송을 제기한 일이었다. 이 법적 문제가 최선의 방향으로 해결된다고 하더라도, 구글은 야후에 막대한 사용료를 일괄 또는 분할하여 지불해야 하고, 최악의 경우에는 다른 광고 방법을 찾아야 한다.

그 사이에 증권거래위원회는 구글의 내부 절차에 대한 조사를 시작했다. 구글은 재무 상태를 주주에게 공표하거나 지분을 등록하지 않은 채 막대한 양의 주식과 옵션을 발행해왔다. 일반 기업이었다면 기업공개에 앞서 증권거래위원회의 조사가 계속될 경우 치명적일 수 있다. 구글의 법률고문들과 외부 변호인단이 어떻게 이런 일이 발생하게 내버려둘 수 있었을까? 한 애널리스트는, 이 회사가 얼마나 많은 돈을 벌고 있는지 직원들이 알게 되면 그 정보가 경쟁자에게 유출될지도 모른다는 염려 때문에 직원들로부터 기밀을 유지했을 것이라고 추측했다. 그래서 규제에도 불구하고 그들은 비밀을 깊숙이 숨기고 있던 것이다. 기업공개에서 주식을 파는 구글의 특이한 경매 방식에 잠재적 문제와 위험이 없을 수 없었다. 구글은 다음과 같이 경고했다.

"기업공개를 위한 경매 과정은 '승자의 저주'를 야기할 수도 있고, 그 결과 투자자가 막대한 손실을 입을 수도 있습니다. 낙찰에 성공한 사람들이 우리 주식에 너무 큰돈을 지불했다고 결론내리고, 그 손실을 최소화하기 위해 즉시 매도에 나선다면 주가는 하락할 것입니다."

악재 속 강행한 기업공개

주식시장이 여름 정체기에 들어서고 증권거래위원회가 계속해서 구글의 특이한 경매 방식을 조사했기 때문에, 구글이 노동절 이후로 기업공개를 미룰 것이라는 예측이 지배적이었다. 이 회사는 기업공개를 통해 수십억 달러를 끌어모을 것으로 보였고, 어느 누구도 월스트리트가 휴식에 들어가는 8월에 이런 종류의 흔치 않은 거래를 시도한 적이 없었다. 그 시기는 중요한 거래가 거의 없기 때문에 투자은행가들은 이때 햄프턴the Hamptons이나 마서스비니어드Martha's Vineyard, 아니면 좀 더 이국적인 장소로 휴가를 떠난다. 그래서 여러 기업과 투자자, 주요 고객도 그때 휴가를 보내곤 한다. 그러나 래리와 세르게이는 달랐다. 그들은 기업공개의 전 과정이 엄청난 시간 낭비이며 구글의 분위기만 산만하게 만들 뿐이라는 사실을 알았다. 거래를 빨리 매듭지을 수 있다면 상황도 빨리 정상화될 수 있다. 2004년 여름, 회사 설립 이후로 최악의 평판을 안기는 악재가 꼬리를 무는 가운데 구글은 기업공개를 서둘렀다.

기술산업주의 약세, 주식시장 여름 휴지기, 엉망으로 관리되고 있는 듯한 구글의 상태 등 일련의 부정적인 평판을 모두 고려했을 때 열기가 식은 몇 개월 후 가을에 기업공개를 하는 게 합리적이라는 주장이 있었다. 하지만 브린과 페이지는 월스트리트와 경쟁사, 그리고 애널리스트들이 사업 계획의 오류를 주장하거나, 주가-수익 비율의 150여 배에 달하는 110~135달러 사이의 주가가 너무 높다고 주장하고 나설 때 큰 피해를 입을 수 있다며 염려했다. 이렇게 높은 공모가는 수년 전 닷컴버블의 붕괴를 연상시키며 비난거리가 됐다. 그리고 개인 투자자에게 다가가려고 노력했던 구글의 의도와 달리 경매 방식도 너무 복잡했다. 이 경매를 위해 개인은 특정 증권회사에 계정을 열어야 하고, 특히 경험 없는 사람이 이해하기 쉽지 않은 규칙을 따라야만 했다. 두 창업자는 가능한 한 빨리 기업공개를 마무리해 구글에 대한 악소문이 사라지기를 바랐다.

2004년 여름 몇 개월 동안 구글은 점점 더 취약해 보였다. 기업공개가 너무도 철저히 감춰져 오히려 사소한 실수나 위험이 더 커 보였다. 이 모든 현상으로, 구글에 투자하기를 원한다면 래리와 세르게이를 신뢰해야 한다는 창업자의 애초 의도는 폄훼되었고, 상황은 점점 더 악화되었다. 완벽한 이미지를 유지해왔던 구글의 두 창업자는 점점 더 오즈의 마법사라기보다 장막 뒤 숨은 손처럼 보이기 시작했다.

월스트리트의 몇몇 투자자는 이 거래가 득보다 실이 더 많다고 판단했다. 메릴린치는 공개적 설명 없이 참여를 포기했다. 그러자 이 회사의 중소 증권사의 중개인과 기관 투자가는 구글의 주식에 경계심을 보였다. 이는 시작일 뿐, 끝이 아니었다. 이런 투자자들의 행동을 본 일부 애널리스트와 컨설턴트들은 고객에게 구글의 기업공개를 관망하면서 실제 거래가 일어난 후에 투자 여부를 결정하라고 권고하기 시작했다. 또한 과열된 경매 환경 속에 기업공개 때 주식을 매수한 사람들은 최고 가격을 지불하게 되므로 결국 구글의 주식을 되팔 때 손해를 보게 될 것이라는 공포감이 퍼져갔다.

그러나 기업공개일 전에 투자자들 사이에 새로운 이슈가 떠올랐다. 바로 구글이 기업공개를 하기에 최적기를 맞이했다는 것이었다.

증권거래위원회의 조사, 여러 법적 문제, 기업공개에서 천문학적인 가격을 낳을지도 모를 경매 방식의 위험성 등에 대한 각종 매체의 보고서들로 과연 구글이 그 거래를 할 수 있을지 심각한 의문이 제기됐다. 하지만 이러한 문제의 원인이 구글의 빠른 성장에 있는지, 또는 성장 과정에서 증권 법규를 지키지 않아서인지, 아니면 기업공개를 망치려는 월스트리트의 조직적 움직임에 있는지는, 어떤 측면에서 보면 문제가 되지 않았다.

기업공개를 위해 4월에 관련 서류를 제출한 이후 분위기는 변했다. 비난의 대상이 아니었던 구글이라는 브랜드는 이제 각종 의혹의 주인공이 되어 있었다. 투자 규모에 상관없이 주주들은 구글의 주식 경매에 참여하지 않을 것이며 주식에 대한 수요가 너무 적어 이 회사가 주식경매를 완전히 철회할지도 모른다는 소문이 횡행했다. 구글의 경영에 대한 신뢰감은 곤두박질쳤고, 일부 애널리스트는 기업공개에서 공모가를 너무 높게 설정하도록 구글을 재촉한 모건스탠리와 크레딧스위스퍼스트보스턴을 비난하고 나섰다. 원인이 무엇이든 구글은 침묵 기간을 지켰다.

구글의 기업공개에 아무 문제가 없는 듯 보였을 때 갑자기 〈플레이보이〉가 "구글가이" 래리와 세르게이의 주요 인터뷰 기사를 실었다. 그 인터뷰는 주식시장의 침묵 기간 규정을 암묵상 위배한 것이었다. 〈플레이보이〉와 인터뷰하는 실수를 저지른 구글 리더의 능력과 성숙함에 대해 또 다른 의구심이 일기 시작했다. 심지어 성공적인 미국 비즈니스맨을 겨냥한 전통적 매체인 〈월스트리트저널〉이나 〈비즈니스위크〉가 아니라 선정적인 누드 사진과 전속 누드모델로 유명한 〈플레이보이〉에 인터뷰 기사가 났다. 사실 이 잡지사는 판매 부수를 높이기 위해 구글의 기업공개 전인 2004년 4월에 한 인터뷰를 일부러 구글이 기업공개로 소용돌이에 휘말려 있던 시기에 기사로 내보낸 것이었다.

누군가는 이 기사를 즐겼겠지만 구글의 주요 투자자에게는 상당히 불쾌한 사건이었다. 구글의 지분 등록 실패를 조사하던 증권거래위원회는 이제 구글이 침묵 기간을 위배한 행동에 어떤 제재 조치를 취해야 할지 결정해야 했다. 증권거래위원회의 변호사들은 〈플레이보이〉

에 실린 인터뷰 내용을 검토했다. 이 사건을 두고 코미디언과 풍자 만화가는 증권거래위원회 변호사들이 인터뷰 기사를 검토한다면서 〈플레이보이〉의 누드 사진을 슬쩍 훔쳐보는 모습으로 풍자하기도 했다. 투자자는 기업공개로 가는 모든 전환점마다 드러난 새로운 폭로로 상처 입은 구글가이들을 과연 신뢰할 수 있을까?

논란을 증폭시킨 〈플레이보이〉 인터뷰

두 창업자를 인터뷰했던 〈플레이보이〉의 공동 편집자 데이비드 셰프David Sheff는 그가 구글플렉스에 도착했을 때의 모습을 이렇게 회상했다. "브린은 야외광장에서 땀 흘리며 배구를 즐기고 있었어요. 그는 맨발로 배구 코트에서 나와 샐러드를 먹으며 내 질문을 곰곰이 생각했죠. 대화를 하는 내내 맨발인 그와 신발을 신은 페이지는 거의 앉지 않았어요. 서 있다가 의자 등받이 뒤편에 기대기도 하고, 의자 위에 올라가기도 했으며 회의실 창문을 기웃거리기도 했죠. 세상을 변화시키는 일을 하면서 한 곳에 진득하게 앉아 있기는 불가능한 것이 분명합니다."

대체로 월스트리트는 구글의 기업공개 방식을 마음껏 비웃었으며, 기술주의 약세와 구글 주식에 대한 시들해진 수요를 고려할 때 투자회사가 발표한 110~135달러의 가격 범위로 구글이 기업을 공개하는 일은 더 이상 불가능해 보였다. 그리고 잠재적 투자자를 불편하게 만든 또 다른 문제가 있었다. 가장 심각한 장애물은 구글과 야후 사이에 발생한 광고 시스템의 특허권에 대한 법정 분쟁이었다.

이 사태에 구글의 핵심 벤처캐피털리스트 존 도어와 마이클 모리스가 나서서 야후와 특허권 분쟁을 해결하라고 구글에 요청했다. 이 소송을 해결하기 위해 구글은 270만 주의 지분을 야후에게 넘겼고, 이로써 세상은 구글이 오버추어의 광고 시스템을 얼마나 모방했는지 결코 알지 못하게 됐다. 이 합의로 구글은 수억 달러의 가치가 있는 주식을 비용으로 썼지만 덕분에 기업공개를 둘러싼 불확실성을 제거할 수 있었다.

법정에 제출한 서류에서 구글은 특허권을 위반하지 않았다고 단언했다. 그러나 "이 합의는 사소한 해프닝이 아니었어요. 오히려 이 일로 구글이 특허법을 위반했다고 실질적으로 인정한 셈입니다." 구글을 상대로 다른 상표권 소송을 하고 있던 변호사인 데이비드 라멜트David Rammelt의 분석이다.

이 모든 문제 때문에 구글팀은 가을로 기업공개를 연기하는 방안을 고려했다. 모리스는 회상했다. "8월, 기업공개를 연기하여 발생할 장점과 단점을 간략하게 토의하는 자리가 있었습니다. 2004년 10월까지 기업공개를 미루면 우리가 더 나아질 수 있을까라는 질문을 신중히 검토했습니다. 하지만 원래 계획대로 기업공개를 추진해 귀찮은 일을 끝내버리고, 산더미처럼 쌓여 있는 업무에 집중하기로 결정했습니다. 나는 그 결정이 옳았다고 생각합니다. 기업공개를 미뤘다면 또다시 3개월 동안 중대한 기로에서 죽음의 행진을 거쳐야 했겠죠."

세르게이와 래리는 상처투성이가 된 기업공개 과정을 하루라도 더 끌고 싶지 않았다. 이제 구글의 운명은 워싱턴에 있는 증권거래위원회의 손에 달려 있었다. "증권거래위원회는 지금 〈플레이보이〉 여러 권을 읽고 있습니다"라고 기업공개 관련 책의 저자인 톰 톨리Tom Taulli가 빈정댔다. 과연 증권거래위원회의 변호사들은 구글이 기업공개를 취소하거나 연기해야 한다고 결론을 내릴 것인가?

캘리포니아에서는 구글의 변호인들이 가능한 해결 방안 하나를 찾왔다. 〈플레이보이〉의 인터뷰 기사를 구글이 증권거래위원회에 제출한 기업공개 문서의 부록으로 포함해, 기업공개에 앞서 모든 투자자들이 이용할 수 있는 공식 자료의 하나로 사용하자는 방안이었다. 논란이 있다면 그 내용을 투자자에게 밝혀 문제를 해결하라는 증권거래위원회의 지침을 따르자는 것이었다. 다행스럽게도 이 전략은 효과가 있었다. 증권거래위원회는 〈플레이보이〉 문제를 차후에 조사하기로 하고 구글의 기업공개 서류 일부분으로 그 내용을 공개하기로 했다. 그리고 이 기사의 부정확한 부분을 수정해 기업공개 과정을 계속 진행하기로 결정했다.

마침내 구글은 투자자의 입찰을 받아 단일한 경매 가격을 정하고 모든 일을 진행할 수 있었다. 그러나 여전히 주가 범위를 110~135달러 사이로는 너무 높게 잡았다는 평가를 받았다. 당시 여러 가지 폭로로 구글의 이미지가 하락했고, 여기에 더해 다른 기술주의 가격이 40% 폭락하고 있었다. 게다가 언론과 월스트리트의 비판적 시각이 우세했기 때문에 구글은 높은 주가로 경매를 성공시키기 힘든 상황이었다.

확실한 기업공개를 위해 도어와 모리스는 추가 조치를 취했다. 그들은 주가 범위를 85~95달러 사이로 낮췄다. 이 주가 범위는 더 많은 투자자를 끌어모으고 구글에 대한 신뢰를 다시 높이기에 충분히 낮은 수준이었다. 이 수준이라면 거래 첫날 주가가 상승세를 타 구글에 대한 좋은 인상을 줄 수 있기 때문이었다. 그리고 8월에 기업공개를 하는 것이 궁지에 몰린 행동처럼 보이지 않도록 도어의 클라이너퍼킨스와 모리스의 세쿼이아캐피털은 팔려고 계획했던 모든 구글 주식을 계속 보유하기로 방침을 바꿨다. 이는 기존 투자자가 기업공개 후에도 구글의 주가가 상승할 것으로 기대하고 있다는 신호였다.

지난 몇 년 동안의 어떤 기업공개보다 많은 언론의 관심을 받으면서 마침내 구글의 기업공개가 성사됐다. 8월 19일, 나스닥 시장의 전광판에 구글의 거래부호인 '구그GOOG'와 함께 주가인 85달러가 표시됐다. 개장 시간 9시 30분에는 상장된 주식의 수가 상대적으로 적어 수요가 공급을 초과했기 때문에 1960만 주의 매수 거래를 시작할 수 없었다. 거래가 시작된 오전 11시 56분에 주가는 15.01달러 상승해 100.01달러가 됐다. 이 초기 공모로 구글은 16억 7000만 달러를 모았고, 초기 시장가치는 231억 달러가 됐다. 공동 주간사인 크레딧스위스퍼스트보스턴과 모건스탠리는 일반적인 수수료의 절반에도 미치지 않는 수수료를 받았다.

어느 날 갑자기 구글은 다른 많은 기존 기업보다 높은 시장가치를 지니게 됐다. 기업공개를 통해 주식을 샀던 몇몇 투자자는 즉시 되팔아 작은 이익을 거뒀다. 이 새로운 경매 과정은 결국 두 가지 목표 중 하나를 달성했다. 즉 투자자의 입찰에 기초해 지분을 공평하게 할당함으로써 월스트리트가 아닌 구글이 통제력을 행사한 것이다. 이렇게 공평한 접근 방식을 통해 몇 년간 월스트리트에서 발생했던 스캔들, 즉 수익성 높은 기업공개의 혜택이 소수의 선택된 사람에게 돌아간다는 의혹을 피할 수 있었다. 그러나 구글은 이 경매를 통해 높은 주가를 달성하지는 못했다. 85달러에 주식을 매각했기 때문에 기대보다 많은 자본을 끌어 모으지 못한 것이다. 기업공개 과정이 더 순조롭게 진행됐거나 입찰 과정이 좀 더 간단했다면, 또는 구글이 8월에 기업공개를 하겠다고 집착하지 않았더라면 더 높은 공모가를 기록하고 많은 자금을 모을 수 있었을 것이다.

기업공개 당일, 세르게이 브린은 구글플렉스로 출근했다. 이는 구글이 일상 업무를 중시한다는 암시였다. 그리고 또 다른 사장이자 설립자인 서른한 살 래리 페이지는 뉴욕으로 가 최고경영자인 에릭 슈밋과 벤처캐피털리스트 존 도어와 함께 구글의 상장을 기념하는 행사에 참석했다.

페이지와 슈밋은 장이 열리기에 앞서 나스닥 관계자와 아침식사를 했다. 이날 아침, 액면가로 따져도 억만장자가 된 페이지는 주변의 들뜬 분위기와 달리 다소 무관심하고 침착한 행동을 보였다. 페이지는 "오늘 어떤 일이 일어날지 지켜보는 일은 흥미로울 겁니다"라고 나스닥 관계자에게 말했다. 〈지큐〉에 따르면 이날 코트나 넥타이 차림이 어색한 페이지는 가까스로 자리에 앉으려다 등 뒤에 생크림을 묻혔고, 다른 구글 직원의 도움을 받아 얼룩을 지웠다. 슈밋은 "정장을 항상 입는 우리도 그런 일은 늘 있어요. 더 심한 경우도 있죠"라고 위로했다.

브린과 페이지는 마침내 기업공개를 끝냈다. 그들은 월스트리트의 카르텔을 효과적으로 깨뜨리며 자신의 방식대로 기업을 공개했다. 그들은 다시 구글 경영에 집중할 수 있었다. 이젠 한 번도 만나보지 못한 주주들과 함께 회사를 이끌어가야 한다. 아울러 완전히 새로운 수준의 사회적 감시를 받게 됐으며 그만큼 책임도 커졌다.

구글의 기업공개는 실리콘밸리와 월스트리트의 관계에 하나의 분기점이 됐다. 래리와 세르게이는 기업공개 과정에서 통제력을 유지하며 역사상 가장 큰 기업공개를 이끌어냈다. 그리고 월스트리트에 끌려 다니며 쓰라린 경험을 했던 기업 경영자들에게 찬사를 듣게 됐다.

이 기업공개가 기술기업의 기업공개에 새로운 시대를 연 것인지, 아니면 단순히 구글의 강력하고 독특한 경영 수완을 보여주는 사례에 불과한지에 대한 평가가 분분했다. 하지만 갖은 어려움 속에서 8월의 기업공개를 성사시킬 수 있는 기업은 거의 없으리라는 것은 분명하다.

래리와 세르게이는 안도의 한숨을 내쉬었다. 그들은 상장기업이 지켜야 할 법적 의무와 기타 문제를 감안했을 때 앞으로 상황이 예전 같지 않을 것이라는 사실을 알고 있었다. 그러나 적어도 구글플렉스 내부는 전과 다름없이 정상으로 돌아갔고 다시 즐거운 직장이 됐다. 며칠 후 래리와 세르게이는 버닝맨 축제로 향했다. 그들이 억만장자가 되고도 여전하다는 사실을 분명히 보여주는 행동이었다.

18장

셰프, 찰리

구글은 어떻게
인재를 끌어들이는가

"무엇보다 공짜 점심이 있습니다.

사실 우리는 매일 공짜 점심을 먹습니다.

건강에 좋고 맛있으며 사랑으로 만들어진 음식입니다."

구글이 기업공개되던 날, 세르게이 브린과 다른 사람들은 구글플렉스에서 맛있는 벤앤드제리스Ben&Jerry's의 아이스크림을 먹으면서 자축했다. 보통 기업공개를 한 기업의 경영자는 샴페인을 터뜨리며 앞으로 다가올 밝은 미래에 대해 감동적인 연설을 하기 마련이다. 그러나 구글은 달랐다. 축하 파티에 대해 아무것도 몰랐던 브린 역시 하루 종일 운영되는 벤앤드제리스 아이스크림 바를 보고 다른 직원들만큼이나 놀랐다. 이는 구글의 비공식 '문화부 장관'이 준비한 파티였다. 기업공개 서류에 이름이 오르는 관리자는 아니지만 즐겁고 건강하며 생산적인 구글의 기업 환경에 크게 기여한 인물이 있다. 바로 구글의 수석 주방장 찰리 아이어스Charlie Ayers다.

"아이스크림 파티는 누구도 예상치 못한 재밌고 즐거운 행사였습니다. 또 한 번 사람들의 예상을 벗어난 일이었죠. 모두가 행복해했습니다."

구글이 창립된 지 1년도 안 된 1998년, 10명 남짓의 직원이 일하던 팔로알토 시내의 좁은 사무실 시절부터 세르게이는 회사의 주방장을 채용하기 위해서 찰리 아이어스를 만났다. 그는 다른 기업과 차별성을 두기 위해 직원들에게 맛있고 건강에 좋은 음식을 무료로 제공하고 싶다고 했다. 아이어스는 미국을 대표하는 록밴드 그레이트풀데드를 위해 요리를 한 적이 있다. 이런 유명 록밴드와 관계가 있던 주방장을 채용한다면 유능한 엔지니어를 채용할 때 도움이 될 것 같았다. 그러나 아이어스가 브린을 만났을 때 두 사람은 그리 진지하게 이야기한 건 아니었다. 구글은 주방장을 고용할 만큼 직원 수가 많지 않았고, 회사의 미래도 불투명한 데다 자금도 부족한 기술 벤처기업이 주방장을 고용해 돈을 낭비할 처지는 아니었다.

"저는 당시 면접에서 '세르게이, 진짜 주방장이 필요해요?'라고 물었어요. 브린은 '우리 회사는 앞으로 직원이 수만 명이 될 겁니다. 그러니 주방장이 필요합니다'라고 했죠. 하지만 문제가 있었어요. 그 회사에는 주방조차 없었거든요." 아이어스가 당시를 회상했다. 이 대화를 끝으로 아이어스는 브린에게 인사를 하고 유니버시티애비뉴로 나와 길을 걸었다. 그리고 자신의 가치를 모르는 부잣집의 개인 요리사라는 원래 직업으로 허탈하게 돌아갔다. 그러나 놀랍게도, 8개월 뒤 아이어스는 구글이 주방장을 뽑기 위해 면접을 하고 실기시험을 본다는 소식을 접했다. 구글은 주방장 후보자를 모으기 위해 구글 웹사이트에 구인 광고를 실었다.

구글러는 배고프다

주방장 모집
구글러는 배고프다!
실리콘밸리에서 가장 주목을 받으며 빠르게 성장하는 인터넷 기업 구글이 사내 카페를 책임질 경험 많고 혁신적인 주방장을 찾고 있습니다. 주방장으로서 여러분은 메뉴 선정에서 배식까지 모든 과정을 관

리하게 됩니다. 수석 주방장이 되려면 구글러를 위해 창의적이고 건
강한 메뉴를 짤 줄 알아야 합니다. 맛있는 음식의 기쁨을 갈망하며 입
맛을 다시고 있는 사람들이 주방장을 기다리고 있습니다.

스톡옵션이 부여될 유일한 주방장!

그 사이 구글의 직원은 45명으로 늘어났고 사무실도 마운틴뷰로 옮
겼다. 아이어스가 실기시험과 면접을 보기 전에 이미 구글은 25명의
요리사에 대해 실기시험을 보고 모두 퇴짜를 놓은 상태였다. 여전히
현재 직업이 마음에 들지 않았던 아이어스는 편견 없이 이직할 자세
가 되어 있었다. 적어도 세르게이와 그의 직원들은 친절하고 재밌어
보였다. 당시 구글플렉스에는 맥도널드나 크리스피크림 도너츠밖에
없었다. 아이어스는 당시를 떠올리며 말했다.

"회사를 봤는데 작고 낡아빠진 전기식 부엌이 있더군요. 나는 '진짜
주방을 갖게 될 때까지 이것을 사용해야겠군요'라고 말했고, 그들은
'걱정 마십시오, 당신은 돈으로 꾸밀 수 있는 최고의 주방을 가지게 될
겁니다'라고 답했습니다. 세르게이는 음식을 제공해 직원들을 사내에
머물게 해서 생산성을 높일 생각이었습니다. 그리고 직원들이 오늘의
메뉴가 무엇일지 기대하며 식당에 오게 만들고 싶어 했습니다. 나는
점심식사 10분 전까지 메뉴를 공개하지 않기로 했어요. 그들은 햄버
거, 핫도그, 부리토를 원하는 어린애들이었죠. 저는 그런 사람들에게
일반 식당과 다른 특별한 식사를 제공하기 위해 채용됐고, 유기농 재
료로 만든 정말로 건강하고 감동적인 식단을 제공하고 싶었어요. 실
제로 직원들을 위해 유기농 음식을 만들었죠. 그들을 처음 만났을 때
세르게이는 세상을 구하겠다는 등 이상적인 이야기를 했습니다. 나는
'이게 바로 당신이 원하는 것을 이루는 길이 될 겁니다'라고 말했죠.

그곳의 모든 사람들은 음식을 소비하는 입장에서 생각했지만 저는 제가 이 회사에서 뭘 해야 하는지 잘 알고 있었어요. 나는 변화를 일으키고, 그런 가치 있는 도전을 할 준비가 돼 있었습니다."

1999년 11월 17일 찰리 아이어스는 구글의 쉰여섯 번째 직원이 됐다. 초기에 이 회사에 들어온 다른 많은 사람처럼 그도 구글의 주방장 자리를 받아들이면서 임금이 줄어들었다. 서른세 살인 그는 구글에서 나이가 많은 직원에 속했다. 대부분의 직원은 20대였다. 브린과 페이지는 구글의 모든 사람이 몸에 좋은 식사를 무료로 먹을 수 있기를 원했다. 구글 직원만이 누릴 수 있는 특혜로 무료 식사를 제공함으로써, 직원들이 서로 친밀해짐은 물론 일에만 몰두하느라 식사를 대충 때우는 습성을 고쳐주려는 목적이었다. 점심식사를 하러 밖으로 나가는 시간을 아끼고 끼니마다 무엇을 먹어야 하나 하는 걱정을 없애려는 의도도 있었다. 점심식사를 하면서 서로 일체감을 키워갈 수도 있다. 여섯 달 동안 수천 번의 식사를 준비하면서 아이어스는 너무 힘들어 지쳐버렸다. 그는 혼자서 식사를 준비하고 뒷정리까지 했다. 그가 일이 죽도록 힘들다고 불평하면 그들은 "주방장님은 하루에 고작 50명분의 음식을 만들고 있을 뿐인데요?"라고 답할 뿐이었다. 그는 "당신들은 한 번이라도 하루에 50명을 위한 음식을 만들고 치워본 적이 있는 거야?"라고 되물었다.

여전히 구글플렉스에서는 특별한 음식 냄새가 풍겼고, 주방장 찰리는 구글의 구성원이 됐다는 사실이 좋았다. 직원들의 사기는 충만했고 모든 사람이 목적의식과 팀워크를 갖췄다. 그들은 열심히 일하는 한 가족이었고, 찰리는 그런 가족을 위해 음식을 준비하는 사람이었다.

그들은 찰리에게 감사했다. 그는 식탁 주위에서 세르게이, 래리 그리고 다른 직원들이 즐겁게 이야기할 수 있도록 돕는, 삼촌 같은 역할을 했다. 그는 직원들의 이름을 일일이 기억했다. 회사가 성장했을 때 세르게이는 약속을 지켜 찰리에게 보조 요리사를 영입하도록 권한을 위임했다.

"구글러의 에너지가 느껴졌어요. 그들은 다른 기업에서 보기 힘든 에너지가 있었습니다. 모든 사람이 한 가지 목표에 정신을 집중하고 있었죠. 즉 이 회사를 성공시키겠다는 목표였습니다. 그들은 '나를 보라'가 아니라 '우리가 무엇을 했는지 보라'라는 마음으로 하나의 팀처럼 혼연일체가 되어 노력했습니다. 한번은 그들이 '이번 주말에 전선 파티를 갈 예정입니다'라고 했는데, 나는 그게 무슨 말인지 몰랐어요. 주말이 되어 산호세에 있는 데이터센터로 갔더니, 그들은 말 그대로 땅 위에서 열심히 전선을 잡아당기는 일을 했어요. 지위고하를 막론하고 모든 직원들이 주말에 이 일을 했던 거예요."

| 실리콘밸리 최고 맛집

2004년 1월 구글이 마운틴뷰에 있는 본사로 이사할 때쯤 이 회사는 직원이 대부분 젊고 미혼인 데다 환상적인 음식을 무료로 제공하는 기업으로 유명해졌다. 아침은 여느 아침식사와 다르지 않았지만 점심시간이 되면 모두 찰리가 어떤 음식을 내놓을까 궁금해했다. 구글의 음식이 돈 내고 사먹는 주변 식당의 음식보다 낫다는 소문이 실리콘밸리에 퍼졌다. 채식주의자든 아시아 음식이나 중동 음식을 좋아하든 구글에서는 아무 문제가 없었다. 또 아무 음식으로나 배만 채우고 가능한 한 빨리 자리로 돌아가 프로그래밍하길 원하는 기술자여도 상관없었다. 구글은 일대에서 가장 신선한 음식을 제공했기 때문에, 무엇을 먹을지, 누구와 먹을지 또는 밥 사먹을 돈이 있는지를 걱정할 필요가 없었다.

구글 직원들은 월요일에 출근하면 주말에 회사 밖 식당에서 사먹은 음식이 찰리의 음식보다 얼마나 맛이 없었는지 털어놓곤 했다. 그러면 찰리는 음식 맛의 차이를 다음과 같이 설명해줬다. "그 차이는 요리사가 자네들에게 얼마나 신경을 쓰느냐에 달려 있어. 나는 사랑으로 요리하지. 다른 요리사는 돈 때문에 요리를 하지만 말야."

찰리의 공간Charlie's Place이라 불리던 구글의 식당은 금방 실리콘밸리에서 명물이 됐다. 전직 그레이트풀데드 요리사가 실리콘밸리 안에서 가장 빠르게 성장하는 기술기업을 위해 식사를 제공한다는 소문이 퍼지면서 찰리가 구글의 평판에 미치는 영향도 커져갔다. 사내 곳곳에 비치돼 있는 음식, 음료수, 스낵 등은 회사가 직원들을 항상 신경 쓰고 있다는 느낌을 줬다. 직원들에게 구글의 어떤 부분이 좋은지, 왜 구글에서 일하기가 좋은지를 묻는 한 설문조사에서 응답자 열의 아홉이 음식을 꼽았다. 찰리와 그의 음식이 최고 기술자들에게 얼마나 큰 의미가 있는지를 알게 되고, 구글은 웹사이트에 구인 광고를 낼 때 그 옆에 식사 메뉴를 같이 실었다.

우리가 먹는 점심 메뉴 중 하나! 진짜임!

수프
- 옥수수를 곁들인 고구마 할라피뇨 비스크Bisque
- 크림과 파르마 치즈를 곁들인 꽃양배추

샐러드
- 구운 호두, 옥수수, 푸른 양파, 토마토를 곁들이고 매콤한 버터밀크

드레싱을 얹은 따뜻한 서던치킨샐러드

- 토르텔리니 프리마베라 샐러드 유기농 주키니, 노란 호박, 토마토, 스위트피Sweet pea (음식장식용 꽃), 페스토 비니그레트 소스를 곁들인 유기농 토르텔리니Tortellini (만두 모양 파스타의 일종)
- 여러 종류의 유기농 채소

전채요리

- 크레센트시티 스테이크 소스를 이용해 크리올풍 스파이스 소스로 양념한 뉴욕 프티설로인Petite Sirloin 구이와 바삭하게 튀긴 유기농 양파
- 유기농 두부 버섯 라구Ragout, 국내 자연산 버섯, 부추 등 야채

또 홈페이지에 구글에서 일해야 하는 10가지 이유를 올렸는데, 마지막 내용은 다음과 같았다. "무엇보다 공짜 점심이 있습니다. 사실 우리는 매일 공짜 점심을 먹습니다. 건강에 좋고 맛있으며 사랑으로 만들어진 음식입니다."

구글의 비공식 문화부 장관 찰리 아이어스는 식사 외에도 구글에 막대한 영향을 미쳤다. 금요일 오후면 구글플렉스의 모든 사람들이 이제껏 경험한 어떤 것보다 나은 'TGIFThank God It's Friday (주말이 시작되는 금요일 오후를 즐기는 일)'를 즐길 수 있도록 맥주와 소다수와 간단한 스낵을 곁들인 조촐한 파티를 열기도 했다. 한 달에 한 번 여는 TGIF는 철저히 사교적인 행사로, 이때마다 찰리는 즐거운 오락거리를 준비했다. 보통 금요일에는 래리와 세르게이, 에릭은 일상 업무나 기타 다른 일에 대한 대화를 나눴고 직원들의 질문에 답하는 시간을 가진다. 아니면 '누글러Nooglers'라 부르는 신입사원을 소개하는 기회로 이용하기

도 한다. 찰리는 이 시간에 구글러와 다른 사람들이 간단한 요기를 할 수 있도록 서핑보드 몇 개에 구글 로고를 새기고 그 위에 초밥과 초콜릿 퐁듀, 손으로 집어 먹을 수 있는 간단한 음식을 차려놓았다.

"하루하루 내 목표는 맛있는 음식과 실내장식, 오락으로 여러분이 일하는 것이 아니라 여행이나 휴가를 온 것처럼 즐기도록 만드는 것이었습니다. 그곳 분위기는 말 그대로 짜릿해요. 모두가 열정적으로 업무에 열중하고 있죠. 구글플렉스에 들어선 순간, 여러분은 한 방 얻어맞은 느낌이 들 겁니다. 로비의 현란한 색채들, 원색의 벽과 복도, 라바램프, 스쿠터를 타고 복도를 오가는 사람들, 이 모두가 다른 곳에서는 볼 수 없는 풍경이에요. 직장에 개를 데리고 오는 사람도 있죠. 외부인은 이곳을 둘러보고 '여기가 도대체 뭐하는 곳인가' 의아해할 정도죠. 여러 면에서 스탠퍼드대의 연장선상에 있는 분위기예요. 이곳에서는 결코 창의성을 제한받지 않죠. 음식을 제공할 때도 마찬가지예요. 2년 반 동안은 텐트를 세우고 그 앞에 식당차를 연결해서 사람들에게 저녁을 제공했습니다. 바로 확장된 주방이었죠."

찰리는 새로 입사한 젊은 구글 직원들을 처음 보는 자리에서 다음과 같이 말하기도 했다. "여러분 중 누구도 지금까지 내가 제공한 서비스와 음식 수준을 경험해보지 못했습니다. 여러분은 새로운 무언가를 먹는 대가로 월급을 받고 있는 셈이에요."

구글은 곧 구글플렉스의 음식에 관한 재밌는 이야기를 웹사이트에 게시했다. 이 회사 직원들이 다양한 국가 출신인 점을 고려해 찰리는 항상 소화가 잘 되면서도 고열량의 음식들로 메뉴를 다양화했다. 남서부 스타일 요리, 전통 이탈리아 요리, 프랑스 요리, 아프리카 요리, 직접 고안한 아시아 요리, 인도 요리 등 다양한 요리를 만들었고, 요리법을 연구하기 위해 자주 구글 검색을 하기도 했다.

"나는 구글 직원들이 즐겼던 음식과 바비큐, 라이브 음악을 통해 그들이 다양한 문화를 만들도록 도왔습니다. 그리고 그들을 위한 다양한 오락거리를 선택했습니다." 아이어스가 구글에 들어온 지 4년째 되는 날, 그들은 주방장의 직함을 달게 된 찰리에게 "1999년 이후 구글러를 위해 봉사해줘서 고마워요"라고 적힌 티셔츠를 선물했다.

대표 메뉴: 버터밀크 프라이드치킨

찰리의 음식들 중 프라이드치킨은 최고였다. 구글의 문화와 이미지에 미친 찰리의 영향은 신화가 됐다. 그는 2004년 구글 내부는 물론 전 세계 수백만 명이 사용하는 구글의 웹사이트에 다음과 같은 글을 올렸다.

구글에서 요리하기 오래전, 나는 왈도프애스토리아호텔Waldorf Astoria Hotel 주방에서 로버트 브라운이라는 남부 신사와 함께 일했습니다. 그는 인생에서 딱 한 번 엘비스 프레슬리를 위해 요리를 한 적이 있습니다. 브라운 씨는 결코 자세한 이야기를 해주진 않았지만, 로큰롤의 황제가 그의 프라이드치킨과 비스킷을 사랑했다고 말했습니다.

브라운 씨는 윤기 나는 얼굴을 덮은 덥수룩한 흰머리와 입 밖으로 보이는 커다란 금니가 있었고, 두껍고 색이 짙은 안경을 늘, 심지어 주방에서조차 쓰고 있었습니다. 그는 최고의 요리사였습니다. 자신이 어떻게 그렇게 맛있는 치킨을 만들 수 있었는지 말한 적은 없지만 그 치킨은 정말 단지 맛있다는 것 이상의 맛이었어요. 브라운 씨가 만든 치킨은 내가 그때까지 맛본 최고의 남부식 프라이드치킨이었고, 지금도 그 맛이 최고라고 생각합니다.

어느 날 용기를 내서 그에게 요리법을 물어봤습니다. "찰리, 나는 내 비법을 잘 안 가르쳐준다네. 그런데 자넨 운이 좋아. 내게는 요리를 하려는 자식이 없거든. 그러니 비법을 알려주겠네." 브라운의 프라이드치킨 비법은 닭을 오랫동안 버터밀크에 절이고 주방에 있는 양념 중 가장 매운 양념을 추가하는 것이었습니다.

지금도 브라운 씨의 매운 치킨 요리를 내놓을 때마다 "찰리, 자네가 사람들을 위해 이 치킨을 만든다면 자네는 평생의 친구를 사귀게 될 것이네"라고 말하던 로버트 브라운 씨의 음성이 들리는 것 같습니다. 정말 그렇게 됐으면 좋겠습니다.

여러분에게 구글에서만 맛볼 수 있는 치킨 요리의 비법을 공개합니다.

• 재료

타임 1/2컵

오레가노 1/4컵

바질 1/4컵

양파가루 1/2컵

마늘가루 1/2컵

말린 겨자 1/2컵

파프리카 1/2컵

고춧가루 1/4컵

샐러리 씨 1/2컵

소금 2티스푼

고수 1/2컵

큐민 1/2컵

코셔 소금 1/3컵

케이엔 후추 1/4컵

검은 후추 가루 1/2컵

흰 후추 가루 1/4컵

버터밀크 3갤런

방목 유기농 닭고기 3박스(닭 약 30마리에 해당함)

위의 재료들을 큰 사발에 담아 함께 섞습니다. 그리고 버터밀터를 넣
고 완전히 섞일 때까지 저어줍니다. 닭고기에 그 반죽을 묻혀 냉장 상
태에서 5일 동안 숙성시킵니다.

• 튀기기

닭고기 반죽에서 썼던 마른 재료의 4배 분량을 혼합한 후에 옥수수
녹말 2온스, 다목적 유기농 밀가루 7.5리터를 첨가하세요.
마른 허브와 밀가루, 옥수수 녹말 섞은 것을 숙성시킨 닭고기에 묻혀
튀김옷을 입히세요. 이것을 섭씨 190도의 땅콩기름에 튀기세요. 닭고
기가 황갈색으로 노릇하게 변하면 꺼내, 다시 오븐에 넣어 완전히 익
히십시오.

래리와 세르게이의 서른 번째 생일이 다가올 때 두 사람은 찰리에
게 생일 파티를 위한 메뉴를 정해 준비해달라고 부탁했다. 찰리는 이
요청을 영광스럽게 생각했다. 그는 그들이 좋아하는 음식을 알고 있
었다. 찰리는 모든 구글 직원을 초청한 래리의 생일파티에 간단한 음
식들만 내놓았다. 신선한 샌드위치와 피자를 만들었고, 후식으로 구글
로고의 컬러로 장식한 버터크림을 바른 케이크를 내놓았다. "사람들
은 특별한 음식이 없다고 말했습니다. 하지만 나는 그가 좋아하는 음

식을 준비했습니다. 그 음식은 도미노피자나 퀴즈노스샌드위치 따위가 아니었습니다. 그것은 래리를 위한 사랑과 정성이 들어간 특별한 음식이었습니다."

세르게이의 서른 번째 생일파티는 규모가 작았고 모인 사람들도 적었다. 찰리는 그의 특이한 취향을 고려해 초밥, 다양한 인도와 지중해풍 전채요리, 그리고 여러 나라의 독특한 요리를 마련했다. 세르게이는 여러 가지 음식을 차린 코스 요리보다 찰리가 준비한 핑거푸드를 선호했다. 대화하기가 편했기 때문이다. "한두 입에 먹을 수 있고 주의를 산만하게 하지 않는 음식이 적당했습니다. 그들은 대화와 관계 형성에 대단히 신경 쓰거든요."

다양한 음식이 섞여 있었기 때문에 세르게이의 파티는 '산만하지 않았고', 이 모습을 지켜본 수석 주방장은 흐뭇했다. 후식으로는 오렌지 시럽을 넣고 초콜릿을 입힌 딸기, 송로버섯, 작은 사과 크루스타드, 꿀과 호두, 밤을 채운 바클라바가 나왔다.

"그들은 정말 멋진 파티를 즐겼습니다. 마술사와 곡예사도 초대해 흥을 돋우었습니다. 세르게이는 무척 즐거워했지요."

스톡옵션을 가진 요리사

구글이 비상장기업이었을 때 래리와 세르게이는 찰리 아이어스의 임금을 올려주고 싼값에 스톡옵션을 살 기회를 줘, 그가 회사에 기여한 공로를 인정했다. 그 사이에 찰리에게는 모든 비용을 댈 테니 레스토랑을 열어보자는 투자 제안이 들어오기 시작했다. 그러나 그는 구글을 떠나고 싶지 않았다. 아직 자신의 임무가 끝나지 않았기 때문이었다. 당시 구글의 스톡옵션을 살 만한 현금도 없던 찰리는 아버지에게 돈을 빌리러 갔다. 찰리는 어려서부터 음식에 대해 많이 알았고 요리를 즐겼지만 주식이나 채권에 대해선 잘 몰랐다. 그의 아버지는 찰리보다 더 몰랐다.

"나는 기술자 한 명, 재무와 마케팅 담당자 한 명과 책상을 함께 썼습니다. 그들의 일은 내게 너무 생소했습니다. 나는 그들에게 갖가지 질문을 퍼부었습니다. 그들은 '현명한 선택을 하세요. 스톡옵션을 사세요'라고 말했죠. 아버지는 '그것은 사기니 그들에게 돈을 주지 말거라'라고 했지만 결국 내게 돈을 조금 빌려주셨고, 나는 내 몫의 스톡옵션을 샀습니다."

찰리는 자신이 오랫동안 그레이트풀데드의 요리사였다고 알려져 있는데 사실 이는 언론이 과장해서 보도한 것이며, 구글은 이 오해를 바로잡지 않았다고 말했다. 하지만 찰리가 유명 록그룹을 위해 요리했다는 것은 래리 페이지와 특별한 유대감을 형성할 수 있었다. 사실 찰리는 이 록그룹의 요리사와 친구 사이였고 요리할 사람이 없던 어느 날 잠시 도와주러 갔을 뿐이었다고 한다.

"그는 내 요리를 좋아했고 전화 연락을 계속해왔습니다. 그날 밤 요리를 해준 대가로 돈을 받지는 않았지만 무대 뒤를 왔다 갔다 할 수 있었죠."

찰리는 이 록그룹이 베이 지역Bay area에서 공연할 때 몇 번 참여하게 되었다. 마치 브루클린과 뉴저지에서 자란 찰리가 9학년 때 처음 고급 레스토랑에서 일하게 되었을 때 느낀 것과 같은 흥분을 느꼈다. 이때 요리사라는 직업을 사랑하게 됐고, 사람이 먹고살아야 하는 이상 항상 일자리가 있을 거라고 생각했다.

구글에서 일하던 어느 날 밤 찰리는 래리 페이지와 그의 형 칼 주니어, 그리고 래리의 삼촌을 위해 저녁을 만들고 있었다. 그때 래리의 삼촌이 주방에서 흘러나오는 그레이트풀데드의 음악을 들으며 춤추고 있는 모습을 봤다. 찰리는 궁금해서 그 음악을 왜 좋아하느냐고 꼬치 꼬치 물었지만, 자신이 이 록그룹을 알고 있다는 이야기를 하고 싶진 않았다. 래리의 삼촌은 미소를 지으며 그레이트풀데드의 음악이 연상 시키는 감정과 기억에 대해 들려줬다.

"이 음악을 들으면 래리는 아버지를 떠올린답니다." 삼촌이 말했다.

"왜요?" 찰리가 물었다.

"래리가 한 번도 말해주지 않았나요? 래리가 어렸을 때 우리는 그레 이트풀데드의 콘서트에 그를 데려가곤 했어요. 래리는 당신과 이야기 할 때, 아버지가 떠오른대요." 칼 주니어가 답했다.

이때 찰리는 속사정을 듣고부터 래리를 새롭게 보게 됐다. 그리고 래리가 형과 어머니와 함께 오리건에서 열린 이라크 전쟁 반대 평화 시위에 참가했다는 이야기를 듣고 구글의 공동 창업자를 다시 보게 됐다고 말했다.

"그 일로 그를 이해하는 데 도움이 됐습니다. 그 후로는 그를 단순 한 과학자로 여기지 않게 됐죠."

구글의 기업공개가 있은 지 몇 개월 후 찰리는 구글을 떠나 북부 캘 리포니아에 레스토랑 몇 개를 열기로 어렵게 결정했다. 구글의 주가 가 치솟은 상태였기 때문에 스톡옵션의 가치는 창업을 하기에 충분한 돈이 됐다.

기업공개 이후 구글 주차장에는 직원들이 주식을 팔아 산 BMW, 메르세데스벤츠, 포르쉐 등의 고급 자동차들이 등장하기 시작했다. 나 스닥에 상장된 뒤 구글의 엄청난 성장세가 계속되자 구글 내에도 많 은 변화가 일어났다. 예를 들어, 래리와 세르게이를 한 번도 만나보지 못했거나 일대일로 이야기 나눈 적이 없는 직원들의 수가 점점 늘어났다. 그리고 찰리 역시 내부에서 이전과 다른 변화가 일어나는 것을 관찰했다.

"일부 부서장들은 목표를 달성하는 데 적극 나섰고, 부하 관리자와 직원에게 실적을 달성하고 일정한 수준을 유지하도록 요구했습니다. 기업공개 이전에는 보이지 않던 모습이었습니다. 이 회사가 돈을 많이 벌고 월스트리트의 예상보다 더 높은 실적을 낸다고 하더라도, 10센트짜리 동전 하나도 중요하게 생각하는 마음으로 비즈니스를 하는 자세가 정말 중요합니다."

래리는 구글이 음식이나 다른 부문에서 공급자와 장기계약을 할 때 35%의 할인율을 지키라고 지시했다. 이는 지출을 줄이는 아주 효과적인 방법이었다. 몇몇 공급자는 처음에는 주저했지만 구글이 워낙 많은 돈을 지출하기 때문에 그들도 대개 이 방식에 따랐다. 이러한 장기계약으로 구글은 각종 경비를 줄이는 한편 업무에 필요한 많은 물품의 수요를 확보하고 매출 원가를 줄여 이윤을 높였다.

찰리가 구글을 떠난 또 다른 이유는 자신의 삶을 좀 더 잘 관리하기 위해서였다. 그동안 구글의 일이 너무 바빠 체력 관리는커녕 흰머리도 늘고 건강한 생활을 할 수가 없었다. 이제 그는 원하던 생활을 할 여유가 생겼다. 찰리 혼자만 구글을 떠나진 않았다. "몇몇은 가정과 사생활도 포기하며 구글에서 몇 년 동안 열심히 일했습니다. 이 회사가 자리 잡도록 도왔던 많은 여성 기술자들은 엄마가 되기를 원했습니다. 일부는 육체적·정신적 문제 때문에 회사를 떠났습니다. 나는 구글을 떠난 이래 규칙적인 식사 습관과 운동 습관을 쭉 유지하고 있습니다. 그리고 같이 일했던 다른 요리사와 비슷한 모습으로 보이기 시작했습니다. 아직은 젊음을 유지하고 싶습니다."

구글이라는 조직의 중요한 한 부분이 된 지 5년 반이 지난 2005년에 찰리는 래리와 세르게이의 컴퓨터 모니터 위에 사표를 놓아 퇴사 결심을 알렸다. "그들은 정말 힘들어했습니다."

래리 페이지는 구글에 매우 크게 기여한 찰리의 공을 인정한다. "찰리는 사람들을 편안하고 행복하게 해주면서 실리콘밸리의 음식 서비스 문화를 혼자서 바꿔버렸습니다. 그는 최선을 다했습니다." 찰리는 중요한 시기에 구글의 일부분이 되어 일했고, 스톡옵션으로 큰 이득을 볼 수 있었던 것을 엄청난 행운으로 여겼다. "요리사로서는 매우 드물게 그런 기회와 혜택을 누렸어요. 나는 정말 운이 좋았고 구글에서 경험했던 모든 일을 소중히 간직할 겁니다."

찰리가 참석한 마지막 금요일 오후의 TGIF, 래리는 아프리카에 있어 참석하지 못했다. 에릭 슈밋은 찰리에게 무대 위로 올라오라고 청한 뒤 엘비스 프레슬리의 몸에 찰리의 얼굴을 붙인 티셔츠 5,000장을 구글 직원들에게 나눠줬다. 엘비스 프라이드치킨 메뉴로 찰리는 정말로 많은 친구를 얻었다. 그는 몇 시간이나 티셔츠에 사인을 했다. "세르게이와 에릭은 날 힘껏 안아줬고, 사람들도 무대 위로 올라와 나를 안았습니다. 오랫동안 열렬한 갈채를 받았고 함께 울고 웃으며 함께 사진을 찍었습니다. 그날 우연히 그 자리에 있던 토머스 프리드먼과 로빈 윌리엄스도 무대에서 내려온 내게 사인을 부탁했습니다. 에릭이 로빈 윌리엄스에게 말했습니다. '우리를 위해 그 유명한 구글 문화를 창조한 찰리예요'."

19장

경쟁자들

성장 동력은
경쟁에서 나오지 않는다

he Google Story

"대부분의 기업은 비즈니스에서 경쟁자가 필요하고,
경쟁자는 훌륭한 사업 운영에 대한 동기를 부여합니다.
반면에 브린과 페이지는
자신의 본래 임무에서 동기를 찾습니다."

2004년 가을 스페인으로 가는 비행기 안, 세르게이 브린과 래리 페이지는 국제영업 담당자 오미드 코데스타니로부터 좋지 않은 소식을 들었다. 야후가 구글을 물리치고 AOL의 유럽 인터넷 서비스의 전속 광고권을 따냈다는 소식이었다. 유럽의 AOL 광고를 간절히 원했던 브린은 상황을 역전시키기 위해 무엇을 할 수 있을지 살펴보기로 했다.

구글은 초기에 AOL과의 거래로 미국 내에서 구글의 존재를 알렸고, 유럽에서도 그런 효과를 기대했다. 하지만 수년 동안 야후는 영국, 프랑스, 독일에서 AOL의 630만 컴퓨터 사용자뿐 아니라 AOL의 제휴 웹사이트에 광고를 제공해왔다. 그리고 이번 경쟁에서 야후는 너무나 간단히 구글을 이겨버린 것이다. 야후는 AOL에 더 많은 금액과 좋은 계약 조건을 제시했다.

몇 가지 묻지도 않은 채 브린은 비행기 안에서 행동에 돌입해 지상에 있는 코데스타니에게 강력히 지시했다. 구글 창립자가 바로 행로를 바꿔 AOL 유럽의 수장 필립 롤리Philip Rowley가 있는 런던으로 간다고 전하라는 지시였다. 두 사람은 바로 그날 롤리를 만날 작정이었다. 그들은 코데스타니에게 AOL의 유럽 사업과 관련된 구글의 제안가를 더 높이라고 지시했다.

필립 롤리는 AOL이 이미 야후와 거래하기로 결정했다며 단호하게 구글의 제안을 거절했다. "앞으로 야후와 거래할 것이고 이미 계약이 끝났습니다." 그러나 세르게이 브린은 '안 된다'는 대답을 받아들이지 않았다. 3만 피트 상공에서 그는 롤리와 AOL이 야후와 계약을 체결하기에 앞서 자기들을 만나 조금만 시간을 내준다면 막대한 이익을 얻는 점을 설득하겠다고 말했다. 대화할 시간을 준다면 개인적으로 큰돈을 벌 기회를 주겠다는 의미임을 전하라고 덧붙였다. 이후 브린이 탄 비행기는 런던을 향했다. 그리고 브린은 그날 롤리를 만나는 시간과 장소를 알고 싶어 했다.

전용기를 돌려 협상 테이블로

갑작스러운 브린의 제안에 어떻게 해야 할지 몰랐던 롤리는 버지니아 덜레스국제공항 옆 AOL의 미국 본사와 접촉했다. 그곳에서 야후와 거래를 승인했던 최고경영자인 존 밀러^{Jonathan} Miller는 롤리로부터 구글의 창업자 두 사람이 그를 만나기 위해 런던으로 향하고 있다는 소식을 전해 들었다. 롤리는 밀러에게 브린과 페이지가 AOL의 유럽 사업권에 대해 높은 우선순위를 두고 있다는 메시지를 보내왔다고 말했다. 똑똑하고 매우 분석적인 경영자 밀러는 그들을 알고 있었고 구글을 굉장히 존경했다.

그러나 문제가 있었다. 이미 그들은 야후가 AOL의 유럽 사업권 경쟁에서 이겼다고 야후에게 통보한 것이다. 밀러는 구글 창업자들이 런던에 와서 야후보다 그리 높지 않은 제안을 한다면 그냥 야후와 거래를 고수하기로 결심했다. 그러나 아직 계약서에 서명하지 않은 상태이니 구글이 완전히 새로운 제안을 내놓는다면 협상을 재개하고 야후에게 구글의 놀라운 입찰에 대해 알려주는 게 공정하다고 보았다.

롤리는 브린과 페이지와 비밀스럽게 회사 밖에서 만나기로 하고, 밀러와 계속 긴밀한 연락을 취했다.

경쟁적이고 목표의식이 확실한 세르게이 브린은 개인 제트비행기의 항로를 바꿔 거래를 성사시키려고 했다. 카리스마와 설득력, 그리고 비즈니스 거래를 성사시키는 데 타고난 재주를 지닌 그였다. 그는 구글의 국제적인 성장에 힘을 실어줄 이번 기회를, 가능성이 있는데도 최선을 다하지 못한 채 놓치고 싶진 않았다. 최고경영자이자 구글의 최대 주주로서 브린과 페이지는 코데스타니가 할 수 없는 막대한 금액의 장기계약을 체결할 권한을 갖고 있었다. 그 당시 브린에게 최대한 많은 유럽인에게 구글이라는 브랜드를 알리는 것보다 더 중요한 일은 없었다. 런던으로 가는 비행기 안에서 상황을 점검한 브린과 페이지는 롤리의 의견을 주의 깊게 듣고 그가 거절할 수 없을 정도의 제안을 해보기로 결정했다. 다만 때가 너무 늦지 않기만을 바랐다.

롤리는 런던의 AOL 사무실 근처에 있는 마일스톤호텔에서 만나자고 연락했다. 그는 브린과 페이지가 AOL 사무실에 나타난다면 나중에라도 말썽거리가 될 수 있다고 생각했다. 구글이 성공적으로 기업공개를 한 이후였기 때문에 너무나 많은 사람이 두 사람을 알아보고 질문을 해댈 수 있었다. 하지만 브린의 관점에서 보면, 롤리는 적어도 그들에게 말할 기회를 준 셈이었다.

호텔 방 안에서 브린과 페이지는 롤리를 만났고, 한번에 거절하기 힘들고 이익도 크며 위험이 없는 제안을 탁자 위에 내놓았다. 그것은 구글이나 야후가 이전에 제시한 어떤 가격보다도 높은 1000만 달러 상당의 재정적 보장을 포함한 것이었다. 이는 옥신각신할 필요가 없는 계약 조건이었다. 롤리는 AOL 거래팀을 호텔로 불러 모았고, 브린과 페이지는 구글의 거래 담당 직원들에게 전화했다. 구글과 AOL 유럼의 수장들이 한 방에서 만나고 있는 동안 실무팀들은 다른 방에서 몇 년간 유지될 계약의 세부사항들을 작성했다. 질문이나 문제가 있을 때 한쪽 팀 혹은 양쪽 팀의 담당자가 수장들 방에 들어와 확인했으므로 의문이나 문제는 즉시 풀 수 있었다. 일이 순조롭게 진행되는 과정에 롤리는 AOL 사업권에 대한 브린과 페이지의 불타는 집념을 보았다. 그는 구글의 창업주들에게 양해를 구하고 나와 버지니아 본사에 있는 밀러에게 전화를 했다.

AOL의 사업을 확장시킬 방안을 찾던 밀러는 런던에서 전해온 놀랍도록 좋은 소식에 깜짝 놀랐다. 롤리와 통화가 끝난 후 그는 복도를 걸어 나와 고문 존 버클리John Buckley를 찾았다.

"흥미로운 일이 유럽에서 진행되고 있습니다. 구글이 야후보다 훨씬 더 좋은 조건의 제안으로 찾아왔습니다. 아무래도 야후가 이 게임에 참여하도록 하는 게 좋을 거예요."

야후가 그 AOL 사업권을 따냈다는 묵시적 합의 아래 여러 문제를 놓고 야후와 상의해오던 밀러는 거래의 변동 가능성에 대해 야후의 경영진에게 통보하고자 했다. 롤리는 즉시 야후와 접촉해 야후의 경영진에게 구글이 재정적 보장과 함께 파격적 제안을 한 상태이며, 이에 AOL은 구글과 거래 협상을 재개했고 야후에서 수정된 제안을 주길 바란다고 알렸다. 두 제안 사이에 상당한 차이가 있다는 사실도 놓치지 않았다. 얼마 뒤 야후의 담당자가 AOL의 처리 방식에 큰 불만을 표했고 야후는 더 이상 거래를 진행하지 않겠다고 AOL에 통보했다.

유럽에서 인터넷이 확산되던 중요한 시기, 브린과 페이지는 높은 비용을 지불하더라도 충실한 유럽 사용자들을 얻는다면 장기적으로 이익이 되리라 확신했다. 그날 저녁 계약이 체결됐다. 어떤 대가 혹은 현금이 교환돼야 계약의 구속력이 발생한다는 영국법에 따라, 계약을 공식화하기 위해 AOL의 직원이 120파운드의 현금을 인출하려고 은행으로 갔다. 이제 계약 체결이 완료됐다. 롤리는 당시 계약에 대해 이렇게 말했다.

"래리 페이지와 세르게이 브린이 실제로 나타난 것이 큰 차이였어요. 누구나 같이 일하게 될 사람을 신뢰하고 싶기 마련이거든요. 당시 AOL 유럽본부는 구글 브랜드의 존재를 막 알기 시작한 상황이었는데, 두 창업자가 유럽을 직접 찾아온 것입니다. 이는 정말로 큰 도움이 됐습니다. 당시 구글을 참여시키고 '록다운 협약lockdown agreement (일정 기간 동안 반드시 지켜야 한다는 조건을 단 협약)'을 얻지 못하면 우리는 곤란한 상황이 되었겠지만, 그들이 진지했기에 그 협상이 빨리 마무리될 수 있었습니다."

롤리는 밤새 비행기를 타고 날아와 쉬지 않고 협상을 하느라 브린과 페이지가 몹시 지쳐보였지만, 꽤나 느긋했고 시원시원했다고 회상했다. "저는 이런 사람들과 비즈니스를 하고 싶었습니다. 두 사람이 직접 오지 않았더라면 결코 계약하지 않았을 겁니다."

AOL의 밀러는 브린과 페이지가 미래지향적인 창업자이자 기술자일 뿐 아니라 실무에 능숙하고 공격적인 사업가라는 점을 잘 보여줬다고 말했다. 그들처럼 집념이 있고 거래 협상에 탁월한 기술자를 찾긴 쉽지 않았다.

밀러는 두 사람이 보여준 구글의 이런 특성이야말로 다른 많은 기업과 차별화된 요소라고 말했다. 특히 세르게이 브린이 AOL 유럽 사업권 계약에 결정적인 역할을 했다고 덧붙이면서, 브린과 페이지 그리고 에릭 슈밋의 강력한 리더십으로 구글의 미래는 밝으며, 그들이 AOL의 훌륭한 동반자가 될 것이라고 보았다. "그 두 창업자와 에릭은 굉장한 경영 능력을 지닌 사람들입니다. 구글의 비즈니스에 직접 관여하고 있고, 세 사람이 함께 일하는 방법을 잘 알고 있죠. AOL과 저는 그들의 성취와 비즈니스 방식을 대단히 존중합니다. 모든 사람들이 그들처럼 잘하지는 못합니다. 다른 누구도 그렇게 빨리 구글과 같은 성과를 거두지 못했고 그들처럼 설립 이념을 충실히 지키는 사람도 거의 없죠."

구글이 기업공개를 하고 정확히 두 달 뒤인 2004년 10월 19일 구글과 AOL은 유럽까지 동반 관계를 확장한다는 보도자료를 배포했다. 야후의 오버추어 부문에게 이 발표는 쓰라린 패배였고, AOL을 두고 겨룬 두 번의 경쟁에서 야후는 모두 패했다. AOL 유럽의 대변인은 다음과 같이 말했다.

"인터넷 광고 시장은 경쟁이 매우 치열합니다. 오버추어와 제휴관계는 성공적이었지만 이제부터는 구글과 함께하기로 선택했습니다."

야후의 오버추어 부문은 재정적으로 의미가 없는 거래를 하기보다는 그냥 포기하는 편을 택했다. "오버추어는 우리 비즈니스에 전략적으로, 재정적으로 의미 있는 동반자 역할을 해왔습니다. 그러나 AOL 유럽의 경우 이런 조건이 충족되지 않았습니다."

구글의 보도자료에는 브린과 페이지가 수행한 역할이 언급되지 않았다. 영업 담당자인 코데스타니는 AOL 유럽과 구글 간 협상이 두 회사를 위한 주춧돌을 놓았다고 말했다. "AOL의 유럽 사용자가 적절한 상업적 정보를 통해 더 강력한 온라인 서비스를 경험하고 즐기는 동안, 이 기회로 AOL의 유럽 부문은 수입을 마련하고 이익을 창출할 겁니다."

성장 동력은 경쟁에서 나오지 않는다

기업공개를 성공적으로 마친 뒤 유럽에서 야후를 상대로 승리를 거둔 구글은 한층 혁신의 속도를 높였고, 이 모습을 본 경쟁자는 불안에 떨었다. 구글플렉스는 전 세계 수백만 사용자들에게 끊임없이 새로운 서비스와 제품을 제공했다. 이는 마치 경쟁자와 함께 마치 누가 가장 강력하고 주목을 끄는 무기를 생산할 수 있는지 과시하던 옛 소련과 미국의 우주 경쟁을 보는 듯했다.

어느 기업도 구글만큼 언론의 주목을 받지 못했다. 구글의 모든 움직임은 세상의 주목을 한 몸에 받았고, 구글이 상장기업이 된 이후로 경제 관련 매체와 분석가들의 관심은 더 깊어졌다. 기업공개가 주목을 받으며 성공적으로 끝나자 구글은 다시 이전의 모습으로 돌아가 본업에 충실했다. 끊임없는 혁신으로 검색과 관련 서비스에서 최선을 다하는 동시에 마이크로소프트와 야후 등 다른 경쟁자와의 경쟁에서 승리를 거둬 여러 부문에서 선두 자리를 유지했고, 미국, 유럽, 아시아에서 핵심 비즈니스인 검색 및 광고 시장에서 더욱 격차를 벌였다.

산업 전문가들이 밝힌 다른 경쟁자와 차별성 있는 구글만의 접근 방식은 바로 이런 것이다. 예를 들어, 구글은 사업을 할 때 경쟁자와 싸우거나 앙숙을 만들지 않으려고 노력했다. AOL의 조너선 밀러에 의하면 구글은 어느 누구에게도 적대감을 갖지 않는다. "대부분의 기업은 비즈니스에서 경쟁자가 필요하고 경쟁자는 훌륭한 사업 운영에 대한 동기를 부여합니다. 반면에 브린과 페이지는 자신의 본래 임무에서 동기를 찾습니다. 그들은 분명 아주 다른 방식으로 생각하고 스스로의 비전과 비즈니스 목표에 따라 움직이고 있습니다."

브린의 3P : Policy, Politic, People

구글의 지속적인 성장과 혁신을 위해 래리 페이지와 세르게이 브린, 에릭 슈밋은 직함에 연연하거나 권력을 기계적으로 삼등분하는 방식을 피했다. 그들은 서로 끊임없이 대화했을 뿐 아니라, 일련의 작업 과정과 일상 업무의 기초를 세우고 각자 자신에게 적합한 분야를 담당했다. 페이지와 브린은 공동 사장의 직함을 가졌고 슈밋은 최고경영자라는 직함을 유지했지만, 사실은 각자 기능이 다른 분야를 담당했고 서로 책임을 공유했다.

책임의 공유에서 그치지 않고 페이지와 브린은 구글 본사 건물 중에서 가장 최근에 재정비한 43동 건물의 한쪽 직사각형 사무실을 함께 사용했다. 그들은 마치 컴퓨터공학자와 기술자 군단이 공통의 목표를 위해 사무실을 공유하는 것처럼 같은 지붕 아래에서 나란히 앉아서 일했다. 래리와 세르게이의 211호 사무실은 외부에 주의를 끌만한 아무런 표시가 없어서, 이 사무실을 찾으려면 미로의 탈출구를 찾듯 한참 돌아야 했다. 이들은 빌딩 계단을 오르내리다가 가끔 사무실 중앙 공간을 함께 사용하기도 했다. 또 때때로 구글 직원과 손님들이 오가는 모습을 훤히 볼 수 있는 211호 사무실 위 야외 사무실에서 함께 일하기도 했다. 슈밋의 사무실은 처음 구글에 합류했을 때는 두 창업자 바로 옆에 있었지만 이후에 다른 곳으로 옮겼다. 페이지가 디자인을 도운 매우 역동적인 형태의 새 건물로 이사하면서 슈밋의 사무실은 창업자 사무실과 다리로 연결된 다른 건물로 옮겼다.

1998년 회사 창립 초기, 페이지는 최고경영자였고 브린은 사장이자 이사회 의장이었다. 그들은 동전을 던져 서로의 직위를 결정했다. 기업공개와 관련해 페이지는 생산부문 사장을, 브린은 기술부문 사장을 맡았다. 일상 업무와 관련해 보면 페이지의 업무는 좀 더 세부적이고

342

직접 관여해야 할 부분이 많았고, 브린의 업무는 기업문화, 동기 부여, 거래 및 잠재성이 높은 장기 프로젝트의 분석 등에 중점을 뒀다.

최고경영자로서 슈밋은 기업의 전반적 운영을 감독했다. 이는 매우 빠르게 성장하는 회사에서 막중한 업무로, 그는 회사의 성장을 위해 적절한 내부 회계, 재무 구조 및 여타 시스템을 구축하고, 국제적 팽창을 위해 필요한 특별한 내부 구조를 정비하는 데 초점을 맞췄다. 또한 그는 재무 상황에 주의를 기울였다. 다양한 운영 계획을 수립하고 마감 시간을 준수하며 이사회 위원들이 필요할 때 적절한 조언을 구하는 업무도 그의 담당이었다.

매주 '구글 생산 전략Google Product Strategy, GPS' 회의에서 경영진은 사업 계획 제안이나 필요 자원에 대한 요청을 심사한다. 이는 주로 세 사람의 핵심 경영진 중 두 사람이 동의하면 바로 결정이 난다. 매우 빡빡하게 진행되는 회의에서 래리와 세르게이는 나란히 앉는다. 오랫동안 함께 일했기 때문에 두 사람은 서로의 몸짓과 표현만 봐도 쉽게 의사소통을 할 수 있다.

AOL과 거래에서 볼 수 있듯, 세르게이 브린은 관계를 형성하고 구글과 다른 기업의 모든 거래를 능숙히 다루는 재주가 있다. 그는 거래를 성사시키고, 무엇이 가장 중요한지를 파악하며, 일을 추진하는 데 노련하다. 장애를 극복하여 관련 당사자가 해법을 찾게 하는 방법을 알고 있고, 좋은 성격과 총명함, 유머 감각으로 거래를 성사시킬 줄 안다. 또한 자녀가 있는 여직원을 위해 사내 탁아소를 운영하거나 자녀가 태어난 직원에게 집으로 공짜 음식을 배달하는 등 매력적이고 안락하며 건강한 근무 환경을 갖추도록 구글 문화의 중재자이자 파수꾼 역할을 하고 있다. 그는 직원들을 포용하고 동기 부여를 하는 방법, 대학 캠퍼스 같은 구글의 이미지와 모두가 일하고 싶어 하는 직장을 만드는 방법을 끊임없이 찾는다. 또한 컴퓨터공학 문제에 정력을 쏟아 과학적 혁신을 이끌 수 있는 장기적 기술 연구의 촉매제 역할도 한다.

스탠퍼드대의 테리 위노그래드 교수는 세르게이가 세 개의 P를 이끌고 있다고 말한다. 바로 정책policy, 정치politics, 사람people이다.

페이지가 만든 구글의 공간

세르게이 브린과 달리 래리 페이지는 천성적으로 비용과 영업의 기술적 문제를 비롯하여 제품과 데이터센터의 기술적 세부사항에 관심이 있다. 물론 이 두 사람은 종종 같은 주제에 흥미를 느끼고 끊임없이 논쟁하고 아이디어를 교환한다. 페이지는 일차적으로 구글 검색과 구글의 다양한 인터넷 서비스를 이용하는 사용자에게 초점을 맞춘다. 사용자에게 인기를 끌었던 구글의 서비스는 페이지의 열정적 관심의 결과물이었다. 또한 그는 경영자질을 갖춘 사람부터 기술의 마법사까지 직원을 모집하고 채용하는 데 큰 역할을 했다. 새로운 직원을 모두 직접 만나지는 않았지만 이력서를 보고 다른 간부가 내린 채용 결정을 심사했다. 매주 화요일 아침 그는 직접 참석하지 않은 회의에서 결정한 채용 문제를 검토하고 의문이 있으면 질문을 했다. 그가 받은 채용 자료는 매우 상세하게 작성돼 있다. 예를 들어, 한 명의 기술자를 채용하자는 제안서가 페이지의 이메일에 전달되기까지 일반적으로 10여 명의 지원자와 인터뷰를 하고, 기술적 숙련도를 측정하는 시험을 보며, 표준 시험 성적과 성적표를 제출해야 한다. 경우에 따라 소프트웨어 프로그램을 작성하고 회사 곳곳에서 모인 면접관이 지원자의 개인적 특질을 평가하기도 한다.

페이지는 단기 기술 연구 프로젝트의 우선순위를 정하는 작업을 주도하고 있다. 그는 흔히 '톱 100'으로 알려진 시스템을 이용해 인력이나 자원 투입이 시급한 신규 프로젝트 100개를 결정하는 일에 집중했다. 이를 통해 가장 전망이 좋은 20%의 프로젝트를 골라내는 일이 가능했다. 페이지는 직원이 회사에서 편하게 일하고 업무에 집중할 수 있도록 각종 편의시설의 디자인과 세부사항에 매우 세심하게 신경을 썼다. 다른 회사의 사무실을 지나가다가도 기억하고 싶을 정도로 호기심을 끄는 시설이나 배치를 보면, 런던의 BBC 본사를 방문했을 때처럼 카메라를 꺼내 사진을 찍어두곤 한다.

그는 사람을 고립시키는 작은 방보다는 함께 일하며 서로 영향을 미치는 공동 사무실을 앞장서서 지지했다. 또한 특별한 용도의 회의실이나 부서원들이 모이는 기타 공간에도 주의를 기울였다. 그는 자연친화적인 업무환경을 조성하고 그런 재료를 사용해야 한다는 원칙을 고수했는데, 구글플렉스의 조명시설이 대표적 사례다.

2004년 구글의 인력이 늘어나자 공간을 마련하기 위해 43동 건물을 수리했을 때 페이지는 직접 사무실 디자인과 건설을 지휘했다. 구글플렉스 중심에 위치한 이 건물은 영화 세트장 분위기가 물씬 나는, 엔지니어들을 위한 놀이공간이다. 그는 구글이 일반 비즈니스 회사나 영업 회사가 아니라 기술 회사가 되기를 원했다고 말한다. 이 시설을 증축하면서 구글은 내부 장식을 제거하고 내부 공간을 하나로 터서 통풍이 잘되는 열린 공간으로 만들었다. 건물 내부에는 중층복도와 알코브 alcove(방 한쪽의 오목한 장소로, 침실이나 서재와 같은 반독립적 소공간으로 사용한다)가 있고, 천장에는 환기용 장치가 노출되어 있으며, 섬유와 금속성 장식으로 인더스트리얼 인테리어를 구현했다. 화장실은 터치패드 방식으로 6단계로 온도를 조절할 수 있는 고급 변기와 화장지가 필요 없는 자동 비데를 갖추는 등 최신 편의시설을 갖췄다.

구글 고유의 색채감과 펑키 스타일의 가구가 비치된 회의 공간은 이 사회 사무실이자 놀이터다. 이 건물 중앙 계단의 꼭대기에 자리 잡은 한 회의 공간은 착시화 기법으로 그린 그림과 시각적 유희Visual Pun로 꾸며졌다. 또 그 회의실은 유리를 소재로 바닥에서 천장까지 이어지는 거대한 문을 만들어 외부를 훤히 볼 수 있도록 설계돼 있다. (사람들이 실수로 걸어나가지 못하도록 문은 유리판으로 되어 있다.) 방 이름 또한 이국적이다. 예를 들어 2층 회의 공간은 라바트Rabat, 팀북투Timbuktu, 모가디슈Mogadishu와 같은 머나먼 아프리카의 지명을 따 이름을 지었다.

페이지는 43동 건물의 주요 업무 공간을 닭장같이 작게 만들지 않기로 했다. 비록 몇 개의 구역에 작은 방이 있기는 하지만 43동 건물의 가장 큰 특징은 거대한 평면 모니터가 개방형 공간에 하나, 주로 두 개, 때로는 세 개씩 나란히 설치돼 있다는 점이다. 이에 따라 건물에서 일하는 사람들은 각자 개인용 아이맥스 화면을 보고 있는 듯한 효과를 얻을 수 있다. 그리고 43동 건물에는 텐트처럼 생긴 많은 사무실이 있는데, 이런 형태의 사무실은 공간을 흰 플라스틱 구조물로 나누고 천장 배관에 연결하여 개별적으로 원하는 온도를 조절할 수 있다.

이와 대조적으로 창업자 두 명이 지내는 211호 사무실에는 진짜 벽과 두 세트의 여닫이문이 있다. 내부에는 다양한 식물과 공기정화기, 여러 대의 모니터가 한 쌍의 책상과 소파 옆에 자리 잡고 있다. 여러 대의 모니터는 동시에 다양한 정보를 계속해서 보여준다.

211호 위에는 야외 회의 장소가 있다. 이곳에는 인공 잔디 카펫이 깔렸고 일본에서 수입한 전기 마사지 의자가 비치되어 있는데, 래리와 세르게이, 초대 손님만을 위한 공간으로 활용하고 있다. 이 건물의 중앙 계단 가장 아래 부분에는 프로젝트와 기술에 대한 내용이 여러 색깔의 글씨로 어지럽게 쓰여 있는 거대한 화이트보드가 있다. 이 화이트보드에는 '구글의 마스터플랜'이라는 이름표가 붙어 있다.

구글의 마스터플랜

구글에서 새로운 서비스와 제품을 속속 출시하고 입소문 마케팅으로 공짜로 새로운 고객을 확보하는 동안, 마이크로소프트는 은행에 수백억 달러를 예치한 채 여러 회사가 잇따라 제기한 수백만 달러짜리 독점금지법 소송에 휘말렸다. 이 소프트웨어 산업의 거인은 몇 년 전 미국 법무부의 독점금지 정책 때문에 계속해서 법정 공방을 벌이고 있었다. 빌 게이츠는 윈도의 차기 버전을 소개하며, 과거에 그랬듯 자신의 회사가 결국 구글을 박살내고 승리를 쟁취할 것임을 연설했다. 하지만 구글이 설립된 1998년 법무부가 독점금지법 소송으로 마이크로소프트의 목을 죄고 그 과정에서 구글이 인터넷을 점령하게 되자 마이크로소프트의 경영진은 불안감을 느꼈다.

"지난 몇 년 동안 우리는 다른 회사와 얽힌 분쟁을 해결하는 일에 집중했습니다." 마이크로소프트의 고문 브래드 스미스^{Brad Smith}가 말했다. (이 회사의 주요한 합의로 썬마이크로시스템즈에 16억 달러, IBM에 7억 7500만 달러, 타임워너에 7억 달러, 그리고 노벨에 5억 3600만 달러를 보상했다.)

세계적으로 구글의 위상이 높아지자 게이츠는 과거 넷스케이프에 했던 것처럼, 어떻게 이 검색엔진을 따라잡고 추월하여 구식으로 만들어버릴 수 있을지 집착하기 시작했다. 그가 직면한 문제는 검색 분야에서 두 회사의 격차가 점점 더 벌어지고 있다는 점이었다. 구글은 세계적인 브랜드로 자리 잡고 있었고, 거대 기업들과 제휴 관계를 맺고 전 세계에 걸쳐 영업망을 구축하고 있었으며, 어느 기업과도 비교할 수 없는 막강한 컴퓨터 능력 등 다양한 장점을 보유했다. 이미 구글 검색은 무료이기 때문에 가격 덤핑 공격조차 할 수가 없다.

게이츠는 구글을 따라잡겠다는 말을 수도 없이 했지만 시간이 갈수록 그의 말은 공허하게 들렸다. 2004년 가을 마이크로소프트는 시험 단계에 있는 독자적 검색엔진에 대한 중요 발표를 비밀리에 계획했다. 바로 마이크로소프트의 검색엔진이 인터넷의 50억 개 문서를 색인화함으로써, 40억 개인 구글의 문서 색인 규모를 넘어선다는 발표였다. 그들은 이 뉴스가 1면 감이라 생각했다. 그러나 이 중대 발표를 하기 몇 시간 전, 구글은 색인화 규모를 두 배인 80억 개로 증대함으로써 지구촌의 모든 웹페이지를 포괄하는 세계 최고의 수준이 됐다고 발표했다. 그리고 홈페이지에 이용객의 숫자를 표시하는 맥도널드의 표지판을 흉내 내어 새로운 웹페이지 숫자를 공지했다. 불의의 일격으로 발표가 무산되는 바람에 얼굴이 붉어진 마이크로소프트는 다시 한번 구글과 경쟁에서 뒤처지고 말았다.

여전히 구글이 혁신을 이룰 분야는 많이 남아 있었다. 예를 들면 구글은 경쟁자들처럼 '로크인 전략lock-in (고객이 계속 남아 있도록 만드는 경영전략)'이 없었다. 말 그대로 사용자에게 등록을 요구하지 않았고 사용자가 구글의 웹사이트에서 많은 시간을 보내도록 만드는 서비스도 없었다. AOL, 야후, 그리고 다른 인터넷 선두주자들은 사용자의 사이트 체류 시간이 길어지고 있다고 선전하는 반면, 구글은 검색결과를 얼마나 신속히 제공하여 사용자의 요구를 충족시키는지, 해당 정보 사이트로 얼마나 빠르게 이동할 수 있는지만 말했다.

일부 분석가는 이 형태를 구글의 가장 큰 약점으로 보았다. 이메일 계정이나 오락, 비즈니스 등으로 많은 광고를 노출할 수 있는 AOL이나 야후와는 달리, 구글의 신속성은 오히려 광고를 노출하는 데 제약이 된다는 것이다. 그러나 사람들은 소프트웨어와 하드웨어가 혼합된 강력한 구글웨어가 어떤 회사보다도 강력한 컴퓨터 능력을 제공하고 있다는 사실을 이해하지 못했다. 구글의 검색 품질 관리 담당자 피터 노빅Peter Norvig은 구글이 광대한 네트워크를 통해 각각의 개인용 컴퓨터를 연결하고 맞춤형 컴퓨터 능력을 구축하는 방식을 언급하며 "우리는 델Dell과 비슷합니다"라고 말한다. 무엇보다도 새 서비스를 출시하기 전 브린과 페이지는 다른 회사가 그 아이디어를 모방하고 비슷하게 만든다고 하더라도 구글이 사용자 규모와 서비스 확산력을 통해 검색에서 경쟁우위를 유지할 가능성이 있는지 자세히 살폈다.

2004년 10월 구글은 핵심 기능인 검색과 밀접히 관련된 새로운 서비스를 연속으로 발표했다. 그중 구글데스크톱은 사람들이 자신의 컴퓨터에 저장된 모든 종류의 정보를 인터넷 검색만큼이나 빠르게 찾게 해주는 무료 검색 소프트웨어다. 바로 마이크로소프트가 수년간 약속해왔으나 성공하지 못한 기능이었다. 이를 통해 컴퓨터 사용자들은 텍스트 문서를 비롯해 스프레드시트, 이메일 등 개인 컴퓨터에 저장되어 있는 자료를 찾느라 고생하는 대신 이전보다 빠른 속도로 자료를 검색할 수 있었고, 영어, 중국어, 프랑스어 등 여섯 개 국어로 다운로드받아 사용한다는 장점이 있었다.

구글의 데스크톱 검색은 MS워드, 아웃룩, 파워포인트, 엑셀, AOL의 인스턴트메신저 등 개인용 컴퓨터를 구석구석 검색해 원하는 자료를 즉시 찾아주기 때문에, 직장에서 참견하기 좋아하는 직원들의 표적이 되기도 했다. 동료 컴퓨터에 저장된 자료를 재빨리 찾아내 개인 정보를 빼낼 수 있다는 단점은 오히려 데스크톱 검색이 얼마나 잘 작동하는지를 반증했다. 구글은 여기에 데스크톱 검색 프로그램에 서비스를 끄고 켤 수 있는 보안 기술을 추가하고 자료 검색의 범주를 지정할 수 있게 만들어 개인정보의 노출 위험에 대처했다.

마이크로소프트를 당황시킨 것은 구글 데스크톱 검색의 기술적 측면만이 아니었다. 놀라운 것은 구글에서 만든 프로그램이 마이크로소프트의 각종 프로그램으로 제작된 자료를 찾아내는 최고의 방법이 되었다는 점이었다. 구글은 이 제품의 적용 범위를 개인에서 기업으로 확장시켰다. 마이크로소프트가 지배하고 있는 기업 시장에서 기업들이 저렴한 비용으로 10만 개까지 내부 문서와 기록을 색인화하고 검색할 수 있게 했다. '구글미니 Google Mini'라는 상표를 붙인, 파란 상자로 포장된 이 응용프로그램은 출시 당시 2,995달러에 팔렸다. 구글은 이런 제품으로 소비자 시장에서 달성한 성공을 수익성 높은 기업과 정부 시장으로 확장하고자 했다.

야후가 폭넓은 메뉴를 제공하는 데 집중했다면, 구글은 검색에 충실했다. 두 회사는 끊임없이 상대방을 누르려고 노력하며 혁신을 거듭하고 신제품을 발표했다. 야후가 자신의 검색엔진이 구글보다 많은 수십억 페이지를 검색한다고 주장하고 나서자, 두 회사는 야후가 허풍을 떨고 있는지 여부를 놓고 공개 설전을 벌이기도 했다. 물론 두 회사가 내놓은 서비스 중에는 좋은 기능을 선보인 서비스도 있지만 일부는 실용적이라기보다는 겉모습에 치우친 경향이 있었다. 그러나 잠재적으로 두 회사의 직원이 될 가능성이 높은 인재와 사용자에게 회사의 이름을 알리는 데는 효과가 있었다.

구글은 앞서 나가기 위해 고군분투했다. 위성지도와 내비게이션, 그리고 지역 검색 서비스를 출시하며 서비스 범위를 넓혔고, 사용자가 자신의 검색어 리스트를 저장하여 활용할 수 있는 방법인 검색 히스토리 서비스를 제공했다. 또 TV 화면 캡처에 기초한 비디오 검색, 휴대폰과 블랙베리 등 다른 장치를 이용한 모바일 검색을 새로 선보였다.

그밖에 괴짜나 미래의 예비 구글 직원들을 위한 테스트인 구글 연구실 적성검사Google Labs Aptitude도 있었다. 복잡하고 웃기는 질문을 담은 이 질문지에는 작고 빈 박스에 '세상을 발전시키자'라는 초대 문구가 적혀 있었다. 또한 사용자가 검색어를 입력할 때 그 검색어의 알파벳으로 시작하며 검색 빈도가 높은 검색어를 바로 제시해주는 '구글 서제스트Google Suggest'나 과학저널논문, 초록, 기술보고서, 박사학위 논문 등을 검색하는 '구글스콜라Google Scholar' 등 새로운 서비스를 잇달아 제공했다. 구글은 일반 사용자에서 경영 관리자 및 대학 연구자에 이르기까지 모든 사용자에게 적합한 서비스를 제공하기 위해 노력했다.

단순한 구조의 구글 홈페이지는 수백만의 사용자에게 중요한 메시지를 전달할 때 훌륭한 게시판 역할을 했다. 워낙 홈페이지가 단순해서 새로운 게시물이 금방 사용자의 눈에 띄었기 때문이다. 때때로 구글은 하루이틀 정도 새로운 서비스에 대한 안내문을 홈페이지에 올리기도 했는데, 2004년 12월 말 동남아시아에서의 쓰나미 참사 때는 국제적 구호 노력을 호소하기 위해 홈페이지 공간을 대거 할애했다. 인류애에 대한 구글의 독특한 접근은 구글에 생명력을 불어넣었고, 사용자와 정서적 교감을 이뤘다. 이는 자선단체와 구호 프로그램의 모금과 구호 캠페인을 전 세계적으로 확산시키는 데 큰 역할을 했다.

구글의 성공은 정치 지도자의 관심도 끌었다. 전직 대통령인 지미 카터와 빌 클린턴, 전직 국무장관인 매들린 올브라이트와 콜린 파월까지 거물 정치인이 구글이 도대체 어떤 회사인지 살펴보기 위해 직접 구글플렉스를 방문한 것이다. 전직 부통령 앨버트 고어Albert Gore는 국제 문제에 대해 구글에 조언을 하고 구글의 도움을 받아 케이블 방송채널(커런트TV)을 열었는데, 이후 자신의 이력에 구글의 무보수 컨설턴트였다는 점을 적어 넣기도 했다.

구글이 선보인 사진 검색과 저장 소프트웨어 피카사Picasa(이후 구글포토로 통합되었다.)는 디지털 이미지 수요와 디지털 카메라 사용 인구가 폭발적으로 증가하는 전 세계적 흐름에 발맞춰, 편집·캡쳐·저장 등 이미지 관리 작업을 쉬우면서도 정교하게 처리하는 프로그램이었다. 이 이미지 검색은 검색이라는 핵심 비즈니스를 바탕으로, 유사한 이미지 검색 서비스 중 가장 많은 12억 개의 이미지를 자랑할 정도로 성장하면서 인기를 누렸다. 구글은 또 컴퓨터 사용자가 주식 정보, 택시, 날씨 등을 빠르고 새롭게 검색하는 방법뿐 아니라, 컴퓨터 사용자가 자신의 안락한 데스크톱에서 3차원의 화면으로 원하는 지구상의 어떤 목적지로도 날아가게 해주는 '구글어스Google Earth'를 선보이며 놀라운 기술력을 과시했다. 영화와 TV 속 감탄할 만한 특수효과에 젖어 있는 사람들에게, 구글어스는 PC 사용자를 가상의 모험가로 만들면서 검색의 경계를 새롭게 정의했다.

〈월스트리트저널〉의 월트 모스버그Walt Mossberg는 다음과 같은 기사를 썼다. "아무리 컴퓨터에 회의적인 사람도 오늘날 일부 PC가 제공하는 근사한 기능에 찬탄을 금할 수 없는 때가 있습니다. 바로 구글어스라는 프로그램을 사용하며 '와우'하는 순간이 그중 하나입니다. 그것은 강력한 컴퓨터와 인터넷으로 평범한 사람이 얼마나 많은 일을 할 수 있는지 보여주는 훌륭한 사례입니다. 매일 구글어스를 사용하지 않더라도 이 놀라운 서비스는 시간을 투자할 가치와 이유가 충분히 됩니다." 그 후 구글은 moon.google.com에서 달의 표면을 탐험하는 서비스를 추가했다. 구글어스를 선보이는 날, 구글러와 가족들은 근처의 영화관을 24시간 빌려 그날 개봉한 신작 〈스타워즈〉를 관람하는 것으로 축하를 했다. 마치 〈스타워즈〉처럼 놀라운 기능을 지닌 새로운 제품을 통해 구글은 확실히 우주 경쟁에서 경쟁자를 물리치고 있었다.

20장

법정 싸움

투철한 원칙이 최고의 변호다

The Google Story

"구글은 상표와 관련한 광고 방침을 매우 강화하고 있습니다.

이 정책이 완벽하게 작동하지 못했다고 해서

구글에게 법적 책임을 물어서는 안 됩니다."

독특한 방식의 기업공개로 월스트리트를 무시해버린 지 넉 달이 지난 시점에, 구글은 미국의 비즈니스와 법 제도에 또 다른 위협을 가했다. 그 진원지는 워싱턴에서 포토맥강Potomac River 건너편에 있는 버지니아 주 알렉산드리아의 연방법원이었다. 진보적인 판결과 CIA 관련한 민감한 소송을 다루는 법정으로 잘 알려진 이 장엄한 건물 안에서, 미국 지방법원 판사인 레오니 브링크마Leonie M. Brinkema는 자신이 주재하는 5층 법정에서 재치 있게 소송을 진행하고 있었다.

가이코의 상표권 논쟁

2004년 12월 13일 오전 10시에 법원서기의 "기립"이라는 말과 함께 브링크마 판사가 등장했고, 자리에 앉은 그녀는 의사봉을 두드리며 가이코와 구글의 모든 당사자에게 정숙을 지키라고 요청했다. 이 소송은 그녀가 담당한 9·11 테러 사건의 용의자 자카리아스 무사우이의 소송에 비하면 세간의 관심이 덜한 편이었다. 당시 무사우이는 자신을 변호하며 며칠 동안 판사인 브링크마의 인내심을 시험할 정도로 치열한 법정 공방을 벌였다. 그러나 구글 관련 소송은 계속 성장하고 있는 구글 경제에, 그리고 이와 밀접하게 연결되어 있는 수천 명의 사람들에게 매우 중요한 의미를 지녔다.

자동차 보험 회사 가이코와 구글은 공통점이 거의 없었다. 워싱턴 D.C.와 메릴랜드의 체비체이스Chevy Chase 경계 지역에 본사를 둔 가이코는 미국에서 가장 부유하고 보수적이며 기초가 튼튼한 자동차 보험 회사였다. 1936년 레오 굿윈Leo Goodwin과 릴리안 굿윈Lillian Goodwin이 설립한 이 회사는 보통 사람보다 사고 가능성이 낮은 공무원, 군관계자, 부유한 운전자 들에게 직접적으로 마케팅을 펼쳐 경쟁 보험 회사에 비해 낮은 보험료를 제시하는 전략을 구사했다. 억만장자 워런 버핏은 이 거대한 보험 회사를 오랫동안 투자 대상으로 선호했고, 1990년대 중반에는 아예 이 회사를 매입해버렸다.

그러나 캘리포니아에 뿌리를 둔, 공격적이고 창의적인 6년짜리 신출내기 기업인 구글은 이전에 꿈도 꾸지 못한, 또는 보험을 들 생각조차 못했던 문제를 떠안고 있었다. 이날 법정에서 가이코의 변호인은 가이코와 오랜 관계를 맺어온 워싱턴 소재 로펌 아널드앤드포터Arnold&Porter였다. 반면 고루한 워싱턴 로펌과 달리 구글의 변호인단은 샌프란시스코에서 온 마이클 페이지Michael H. Page(래리 페이지와는 무관하다.)였다. 그는 샌프란시스코에서 약자들을 변호해 명성을 얻었고, 또 개인의 파일 공유와 관련해 영화사와 음반사를 상대로 성공적으로 승소해 찬사를 받기도 했다.

가이코는 구글이 최고 라이벌 야후와 달리 불공정하게 광고주를 다뤘다는 이유로 소송을 제기했다. 그 차이는 아주 미묘하지만 중요한 것이었다. 가이코 측은 소장에서, 구글이 경쟁 보험 회사에게 가이코가 소유한 상표등록된 이름과 관련된 광고를 판매하여 이윤을 취했다고 주장했다. 예를 들어, 구글이 가이코가 아닌 다른 자동차 보험 회사가 'GEICO'라는 이름이나 상표권이 등록된 'GEICO Direct'라는 단어를 사용해 구글에 광고를 게재할 수 있도록 허용했다는 것이다.

가이코는 구글의 광고 방식이 불공정하게 가이코의 비즈니스를 침해했다고 주장했다. 소비자들이 검색엔진에서 'GEICO'를 검색하면 가이코의 경쟁자가 올린 광고를 보게 되므로, 이는 소비자를 현혹하는 방식이며 미국 특허청에 등록한 자사 브랜드의 법적 권리를 뻔뻔하게 호도하고 무시하는 행동이라는 것이다. 그리고 'GEICO'와 'GEICO Direct'라는 이름을 알리기 위해 수백만 달러를 쓴 것은 자기들인데, 경쟁 보험 회사가 그 이름을 도용하여 돈 한 푼 안 들이고 가이코가 막대한 돈을 투입한 라디오와 TV 광고에 편승해 부당한 이익을 취한다고 본 것이다.

구글에 비해 야후의 광고 방식은 덜 공격적이었다. 야후의 경우 광고주가 다른 회사의 상표를 이용하는 광고를 허용하지 않았고, 상표권을 검색 광고에 도용당했다는 신고가 들어오면 그 즉시 해당 광고를 내렸다. 가이코는 이 사실을 확인한 뒤 야후에 대한 법적 행동을 철회했다.

이전에는 구글도 야후처럼 다른 회사의 상표에 링크를 걸어 광고를 게재하는 행동을 금지했으며 상표권 도용 시비에도 적극적으로 대처했다. 하지만 구글은 한때 엄격했던 상표권 관련 광고 정책을 기업공개 몇 개월 전에 완화했다. 이에 기업공개에 앞서 주식 가격을 더 올리기 위해 상표권 관련 광고 정책을 완화하는 방향으로 선회하여 수익을 키우고 성장률을 더 높이려고 했다는 추측이 따르기도 했다.

결과적으로 구글은 새로운 광고 방침을 적용했고, 그럴 만한 이유도 있었다. 바로 아이디어를 자유롭게 교환하는 데 간섭하지 않겠다는 이유였다. 아이디어의 자유로운 교환이 다양한 가격 정보를 원하는 소비자에게 이익을 줄 수도 있다고 판단한 것이다. 예를 들어, 검색창에 '가이코'라는 단어를 입력하면 경쟁 보험 회사의 광고뿐 아니라 자동차 보험사의 가격을 비교해주는 수많은 웹사이트 정보도 검색결과에 나타난다. 그러면 소비자는 가이코보다 더 좋은 조건의 보험 상품을 찾을 수 있게 된다.

2004년 기업공개용 자료에서 구글은 '사용자에게 더 유용한 광고를 제공하기 위해' 광고 정책과 광고 게재 방식을 바꿨다고 밝혔다. 아울러 이런 변화가 잠재적 위험을 초래할 수 있다는 사실도 인정했다. "이런 정책 변화로 우리는 더 많은 상표권 위반 소송에 휘말릴지도 모릅니다. 이 소송에서 패소한다면 광고 정책을 수정해야 하고 막대한 손실이 뒤따를 것입니다."

구글은 상표권 문제와 관련해 이미 여러 건의 소송에 직면해 있었다. 당시 진행 중인 법정 다툼 중 가장 유명한 것은 구글의 검색엔진 때문에 시장에서 퇴출당했다고 주장하는 아메리칸블라인드앤드월페이퍼팩토리American Blind and Wallpaper Factory와의 싸움이었다. 이때까지 미국 안에서는 구글과 관련된 상표권 소송에 대한 판결이 하나도 나오지 않았다. 나라 밖에서는 달랐다. 명품 브랜드 루이비통이 프랑스에서 제기한 소송을 비롯해 유럽의 일부 지역에서 비교 광고에 관련한 패소로 고통받고 있었다. 유럽은 비교 광고를 미국보다 엄격하게 규제했기 때문이다.

어떤 면에서 브링크마 판사 앞에 놓인 이 사건은 광고의 역사만큼이나 중요한 사례였다. 역사적으로 미국의 법은 '공정 사용fair use'의 원칙 아래 미국 내 비교 광고, 경쟁 광고를 허용하고 있었다. 허위 사실을 광고하는 것이 아니라면 경쟁자 이름을 거론하며 가격과 상품을 비교하여 광고하는 행위를 인정한 것이다. 그러나 좀 더 깊이 생각해보면 브링크마 판사는 이 사건을 계기로 새로운 법적 기초를 세울 수도 있다. 광고 수단으로 검색엔진을 이용하는 것만큼이나 새로운 인터넷이라는 매체에 관해 판결을 내릴 때 자신이 참조할 수 있는 명백한 판례가 없었다. 말 그대로 이 사건은 법적으로 미개척 분야였다. 기술, 비즈니스, 문화, 높은 재무 실적, 그리고 법적 영역에서조차 새로운 도전을 맞고 있는 구글과 같이, 이 재판도 미개척지를 다뤘다. 그런 점에서 브링크마 판사는 오히려 편안함을 느꼈다.

다른 회사라면 귀찮아서 소송을 걸지 않았겠지만, 가이코는 이 소송이 특정 광고 매체와의 단순한 싸움에 불과하다고 생각했다. 반면 구글에게 이 소송은 광고주와 그 네트워크를 보호하기 위한 전투였다.

광고의 역사를 뒤바꾼 재판

가이코와 구글의 재판이 시작되자 브링크마 판사는 이 사건과 관련한 모든 자료를 읽었고, 두 회사의 비즈니스 내용과 쟁점을 알고 있으며 빠른 속도로 재판을 진행할 것임을 분명히 밝혔다. 구글은 사전 공판에서 이 소송을 기각해달라고 요청함으로써 법정에서 보낼 시간을 아끼려고 했다. 하지만 브링크마 판사는 재판이 진행되어야 할 충분한 근거가 있다고 판단해 구글의 요청을 기각했다.

법정에 맨 처음 나선 사람은 가이코를 대변할 아널드앤드포터의 파트너 변호사인 찰스 오솔라Charles Ossola였다. 그는 가이코가 지난 5년간 자사 브랜드를 알리기 위해 10억 달러 이상을 썼는데, 구글로 인해 자사의 상표를 보호받지 못했다고 주장했다. 또한 'GEICO'라는 이름으로 검색했을 때 나타나는 경쟁 보험사의 광고 때문에 다른 자동차 보험을 사게 될 위험을 감수하도록 강요받고 있다고 말했다.

가이코의 조사에 따르면 대부분의 사람은 자동차 보험 회사 한 군데에서만 상품을 살펴보고 그 회사의 보험을 산다. 이는 가이코의 경쟁자가 가이코의 비용으로 고객을 얻고 있다는 의미다. 오솔라는 변호를 이어갔다. "소비자는 가이코와 이 회사의 보험 견적을 알아보려고 'GEICO'라는 검색어를 쳤는데, 정작 가이코와 관련이 없는 다른 회사를 발견하게 됩니다. 이에 상표권을 이용한 구글의 광고 판매가 소비자의 혼란을 야기하고 있다는 판결을 요청합니다."

구글의 변호인단을 지휘하는 마이클 페이지는 첫 피고 변론에서 이를 반박했다. 그는 브링크마 판사의 얼굴을 쳐다보며 가이코의 변호인단이 인터넷과 전통적인 매체 사이에 인위적인 구별을 짓고 있다고 주장했다. "가이코는 인터넷이 다르다는 결론을 내리고 있습니다. 이는 사람들이 검색창에서 'GEICO'를 치면 검색결과에 유일하게 가이코의 웹사이트만 나오기를 원한다는 잘못된 가정에 근거하고 있습니다. 이는 명백히 잘못되었습니다." 나아가 그는 구글이 광고를 검색결과 창에서 푸른색 수직선의 오른편에 실어 검색결과와 연관 광고를 명백히 구분했다고 주지시키면서, 소비자를 혼란스럽게 한다는 주장은 받아들일 수 없다고 말했다. 또한 잡지나 신문과 마찬가지로 구글도 경쟁 광고와 관련해 어떤 책임을 져야 할 당사자가 아니라고 밝혔다.

"구글은 웹사이트 공급자입니다. 광고 문안은 광고주가 씁니다. 가이코의 주장이 광고주에 대해선 정당할지 몰라도 구글에 대해선 아닙니다."

이런 종류의 재판에서 흔히 보이듯 양측은 유리한 증언을 할 전문가와 회사 직원 그리고 기타의 사람들을 증인으로 세운다. 또한 양측이 상대방의 증인에게 반대 심문할 기회도 주어진다. 재판 셋째 날, 마이클 페이지는 가이코 측에서 내세운 주요 전문가 증인을 철저하게 무너뜨리고 이 사건의 증거로 제시한 가이코의 설문조사가 지닌 약점을 지적하며 재판을 끝내고자 했다.

"사건 초기에 저는 법정이 가이코가 입은 피해에 관한 증언을 듣기 전에 이 재판이 기각될 것이라고 말했습니다. 제 발언은 웃음거리가 됐지만 농담이 아니었습니다. 이제 법정은 원고의 주장을 들었고, 우리는 이 법정이 법적 근거를 통해 구글의 손을 들어주는 판결을 내려주리라고 믿습니다."

그는 소비자에게 직접 자동차 보험을 팔아 다른 회사의 보험료율을 인용하지 못하도록 만드는 것이 가이코의 중요한 비즈니스 전략이라고 설명했다. "이 전략은 완벽하게 합법적인 전략이고 굉장한 마케팅 노력과 결합해 주목할 만한 성공을 가져왔습니다. 이것은 그들의 선택입니다. 그러나 구글이 혼란을 초래할 수밖에 없는 가이코의 비즈니스 전략에 법적 책임을 질 필요는 없습니다. 가이코가 제시한 증거는 오히려 상표를 검색어로 사용한다는 것 자체가 혼동을 야기하지 않는다는 사실을 보여줍니다. 그렇지 않다면 원고가 스스로 반대 증거를 제시해야 합니다. 더 이상 원고가 제시한 설문조사 결과는 구글이 잘못됐다는 증거로서 효력이 없습니다."

마이클 페이지는 구글이 가이코의 경쟁사가 광고의 제목이나 문구에 가이코의 이름을 사용하지 못하도록 하는 광고 판매 정책과 광고 시스템을 고안했다고 말하는 한편, 이 시스템이 항상 완벽하게 작동하지는 못했고 불순한 광고가 때때로 끼어들었다는 사실을 인정했다. "구글은 상표와 관련한 광고 방침을 매우 강화하고 있습니다. 이 정책이 완벽하게 작동하지 못했다고 해서 구글에게 법적 책임을 물어서는 안 됩니다." 이런 주장을 명확히 하기 위해 구글이 상표권 위반을 조장하거나 알면서 조장했다는 사실을 가이코가 확실히 증명해야 한다고 말했다. 아울러 구글이 위반을 묵인하거나 조장하지 않았기 때문에 이 법정에서는 그런 증거가 존재하지 않는다고 말했다.

"오히려 정반대로, 구글은 상표권 강화가 옳은 일이며 공정한 비즈니스 활동을 촉진한다고 믿고, 상표권 강화 정책을 실행한 최초의 검색엔진이었습니다." 마이클 페이지는 부연했다. 그는 구글이 다양한 소비자에게 서비스를 제공하고 그들의 다양한 관심에 부응해야 한다고 지적했다. "광고 측면에서 상표권을 보유한 광고주가 우리의 고객인 것처럼, 검색 측면에서 보면 컴퓨터 사용자도 우리의 고객입니다. 따라서 우리는 한편으로는 상표권을 보호하고, 다른 한편으로는 사용자에게 가능한 한 완전하고 적절한 정보를 공급한다는 두 가지 목표를 조심스럽게 조화시키고 있습니다. 우리는 현재 우리의 상표권 방침이 상표 소유권을 적절하게 보호하면서 균형을 이루고 있다고 믿습니다. 따라서 법정이 법적으로 구글의 손을 들어주는 판결을 내려주기를 요청합니다."

변론을 마치고 심호흡을 하면서 마이클 페이지는 반박할 수 있는 어떤 법적 근거를 찾아내려고 발버둥치는 가이코 변호인단의 대표 변호사 찰스 오솔라를 보며 자리로 돌아갔다. 그는 구글을 지키는 화신 같았다. 넘치는 사업가 기질에, 한마디 한마디가 영혼에 호소하는 듯한 변론으로 재판을 유리하게 끌고갔다. 변호인들 사이의 오랜 격언이 여전히 유효했다. 사실이 있다면 사실을 들어 주장하고 법적 근거가 있다면 법을 들어 주장하라. 오솔라는 마지못해 몸을 일으켜 변론을 했지만 횡설수설했고, 완전히 무장 해제되어 그 어떤 호소력도 보이지 못했다.

때때로 오솔라는 구글의 잘못에 대해 장황하고 혼란스러운 주장을 펼쳐 오히려 구글보다는 가이코가 피고인 것처럼 보이게 만들었다.

"우리는 이 설문조사가 광고 문안 속에 'GEICO'를 사용하는 게 혼동을 일으킬 가능성이 있다고 봅니다…. 그리고 이 사건에서 가이코의 보험료율 인용과 관련된 상표라는 사실을 감안할 때 … 광고 문안에 'GEICO'를 포함하지 않는 광고라도 'GEICO'라는 검색결과와 함께 나타난다면 혼동을 일으킬 가능성이 충분히 있다는 점을… 명백히 보여주고 있습니다. 감사합니다. 판사님." 오솔로는 변론을 마치고 자리에 앉았다.

판사석에서 내려다보던 브링크마 판사는 바로 판결을 내렸다. "가이코는 구글이 단순히 검색어나 키워드만으로 가이코의 상표를 사용하는 게 혼동을 가져왔다는 것을 증명하지 못했습니다." 그리고 더 이상 재판을 계속하기에 충분한 증거가 제시되지 못했다는 점을 부연했다. "제가 막 언도한 이 결정에는 중대한 법적 쟁점이 포함되어 있으므로 이 법적 쟁점에 대해 좀 더 상세한 의견을 쓸 시간이 필요합니다. 이 시점에서 재판을 종결할 것을 제안합니다."

재판은 끝났다. 월스트리트와 한바탕 싸움을 치르고 4개월 뒤 구글은 워싱턴의 기업 및 로펌과 싸워 큰 승리를 거뒀다. 여전히 분쟁의 소지가 남아 있기 때문에 이후에도 다시 공방을 벌일 수도 있지만, 이 재판으로 다른 기업이 상표권 위반에 관해 소송을 제기하지 못하도록 경고하는 효과도 거뒀다. 재판 뒤 가이코는 이전 비즈니스로 다시 돌아갔고, 승리자가 된 구글은 구글의 광고 방침이 옳았음을 증명했고 거기서 큰 힘을 얻었다.

광고에서 상표권에 대한 더 엄격한 방침을 지키도록 법으로 의무화한 다른 나라에서는 구글이 여전히 소송에서 곤란을 겪고 있었다. 그러나 이 판결을 계기로 가장 중요한 시장인 미국에서 판례를 만들었을 뿐 아니라, 이 경험을 통해 다른 지역에서도 조심스럽게 현지법에 맞게 운영 방식을 조정함으로써 변함 없이 막대한 수익을 올릴 수 있게 됐다. 이를 계기로 구글은 더 강해졌고 자신감은 더 높아졌다.

그런데 버지니아에서 구글이 법적 승리를 거둔 지 겨우 몇 시간 뒤, 재판 결과와는 전혀 무관한 놀라운 사건이 사람들의 이목을 빼앗아갔다. 숨이 멎을 듯한 이 발표에 구글의 법적 이슈가 사소해 보일 정도였다.

21장

도서관 프로젝트

혁신이란 개념 자체를
바꾸는 것이다

The Google Story

"장서의 온라인화를 통해
정보의 경계를 확장하려는 계획이었죠.
현재까지 인류가 축적한
지식이 무엇인지 확인하고 싶으니까요."

700만 권 이상의 도서를 보유한 미시간대학교의 도서관은 미국 내 장서 보유량이 가장 많은 곳 중 하나로, 150년 이상 학술 연구의 중심지 역할을 해왔다. 학부생 때 도서관을 누비고 다녔던 래리 페이지에게 미시간대학교 도서관은 대학 시절 향수를 떠올리는 동시에, 구글의 미래를 위한 계획이 싹트는 곳이었다. 그는 바로 그 도서관의 소장 도서를 디지털로 전환하여 온라인에서 누구나 검색 가능한 거대한 데이터 산맥을 만드는 일에 착수했다. 이는 누구도 성공하지 못한 일이었다. 미시간대는 그에게 에베레스트와 같았다.

21세기가 진정한 정보의 시대라면 브린과 페이지는 인터넷이 현재의 수준을 넘어 더 확장되어야 한다고 생각했다. 이에 관한 농담이 하나 있다. "세상은 1996년에 시작됐다." 온라인 백과사전에서부터 정부 문서, 백화점 카탈로그에 이르기까지 구글의 데이터베이스에는 키워드 하나, 클릭 하나로 찾을 만한 수십억 개의 문서가 존재한다. 그러나 이 가운데 중요도와 권위와 신뢰성을 모두 갖춘 정보를 찾는 일은 여전히 어렵고 힘든 작업이었다. 정보의 질 차이는 너무 크고, 신뢰의 정도도 천차만별이기 때문이다. 마치 우리가 TV를 볼 때 리모컨을 들고 볼 만한 채널과 저질 채널들 사이를 넘나들 듯이, 인터넷 사용자 역시 뭔가 실질적인 정보를 찾으려면 불필요한 정보를 무수히 거쳐야 한다. 이런 어려움에 공감한 브린과 페이지는 관련된 지적·기술적 도전 과제에 대해 조사하고 대담한 해결책을 고안해냈다.

　　　　　　　　　2002년 미시간대학교 앤아버캠퍼스에서 개최된 대학 발전을 위한 만찬에서 페이지는 학교 관계자에게 획기적인 제안을 했다. 미시간대 도서관의 모든 도서 정보를 구글의 인덱스에 추가하게 해준다면 도서관의 모든 책을 스캔하는 비용을 대겠다는 제안이었다. 더 많은 사람이 가장 중요하고 분명한 정보의 보고인 책 수백만 권을 쉽게 접할 수 있는 형태로 만들자는 것이다. 우리는 인터넷에서 책의 내용이나 책에 관한 많은 정보, 심지어 윌리엄 셰익스피어의 작품이나 성경처럼 저작권이 없는 책의 전체 내용까지 다 찾아볼 수 있다. 하지만 오래전에 출판되어 잊히거나 매일 엄청나게 쏟아지는 신간들 가운데 책에 관한 정보를 찾기는 매우 힘들다. 저작권의 보호를 받는 책의 경우, 사용자가 전체 내용을 검색하려 해도 샘플로 주어진 몇 페이지만 볼 수 있다.

　페이지와 브린은 거대한 도서관 서가에서 수북이 먼지만 쌓이고 책벌레를 키우던 엄청난 수의 소장 도서를 디지털화하기 위해 거액의 돈과 기술을 기꺼이 바칠 준비가 되어 있었다. 인류 지식의 진보는 엄청난 잠재 가능성을 지녔다. 도서관 책을 디지털화하면 사상 처음으로 전 세계 어디에서나 컴퓨터로 책 전체 내용에 접근할 수 있을 것이다. 이 프로젝트로 구글은 다른 경쟁자와 확실히 차별화하여 엄청난 사용자를 끌어모을 수 있고, 책에 관련한 정보에 광고를 곁들여 이윤을 높일 수 있다. 무엇보다 구글이 책의 디지털화에 정통한다면 다른 도서관도 구글과 계약을 하려 할 것이고, 검색 콘텐츠를 확대할 기반을 마련할 수 있었다.

페이지와 브린은 중대한 장애물에 직면했다. 이전에 결코 시도해본 적 없는 방대한 규모의 디지털화를 효율적이고 정확하게 수행하도록 완벽한 기술을 구축해야 한다. 게다가 설립된 지 몇 해 되지 않은 벤처기업이 내놓은 이 아이디어에 확신을 가지고 기꺼이 동참하도록 도서관들을 설득해야 한다. 페이지는 이 프로젝트를 모교인 미시간대에서 시작하려고 했다. 미시간대에서 그는 주목받는 동문이고 여전히 이 학교와 밀접한 관계를 맺고 있다. 이를 기회로 삼아 자신의 아이디어를 이룰 수 있다고 보았다.

앤아버의 만찬이 있은 지 몇 달 후 페이지는 미시간대의 사서 윌리엄 고슬링William Gosling과 존 윌킨John Wilkin을 만났다. 그들은 처음부터 페이지의 제안을 반겼다. 그들 역시 장서 일부를 디지털화하고 싶은 소망이 있었지만 아직 그 작업을 위한 자금이나 적절한 파트너를 찾지 못했기 때문이었다. 이들은 이전에도 이 일과 관련해 IBM을 비롯한 여타 회사들과 논의한 적이 있었다. "이 기업들은 지적재산권, 이 일을 하려는 의도, 제반 권리, 표준, 형식 등 모든 면에서 우리와 입장이 너무 달랐어요." 윌킨은 말했다. 그는 래리 페이지와 처음 만나 한자리에 앉게 된 순간부터 이미 뭔가 다르다는 것을 느꼈다. 자신감과 믿음이 들었다.

비슷한 시기에 페이지는 친밀한 관계에 있는 스탠퍼드대학교에 이 아이디어를 전했다. 스탠퍼드대야말로 오프라인 콘텐츠를 온라인으로 옮기려는 아이디어의 진원지였다. 페이지는 과거 테리 위노그래드 교수와 함께 디지털 도서관 프로젝트를 할 때부터 이 일을 꿈꿔왔다. 당시에는 책의 디지털화를 프로젝트에서 구체적으로 다루지 않았지

만, 페이지는 이때부터 모든 정보가 디지털 형태로 저장되어 온라인
상에서 보게 될 것이라고 보았다. 그는 이미 그때부터 "우리는 이 모
든 것을 스캔할 겁니다"라고 말하곤 했다.

페이지가 당시를 이렇게 회상한다. "심지어 구글을 시작하기 전부
터 우리는 장서를 온라인으로 검색할 수 있도록 만들어 정보의 경계
를 확장하고 싶어 했죠. 도서관 사서들이 그토록 바라던 일 말이죠."
그러나 구글이 이룬 다른 혁신들처럼 그들이 엄청난 양의 책을 스캔
하려는 이유는 무엇보다도 스스로의 호기심을 충족시키기 위해서였
다. "도서관을 검색할 수 있게 만들려던 건 저 자신이 원했기 때문이
에요. 만약 당신이 어떤 분야에 관심을 갖게 되면 그에 관해 현재까지
인류가 축적한 지식이 무엇인지 확인하고 싶어지기 마련이죠."

책을 디지털화하여 온라인에 공유하면 학자들이 연구를 위해 여러
도서관을 돌아다녀야 하는 수고를 덜어 학문적으로 더 큰 발전을 이
루리라고 페이지는 믿었다. "도서관의 물리적 제약 때문에 학자들이
전문 영역 이외의 연구를 하기가 정말 어렵거든요." 페이지는 전기 장
치를 분해했다가 다시 조립하기 위한 설명서를 구하지 못해 좌절했던
미시간대 시절을 떠올렸다. "그 설명서를 구할 수 있는 서점은 딱 한
곳밖에 없었어요. 딱 한 곳이요." 설명서를 살펴볼 수 있는 곳이 단 한
곳뿐이라니, 필요한 정보를 얻기란 정말 힘든 일이었다. 이런 상황은
대학교 도서관에 쌓여 있는 오래된 서적의 경우도 마찬가지다. 대중
이 이런 정보를 접할 준비가 되어 있느냐 아니냐는 문제가 되지 않는
다. 문제는 단지 대중에게 정보를 전달하는 적절한 매개 장치가 없다
는 것이다.

한편 마이크로소프트의 공동 설립자이자 억만장자 자선가인 폴 앨
런이 시애틀 근처 퓨젓사운드Puget Sound 산후안아일랜드에 있는 자신의

별장에서 개인 모임을 열었다. 그는 세계의 모든 정보를 모을 가능성을 알아보기 위해 '최후의 백과사전Final Encyclopedia'이라는 이름의 프로젝트를 추진했는데, 관련 아이디어를 얻기 위해 이 모임에 소수의 기술자와 학계 인사를 초대한 것이었다.

스탠퍼드대의 테리 위노그래드 교수는 페이지가 자기를 대신하여 이 모임에 참석할 수 있도록 자리를 마련했다. 페이지는 이 모임에서 스탠퍼드대 도서관장 마이클 켈러를 만나 디지털화 프로젝트에 대한 영감을 얻고자 했다. 검색 가능한 웹 공간에 책을 추가하는 일이 얼마나 중요한지 강조하던 켈러는 페이지의 만남에 응했고 그 자리에서 진솔한 토론이 시작됐다. 스탠퍼드대 도서관 사서 앤드루 허코이치는 말했다. "스탠퍼드대는 대규모의 디지털화라는 아이디어에 관심이 큽니다. 수년 동안 어떻게 해야 할지 고민하던 중에 다행히도 구글이 돌파구를 열어줬습니다."

하버드대학교 도서관장 시드니 버바Sidney Verba는 책을 디지털 형태로 스캔하는 다양한 방법에 대해 익히 들어왔다. 심지어 그중에는 인건비가 싼 외국으로 희귀서를 보내서 스캔을 하자는 의견도 있었다. 1638년에 설립된 하버드대 도서관은 세계에서 가장 큰 학술 도서관이다. 모든 도서를 관리하고 감독해야 하는 버바는 결코 이 방법을 용납할 수 없었다. 버바를 비롯한 다른 도서관 관계자는 1500만 권에 이르는 하버드대 소장 도서를 디지털화할 방안을 논했지만, 비용이 너무 비싸고 책을 훼손시킬 위험이 있다는 결론을 내렸다. 그런 이유로 2002년 구글의 대변인이 하버드대 도서관의 디지털화를 제안해왔을 때 회의적인 태도로 대했다. 버바는 처음에 구글과 나눈 대화에서 그들의 진정성을 보았지만, 뭐라 표현할 수 없지만 뭔가 숨기는 게 있다는 느낌이 들었다고 회상한다.

버바와 페이지는 비용, 장서의 분해나 훼손 등 디지털화의 여러 문제에 대해 대화를 나눴다. 버바는 구글이 이 일을 제대로 해낼 수 있다면 굉장하겠지만 회의적인 입장이라는 뜻을 내비쳤다. 전체 도서관을 디지털화하는 것은 아직도 상당한 시간이 필요한 일이라 생각하기 때문이었다.

몇 개월 뒤 구글은 고난도 상품 개발 전문가로 구성된 팀을 하버드대로 다시 보냈다. 그들은 이전 제안을 보완해 프레젠테이션을 했다. 버바는 이때 구글이 '책을 스캔하는 훨씬 효율적이고 훼손을 최소화하는 방법'을 제시했다고 말했다. "처음 들었을 때는 그게 현실적으로 결코 불가능하리라 생각했습니다. 그러나 그들이 다시 찾아왔을 때, 기술적 측면과 더불어 여러 문제를 해결하려고 많은 노력을 기울인 상태였죠. 새로운 방안은 꽤 현실적으로 보였습니다."

그래서 그와 하버드대 도서관팀은 직접 새로운 스캔 장치를 살펴보기 위해 구글플렉스를 찾았다. "정말 감동이었습니다. 그들은 책을 디지털화할 수 있는 새로운 스캔 장치를 개발했습니다. 상당히 효율적인 동시에 어느 스캐너보다 책을 훨씬 조심해서 다룰 수 있는 장치였습니다. 그때 우리 모두 마음을 돌렸습니다."

남은 일은 하버드대의 운영 책임을 지고 있으며 의사결정의 열쇠를 쥔 하버드재단 앞에 이 프로젝트를 내놓는 것이었다. 하버드재단은 하버드대가 저작권 위반에 관련한 소송에 휘말리거나 막대한 비용을 지불하게 되는 상황을 우려하며, 심지어는 그 스캔 프로젝트를 위해 구글이 치르기로 한 비용에 대해서도 재차 다짐을 받기를 원했다. "누군가 당신을 위해 무엇인가 한다면, 보통 돈을 요구하기 마련입니다." 버바는 말했다. 닷컴버블이 붕괴하는 상황에서 막 비즈니스를 시작한 기술기업 구글이 유구한 역사의 명문 대학과 파트너십을 형성하려고 하는 상황이었다. 당시 구글은 겨우 여섯 살이 됐지만 하버드는 375세였다.

1990년대 후반만 해도 인쇄 자료를 디지털 형태로 바꾸는 기술이 이미 보편화되어, 많은 사무실에서 평판 스캔 장치를 갖추고 문서, 사진, 또는 여타의 자료들을 컴퓨터 파일로 전환하고 있었다. 그러나 그런 스캔 방식을 구글이 원하는 대로 수백만 권의 장서에 적용하기가 힘들었다. 이 프로젝트를 추진할 가치가 있는 것으로 만들려면 이 회사는 속도가 빠르고 정확도가 높은 디지털화 수단을 개발해야 했다.

2003년 봄 구글과 미시간대 팀들이 스캔 방법과 기술을 재검토하기 위해 만났다. 과거 미시간대는 책을 평평한 상태로 빠르게 스캔할 수 있도록 제본을 뜯어내 디지털화하는 방식을 채택하지 않았다. 이 방식은 스캔 속도를 높일 수는 있지만 책의 원본을 훼손하기 때문에 많은 도서관 사서들이 선호하지 않았기 때문이다.

구글 역시 소위 '파괴적 스캔'이라 불리는 방법을 실험한 적이 있었다. 프루글 쇼핑 서비스와 구글 카탈로그라는 프로젝트를 위해 카탈로그를 해체해 각각의 페이지를 고성능 복사기처럼 생긴 종이 입력기 안으로 집어넣는 것이다. 그러나 구글이 제안한 거대한 디지털화 작업 규모를 감안했을 때 책 제본을 해체하는 스캔 방법은 적절치 않다는 데 양측 모두 동의했다. 그러기엔 너무 많은 책이 손상될 것이다. 그래서 구글팀은 가벼운 접촉으로도 빠른 속도의 스캔을 할 수 있는 시스템 개발에 착수했다.

그들은 사람이 개입하는 과정을 최소화하기 위해 로봇 팔이나 공기를 주입하여 책장을 넘기는 자동화 장치도 고려해봤다. 그러나 이 장치는 아주 사소한 움직임으로 책을 훼손할 가능성이 있었다. 마침내 그들은 다양한 기술을 복합적으로 채택하여 특정 상황에서 수작업을 더 많이 개입시키기로 했다. 바로 정교하게 책과 스캔 장치를 다루는 훈련을 받은 전문가 집단을 고용하기로 한 것이다.

미시간대 도서관 측 프로젝트 담당자 애덤 스미스Adam Smith에 의하면 이들은 카메라나 스캐너를 만든 것이 아니었다. 이 프로젝트는 기술이라기보다는 작업 과정과 시스템에 관한 일이었다.

윌킨은 구글의 해법을 인상적으로 생각했다. "그들은 생각보다 개발에 오랜 시간을 썼습니다. 그리고 결국 해냈습니다."

보수적인 대학가를 설득하다

옥스퍼드대학교 보들레이안도서관Bodleian Library의 친절한 관장인 레그 카Reg Carr는 2002년 당시 장서의 디지털화 계획을 위해 자금을 모으고 있었다. 그 와중에 당시 구글의 홍보 담당 임원 레이먼드 나스르Raymond Nasr와 이야기를 나누게 되었다. 나스르는 '옥스퍼드의 실리콘밸리' 프로그램의 일환으로 옥스퍼드 경영대학 학생들에게 강연을 하고 있었고, 카는 이 기회에 그에게 유서 깊은 옥스퍼드의 캠퍼스와 역사적 유적들을 보여주고 있었다. 미시간대를 비롯한 여러 곳에서 일어나고 있는 일을 알지 못한 채 카는 구글과 보들레이안도서관 간 협력 체제의 가능성을 타진했다.

"도서관으로 따지면 보들레이안이 일류이고, 정보기술과 검색의 측면에선 구글이 일류입니다. 그러니 우리가 무엇인가 함께해야 하지 않을까요?" 카는 말했다. 카가 자금 모금 활동을 하면서 가장 중요하게 생각한 것은 상대방이 원하는 것의 원천을 재빨리 얻는 것이었다. 옥스퍼드대의 보들레이안도서관은 미국 의회도서관처럼 영국에서 출판되는 모든 책을 의무적으로 수탁하는 역할을 하고 있는데, 카는 이 때문에 구글이 이 도서관에 관심을 가질 것이라고 믿었다. 더구나 이 도서관은 영국에서 두 번째로 큰 도서관이기도 하다.

2003년 가을, 카가 미국 샌프란시스코에서 자금 모금을 위한 만찬 행사를 계획하면서 옥스퍼드대학교가 구글의 디지털화 대상 도서관 목록에서 제외될지 모른다는 의심을 지웠다. 나스르는 만찬 준비 위원회에 참여해 만찬장 참석 티켓 판매를 도왔고, 구글은 이 만찬의 티켓을 여러 장 구입했다. 카는 구글과 관계를 더욱 돈독히 하고, 한편으로 약간은 자랑하기 위해 이 기회를 이용하고자 했다. 그는 정장 파티 장소로 샌프란시스코 시내에 있는 우아한 분위기의 버터필드$^{Butterfield's}$를 빌렸다. 여기에 감동을 더하기 위해 연회장을 옥스퍼드대학교풍으로 꾸몄다. 이 행사를 위해 캘리포니아로 운송한 5000만 파운드 가치의 희귀 도서를 무장 경비들이 지켰다. 연회장에서는 래리와 세르게이, 여러 구글 직원들이 〈대헌장$^{Magna Carta}$〉 사본과 초서^{Chaucer}의 《캔터베리 이야기》 원본 등 각종 진귀한 작품들을 담은 상자 주위에서 담소를 즐기며 술을 마셨다.

하지만 그날 옥스퍼드대 만찬에 구글러들이 나타났어도 도서관 디지털화 프로젝트는 여전히 상당 부분 베일에 가려져 있었다. 구글은 도서관 프로젝트의 모든 부분을 철저하게 비밀로 유지했고 그런 태도가 일부 제휴 대학의 입장을 난처하게 만들었다. 스탠퍼드대의 허코비치는 말했다. "사람들은 구글이 요구하는 비밀 유지 동의서에 상당한 공포를 느끼는 것 같습니다." 구글은 이 프로젝트를 알고 있는 모든 사람에게 매우 엄격한 비밀 유지 동의서에 서명하도록 요구했다. 이런 요구는 민감한 사업에서는 일상적이었지만 도서관 사회에서는 드문 경우였다. 많은 분량의 연구 모음집 일부를 디지털화하기 위해 구글과 논의 중이었던 뉴욕시립도서관 관장인 폴 르클럭$^{Paul LeClerc}$은

"지금까지 비밀 유지 동의서라는 문서에 서명해본 적이 있는지도 잘 모르겠어요"라며 고개를 내저었다.

하버드대의 버바는 구글이 비밀을 유지하길 원하는 이유를 이해하긴 했지만 마음이 편치 않았다. "구글은 누구와 논의 중인지도 공개하지 않았습니다. 그들은 조용히 일을 처리하는 방식을 선호했습니다. 하지만 대학은 기본적으로 개방된 곳이거든요. 우리가 이 프로젝트의 진행 상황을 교수진에게 말할 수 없어서 상당히 어색하고 불편했습니다." 주로 정보를 공개적으로 논의하고 공유하는 대학의 입장에서 보면 비밀을 유지하라는 구글의 요구는 특이하고, 또 한편으로는 역설적이었다.

2004년 2월 1일 그 비밀은 거의 세상에 알려지게 됐다. 구글의 미래 전망을 다룬 〈뉴욕타임스〉의 한 기사가 '오션Project Ocean'이라고 이름 지어진 스탠퍼드대 장서 디지털화 프로젝트에 대해 짧게 보도했다. 무슨 일이 일어나고 있는지 도서관 단체들 사이에 소문이 무성했지만 누구도 더 이상의 정보를 구할 수 없었다.

구글이 맹렬하게 기업공개를 준비하던 7월 구글의 프린트팀은 첫 번째 스캔 장치를 미시간대로 옮겼고, 이 장치를 작동시킬 하청업체를 훈련시키기 시작했다. 미시간대는 이 새로운 장치와 스캔의 작동 원리를 점검하는 시범 장소가 됐다. 그런데 스캔 장치를 실은 트럭이 들어오자 이 프로젝트에 관련이 없던 사람이 무슨 일이 진행되고 있는지 묻기 시작했다. 윌킨은 비밀 유지 전략을 신속히 마련해야겠다고 생각했다. 그렇게 찾아낸 해법은 이 장치를 평범해 보이는 곳에 숨기는 것이었다. 바로 스캔이 완료된 도서관의 한 구석에 칸막이를 쳐서 그곳에 구글의 특별한 장치를 보관하는 것이었다. 문 앞에는 '미시간대 디지털화 프로젝트'라는 팻말을 걸어뒀다. "그 이후로 무슨 일인지 물어오는 사람이 없었습니다."

출판계와의 저작권 논쟁

이 프로젝트를 시작하면서 부딪친 어려움에 스캔 기술만 있는 것은 아니었다. 구글은 장서를 다룰 때 각별히 주의를 부탁한 각 도서관의 요청을 대부분 적극적으로 반영했다. 이는 도서관 사서들과 후대를 위해 장서 보존을 원하는 고고학자들에게 매우 중요한 문제이기 때문이다. 그러나 대학이 소유하고 있지 않은 책을 처리하는 문제가 남아 있었다. 바로 저작권 문제였다. 사실 이 문제가 가장 난관이었다. 문장, 아이디어, 문자 등 구글이 색인화하고 검색 가능하도록 만들 대상들은 '지적재산권' 범주에 들기 때문이다.

1923년 이후 미국에서 출판된 거의 모든 책의 저작권은 출판사, 저자 또는 제3자에게 있다. 미국의 저작권법은 각종 이해관계의 충돌과 오해로 가득 찬 다루기 힘든 분야로, 구글은 바로 이 저작권이라는 가시덤불로 뛰어든 셈이었다. 저작권 보호는 출판사나 저자가 창조적 작업을 통해 돈을 벌 수 있게 해준다. 이 도서관 프로젝트의 핵심이 지식의 무료 배포에 있다고 해도, 이 프로젝트에는 큰돈이 걸려 있다. 그리고 여러 집단이 저작권 문제를 제기하며 법적 소송을 걸어오는 것은 시간문제였다.

허코비치는 이에 대해 법정에 서지 않을 수 있다고 믿는다면 이는 순진한 생각이라며 다음과 같이 말했다. "우리의 희망과 야망은 몇몇 소송 이후 어떤 일들이 발생하는지에 따라 결정될 것입니다. 구글은 이 문제를 인식하고 있었습니다. 해내거나 타격을 입겠죠. 우리 스탠퍼드대도 그냥 옆에서 지켜보고 있을 수만은 없을 것입니다."

이 문제에 대해 구글은 장서의 디지털화로 소송이 걸리면 도서관 측에 모든 비용을 보상해주기로 동의했다. 스탠퍼드대의 사서인 마이크 켈러Mike Keller는 구글의 이런 접근법이 현명하다고 믿었다. "거대 도서관 다섯 곳을 함께 모은 덕분에 우리는 더 험난한 문제, 즉 미국과 영국의 저작권 제도에 대해 어떤 대응을 할 기회를 얻게 됩니다."

페이지는 구글의 보증이 입에 발린 소리로 들릴 것을 우려하며 더 확실한 방법으로 약속을 이행하는 모습을 보여야 한다고 보았다. "출판사의 지지를 얻는 게 중요합니다. 이 프로젝트가 성공하기 위해서는 출판사가 돈을 벌 수 있다는 점을 확실히 인식시켜줘야 합니다."

2004년 10월 초 브린과 페이지는 그들의 최신 검색 도구인 '구글 프린트Google Print'를 알리기 위해 세계 출판 산업의 가장 중요한 행사인 독일 프랑크푸르트 도서전에 참석했다. 사람들에게 나눠줄 구글의 로고가 새겨진 반짝이는 라펠핀과 티셔츠를 준비했고, 브린과 페이지는 넥타이를 매고 정장을 차려 입은 채 40분 동안 기자회견을 했다. 그들은 어떻게 출판사들의 법적 행동이나 항의를 받지 않고 저작권이 있는 책을 온라인에서 접하고 검색할 수 있는지 설명했다. 이들이 제시한 아이디어는 아주 새로운 것은 아니었다. 아마존닷컴이 이미 1년 전 두 사람의 아이디어와 비슷한 '책의 내용을 검색하세요Search Inside This Book'라는 서비스를 시작했기 때문이다. 아마존은 이 서비스를 조심스럽게 시간을 들여 시작했다.

구글에 대한 출판계의 호불호는 확실치 않았다. 출판계는 한편으로 정보를 배포한다는 면에서 구글과 공통점이 있고, 책의 내용을 인터넷에 추가로 공개해 이윤을 거둘 수도 있다. 다른 한편으로는 출판사는 책 판매를 원하는 반면 구글은 가능한 한 광범위한 내용을 무료로 배포하고 광고에서 돈을 벌기를 원했다. 미국에서만 매주 1,000권 이상의 책이 출판된다. 이는 엄청난 양이고, 구글은 여기에서 정보와 이윤의 잠재력을 키우기 위해 출판사에게 일종의 거래를 제안한 것이다. 정보 검색의 일부로 책을 보여주는 권리를 갖는 대신 책을 스캔하고 색인화하는 비용을 구글이 대겠다는 제안이었다. 그 권리는 본문 중 사용자의 질문과 관련된 일부 페이지나 문단을 복사하거나 인쇄할 수 없는 형태로 보여주는 것에 해당한다. 구글은 서지정보와 책 판매처로 바로 갈 수 있는 링크를 걸어주고 구글이 게재하는 광고를 통해 얻은 수익을 해당 서적의 출판사와 공유할 계획이었다.

구글의 아이디어는 간단했다. 독자에게 맛보기를 보여주어 책을 구입하게 유혹하자는 것이다. 프랑크푸르트 도서전을 즈음하여 주요 출판사 대부분이 구글프린트에 서명했다. (당시 아마존은 이미 12만 권에서 미리보기가 가능한 3300만 페이지를 보유하고 있었다.) 중요한 것은 구글이 극비를 유지한 도서관 프로젝트를 세상에 드러내기 전에 저작권 문제의 해결방안에 대해 출판사로부터 지지를 얻어냈다는 점이었다.

"오늘로 세상이 변했습니다"

2004년 12월 14일 구글은 마침내 1500만 권의 도서관 장서의 디지털화를 발표했다. 인쇄출판물의 터줏대감 〈뉴욕타임스〉는 이 소식을 머리기사로 다뤘다. 마이클 켈러는 "이것은 굉장한 도약입니다"라고 말했다. 스탠퍼드대학교의 장서 디지털화 작업은 그 야말로 '한 산업의 규모'에 비견할 수 있었다. 어떤 사람들은 이 프로젝트가 잠재적으로 구텐베르크가 발명한 인쇄술만큼 중요하다고 생각했다. 미시간대의 윌킨 또한 "오늘로 세상이 변했습니다"고 말했다.

이 사업은 시작부터 그 규모가 엄청났다. 구글은 미시간대의

700만 장서 모두를 디지털화하는 데 동의했다. 100만 권 또는 그 이상이 될 옥스퍼드대의 19세기 전집, 하버드대의 4만 권의 장서, 뉴욕 시립도서관의 1만 2000권, 그리고 아직 구체적으로 정해지지 않았지만 스탠퍼드대의 장서가 이 프로젝트에 포함됐다. 소규모로 시범 프로그램을 운영 중인 도서관들이 모두 장서 디지털에 동의한다면, 구글은 아마도 스캔 작업이 끝나게 될 10년 안에 5000만 권 이상의 장서를 데이터베이스화할 수 있게 된다. 페이지와 브린이 1998년 구글을 출범할 당시 색인화한 페이지는 2500만 개의 웹 페이지에 불과했다.

　모든 사람이 디지털화 프로젝트를 환영한 것은 아니다. 이 발표 이후, 구글의 계획에 위협을 느낀 출판사, 저자, 도서관 사서 등을 대변하는 단체는 구글의 발표에 과장이 없는지 조사하며 이 프로젝트를 좌절시키려고도 했다.

　〈로스앤젤레스타임스〉의 특집 면에서 당시 미국 도서관 협회의 회장 마이클 고먼Michael Gorman은 '치기 어린 구글 아이들의 장난'에 불과하다며 이 프로젝트를 무시하고 나섰다. 고먼은 기사에서 거대한 도서 데이터베이스에 대해 언급했다. "역사상 처음으로 하나의 의사소통 형식이 이전의 모든 매체를 밀어내고 대체할 것이라는 것은 위험한 생각이며, 돈만 낭비하는 쓸데없는 시도에 불과하다. 최근 발표한 구글의 선전은 의심할 여지없이 과장되었다. 이런 발상은 영화 〈백투더퓨처〉에서처럼 과거로 갔다가 다시 현재로 돌아가지 못하는 것과 같다. 단지 그들은 검색이 쉽다는 이유만으로 이런 일을 하려고 한다."

　프랑스는 이 프로젝트를 미국 문화의 위력을 과시하려는 또 다른 사례로 봤다. 유서 깊은 프랑스 국립도서관의 관장 장 노엘 자네Jean Noël Jeanneney는 〈르몽드〉에 구글의 모험에 대해 "미래 세대가 세계를 미국의 지배적 관점을 통해 바라보게 될 위험"을 초래할 수 있다고 썼다. "저는 사람들이 프랑스대혁명에 대해 미국이 선택한 책을 통해서만 읽기를 바라지 않습니다." (구글은 2018년까지 현재 전 세계 60여개 이상의 도서관과 제휴하여 40여 개 언어로 된 3000만 권의 책을 서비스하고 있다 — 옮긴이)

마이크로소프트

최고의 인재를 얻기 위한 전쟁

The Google Story

"지시를 받아야 일을 하거나 하나의 큰 프로젝트에만
매달리는 사람들로 구성된 조직은 분명히 실패합니다.
중간 관리자는 방해가 될 뿐이죠."

2005년 5월의 어느 봄날 오후 에릭 슈밋이 시애틀의 워싱턴대학교에 도착했다. 수백 명의 컴퓨터공학과 학생과 교수들이 꽉 메운 강의실에 슈밋이 편안한 차림으로 나타났다. 그는 가벼운 발걸음으로 강의실 입구 계단을 내려와 강의실 정면으로 걸어갔다. 세상에서 가장 역동적인 기술기업의 최고경영자, 에릭 슈밋. 마이크로소프트의 텃밭에 온 그는 마이크로소프트를 위축시키고 구글의 기세를 한껏 끌어올리기 위한 도화선을 설치하는 중이었다.

많은 산업 전문가들이 소프트웨어 전략과 제품의 관점에서 이 두 회사를 비교한다. 하지만 그들은 두 회사 간 진짜 경쟁을 놓치는 경향이 있다. 비즈니스와 기술을 차별화하는 데 두 회사의 상대적인 강점을 고려해보면, 구글과 마이크로소프트의 대결에서 시장 점유율, 브라우저, 컴퓨터 운영체제, 혹은 결국 누가 최후의 승자가 될 것인가를 놓고 경쟁하는 것은 주된 싸움이 아니었다.

두 회사가 벌이고 있는 진짜 전쟁은 바로 세계에서 가장 뛰어난 인재를 확보하는 일이다. 인재 확보야말로 인터넷 시대에 어떤 기업이 새로운 흐름을 먼저 인식하고 나아가 해결 방안을 찾을지 여부를 가르는 핵심 변수이기 때문이다. 에릭 슈밋이 시애틀을 방문하기 몇 달 전, 구글은 대담하게도 마이크로소프트 본사에서 그리 멀지 않은 위싱턴주 커클랜드Kirkland에 구글 사무실을 열었다. 그곳에서 구글 입사를 원하지만 시애틀을 떠나기는 싫은 재능 있는 소프트웨어 엔지니어를 다수 채용할 수 있었다.

이날 워싱턴대에 방문한 슈밋은 그야말로 적진 깊숙한 곳으로 자진해서 찾아간 격이었다. 슈밋의 인재 채용 설명회가 열린 장소는 공교롭게도 마이크로소프트의 공동 창업자인 폴 앨런의 기부금으로 지어진 워싱턴대 컴퓨터공학과 건물 '폴 G. 앨런 센터'였다. 슈밋은 특별한 임무를 지고 적진을 찾았다. 바로 뛰어난 컴퓨터공학자를 배출하는 것으로 명성이 높은 워싱턴대 학생과 교수 들에게 구글이 마이크로소프트보다 일하기 좋고 흥미로운 직장이라는 점을 설득하는 것이었다.

적진에 들어간 스파이

중앙 연단에 오르기 전 에드 라조우스카Ed Lazowska 교수가 따뜻한 환영 인사와 함께 슈밋을 청중들에게 소개했다. 그는 워싱턴대 컴퓨터공학과에서 빌앤드멜린다게이츠Bill&Melinda Gates 재단 석좌 교수를 맡고 있다. 라조우스카 교수의 좌우명은 '도로 포장공사용 롤러의 일부가 될 것인가, 아니면 도로의 일부가 될 것인가. 둘 중 하나다'이다. 슈밋은 자신감과 웅대한 포부를 지니고 있었고, 구글은 탄탄대로에 올라 있었다. 당시 구글의 주가는 250달러를 넘었고 시가 총액은 700억 달러나 됐다.

워싱턴은 방문하기 전만 해도 에릭 슈밋은 마이크로소프트와의 경쟁에 대한 질문을 받을 때면 마이크로소프트에 경의를 표하기도 했고 때로는 무시하기도 했다. 그는 마이크로소프트가 어마어마한 돈과 자원을 지닌 거대기업이기 때문에 구글과 비교하는 것 자체가 온당치 않다고 말하곤 했다. 그러나 이날 그의 메시지는 전과 달랐고 의미심장했다. 구글은 세상에서 가장 일하기 좋은 직장이며 마이크로소프트는 늙은 거인으로서 이미 전성기를 지났다는 주장을 한 것이다. 슈밋은, 주의 깊게 들여다보면 게이츠가 이끄는 마이크로소프트는 인터넷 혁명 이전의 기술 시대에 뿌리를 둔 기업이라는 사실을 알 수 있다고 말했다. 마이크로소프트는 시간이 갈수록 비중이 낮아지고 구글은 점점 더 중요해질 것이라는 뜻이었다. "여러분은 가능성이 훨씬 큰 무대에서 활동하고 있습니다."

슈밋은 이어 본격적으로 마이크로소프를 겨냥했다. "우리는 매일 야후와 경쟁하고 있습니다. 마이크로소프트는 검색 시장에 진입하겠다고 선언했지만 아직은 경쟁 상대도 못 됩니다. 그러나 마이크로소프트는 우리와 경쟁하려고 노력할 겁니다. 마이크로소프트는 모든 PC에 검색엔진을 끼워 넣겠다고 공개적으로 선언했습니다. 그러나 이 일은 상황에 따라 몇 달이 걸릴 수도 있고, 몇 년이 걸릴 수도 있습니다." 슈밋이 쐐기를 박았다.

실제로 게이츠는 구글의 놀라운 성공과 추진력, 지속적인 주가 상승에 당황하는 모습을 보였다. 슈밋이 어느 기술 관련 회의에서 게이츠를 만났을 때 분명히 그렇게 보였다. 몇 달 전만 해도 사람들은 구글이 넷스케이프와 같은 꼴이 될 것이라고 수군댔다. 넷스케이프는 1990년 후반에 마이크로소프트의 공세에 붕괴됐던 인터넷 붐을 상징하는 기업이다. 하지만 이제 사람들은 구글이 소프트웨어와 기술, 혁신에서 세계적 리더 기업인 마이크로소프트를 따라잡을 것인지를 말하고 있었다. 당시 회의 자리에서 미국 최고의 갑부 게이츠 회장은 실리콘밸리 출신 구글의 놀라운 성취에 대한 질문이 들어오자 이렇게 방어했다.

"여러분도 알다시피 구글은 여전히 완벽하지만, 아직도 인터넷에는 거품이 있습니다. 여러분이 구글의 주식을 얼마에 사든지 그건 사는 사람의 마음입니다. 하지만 우리는 10년 동안이나 높은 주가를 유지하고 있죠." 게이츠는 자리에 모인 기자와 기술 전문가에게 약간은 비꼬는 투로 말했다.

그러나 노련한 기술 투자 전문가들의 생각은 게이츠와 좀 달랐다. 1998년부터 2005년까지 마이크로소프트의 주가는 거의 상승하지 않았지만 구글의 주가는 기업공개 이래 하늘 높은 줄 모르고 치솟고 있었다. 게다가 마이크로소프트는 수년 전부터 인터넷 검색 시장에 많은 공을 들였고, 몇 개월 전 'MSN 검색'을 출범시켰지만 큰 호응을 얻지 못했다. 게이츠는 상심했다. 마이크로소프트가 여전히 PC 운영체제 시장을 좌지우지하고 있는 상황에서 게이츠는 차세대 윈도 운영체제인 '비스타Vista'에 자체 검색엔진을 탑재해 수백만 명의 사용자를 끌어들일 계획이었다. 편리한 검색엔진을 개발하여 PC를 켤 때마다 사용자가 마이크로소프트의 검색엔진을 사용하도록 만들고 싶었다. 애초의 계획은 그랬다.

게이츠는 검색이 필요하면 자신들이 그 일을 하겠다고 약속했다. 그러나 마이크로소프트는 여기저기 사업 영역을 확장하며 막대한 수익을 올리는 가운데 검색 분야에서는 구글에 여전히 뒤쳐져 있었다. 이 회사는 귀재들을 많이 보유하고 있었지만 검색 분야에 정통한 인력은 거의 확보하지 못했기 때문이다.

슈밋은 신예 소프트웨어 엔지니어들이 구글과 같은 회사에서 일하고 싶어 한다는 사실을 알았다. 작은 팀을 꾸려 파급력 있고 눈에 띄는 프로젝트를 수행하며 세계를 바꿀 수 있는 그런 회사 말이다. 야망에 넘치는 괴짜나 기술자에게 이보다 더 큰 동기 부여는 없다. 그날 마이크로소프트를 사정없이 공격한 슈밋은 구글이 얼마나 야망에 차 있고 미래를 확신하는지 분명하게 알렸다. 그는 마이크로소프트가 검색 시장에 진출해도 할 수 있는 일이 아무것도 없고, 오히려 검색 시장의 성장을 방해한다고 주장했다.

"구글 사용자는 세계 도처에 있습니다." 슈밋의 머리 위에 있는 대형 스크린에 주간잡지 〈뉴스위크〉의 표지 기사가 떴다. 구글의 창업자 래리와 세르게이가 게이츠를 위해 일했다면 무슨 일이 일어났을지를 다룬 내용이었다. 브린과 페이지의 사진 위에 이런 제목이 쓰여 있다. "마이크로소프트의 새 시대가 왔다. MSN에 새로 들어온 두 사람은 마이크로소프트를 검색 산업의 왕으로 만들고 있다"

마이크로소프트의 악몽이 시작되다

2005년 5월 시애틀에서 보인 거침없는 슈밋의 행동을 〈포춘〉이 특집기사로 크게 다뤘다. 〈포춘〉은 〈월스트리트저널〉과 함께 미국 비즈니스맨에게 영향력이 큰 매체다. 〈포춘〉의 프레드 포겔스타인Fred Vogelstein 기자가 쓴 기사의 제목은 이랬다. "왜 빌 게이츠가 구글을 두려워하는가?" 이 기사는 2003년 후반 게이츠가 마이크로소프트가 얼마나 취약한지를 깨닫는 장면으로 시작한다. 그리고 두 회사 사이의 치열하고 깊은 경쟁 시나리오에 관해 묘사했다. 정확한 문구는 이랬다. "게이츠와 구글의 대결"

마이크로소프트의 다른 경쟁자와 달리 구글은 인터넷에 기반을 둔 아키텍처와 무료 소프트웨어를 개발해 배포하고 별다른 비용을 들이지 않고 마케팅을 펼치며 전 세계의 수많은 컴퓨터 사용자를 끌어 모으고 있었다. 마이크로소프트는 통합 사무용 소프트웨어인 'MS오피스'의 막강한 힘을 바탕으로 다른 경쟁자의 도전을 물리쳐왔지만 구글에게는 이 전략이 통하지 않았다. 구글은 내부 소프트웨어 전문가가 개발한 오피스와 유사한 도구를 사용하고 있었기 때문이다. 그리고 2004년 구글은 윈도 운영체제가 설치된 PC에서도 각종 정보를 찾을 수 있도록 도와주는 무료 검색 소프트웨어 구글데스크톱을 출시하여 마이크로소프트를 당황시켰다.

게다가 수백만의 사용자가 수년 동안 사용하던 브라우저인 마이크로소프트의 인터넷 익스플로러를 버리고 파이어폭스Firefox라는 새로운 브라우저를 사용하기 시작했다. 공개 소프트웨어인 파이어폭스는 구글의 자금을 지원받아 구글 검색 기능을 내장하고 있었다. 웹브라우저 시장을 지배하고 있는 인터넷 익스플로러가 위험에 처한다면 데스크톱 컴퓨터 시장을 지배해왔던 마이크로소프트의 통제력도 약해질 것이다. 워드에서 엑셀까지 마이크로소프트의 시장 지배 상품은 모두 익스플로러와 연계될 때만 원활하게 작동하기 때문이다.

〈포춘〉은 다음과 같은 기사를 썼다. "빌 게이츠의 위기의식에 마이크로소프트는 이미 수개월 동안 구글을 꺾기 위한 대규모 프로젝트를 진행했다. 이 프로젝트는 2003년 12월부터 시작되었다. 게이츠는 구글의 웹사이트를 자세히 분석하고 구글의 채용 공고를 유심히 지켜보고 있었다. 그는 마이크로소프트에서 일할 수 있을 정도의 유능한 인재가 왜 구글을 선택하는지 이해하지 못했다." 구글은 마이크로소프트의 사업 영역인 운영체제의 설계나 분산처리 아키텍처 분야, 그밖에 구글보다 강한 마이크로소프트의 전문 분야를 다룬 경험이 있는 엔지니어를 구하고 있었다. "게이츠는 마이크로소프트가 검색 시장 너머 다른 분야에서 구글과 경쟁하게 되는 것을 염려했다. 그는 일부 임원에게 보낸 이메일에서 '우리는 구글의 두 사람을 주시해야 합니다'라고 썼다. 구글이 마이크로소프트와 경쟁하기 위해 무엇인가를 하고 있는 것 같다."

문제는 이 '무엇인가'가 무엇인지 명확하지 않았다는 것이다. 구글이 디지털 사진 검색 소프트웨어 피사카에서 지메일, 휴대폰을 이용한 인터넷 검색 등 마이크로소프트의 데스크톱을 위협하지 않는 신제품을 연달아 발표했기 때문이다. 그러나 이런 제품은 사용자가 게이츠의 소프트웨어에 의존하지 않고도 사용할 수 있는 소프트웨어들이다. 이에 따라 사용자들은 마이크로소프트 제국의 기반인 윈도나 MS 워드를 사용하지 않고도 구글의 제품만으로 글을 쓰고, 이메일을 보내며, 자료를 공유하고 문서를 출력할 수 있게 된다. 게이츠는 구글에 대한 속마음을 〈포춘〉에서 밝혔다.

"구글에 관심을 두는 이유는 인터넷 검색 때문만이 아닙니다. 이 회사가 검색엔진을 기반으로 다른 소프트웨어 영역에 진출하려고 하기 때문이죠. 검색에만 집중한다면 우리는 구글에 크게 신경 쓰지 않아도 됩니다. 이 경우 구글은 소프트웨어 기업에 불과하기 때문입니다. 하지만 구글은 그동안의 다른 경쟁자와 달리 우리 같은 기업이 되고 있습니다." 당시 학술 논문이나 기타 평론 기사들은 구글이 윈도를 비롯한 다른 마이크로소프트 소프트웨어를 무시하거나 최소한도로 사용하면서, 게이츠의 우려가 이제 먼 훗날의 일이 아닌 현실이 되었다고 평했다.

구글과 마이크로소프트의 경쟁을 길게 다룬 〈포춘〉의 포겔스타인 기자의 기사는 매우 저명한 기술산업 분석가이자 보안 업체 파이퍼제프리Piper Jaffray에서 일하는 사파 래시치Safa Rashtchy의 논평을 전하며 끝을 맺었다. "구글은 대단한 브랜드입니다. 마이크로소프트가 이길 수 없는 상대죠." 포겔스타인의 기사와 함께 실린 〈구글 세계에서 살다〉라는 제목의 기사에서는 이 두 회사를 분석한 전문가의 견해를 다루며, 각 회사의 전망을 다음과 같이 썼다.

"마이크로소프트의 악몽이 시작되다."

인재 쟁탈전

워싱턴대학교에서 매우 공격적인 프레젠테이션을 마치고 에릭 슈밋은 교수와 학생들에게 질문을 받았다. 질문은 예측하기 쉽지 않았다. 어느 참석자는 마이크로소프트에 우호적이고 또 일부 컴퓨터공학자는 마이크로소프트에서 일했거나 인턴 경험이 있을 수도 있다. 또 누군가는 마이크로소프트로부터 장학금을 받았을 수도 있다.

물론 구글도 워싱턴대에서 학부생 40명과 적어도 다섯 명의 박사를 채용했으나 이 숫자는 마이크로소프트에 비하면 아무것도 아니었다. 구글의 짧은 역사를 감안하면 그리 적은 숫자도 아니지만 말이다. 슈밋은 주의 깊게 강의실을 훑어보면서, 청중의 반응을 살필 겸 자신의 강연을 낱낱이 기록하기 위해 마이크로소프트가 보낸 사람이 적어도 한 명은 있을 것이라고 확신했다.

첫 질문은 프로젝트팀 구성에 관한 쉬운 질문이었다. 구글은 셋에서 다섯 명으로 구성된 팀을 운영해 최고의 창의력과 능률을 발휘하도록 한다. 팀의 리더는 우버팀리더Uber Team Leader, UTL이라고 부른다. "우리는 가능한 한 팀을 소규모로 운영하려 합니다. 큰 그룹에서는 생산성을 기대하기 힘들기 때문입니다."

학생들은 비교적 쉬운 질문을 했다. 다음은 신제품의 개발 속도에 대한 질문이었다. "우리의 혁신 속도는 업계의 어떤 기업이나 경쟁자보다 훨씬 빠릅니다." 단호한 대답이었다. 그는 빨리 다음 질문으로 넘어갔다. 그다음 질문은 기술자의 관리 방식에 관한 질문이었다.

"인력 관리 방법은 비밀이 아닙니다. 그러나 우리가 인력을 채용하는 방식은 비밀입니다. 이 방식은 우리가 제대로 된 인력이 있어야 효과가 있거든요. 지시를 받아야 일을 하거나 하나의 큰 프로젝트에만 매달리는 사람들로 구성된 조직은 분명히 실패합니다. 그래서 우리는 가능한 한 중간 관리자층을 적게 유지하려고 노력합니다. 중간 관리자는 방해가 될 뿐이니까요."

강의실에 모인 청중이 뛰어난 두뇌의 소유자들임을 감안할 때 슈밋은 일부 대답하기 곤란한 질문은 피할 수 없다고 보았다. 구글이 수익을 올리는 방법을 자세히 공개하면 증권분석가들이 미래 수익을 예측해 주가를 정확히 평가하는 모델을 개발하기도 쉬울 텐데, 왜 그러지 않느냐는 질문이 나왔다.

"우리는 그 정보를 공개하지 않기로 결정했습니다. 경쟁자가 그 비밀을 파악하지 못하도록 하기 위해서입니다. 우리는 경쟁자에게 없는 비즈니스 모델을 창출했고, 이 모델은 구글의 수익을 빠르게 증가시킬 여러 요소 중 하나입니다."

이어 한 학생은 구글이 인기가 높은 구글뉴스에서 수익을 올리지 않는 이유가 무엇이냐고 물었다. 구체적으로 구글뉴스 서비스에 왜 광고를 붙이지 않는 것인지, 뉴스 공급자의 콘텐츠를 무료로 이용하기 때문인지를 묻는 질문이었다.

"구글뉴스는 매우 성공적인 서비스입니다. 매월 혹은 격월로 뉴스의 수익성에 관한 대화를 나누죠. 구글뉴스는 쉽게 수익 사업으로 전환할 수 있고 많은 돈을 벌 수도 있습니다. 한번은 뉴스 서비스 담당 팀이 저희에게 물었습니다. '더 많은 돈을 벌고 싶으세요? 아니면 아랍의 뉴스도 서비스되기를 원하세요?' 너무 쉬운 문제죠. 우리는 아랍의 뉴스를 원했습니다. 300개 나라의 뉴스를 다 서비스하고 나면 그때 가서 수익화를 생각해보죠."

예상했듯이 점점 어려운 질문이 나왔다. 다음 질문은 세계 도처의 정보를 수집하고 보급하는 구글의 일이 사회적으로 어떤 영향을 미치겠는가였다. 슈밋은 심호흡을 하고 대답했다. "우리도 모릅니다. 개인적으로 저는 세상의 모든 정보를 애플의 아이팟iPod에 상응하는 것으로 생각하는 게 적합하다고 봅니다. 여러분이 실시간으로 업데이트되는 모든 정보를 항상 지니고 다닌다면 어떤 일이 일어날 것 같으세요? 학생이 모든 질문에 그 어떤 교수들보다 빠르게 답할 수 있다면 교육은 어떻게 될까요?"

다음에는 더 어려운 질문이 나왔다. 한 학생이 구글은 판매하는 실제 상품이 없고 회원으로 등록한 사용자도 적은데, 다른 기업이 구글보다 더 나은 검색 기술을 개발한다면 경쟁에서 패배할 수 있지 않겠냐고 물었다. 비즈니스를 계속 이어가기에 위험하지 않느냐는 질문이었다.

"확실히 우리 비즈니스는 고객을 가두는 방식은 아닙니다. 그러나 달리 보면 우리의 경쟁력은 검색 중의 검색, 사람 중의 사람에 있습니다. 우리는 이런 우려를 알고 있고 해결책을 찾으려고 많은 논의를 합니다. 그러니 전 세계 어디서든 모든 언어로 더 뛰어난 검색결과를 제공해야겠죠."

다음 사람은 마이크로소프트와 관련된 문제를 제기했다. 구글이 계속 성장하고 영향력이 확대되면서, 미국을 비롯한 다른 곳에서 구글의 거침없는 성장세를 막기 위해 규제를 요청하며 일제히 공격할 가능성은 없느냐는 질문이었다. 이미 마이크로소프트의 게이츠에게 일어난 일이었다. 구글에게도 똑같은 상황이 발생할 수 있을까?

"걱정할 만한 문제입니다. 우리는 사람들이 주시하기에 충분한 영향력이 있습니다. 우리는 권리를 박탈당하거나 불행해서, 혹은 다른 이유로 우리를 원치 않는 사람들에게 부정적인 영향을 주고 있죠. 구글이 온라인에서 미치는 영향력이 커질수록 상황이 더 악화될 것으로 생각합니다."

슈밋은 암울한 답변으로 질의응답을 끝내기 싫었다. 학생들은 구글이 법무부의 독점금지법의 다음 표적이 될지 모른다는 느낌을 받은 채 강의실을 떠날 수도 있기 때문이었다. 당시 '사악해지지 말자'는 구글의 사훈은 외부 기술자 세계에 잘 알려지지는 않았다. 그는 브린과 페이지가 단지 구글의 창업자에 그치지 않고 사용자와 직원을 위해 재미는 물론 올바른 일을 하고 싶어 하는 사람이라는 것을 알리고 싶었다. 이 두 사람은 게이츠나 마이크로소프트처럼 경쟁자를 제거하기 위해 엄청난 소송을 걸어대는 약탈자와 같은 사람이 아니다. 그는 구글이 누구도 적으로 삼지 않고 있다는 말을 하고 싶었다.

다행히 다음으로 인터넷 정보의 문지기로서 역할이 무엇이며 콘텐츠 제공자에게 수수료를 지불할 생각이 없느냐는 질문이 들어왔다. 일반적으로 그는 주요 서비스에 관해 말하기를 꺼렸다. 하지만 이 질문은 학생들에게 구글의 자신감을 보여주고 구글의 일원이 된 것처럼 느끼게 할 기회였다. 그는 기업에 대해 좋은 인상을 심어주는 것이 훌륭한 인력을 유치하는 전통적이고 성공적인 방법이라는 사실을 잘 알고 있었다.

"우리는 콘텐츠를 제작한 사람이 자신의 고유한 권리를 갖는 콘텐츠 배포 시스템Proprietary contents distribution을 구축해왔고, 또 구축하는 과정에 있습니다. 이런 시스템이 완성되면 수익 대부분은 콘텐츠 공급자에게 돌아갑니다. 우리도 광고 시스템을 제공하는 대가로 콘텐츠 공급자로부터 수수료를 받습니다."

그는 인터넷 관문으로서 구글의 역할을 덧붙였다. "정보 발행인 information publisher의 관점에서 보면, 구글은 사람들이 가장 많이 찾는 곳이겠죠. 그래서 여러분이 우리와 함께 일하고 싶어 할 테고요. 우리는 정보 발행인으로서 세계 최대의 인터넷 트래픽을 만들어내는 기업이 되고 싶습니다. 우리는 이 과업을 정말 훌륭한 것이라고 믿고 있습니다."

（23장）

투자 전략

흔들리지 않는 기업 철학이
투자를 부른다

The Google Story

"우리는 비즈니스를 운영할 때는 무자비할 정도로
효율을 추구합니다. 많은 돈을 벌기 위해서죠.
반면 우리가 하는 모든 일에서
돈을 벌어야 한다고는 생각하지 않습니다."

구글의 주가가 오르면서 투자자 사이에 큰 의문 하나가 떠올랐다. 구글의 주식은 살 만큼 훌륭한가 아니면 아슬아슬한 줄타기처럼 위험한가? 한때 월스트리트 평론가와 전문가는 구글 투자에 주의해야 한다고 경고했다. 검색엔진으로서 구글은 컴퓨터 사용자에게 매우 친숙한 이름이지만 투자 대상으로서 구글은 이해하기 어려운 수수께끼 같은 존재였기 때문이다.

다른 투자자들이 구글 투자에 선뜻 나서지 않고 있을 때, 주의에도 아랑곳 않고 독자적인 판단을 하기로 유명한 투자업계의 한 거물은 다른 생각을 하고 있었다. 그는 볼티모어에 사는 빌 밀러Bill Miller로, 레그메이슨트러스트Legg Mason Trust라는 뮤추얼펀드를 운영하고 있었다. 이 뮤추얼펀드는 13년 연속으로 주식시장에서 뛰어난 수익률을 거두며 업계 선두를 유지했다. 구글의 창업자들보다 거의 두 배나 나이가 많은 밀러는 한때 철학을 공부한 적이 있는데, 그는 구글이 상당한 경쟁우위를 차지하고 있으며 장기적으로 큰 성장과 수익을 달성할 수 있다고 판단했다. 그리고 이 회사에 거액을 베팅했다.

밀러는 기업공개 초기 구글의 재무제표를 살펴보면서 검색엔진으로 매우 높은 투자 수익을 올릴 수 있다고 보았다. 젊은 기업인 구글은 장기적으로 엄청난 잠재력이 있고 수익성이 높은 기업이었다. 이미 이 회사는 매년 수억 달러의 매출을 달성했고 해마다 매출 규모가 빠르게 커지고 있었다. 게다가 아주 단기간에 큰 수익을 올렸기에 부채도 전혀 없었다. 온라인 광고 시장이 계속 성장할 것이라는 기대 속에 주 수입원인 광고 매출에 대한 전망도 밝았다.

"소위 FUD 요인이 구글의 주가에 영향을 미쳐서 우리는 이 회사의 주식을 주당 85달러라는 싼 가격에 거래할 수 있었습니다. 당시 구글의 주가 총액은 대략 230억 달러에 머물고 있었습니다." FUD는 두려움Fear, 불확실성Uncertainty, 의심Doubt을 말한다. "구글의 공동 창업자들이 매우 오만하고 미숙하다는 소문이 돌았습니다. 그리고 두 사람이 주식을 나눠 갖는 공동 소유 구조 때문에 기업 지배구조가 불안하며, 기업의 비즈니스에 대한 정보를 제대로 제공하지 않고 미래 전망에 대한 방침도 불투명하다는 나쁜 소문도 돌았답니다." 이런 소문 때문에 구글의 공모가는 떨어졌지만, 공모가의 하락은 구글의 장기적 성장과 수익 전망과 비즈니스 가능성과는 아무런 관계가 없었다. "우리는 이런 소문이 좋은 기회가 되리라고 믿었습니다."

구글 주식, 살 것인가 팔것인가

밀러의 주도로 레그메이슨은 구글의 기업공개 때 수억 달러를 투자해 400만 주가 넘는 구글의 공모주를 매입했다. 밀러의 유명 펀드는 인터넷 기업에 투자한 경험이 많았고, 이미 닷컴기업의 스타로서 창립 10년째를 맞고 있던 아마존닷컴과 이베이의 주식을 많이 보유하고 있었다. 재무제표도 읽을 줄 모르는 일반 투자자가 주식 투자를 할 수 있는 가장 쉬운 방법은 주요 투자 거물의 행동을 따라 하는 것이다. 기업공개 직후 구글의 주식을 매입할지 망설이고 있던 사람들에게 2004년 가을에 밀러가 대량으로 구글 주식을 매입했다는 소식은 즉 빨리 구글의 주식을 '매입'하라는 강력한 신호였다.

다른 투자자들이 망설이고 있을 때 오히려 빌 밀러는 구글의 광고 모델에 대해 확신이 들었다. 당시만 해도 수십억 달러에 달하는 광고비가 전통적인 미디어에서 온라인으로 옮겨가고 있었다. 그리고 구글은 어느 다른 기업보다도 새로운 환경에서 여러 방면으로 수익을 얻는 방법을 알고 있었고, 이를 통해 건전한 경영 상태를 유지하고 있었다. TV, 잡지, 신문은 수십 년 동안 광고로 큰 수익을 거둬왔다. 밀러는 구글도 광고를 통해 큰돈을 벌 수 있다고 봤다. 바야흐로 인터넷 시대이기 때문이다.

많은 이들이 구글의 주식을 몇 년 전 실리콘밸리의 닷컴버블 당시 크게 성공한 회사들과 연관을 지었다. 당시 몇몇 인터넷 기업들도 자신들이 많은 광고 수입을 거두고 있다고 발표했으나, 이 광고 대부분은 다른 인터넷 기업이 구매한 것이었다. 이와 달리 구글의 광고 수입은 이전에 온라인에서 광고를 해본 적이 없는 수천 개 중소기업이 인터넷에 광고를 함으로써 발생한 것이다. 또한 광고주가 온라인 기업에서 전통적인 오프라인 기업까지 다양하다. 아마존닷컴과 이베이는 구글의 최대 광고주로서 타깃 광고를 통해 수많은 사용자에게 자사 웹사이트를 더 효과적으로 광고했다.

또한 구글은 컴퓨터 사용자가 싫어하는 형태의 광고를 피하려고 노력했다. 검색만으로 수익을 얻으려는 얄팍한 상술을 경계했던 것이다. 이런 의미에서 구글의 광고는 불특정 다수를 상대로 벌이는 매스마케팅과는 확연히 달랐다. 구글을 통한 인터넷 검색과 서핑은 고속도로를 달리듯이 신속한 결과를 제공했고, 사용자가 생각하거나 언급한 것과 직접적인 관련이 있는 광고를 내보냈다.

세계 최고의 하드웨어와 소프트웨어 성능을 보유한 구글의 비즈니스 모델은 인상적이었다. 규모가 커지더라도 한계에 부딪히지 않고 스스로 인터넷에서 새로운 광고주를 찾아냄으로써 끊임없이 성장을 추구했다. 이렇게 비용을 줄이고 매출을 증대하며 자신을 포함한 광고주, 웹사이트 소유자, 소비자 등 관계자 모두의 기회를 확대했다.

경쟁적 이점들 가운데 밀러가 좋아한 점은 바로 구글의 브랜드 가치였다. 역사상 어느 기업도 막대한 광고·마케팅 비용의 투자 없이 구글처럼 국제적인 명성을 얻은 경우는 없었다. 게다가 구글이 구축한 제휴 웹사이트 네트워크는 다른 기업이 쉽게 모방할 수 없는 수익 모델이었다. 이 네트워크에는 AOL, 〈뉴욕타임스〉, 여러 대학을 비롯해 수천 개의 웹사이트가 포함되어 있고, 이들은 구글의 검색창을 각자 웹사이트에 장착하고 구글의 로고를 그 위에 선명히 새겨 넣었다. 이 네트워크는 계속 커지고 있으며, 이에 따라 구글 브랜드의 가치도 높아지고 있었다.

사실상 수천 개의 크고 작은 웹사이트들이 구글과 마찰하는 일 없이 광고를 게재했기 때문에, 구글은 매우 효과적인 온라인 광고 대행사로 자리매김할 수 있었다. 제휴 사이트에서 올린 광고에는 종종 '구글 제공 광고Ads by Gooooooogle'라는 수식어가 붙었다. 구글은 제휴 업체와 광고 수입의 많은 부분을 공유했고, 검색엔진의 지속적인 성장 속에 그들에게 강력한 기득권을 창출해주었다. 이는 곧 이익을 얻을 수 있다는 의미였다.

구글은 매달 제휴 웹사이트에 광고를 게재한 대가를 지불하지만 광고 대가를 계산하는 방식은 알려주지 않는다. 기업 비밀이라는 이유로 특정 광고 성과의 구체적인 데이터도 알려주지 않기 때문에, 제휴 웹사이트는 구글을 믿거나 아니면 제휴 네트워크를 탈퇴하거나 둘 중

하나를 택할 수밖에 없다. 하지만 구글 네트워크로 보는 큰 이익 때문에 제휴 웹사이트들은 오히려 기쁜 마음으로 참여했다. 애스크지브스가 바로 이 구글 네트워크에 가장 열심히 참여한 회사 중 하나다. 구글 경제의 영향력을 반영하듯 애스크지브스의 가치는 크게 높아져 2005년 기준 인수 가치가 10억 8600만 달러에 달했다. 이 회사의 매출액 대부분은 광고를 판매하고 배치하는 구글의 능력에서 비롯된 것이다.

구글의 검색엔진을 사랑하는 수백만 명의 사용자는 구글이 어떻게 돈을 버는지 잘 이해하지 못한다. 구글을 공짜로 사용하고 있기 때문이다. 또한 무료 검색결과와 그 우측 상단 광고의 차이도 잘 모른다. 설령 그 차이를 인식한다고 해도, 겨우 몇 센트에 불과한 광고를 그것도 드물게 클릭하는 것으로 구글이 수십억 달러의 광고수입을 올릴 것이라고는 상상할 수 없다. 그런데 다른 서비스와 마찬가지로 광고도 순전히 수학적 계산이다. 하루에도 수억 건의 검색결과를 제공하고 사용자가 10~15건의 검색마다 한 번씩 광고를 클릭한다고 가정해보자. 평균 광고 단가가 한 번 클릭에 50센트라고 한다면 구글이 2004년도에 분기마다 얼마나 수익을 거뒀는지 어림잡아 계산할 수 있다.

일반 사용자가 구글의 수익 창출 원리를 이해하지 못했다면, 월스트리트 증권분석가는 이 회사의 색다른 비즈니스 모델을 이해할 수 없었다. 세계 도처에서 수백만 명이 구글에 질문을 하고 답을 찾지만, 실제 그게 얼마나 되는지는 여전히 베일에 가려 있다. 구글은 증권분석가에게 미래 제품이나 분기별 성과에 대한 정보를 제공하는 다른 기업의 방식을 따르지 않는다. 브린과 페이지는 어쩔 수 없이 기업공개를 결정했지만 구글의 미래 전략에 대한 실마리조차 경쟁자에게 제공하고 싶어 하지 않는다. 대신 최고경영진 3인방이 구글은 원래의 임무에 충실하면서 사업을 확장할 기회를 엿보고 있다고 반복해서 강조한다.

그러니 증권분석가들은 수많은 의문과 싸우면서 구글을 평가해야 한다. 구글은 어떤 방식으로 분기 실적을 보고할까? 특히 이 회사는 장기적 관점에서 경영을 하고 있다고 밝혔기 때문에 분기 실적 수치가 관심의 대상이었다. 기업공개 후 6개월 동안 시장은 추가로 발행할 구글 주식을 모두 소화할 수 있을까? 마이크로소프트가 위협하면 어떻게 될까? 더구나 구글 주식은 소위 '큰 수大數의 법칙'(통계이론에서 소수에 적용할 경우 확률 차이가 크게 나타날 가능성은 높지만, 큰 수로 확장할 경우 결국 동일한 확률을 지닌다는 이론—옮긴이)에 대한 면역력이 없는 상태다.

회사가 성장하면 수익성이 계속 높더라도 사업의 확장 속도가 느려지는 때가 오기 마련이다. 그러나 구글은 젊은 공동 창업자처럼 계속 젊음을 유지하며 여전히 성장에 굶주렸다. 빌 밀러는 바로 이런 점을 좋아했기 때문에 구글 주식을 매입한 것이다.

베일에 싸인 기업 정보

기업공개 후 6개월 동안 구글 내부자가 보유한 주식을 매각함으로써 추가적으로 주식이 유통될 예정이었다. 월스트리트에서는 이렇게 기업공개 후 추가로 유통되는 주식을 '오버행 overhang(대주주들이 보유 주식을 매각함으로써 유통될 수 있는 주식 수가 많아지고 결과적으로 주식 거래에 큰 영향을 미친다는 뜻—옮긴이)'이라고 부른다. 이는 거래와 가격을 급격히 변화시킬 수 있다. 하지만 구글 주식은 곧 원래 가격을 회복한 후 꾸준히 상승해 2004년 최초 공모가인 85달러에서 두 달 뒤 2004년 10월에 135달러까지 올랐다. 그럼에도 몇몇 월스트리트 증권분석가들은 투자자들에게 구글의 주식을 매도하라고 충고했고, 이런 급격한 주가 상승은 투기적 열풍 때문이라고 말했다.

아메리칸테크놀로지리서치American Technology Research의 마크 매허니Mark Mahaney는 "구글의 주식 가격을 그렇게 급격히 상승시킬 단기적인 요인은 없었습니다"라고 밝혔다. 그는 구글의 거품은 분기 실적에 대한 '지나치게 낙관적인 기대' 때문에 붕괴될 것이라고 경고했다. 그러나 2004년 10월 22일 구글이 실속 있는 분기 매출과 이익 결과를 발표하자 주가는 다시 오르기 시작했다. 수요와 공급의 법칙을 무시한 구글의 주가 상승은 계속되었다. 2005년 1월 3일 해가 바뀌고 주식시장이 문을 연 첫날 구글의 주가는 처음으로 200달러를 넘어 신기원을 이룩했다. 2월 1일 구글이 10억 달러가 넘는 분기 매출 실적과 2억 달러가 넘는 이익을 달성했다고 발표하자, 그다음 날 구글의 주가는 216달러로 다시 올랐다.

구글의 주가총액은 500억 달러를 초과해 구글은 미국에서 주식 가치가 가장 높은 기업의 하나인 동시에 가장 유명한 기업이 되었다. 예상을 뛰어넘는 실제 매출과 이익으로 앞으로도 이와 같은 실적을 달성하리라는 전망이 우세했고, 주가는 탄력을 받아 상승세를 지속했다.

하지만 단기적으로 넘어야 할 큰 장애가 있었다. 밸런타인데이인 2월 14일 구글의 직원과 다른 기업 내부자가 팔려고 내놓을 1억 7700만 주에 이르는 추가 물량이 주가에 부담이 된 것이다. 이 주식이 시장에 유통되면 구글의 유통주식 수는 3억 주가 넘는다. 오버행 가능성 때문에 구글의 주가는 2월 14일 이전 수주 동안 하락하기 시작했다. 주가는 200달러 밑으로 떨어졌고 많은 주주들은 지금까지는 운이 좋았지만 앞으로 주식을 매도하는 편이 나을지 아니면 일시적인 하락으로 보고 더 보유하고 있을지 고민했다.

　이외에도 또 다른 압박 요인이 있었다. 구글의 임원들이 보유 주식 수백만 주를 팔 계획이라고 발표한 것이다. 이 계획은 공개적으로 발표되었고 각종 경제신문에서 이 문제를 놓고 많은 논쟁과 토론을 벌였다. 내부자의 주식 매도는 투자자를 불안케 하는 요소다. 래리와 세르게이가 주식을 매도한다면 투자자가 왜 이 주식을 사겠는가? 사실 공동 창업자 두 사람은 거의 모든 주식을 그대로 보유하고 있었고, 단지 주식 보유를 다각화한다는 취지에서 일부 주식을 팔려고 한 것이었다.

　구글의 주식이 매우 높은 수준을 유지하자 일부 월스트리트 분석가는 구글에 대해 매우 비관적인 전망을 내놓았다. 구글이 수익을 얻는 원천이 단 한 가지 방법, 검색 광고밖에 없다는 혹평이었다. 그러나 이후에도 주가가 계속 오르자 월스트리트 증권분석가는 구글의 목표 주가를 계속 높게 수정했다. 구글의 수익 구조를 구체적으로 알 수 없으니 주식의 실질 가치를 알 수 없다며 불만을 늘어놓으면서 말이다. 구글은 여전히 구체적인 정보를 제공하지 않았다.

구글의 롱테일 전략

　　　　2005년 2월 9일 구글은 월스트리트 증권분석가에게 처음으로 문을 열었다. 구글이 증권분석가를 실리콘밸리로 초청해 브린과 페이지를 비롯해 임원진과 만나는 자리를 마련한 것이다. 월스트리트 사람들을 초청한 날은 1억 7700만 주가 추가로 시장에 매물에 나오기 며칠 전이었다. 주위의 비판적 시각을 해소해야 할 시기가 되었다고 판단한 에릭 슈밋은 이 만남을 계기로 몇 가지 정보를 제공하려고 했다. 구글이 문호를 개방할 필요성을 인식한 그는 밸런타인데이에 추가 유통할 주식 물량 때문에 구글의 아성이 흔들릴 만한 일이 벌어져서는 안 된다고 보았다.

증권분석가들과 만나던 날 슈밋은 확신에 찬 어조로 말했다. "광고네트워크는 유지할 가치가 있는 훌륭한 것입니다. 우리는 매우 다양한 광고주를 보유하고 있으며, 특정한 산업이나 광고주에게 수익을 의존하지는 않습니다. 이는 부분적으로 '긴 꼬리'The Long Tail'라 불리는 현상 때문에 가능합니다." '긴 꼬리' 전략은 인터넷 인프라로 지리적 중요성과 유통 비용이 낮아지면서 소비자의 개별 취향에 맞는 새로운 틈새 시장을 형성해 많은 소비자들을 이끌어갈 수 있다는 아이디어다.

아마존이나 넷플릭스Netflix.com, 그리고 다른 인터넷 상거래 업체의 매출에서는 분명 유명한 책이나 음악, 영화의 비중이 클 것이다. 그러나 일반적으로 별로 알려지지 않은 종류의 상품을 매입하려는 사람도 인터넷 검색기능을 활용해 '긴 꼬리'를 형성하면서 광범위하게 존재하고 있다. 여기서 나오는 수익도 무시하지 못할 수준이다. 구글의 경우, 이 개념을 검색엔진을 통해 광고를 하려는 매우 다양한 비즈니스 영역에 적용했다.

슈밋은 이어서 말했다. "실제로 인터넷을 통해 형성된 긴 꼬리는 예상보다 정말로 깁니다. 그리고 정말로 대량 판매 시장에 접근하기 힘든 많은 중소기업이 존재합니다. 현재 우리는 이 꼬리의 중간 영역에서 훌륭하게 일해왔습니다. 하지만 우리가 생각하기에 가장 큰 광고주에게 제공할 만한 상품과 서비스는 아직도 보유하지 못한 상태입니다. 우리는 이 일을 전 영역에서 우리가 할 수 있는 한 매우, 매우 잘하고 싶습니다. 그런 목표를 위해 제품과 서비스를 지속적으로 개발하고 있습니다."

그는 구글의 광고와 비즈니스 모델은 아직도 성장할 여지가 충분하다는 점을 분명히 했다. 아울러 2005년에 〈포춘〉이 선정한 500대 기업의 큰 광고를 유치할 계획이 있다고 말했다.

"항상 말해왔듯이 우리는 격식을 파괴한 새로운 형태의 기업은 아닙니다. 다만 제품을 창출하는 방법이 독특합니다. 나머지 비즈니스는 다른 기업과 다르지 않고, 최신 기법을 사용하는 데 매우 열중하지만 그래도 전통적인 비즈니스 양식을 따릅니다. 우리는 실제 성과 목표에 신경을 씁니다. 분기 별로 '성과가 어떻지?'를 따집니다."

구글 역시 실적을 걱정한다. 단지 뛰어난 엔지니어와 수학자를 확보하고 있고 또 여러 측면에서 프로세스가 혁신적이기 때문에 기업보다는 대학 같은 분위기를 풍길 뿐이었다. 슈밋은 경영 방식과 재정적 자원을 어떻게 사용하는가에 대한 의문에 자원을 70 대 20 대 10의 비율로 분배한다고 설명했다. 즉, 70%는 핵심 분야인 검색과 광고에 쓰고, 20%는 이와 인접한 제품 개발에, 그리고 10%는 새로운 아이디어나 비전 개발에 쓴다는 것이었다. "핵심 비즈니스를 계속 연구하는 것이 매우 중요합니다. 현금 수입과 고객 그리고 비즈니스를 창출하는 원동력이기 때문입니다." 그는 10%의 투자에 대해 다음과 같이 말했다. "우리는 매우 뛰어난 비즈니스와 기술 분야의 선구자들과 함께하고 있으며, 그들은 뛰어난 아이디어를 어떻게 비즈니스로 전환할 수 있는지 잘 알고 있습니다."

슈밋에게 필요한 정보를 들은 증권분석가들은 공동 창업자의 견해를 듣고 싶어 했다. 슈밋이 확신에 차 있어도, 회사의 경영권을 장악하고 있는 두 사람의 말을 직접 듣는 것이 중요했다. 누구보다도 구글의 미래와 경영에 직접적인 영향을 미칠 수 있는 두 사람 말이다.

먼저 세르게이 브린은 세계 최고의 인재를 유지하고 동기를 부여하는 일에 초점을 둔다고 말했다. 구글은 기업공개를 했고 실적 달성을 위한 새로운 동기가 필요하다. 혁신을 장려하기 위해 브린은 최고의 아이디어를 개발한 소규모 팀에 수백만 달러의 가치가 있는 스톡옵션을 '창업자상Founders' Awards'으로 부여한다고 말했다. 다른 기업에서 볼 수 없는 큰 규모의 부상이다. 이 상의 목표는 뛰어난 인재가 아이디어를 혁신적 성과로 이어가지 못한 채 회사를 떠날지도 모를 위험을 방지하기 위한 것이다.

다음으로 래리 페이지는 대부분의 시간을 기존 제품의 혁신과 개선에 사용한다고 말했다. "우리는 비즈니스를 운영할 때는 무자비할 정도로 효율을 추구합니다. 많은 돈을 벌기 위해서죠. 반면 우리가 하는 모든 일에서 돈을 벌어야 한다고는 생각하지 않습니다."

증권분석가들은 구글이 개최한 실리콘밸리 초청행사에 만족했다. 슈밋은 역시 프로다웠고 브린과 페이지는 훨씬 성숙한 모습을 보였다. 그리고 구글 주식은 다시 상승할 듯 보였다. 그들이 보기에 브린과 페이지, 슈밋이 수억 달러의 주식을 팔아 자금을 회수하려는 것 같진 않았다. 그들은 투자를 다변화할 권리가 있고, 어느 경우든 공동 창업자는 여전히 수십억 달러의 가치가 있는 구글 주식을 보유하고 있었다.

자생하는 구글 경제

구글이 구글플렉스에서 첫 번째 주주총회를 연 5월 12일 구글 주가는 225달러를 넘었다. 주총이 열리기 몇 주 전 구글은 2005년 1/4분기에 달성한 훌륭한 실적을 발표했다. 이익은 600% 증가해 3억 6920만 달러로 치솟았고, 매출액은 13억 달러에 달했다. 이 회사는 주주총회에 참여한 수백 명의 주주에게 '스니커-구글Snicker-Google' 쿠키와 점심을 대접했다.

참석이 금지된 기자를 포함한 다른 사람은 인터넷 생방송을 통해 주주총회 장면을 봤다. 주주총회에 제일 먼저 온 사람은 제프 드캐너 Jeff DeCagna로 워싱턴D.C.에서 컨설턴트로 일하는 주주였다. 그는 구글 이 회의를 주재하는 모든 방법과 주주가 구글플렉스를 함부로 돌아다 닐 수 없다고 당부한 것에 큰 인상을 받았다. 주주 중에 경쟁자가 보 낸 스파이가 있을 수도 있기 때문이었다. "저는 구글 주식을 추가로 구입하고 계속 보유할 겁니다. 내 생각에 200달러의 주가도 싼 편이 죠. 훌륭한 기업은 혁신을 믿고 투자합니다. 혁신이야말로 성공의 열 쇠이기 때문입니다. 현재의 경영 방식이 지속된다면 주가는 1,000달 러 아니 2,000달러까지 갈 수 있습니다."

6월이 되자 구글은 세상의 화젯거리가 되었다. 주가는 300달러가 시가 총액은 800억 달러가 넘었다는 소식에, 래리와 세르게이가 영예 로운 전미예술과학원 회원으로 지명되었다는 놀라운 소식마저 묻히고 말았다. 매일 주식시장 동향을 보도하는 케이블 방송 CNBC의 화면에 는 다우존스지수와 나란히 정면 중앙에 구글 주가가 표시되었다. 기 업공개 때 85달러이던 주가가 1년도 채 되지 않아 300달러까지 오른 구글을 전 세계가 주목하고 있었다.

〈파이낸셜타임스〉는 사설에서 다음과 같이 썼다. "어떤 기업도 구글 처럼 인기가 높지 않다. 광고 성장이 잠시 주춤해 단 한 번 주가가 떨 어졌을 뿐이다. 이것이 문제가 될까? 구글이 모든 비즈니스에서 확신 에 찬 독립적 기업으로 남아 있는 한 아무런 문제도 되지 않을 것이 다. 구글이 과대평가되었다고 생각하는 사람은 큰 실수를 저지르고 있는 것이다."

7월 4일 미국의 독립기념일을 앞둔 주에 구글의 주가는 300달러 를 돌파했다. 2004년 9월 구글 주가가 135달러가 되었을 때 이 주식을 팔라고 투자자에게 경고했던 월스트리트의 증권분석가 마크 매허니는 생각을 바꿔 구글에 대해 낙관적인 전망을 펼쳤다. 그는 새로운 직장인 시티그룹 스미스바니Citigroup Smith Barney에서 구글의 목표 주가를 360달러로 설정했다. 다른 증권분석가 역시 구글 주가가 300달러를 훌쩍 넘을 것이라고 전망했다. 검색엔진이 구글의 성장 동력이 되었듯 구글의 주식도 자생력을 지닌 채 스스로 나아가고 있었다.

24장

구글 차이나

중국 시장의 승자는
누가 될 것인가

he Google Story

"비록 정보를 검열하는 것은 원치 않지만,
사용자들의 요구를 수용하기 위해 노력하지 않는 것이
더 나쁘다고 결론을 내렸습니다.
이 역시 '사악해지지 말자'에 해당하는 조치입니다."

2005년 빌 게이츠와 마이크로소프트는 구글의 거침없는 성장과 추진력, 성공을 제지하기 위해 새로운 공격을 시작했다. 게이츠는 마이크로소프트 내에 위원회를 소집하여 라이벌과 경쟁할 수 있는 방법을 고안하고자 했다. 이 위원회는 최고 경영진에게 '구글에 대한 도전'이라는 기밀문서를 건넸다. 최근 마이크로소프트로부터 구글로 옮기는 엔지니어들이 줄을 잇고 있었다. 하루에도 수천 장의 이력서가 구글플렉스로 흘러 들어갔다. 마이크로소프트는 최고의 인력을 유지하기 위해 더 높은 임금과 특권을 제시하며 애를 썼지만 소용없는 일이었다. 소프트웨어 전문가의 유출은 여태까지 이 회사가 겪은 그 어떤 일에 비할 바가 아니었다. 구글은 꾸준히 이 회사의 재능 있는 직원들을 빼내어 가고 있었다. 마치 게이츠가 래리와 세르게이를 위한 인력 채용 대행사를 운영하고 있는 꼴이었다. 마이크로소프트는 세계적인 주목을 받는 방법을 동원하여 이런 흐름을 어떻게 해서든 멈추려 했다.

"구글을 박살 내고 말 겁니다"

두 회사는 어느 나라보다 중국에서 치열하게 인력 쟁탈전을 벌였다. 중국은 세상에서 가장 빠르게 성장하며 1억 명이 넘는 인터넷 사용자를 보유한 국가로, 훌륭한 기술 인력을 제공하는 동시에 또 막대한 이익을 줄 수 있는, 잠재력이 풍부한 곳이었다. 이미 마이크로소프트는 성공적으로 진출해 1,000명이나 되는 직원을 채용해 사업을 하고 있었다. 이제 구글도 중국에 제품 개발 및 연구 센터를 설립하고자 했다. 구글에게도 중국은 중요했다. 이 나라는 결국 세계에서 가장 큰 인터넷 시장이 될 것이고, 사용자 측면에서 보면 이미 미국 다음으로 많은 사용자를 보유하고 있었다. 마이크로소프트가 중국 시장과 인재 쟁탈전과 관련해 구글과 문제를 일으키고 방해꾼 역할을 한다면 그 파급효과는 엄청날 것이었다.

구글과의 대결에서 성공하기 위해서 마이크로소프트는 대응 방식을 바꿔야 했다. 소프트웨어 산업의 거인으로서 마이크로소프트는 최근 몇 년 동안 새로운 제품을 무기로 구글 성장세와 맞서려고 했으나, 제대로 성공하지 못했다. 그리고 월스트리트에서도 상황은 좋지 않았다. 마이크로소프트는 주가를 움직이지 못했고 구글이 움직일 때마다 함께했던 시끌벅적한 관심도 얻지 못했다. 마이크로소프트는 아무리 뛰어도 결국 제자리에 머무르는 러닝머신 위에 있는 꼴이었다.

확실히 이 회사는 여전히 막대한 이익을 거두고 있긴 했다. 시가총액은 2750억 달러로 구글의 3배가 넘고, 운영체제인 윈도와 MS워드를 포함한 오피스 프로그램을 수백만 대의 PC에 탑재하여 팔아서 막대한 매출을 올렸다. 또 마이크로소프트사는 수십억 달러에 이르는 자금을 지니고 있었으며, 새로운 비디오게임을 포함해 다양한 제품군도 구축하고 있었다.

그러나 많은 기술자들은 마이크로소프트가 소프트웨어 산업계의 소비에트연방과 비슷하다고 여겼다. 거인의 육중한 몸으로는 빠른 속도로 변화하는 디지털 시대를 제대로 따라잡지 못한다고 본 것이다.

말 그대로 매력이 부족했다. 게이츠는 혁신을 이루지 못할 것이라면 힘으로라도 경쟁우위를 되찾고 싶은 마음이 간절했다. 떠나는 직원들을 속수무책으로 바라보던 마이크로소프트의 최고경영자 스티브 발머는 "빌어먹을 구글을 박살 내고 말 겁니다"라고 다짐했다. 인력 쟁탈전과 관련된 마이크로소프트의 구글에 대한 고강도 공격은 대중의 관심을 부르고 충격을 최대화할 수 있는 잠재력이 있었다. 게다가 이것이 중국 시장과 관련된 것이라면 이 이야기는 모두에게 해당하는 문제가 된다.

결정적인 사건이 벌어졌다. 2005년 봄과 여름, 구글은 채용을 한층 강화해 3개월 사이에 700명 이상을 채용했다. 래리가 인재 채용을 이끌면서 구글은 1년 전에 비해 인력 규모가 두 배나 증가해 총 직원 수는 4,183명이 되었다. 이 회사는 스웨덴, 멕시코, 브라질 등 전 세계에 사무실을 새로 열고 24개 나라에서 채용을 전담할 직원을 채용했다. 또 유럽에서 남아메리카, 아시아 등 전 세계 곳곳에서 활발한 활동을 펼치기 시작했다.

구글의 최대 관심 지역은 역시 중국이었다. 페이지는 다음과 같이 언급했다. "중국은 일반적으로 매우 매력적인 시장입니다. 특히 구글에게는 그 의미가 남다릅니다. 우리는 중국에서 상당한 시장점유율을 확보했습니다. 이런 점유율을 바탕으로 광고를 통해 많은 수익을 올릴 엄청난 기회가 중국에 있습니다. 현재 우리는 사업자 활동을 강화하고 있을 뿐입니다." 구글이 중국에서 공식적으로 사업자 등록을 한 뒤, CEO 에릭 슈밋은 마이크로소프트가 어떤 보복을 준비하고 있는지 살펴보려고 중국으로 달려갔다.

리카이푸, 누가 차지할 것인가

리카이푸 Lee Kai-Fu 박사는 1998년 무렵 마이크로 소프트 중국 법인에서 일하기 시작했다. 구글도 이때 창립되었다. 카네기멜론대학교에서 박사학위를 받은 그는 중국과 미국의 기술산업 인사들과 긴밀한 관계를 유지하고 있었다. 그는 베이징에서 마이크로 소프트리서치아시아 Microsoft Research Asia를 설립해 빠른 속도로 좋은 성과를 냈다. 2000년 그는 마이크로소프트 미국 본사로 발령받아 자사의 검색엔진 전략을 감독하는 업무부터 고객이 마이크로소프트 제품을 더 편리하게 사용하도록 만드는 업무 전반을 담당했다.

그는 중국자문위원회 회의의 핵심 참석자 중 한 명이었다. 이 위원회는 마이크로소프트의 중국 비즈니스와 전략을 집중적으로 다뤘는데, 필요한 경우 중국에서 마이크로소프트 제품의 판매 대리점을 찾는 일을 도왔다. 또한 그는 빌 게이츠를 수시로 만나 구글과 검색 기술 때문에 발생한 현안들을 토의했다. 마이크로소프트는 리 박사에게 이와 같은 업무 성과를 인정해 2004년 한 해에만 100만 달러의 보수를 주었다.

2005년 봄, 리 박사는 구글이 중국에 연구소를 개설하려 한다는 소식을 들었다. 그는 이 연구소를 책임지는 업무를 자신이 맡을 수 있을지를 놓고 구글의 고위 경영진과 논의하기 시작했다. 아무런 기반도 없이 기초부터 닦아야 하는 그 어려운 업무가 리 박사의 도전 의지를 자극했다. 그는 구글에 참여해 이 일을 하고 싶었다. 대화가 진전되는 동안 그는 여전히 마이크로소프트 직원이었고 1년짜리 기밀 유지 계약을 맺고 있었는데, 결국 마이크로소프트에 퇴사 의지를 밝혔다. 구글이 새로운 중국 비즈니스의 책임자 자리를 그에게 제시한 것이다.

리 박사는 마이크로소프트에서 구글로 옮긴 사람들 중에서 최고위직 인사로, 이는 각종 소송의 빌미가 될 가능성이 높았다. 마이크로소프트사는 리 박사가 구글로 이직을 하자 즉각 소송을 제기했다. 마이크로소프트의 수석 부사장인 릭 래쉬드Rick Rashid는 소송장에서 "당신은 떠나서는 안 됩니다. 그래도 떠난다면 상황은 매우 어려워질 것입니다"라면서 리 박사에게 강력한 경고를 보냈다고 밝혔다.

리 박사는 법정 증언에서 마이크로소프트 스티브 발머Steve Balmer 사장의 발언을 다음과 같이 공개했다.

"당신이 떠난다면 우리는 조치를 취할 겁니다. 그래도 너무 개인적으로 받아들이지 마십시오. 우리는 당신을 좋아합니다. 당신은 그동안 마이크로소프트에 대단한 기여를 했습니다. 우리가 쫓고 있는 것은 당신이 아니라 바로 구글입니다."

빌 게이츠 회장도 리 박사를 직접 만나 떠나지 말라고 설득했고, 변절하면 무슨 일이 일어날지 직설적으로 말했던 것으로 드러났다. 게이츠는 당시 "카이푸, 스티브 발머 사장은 분명히 당신과 구글을 상대로 소송을 제기할 겁니다. 그는 이런 일이 일어나기를 기다리고 있습니다. 우리는 구글의 공세를 저지해야 합니다"라고 말했다.

마이크로소프트의 고위직 간부들의 경고에도 불구하고 리 박사는 2005년 7월 마이크로소프트를 떠나 구글로 옮긴 사람들의 대열에 합류했다.

검색엔진의 리더인 구글은 리 박사의 합류로 중국에서 마이크로소프트를 추월할 수 있게 되었다고 크게 기뻐했다. 리 박사도 구글의 확장 계획이 기술적 혁신으로 이어져 중국과 미국 경제의 성장에 기여할 것이라 보았다. 그의 직책은 구글 차이나Google Greater China의 사장. 중국 비즈니스에서 그가 차지하는 비중을 단적으로 반영한 직책이었다.

모든 전쟁은 기습공격으로 시작한다. 마이크로소프트와 구글의 전쟁도 예외는 아니었다. 마이크로소프트는 원색적인 비난을 하면서 맹공을 퍼부었다. 구글과 리 박사를 상대로 제기한 강도 높은 소송에서 마이크로소프트는 구글이 고의적이고 적절치 못한 방법으로 리 박사를 유인해 마이크로소프트와 맺은 고용 계약을 위반하게 했다고 주장했다. 또 리 박사가 마이크로소프트에서 얻은 정보를 구글이 중국에 진출하거나 검색 기술을 개발하는 데 사용하지 못하도록 제한하는 기밀 유지 계약을 맺었다고 주장했다.

"구글의 유혹 때문에 리카이푸 박사는 마이크로소프트와 맺은 기밀 유지 계약을 뻔뻔하게 위반했다. 그는 시장에서 직접 경쟁하는 구글을 위해 마이크로소프트에 손해를 끼치고 있다. 리 박사는 마이크로소프트의 가장 민감한 기술과 전략 정보를 알고 있다. 마이크로소프트는 구글과 심각한 경쟁을 벌이고 있다. 리 박사는 리더 역할을 담당했기 때문에 검색 기술에 관한 마이크로소프트의 가장 민감한 기술적이고 전략적인 비즈니스 기밀을 알고 있다. 또한 마이크로소프트의 중국 진출에 깊게 관여했고 중국이라는 매우 중요한 시장에 관한 마이크로소프트의 전략적 계획의 비밀을 알고 있다."

마이크로소프트는 소장에 위와 같이 적었다.

마이크로소프트가 리 박사를 구글에서 일하지 못하도록 법원의 금지 명령을 받으려고 하는 사이 리 박사는 미국 법원의 판결이 나오기 전에 즉시 중국으로 갔다. 그는 중국에서 언론과 만나 자신의 포부를 밝혔고 그 사이에 구글은 반격을 시작했다.

구글은 소장에서 다음과 같이 밝혔다.

"마이크로소프트는 오만한 자세로 법정에서 검색 산업 전체를 자신의 것이라고 터무니없는 주장을 하고 있다. 이 회사는 아무런 증거도 없이 리 박사의 명예를 훼손하려고 하고 있다. 마이크로소프트는 다른 목적을 위해 이 소송을 제기했다. 마이크로소프트 임원들이 리 박사에게 밝혔듯이 이 회사는 남아 있는 다른 직원들의 동요를 막기 위해서 이 소송을 제기했다. 마이크로소프트는 시장의 독점적 지위를 이용해 경쟁자에게서 자신을 지키려는 목적으로 직원의 정당한 권리마저 무시하고 있다."

마이크로소프트는 소송을 통해 구글이 무자비한 인재 사냥꾼이며 법과 표준적인 근로계약마저 무시하는 기업이라는 점을 널리 알리고 싶어 했다.

"구글은 리 박사가 마이크로소프트와 맺은 계약을 잘 알고 있다. 그러나 이를 무시하고 리 박사가 계약을 어기도록 부추겼다. 리 박사가 구글의 영입 제안을 수락한다면 그는 마이크로소프트가 중국에 관련하여 세웠던 비즈니스 전략을 잘 알고 있으므로 구글에게 도움을 줄 것이다. 마이크로소프트의 중국 전략은 그가 마이크로소프트를 위해 개발한 것이다."

리 박사가 검색엔진 전문가가 아니라는 구글의 주장에도 불구하고 워싱턴주의 판사는 마이크로소프트에게 유리한 예비 판결을 내렸다. 리 박사가 검색이나 중국과 관련된 업무에 종사하지 못하도록 금지하는 판결이었다. 이 판사는 리 박사가 구글에서 일하도록 허용했지만 그가 할 수 있는 업무 범위를 제한했다. 구글은 이 예비 판결을 준수하겠다고 밝혔다.

마이크로소프트가 구글을 상대로 거둔 일시적인 승리는 전 세계 기술자들에게 뚜렷한 메시지를 전했다. 즉 마이크로소프트를 떠나 구글로 향하는 주요 직원들은 소송을 피할 수 없다는 엄중한 경고였다. 미국, 중국 그리고 유럽의 언론은 이 두 회사의 분쟁을 크게 다루었고, 이 재판을 소프트웨어 업계의 거물이 조그만 검색엔진 회사를 얼마나 심각한 경쟁자로 여기며 위협을 느끼는지 보여주는 사례로 다뤘다.

〈비즈니스위크〉는 다음과 같이 보도했다. "분명히 마이크로소프트는 리 박사만을 목표로 삼지 않았다. 구글과 리 박사에게 재판을 걸어 비슷한 생각을 지닌 유능한 기술자가 마이크로소프트를 떠나지 못하도록 만들기 위해서 재판을 건 것이다."

중국의 〈인민일보〉는 다른 관점을 제시했다. "리 박사는 자신의 이동이 도덕적 기준과 법에 저촉되지 않는다고 말했다. 그는 자신의 선택과 열정에 충실해야 한다고 주장했다. 그리고 리는 자신의 행동이 법이나 원칙에 충실했다고 믿는다."

리 박사는 수천 명의 공학도가 방문하는 중국어 웹사이트에 자신이 구글에 합류하고 싶어 하는 이유를 밝혔다. 그는 이 웹사이트에서 수학 공식으로 자신의 입장을 표현했다. "젊음+자유+투명성+새로운 모델+사회적 기여+신뢰에 대한 믿음=구글의 기적"

검열 앞에서의 딜레마

2005년 8월 증국에서 마이크로소프트와 전쟁을 벌이던 구글은 기업공개 1주년을 맞아 새로운 계획을 발표해 월스트리트를 또 한 번 놀라게 만들었다. 이 회사는 40억 달러 상당의 주식을 발행할 계획이 있다고 발표했다. 신주 발행을 통해 구글은 미국과 해외에서 마이크로소프트나 야후와 치열한 경쟁을 벌이는 데 필요한 수십억 달러의 전쟁 자금을 마련할 계획을 세웠다. 구글은 이 자금을 마련하기 위해서 14,159,265주를 추가로 발행한다고 밝혔다.

이 신주 발행 규모는 원의 둘레를 길이로 나눈 원주율의 소수점 이하 여덟 자리 숫자이다. (1년 전 기업공개를 할 때 구글은 총 2,718,261,828달러를 모았다. 이 숫자는 또 다른 수학적 개념인 'e'라고 알려진 자연로그의 수를 뜻한다.)

구글의 관찰자들에게 이런 방식의 신주 공모는 구글이 독특한 기업 문화를 나타내는 징표였다. 또한 이 회사는 찰리 아이어스를 대체할 임원급 요리사 두 명을 채용해 계속 구글플렉스에서 요리 콘테스트를 개최할 것이라고 발표했다. "우리는 요리를 해보려는 엔지니어를 환영합니다."

연구자에서 기업 거물이 된 래리와 세르게이는 여전히 평범함을 거부했다. 구글이 기업공개를 한 지 몇 달 만에 31세 공동 창업자 두 명은 새로운 억만장자가 되었고, 다른 구글 직원들도 백만장자가 되었다. 두 사람은 〈포브스〉가 선정한 2004년 미국 부자 순위에서 43위를 차지했다. 두 사람의 순 재산은 각각 40억 달러로, 이는 구글의 주가를 110달러로 놓고 계산한 금액이었다. 그리고 2005년 여름에 주가가 300달러를 넘자 두 사람의 재산은 각각 100억 달러에 달했다. 하지만 세르게이의 어머니인 유지니어 브린은 아들이 돈을 버는 것보다는 다시 스탠퍼드대학교로 돌아가 논문을 완성하고 박사학위를 받기를 원했다.

직원과 임원, 주요 투자자와 직원은 1년 동안 약 30억 달러에 달하는 구글 주식을 팔았다. 그러나 래리와 세르게이를 포함한 구글 사람들이 보유 주식을 팔아도 이 회사에 대한 투자자의 열정은 식지 않았다. 경영진이 보유 주식을 매각하면 월스트리트는 이를 부정적으로 받아들이기 마련인데 구글은 이 같은 통념마저 거부한 것이다. 기업공개 때 매각한 주식 외에도 래리와 세르게이는 매달 40만 주를 매각해 7억 5000만 달러의 자금을 마련했고 최고경영자인 에릭 슈밋도 매달 11만 3,000주를 팔아 2억 2500만 달러의 현금을 마련했다.

존 도어와 램 슈리람과 같은 초기 투자자도 각각 4500만 달러, 3억 1300만 달러의 주식을 팔아 현금을 마련했다. 당시 스탠퍼드대 총장 존 헤네시는 이사회에 참여하는 대가로 받은 주식을 팔아 250만 달러를 벌었다. 주가가 매우 높게 형성되었기 때문에 그들은 상황의 변화에 따라 구글의 주가가 폭락할 수도 있다고 생각했다.

주식 매각 방법을 결정하면서 래리와 세르게이는 오랫동안 거품과 그 붕괴를 보아온 금융 전문가와 변호사의 조언에 귀를 기울였다. 두 사람은 대부분의 주식을 계속 보유할 계획이었지만, 다른 실리콘밸리 사업가들처럼 지나치게 보유 주식에 집착해 조금도 매각하지 않고 있다가 사업이 무너지고 난 뒤 무일푼이 되는 전철을 밟고 싶지 않았다. 따라서 특정한 달 특정한 날에 구글 주식의 등락에 상관없이 정기적으로 일정한 주식을 매도하는 방식을 취한 것이다. 이는 괜찮은 선택이었다. 이 방식은 두 가지 문제를 피할 수 있었다. 첫째, 주식 매도시 예정된 계획에 따랐기 때문에 내부 정보나 회사 기밀을 이용해 주식을 사고판다는 의심을 피할 수 있다. 둘째, 그들은 주식의 일부를 팔아 현금을 마련할 수 있다. 그리고 무슨 일이 일어나든 그들과 가족은 만약의 경우에 대비한 자금을 마련하고 투자를 다각화할 수 있다. 또한 동일한 투표권을 지닌 두 종류의 주식이 있기 때문에 구글의 미래를 결정하는 경영권을 포기하지 않고도 주식을 안전하게 매도할 수 있다.

창업자를 포함해 많은 구글 임직원은 구글 주식을 팔아 마련한 돈으로 새 집을 구입했다. 해외 영업을 담당하는 오미드 코데스타니는 수억 달러어치의 주식을 팔아 구글의 본사가 있는 마운틴뷰 외곽 애서턴Atherton에 1만 6,000제곱피트짜리 저택을 1780만 달러에 구입해 〈월스트리트저널〉의 1면을 장식하기도 했다. 그런 그를 따라 많은 구글 직원이 애서턴 지역에 집을 구입하기 시작했고, 우편번호가 94027

인 이 지역 근방은 미국에서 가장 집값이 비싼 주거지역으로 유명해졌다. 구글 임직원들은 래리와 세르게이가 창고에서 사업을 시작했던 멘로파크와 스탠퍼드대와 가까운 팔로알토에 주택을 구입하기도 했다. 그리고 이 지역의 부동산 중개인은 거래를 따내기 위해 구글에 광고를 냈다.

2005년 2/4 분기에 주식을 팔아 6억 2500만 달러를 마련한 구글도 쇼핑에 나섰다. 구글은 수백만 달러를 커런트 커뮤니케이션Current Communication에 투자했다. 이 회사는 워싱턴D.C. 외곽에 있는 비상장기업으로 일반 전력선을 통해 가정에 고속 인터넷 서비스를 제공한 초창기 벤처기업이다. 당시 가정에 공급되는 대부분의 초고속 인터넷 서비스는 케이블 방송이나 전화선을 사용했다. 구글은 전력의 비용이나 원천에 관심이 있었다. 이 두 요소는 구글이 보유한 수십만 대의 컴퓨터를 보관하는 데이터센터의 입지를 결정하는 결정적 변수이자, 더 많은 전 세계 사용자에게 인터넷과 구글 검색을 제공하려는 계획의 일부였다.

구글은 또한 3D 그래픽 소프트웨어 회사인 스케치업Sketch Up 제작사를 인수합병했는데, 이 무료 프로그램으로 사용자는 자기가 만든 이미지를 구글어스에 연동시킬 수 있다. 구글은 마이크로소프트에 대한 기습의 일환으로, MS워드를 대체할 프로그램인 워드프로세서 라이틀리Writely를 만들 팀을 구성하는 한편, 엑셀과 아웃룩에 대항할 무료 스프레드시트와 캘린더 툴을 출시했다.

구글이 거둔 가장 큰 승리는 2005년 12월, AOL과 10억 달러 규모의 계약을 맺어 마이크로소프트와 야후를 이긴 사건이었다. 구글은 유명 인터넷 브랜드와의 검색 및 광고 제휴를 확대하여 검색과 광고 파트너십을 크게 확장할 수 있었다. 몇 주 동안 언론의 추측에 따르면 마이크로소프트는 AOL에 검색엔진을 제공하는 구글을 대체하려고 하고 있었다. 그러나 1년 전 AOL 유럽 사업 건 때 보여준 구글의 활약을 떠올리게 하는 사건이 다시 벌어졌다. 에릭 슈밋을 포함한 몇몇이 11시간짜리 교섭을 통해 AOL의 지분 5%의 소유권을 가져가고 인터넷 비디오 분야의 핵심 파트너를 확보함으로써 구글이 다시 큰 승리를 거둔 것이다.

AOL과의 계약을 발표한 이틀 뒤, 구글과 경쟁사는 리카이푸 박사 소송에서 타협안을 찾았다. 그 조건은 공개되지 않았지만, 구글이 내놓은 금액은 마이크로소프트에 승리의 미소를 가져다주기는 충분치 않은 금액이었을 것이다. 게이츠와 마이크로소프트는 일주일 만에 두 번이나 구글에 패하고 만 것이다.

리카이푸 박사의 소송 문제가 해결되면서 그는 이제 인터넷 시장이 뜨겁게 달아오르는 중국 시장에서 구글의 중국 사장으로서 일할 자유를 얻게 됐다. 구글이 주춤하는 사이 야후는 중국 인터넷 기업의 선두인 알리바바Alibaba에 10억 달러를 투자한다고 발표했다. 또 중국 토종 검색엔진 1위 업체인 바이두닷컴이 2005년 8월 미국 월스트리트에서 기업공개를 했다. 마치 구글을 따라 한 듯 흰 바탕에 기본 색상으로 된 로고 '바이두'는 "100배"라는 뜻이다. 이 회사는 기업공개 첫날 27달러에서 122달러로 주가가 치솟아 과열 양상을 보였는데, 이는 5년 전 닷컴버블 이후 첫날 기록한 가장 큰 상승폭이었다. 바이두의 기업공개 성공은 검색엔진을 핵심 경쟁력으로 삼는 구글 모델이 미국 외 다른 곳에서도 수십억 달러 시장 가치를 창출할 수 있다는 또 다른 증거였다.

같은 주에 한 영국 기업은 신문 기자 출신 대니 설리번이 운영하는 검색엔진 시장 분석 전문 매거진 〈서치엔진워치〉를 4300만 달러에 매입했다. 이 회사는 검색엔진 관련 전시회나 회의를 개최하고 온라인 뉴스레터를 발행하는 데 집중하고 있으며, 글로벌 독자들을 위해 구글의 모든 움직임을 추적하는 일을 계속해왔다.

중국에서 구글의 성장 가능성은 더 명확해졌으며 래리와 세르게이, 에릭은 점점 중국의 매력에 빠졌다. 중국 내 검색엔진과 검색 관련 광고 시장의 엄청난 성장은 구글의 근미래에 압도적인 판매와 이익을 보장하고 있었다. 구글 주식 역시 투자가들에게 매력적인 존재였다.

리 박사가 이끄는 중국 지사와 함께, 구글은 매년 중국 대학을 졸업 예정인 수만 명의 컴퓨터 과학자를 충원할 유일한 입지를 확보했다. 하지만 중국에 깊숙이 개입할수록 문젯거리는 많아졌다. 중국은 적극적으로 인터넷을 감시·제약·검열하는 공산당의 관료 시스템이 지배하는 나라이기 때문이다. 그런 곳에서 비즈니스를 한다는 것은 자유롭고 통제되지 않는 정보 접근성을 제공한다는 창업주들의 핵심 가치와 배치되는 것이다. 중국 진출의 목표는 중국의 사용자들이 세계 어디에서든지 구글닷컴에 접속해 여과하지 않은 중국어 검색 결과를 제공하는 것에 있었다.

구글은 서버를 중국 국경 밖에 두고 운영하기 때문에 중국 정부가 검색결과의 목록을 검열하는지를 확인할 수 없었다. 그러나 문제는 비록 사용자들이 중국 정부가 접속을 금지시킨 정보 목록을 볼 수 있다 하더라도 중국 안에서는 구글에서 검색한 사이트도 막혀 있어 들어가 볼 수 없다는 것이었다.

웹사이트 블랙리스트는 포르노, 인권운동, 티베트, 타이완, 천안문 광장 민주화시위 등 정치 이슈를 다루는 사이트로 구성됐다. 중국 정부가 정교하게 만든, '그레이트파이어월Great firewall of China'이라는 별명을 가진 여과 장치는 이런 사이트를 차단할 뿐 아니라 웹 속도를 느리게 만들곤 했다.

중국 내 구글 사용자들이 구글닷컴 사이트가 완전히 봉쇄되고 있다고 알리면서, 성가신 현상이 점차 사업의 진짜 골칫거리로 변하게 됐다. 비록 사이트 차단은 일시적이었으나, 중국 안에서 벌어지는 이러한 현상을 래리와 세르게이도 어떻게 할 방도가 없다는 뜻이기도 했다. 게다가 그들은 당장 어떤 손쉬운 해결책도 갖지 못한 채 꼼짝달싹 못하는 상황에 처했다. 구글은 웹 서버를 중국 밖에다 두어 속도 저하나 그레이트파이어월의 방해를 피할 수도 있었다. 그러나 중국 밖에서 서버를 운영하려면 몇 가지 조건을 충족시켜야 하는데, 바로 중국의 법을 준수하고 인터넷 검열에 동의하는 것이었다.

창업자들은 이제 막 시작한 회사 생활 가운데 최대의 도덕적 딜레마에 부딪혔다. 그리고 이는 구글이 직면한 첫 번째 정치적 과제이기도 했다. 중국의 검열 제도와 맞서다가 형편없는 서비스로 인해 중국 시장 검색 점유율을 잃느냐, 아니면 성공의 기회를 얻기 위해 인터넷 검열에 적극 협조할 것이냐?

마이크로소프트와 야후는 중국에서 검색과 이메일, 기타 개인 서비스를 제공하면서 자사 웹사이트에 검열 기능을 장착해 운영하고 있었다. 비록 구글은 '사악해지지 말자'라는 회사의 이념이나 창업자의 기업공개 사전 뉴스레터에 의해 표현됐듯이 오랫동안 요란하게 검열에 대해 높은 기준을 집착하고 있었지만, 주주들이 보기에 이는 잠재적인 책임 문제가 달려 있을 뿐 아니라 구글의 당시 처지가 그리 좋지 않았다. 구글 본사 내부의 강렬하고 치열한 검색 논쟁은 2006년 1월 무렵 곪아서 터질 정도로 여러 달 동안 지속됐다. 늘 그렇듯 래리와 세르게이는 최종 결정자로서 중국 내 구글 사이트 서버를 두고 검열을 수용하는 것이 최선책이라고 결론을 지었다.

에릭 슈밋은 스위스 다보스 세계경제포럼에서 이 의사결정 과정에 대해 설명하면서 구글을 대변했다. "우리는 비록 정보를 검열하는 것은 원치 않지만, 사용자들의 요구를 수용하기 위해 노력하지 않는 것이 더 나쁘다는 결론을 내렸습니다. 우리는 사악의 뜻에 해당하는 조치를 취한 셈입니다." 구글의 공식 담당자는 접근 방식의 차이점을 설명했다. 즉 검색결과가 검열되면 사용자들에게 그 사실을 알려줄 것이며, 정부의 손에 들어갈 수 있는 개인정보는 결코 수집되지 않는다고 해명했다. 그럼에도 전 세계 언론의 1면 제목은 구글의 화려한 이미지를 훼손하면서 연신 구글을 때려댔다.

구글의 결정은 두 창업자가 중국에서 그들의 평소 신념을 버리고 권위에 굴복했다는 점을 상기시켰다. 미국 하원은 청문회를 요구했다. 그리고 비슷한 시기 법무부는 구글과 몇몇 인터넷 회사에 검색 및 웹 데이터와 관련해 소환장을 보냈다. 이 소환장은 구글의 중국 사태에 세간의 이목을 끌며 논쟁을 심화시켰다. 마이크로소프트, 야후, AOL은 데이터에 대한 통제권을 정부에 넘겼지만, 구글은 정부의 요청이 너무 광범위한 영향을 미칠 것이라는 근거를 들면서 강하게 저항했다. 그리고 결국 구글은 결국 정부의 요구를 축소하는 데 성공했다.

그해 봄 구글 R&D센터 개소식을 위해 베이징을 방문하는 길, 에릭 슈밋은 구글이 검열 정책을 변경하려는 시도를 한다면 이는 중국에게 건방지게 비칠 것이라며 구글의 중국 사업 방식이 '절대적으로 옳은 선택'이었다고 재차 변호했다. 그러나 그해 6월, 워싱턴D.C. 방문길에 브린은 구글이 중국에서는 자신들의 원칙을 타협했으나 그 문제를 계속 개정할 것이라고 넌지시 암시했다. 브린은 이렇게 말했다. "아마도 원칙에 따른 접근이 의미 있겠죠. 그러나 지금 원칙을 고수하기 위해 직접적인 행동을 하기는 시기상조입니다."

인터넷 시대의 세대교체

2006년 여름 무렵, 구글의 주식 시가총액은 1200억 달러 안팎에서 오르락내리락했다. 구글 주가가 아마존, 이베이, 야후를 합친 것보다 더 높게 평가받은 것이다. 당시만 해도 엔지니어링과 기술 중심 회사로 여기지는 구글은 실은 광고를 주 수익원으로 삼는 많은 미디어 기업과 마찬가지로 광고로 막대한 돈을 벌어들였다. 역설적으로 확실한 광고 수익원에서 구축된 재무적 강점을 지닌 회사는 군이 광고를 할 필요가 없다. 구글이 그러했다. 기업공개 후 첫 해 동안 구글의 기업가치는 전 세계에서 가장 큰 미디어 회사인 타임워너보다 더 높았다. 비록 타임워너는 할리우드스튜디오, 케이블채널, 잡지, AOL 등 등 광범위한 자산을 보유한 회사였지만, 투자자들은 구글의 가치를 더 높게 본 것이다. 심지어 구글의 가치는 디즈니, 포드, GM 등 세계적 명성을 지닌 미국 기업들을 합친 것보다 더 높았다.

구글의 가치가 얼마나 높게 평가받는가를 살펴보기 위해서는 이 점을 고려해야 한다. 구글의 시장 가치는 〈월스트리트저널〉을 보유한 다우존스의 40배, 〈뉴욕타임스〉의 30배, 〈워싱턴포스트〉의 15배에 이르렀다. 심지어 더 높은 수익을 위해 구글은 컴퓨터 사용자들이 더 편리하게 온라인에서 쇼핑을 할 수 있는 새로운 결제 수단을 만들었다. 라디오 광고를 판매하는 비즈니스에도 진출할 준비도 갖췄으며, 또 사용자가 구글에서 광고를 소비하는 동안 양산되는 판매 추이를 광고주가 정확하게 추적하고 측정할 수 있도록 개선 작업을 진행했다. 광고효과를 더 효과적으로 측정하도록 만든 것이다.

나아가 월마트, 코스트코 등 대기업 광고주를 위한 새로운 개편도 진행됐다. 대기업 광고주들은 이전보다 온라인 광고의 위치와 광고 시점을 더 효과적으로 관리하고 싶어 했다. 이에 구글은 대형 기업들의 요구를 더 효과적으로 충족시킬 수 있도록 광고 판매 조직을 개편했다. 한편 큰 수익 잠재력을 가진 새로운 영역으로 진출하면서 구글의 기술자들은 할리우드스튜디오와 밀접하게 협업하여 디지털비디오의 저작권 보호 기술을 개발했다. 이로써 사용자는 더 쉽게 비디오에 접근하고 다운로드하며 결제까지 할 수 있게 되었다. 마이크로소프트와 몇몇 회사가 시도했던 디지털비디오 시장에 진출해 바로 경쟁 관계를 구축한 것이다.

래리와 세르게이에게는 여전히 구글이 검색엔진분야에서 선두 자리를 유지하고 있다는 점이 매우 중요했다. 자료 조사에 따르면 미국에서 온라인에서 대부분의 검색 트래픽은 60%가 구글을 통해서 이뤄진다. (2007년 기준. 2018년 조사에 따르면 80%로 성장했다.) 에릭 슈밋은 이에 대해 다음과 같이 언급했다. "우리는 최종 사용자와 혁신을 최우선으로 생각하는 우리만의 방법을 찾아왔다. 구글에 모인 인재와 구글이 운영하는 규모, 구글 안에 구축한 기술의 컴퓨팅파워 그리고 혁신의 모든 것에 자부심을 느낀다."

2006년 빌 게이츠가 경영 일선에서 물러난다고 발표하면서, 그의 손에 든 횃불은 새로운 세대에게 넘어갔다. 즉 래리와 세르게이가 구글을 통해 창출한 인터넷 시대로 넘어간 것이다.

25장

유전자 검색

구글은 어떤 미래를 꿈꾸는가

The Google Story

"우리는 구글과 함께 지구상의 모든 유전자를 규명할

유전자 카탈로그를 만들 겁니다.

유전학자들이 수 세대에 걸쳐 꿈꿔온 일이죠"

세르게이 브린과 래리 페이지는 과학, 의학, 기술을 융합해 생물학과 유전공학까지 구글의 영역을 확장하려는 야심 찬 장기 계획을 가지고 있다. 두 사람은 구글과 자선단체로 성장하고 있는 'Google.org'를 통해 수백만의 사람과 과학자들에게 정보를 제공하는 것이 목표다. 이런 정보를 이용하여 각종 질병을 예방하고 치료하면 더 건강하고 훌륭한 사회가 실현되리라는 믿음에서다. 구글은 유능한 직원, 변함없는 혁신 추구, 경쟁 상대가 없는 검색 능력, 막강한 컴퓨터 자원 등, 구글의 모든 능력과 자원을 활용할 뿐 아니라 다른 단체와 협력하여 새로운 작업을 진행했다.

"컴퓨터공학 종사자 중 아주 극소수만이 생물학에서 정보 문제가 얼마나 중요하며 영향력이 막대한지를 인식하고 있습니다. 우린 이 엄청난 양의 데이터를 아주 저렴한 비용으로 저장할 수 있죠." 브린이 말했다.

구글은 정확하고 신속한 검색, 그리고 검색의 범위를 확장하는 데 막대한 자원을 퍼붓고 있다. 이는 단순 검색 자체를 원시적인 것으로 만들 완전히 다른 검색 방법을 포괄한다. "궁극적인 검색엔진은 여러분이 무엇을 의미하는지 정확히 이해하고 원하는 답을 정확히 제공할 겁니다." 페이지는 말했다.

구글플렉스 내에서 진행하는 중요한 연구에는 인공지능 기술과 새로운 번역 방식에 대한 실험이 포함되어 있다. 여기에는 언젠가 사람들이 언어와 지역의 차이, 통신망이나 전력의 여부 등 한계와 장벽에 구애받지 않고 더 나은 정보와 지식을 얻게 해주리라는 희망이 담겨 있다. 이를 위해 래리와 세르게이는 전직 최고경영자와 수백 명의 박사, 대학 교수에서 세계 각지의 퀴즈 챔피언, 전직 올림픽 선수, 수상 경력이 있는 독립영화 제작자에 이르기까지 다양한 인력을 구글플렉스에 채용했다.

두 창업자는 현재는 어렵지만, 앞으로 구글이 공공 혹은 개인 정보에 관한 거대한 저장소의 역할을 하게 되는 것도 가능하리라 예측한다. 동영상과 TV 방송, 라디오, 이미지와 문서, 전화와 음성 통신수단, 교육자료, 그리고 우주에서 보내온 데이터 등이 이 정보에 포함된다. 나아가 이들은 구글에 전력을 공급하고 경제 성장을 앞당길 청정 재활용 에너지 자원을 발굴하는 데도 힘쓴다. 구글 지주사 알파벳의 의장이자 스탠퍼드대학교 전 총장인 존 헤네시는 이렇게 말한다. "이 친구들은 앞으로 이 회사가 무슨 일을 할지 원대하고 감탄할 만한 비전이 있습니다. 장기적 전망과 계획을 정말 심각하게 고민하죠."

가장 흥분되는 구글 프로젝트는 바로 의학과 과학에서 비약적 발전을 불러올 생물학과 유전공학의 연구다. 이러한 시도로 개인 맞춤형 의약품 시대는 눈앞에 다가왔다. 의사나 약사가 통계나 평균에 기초해 의약품을 판매하거나 처방을 내리는 대신 개인의 정확한 유전자 정보를 이해함으로써 개인의 유전적 특성에 맞는 처방을 내리는 것이 가능해진다. 이는 또다시 새로운 발견과 의약품 개발을 촉진할 것이며 특정한 유전적 형질을 지닌 사람도 음식이나 약품을 가려서 사용할 수 있게 된다. "구글을 유전학에 적용한다고 생각해보십시오. 구글에는 거대 데이터베이스와 수많은 정보, 검색에 대한 요구가 있습니다." 헤네시는 여기에 전문적인 데이터가 추가되면 구글의 색인은 유전공학의 새로운 발견을 도울 수 있다고 말했다. "사람들은 이미 구축된 DNA 게놈의 구조와 더불어 그 내용을 중심으로 한 검색 시스템을 사용하고 싶어 합니다. 이는 '지능 검색intelligent Search'이라는 큰 발전을 이룩할 여러 잠재 영역 중 하나입니다. 우리는 이 연구에서 점점 더 많은 발전을 이룰 것입니다.

국립인간게놈연구소National Human Genome Research Institute의 부회장 앨런 굿마허Alna E.Guttmacher 박사는 구글의 유전공학 참여가 매우 의미 있는 일이라 평했다. 구글의 검색엔진을 통해 질병의 원인인 구체적 세포와 비정상 유전자를 검색하고 발견하게 될 것이기 때문이다. 과학자들이 수십억 개 단위의 데이터를 분석하는 일을 실험실에서 진행할 수는 없지만 구글의 강력한 컴퓨팅파워로는 가능하다. 실험실에서만 일하는 과학자는 옛말이 된 지 오래며, 과학자들은 인터넷 데이터베이스에 연결된 컴퓨터로 일하고 사이버 공간에서 모의실험을 한다. 이는 새로운 패러다임으로의 변화다.

굿마허는 최근까지 연구에서 어려운 문제는 데이터를 수집하는 일이었으나 이제는 수집한 데이터를 정리하고 평가하는 일이 더 중요하다고 말한다. "이는 과학이 이룩한 방식을 변화시키고 또 가속화하고 있습니다. 이전엔 불가능한 일이었으나 우리는 이제 인간 질병을 생물학적으로 이해하는 엄청난 도구를 가지게 되었고, 그런 질병들을 예방하고 치료하는 방법을 찾아내기 시작했습니다."

인류의 오랜 꿈

2005년 2월, 세르게이 브린과 비주류 생물학자 크레이그 벤터Craig Venter는 와인을 곁들인 저녁식사 자리에서 유전공학과 구글의 전망에 대해 대화를 나눴다. 인간 게놈을 해독한 벤터는 인류의 DNA 분석을 위해 전 세계 광대한 표본을 수집하여 미국으로 보내고 있었다. 연방 에너지부Federal Department of Energy에서 수백만 달러의 자금을 받고 수천 시간 동안 분석을 했지만 인간 분자가 지닌 비밀을 풀기엔 턱없이 부족했다. 그는 구글의 수학자와 과학자, 엔지니어와 컴퓨팅파워가 자신의 연구를 진척시켜주리라 보았다. 그래서 구글을 참여시키기 위해 브린에게 강한 압력을 넣은 것이다.

그 자리에는 DNA다이렉트DNA Direct의 최고 경영자 라이언 팰런Ryan Phelan이 참석했다. 이 회사는 유전자 검사 결과와 조언을 제공하는 최초의 인터넷 회사로, 거의 모든 고객을 구글에 게재한 광고를 통해 얻는다. 검색창에 혈액응고, 유방암, 낭포성 섬유증 등의 질병 이름을 입력하면 이 회사의 광고가 무료 검색결과의 우측에 뜬다. 브린, 벤터, 팰런은 캘리포니아 몬터레이의 인기 높은 이탈리안 클럽 시보Cibo에서 개최된 만찬에 초대받은 똑똑하고 부유한 사람들 중 하나였다.

브린은 이 자리에 미래의 아내가 될 앤 워치츠키와 동행했다. 그녀는 의료 산업 투자자이자 브린과 페이지에게 창업 장소를 빌려준 수전 워치츠키의 동생이다. 그들과 가까운 자리에는 아마존닷컴의 최고 경영자이자 구글의 초기 투자자 제프 베조스도 앉아 있었다.

팰런은 이날에 대해 이렇게 회고했다. "벤터가 세르게이와 나눈 대화는 주로 이런 것이었습니다. '구글이 유전자에 어떤 도움이 될까?' 크레이그의 관심은 순수한 과학 그 자체였습니다. 세르게이는 '구글이 그 정보의 보고가 된다면 어떨까요?'라는 말을 했어요. 그는 상당한 지적 호기심에 빠졌고 그 분야에서 구글을 어떻게 사용할지, 그리고 어떤 차별성이 있는지 크레이그와 오랫동안 이야기하고 싶어 했습니다."

구글은 다른 사람의 과학적 노력에 기여하고자 한다. 몇 해 전에는 단백질 분해에 초점을 맞춘 과학 프로젝트에 구글의 컴퓨팅파워를 제공하고자 스탠퍼드대와 함께 팀을 꾸렸다. 단백질 합성 과정은 생물학의 핵심 과제이지만 아직 잘 알려지지 않았다. 일각에서는 단백질의 잘못된 합성이 알츠하이머나 파킨슨씨병, 각종 암 등 심각한 질병을 일으킨다고 보기도 한다.

스탠퍼드대 프로젝트에서는 단백질 합성 과정을 3차원으로 시뮬레이션하기 위해, 개별 지원자의 PC나 엄청난 컴퓨팅파워를 지원하기로 약속한 구글 같은 조직의 잉여 컴퓨터 시간을 활용했다. 또한 검색 툴바를 다운로드한 사람들이 스탠퍼드대 프로그램에 가입하기 쉽도록 만들어, 그들이 자리를 뜨든 잠을 자든 그들의 컴퓨터가 과학의 원인 규명에 효율적으로 사용될 수 있도록 했다. 이런 잉여 컴퓨터 능력으로 단백질 합성 모의 실험과 분석을 앞당겼다. "심지어 가장 간단한 단백질 모형을 만드는 것도 컴퓨터 능력의 측면에서 보면 엄청난 도전입니다." 브린은 말한다.

캘리포니아 만찬이 얼마 지나지 않아 브린과 페이지는 벤터와 함께 팀을 만들었다. 드디어 벤터는 구글의 강력한 컴퓨터와 인재에 접근할 수 있게 됐다. 그는 이 프로젝트가 분자 자료의 분석뿐 아니라 건강 관리 및 기초 과학 연구에 큰 진보를 가져올 것이라 보았다. "우리는 세계에서 가장 큰 컴퓨터를 사용해야 합니다. 래리와 세르게이는 우리 일에 대해, 그리고 자료 분석 과정을 향상하기 위해 우리가 그들의 컴퓨터와 프로그래머, 과학자들에게 접근할 수 있다는 사실에 홍분을 감추지 못했습니다. 그들의 생각이 얼마나 깊은지 알 수 있죠. 유전자 정보는 세상을 변화시킬 정보의 최전선입니다. 구글과 함께하며 우리는 지구상의 모든 유전자를 규명할 유전자 카탈로그를 만들 것이며, 유전자의 진화론적 발전을 이해하기 위해 노력할 겁니다. 유전학자들이 수 세대 동안 꿈꿔온 일이죠."

벤터는 곧 구글이 구축한 유전자 데이터베이스를 분석하고 개인과 모집단에 의미 있는 상관관계를 발견할 것이라고 말했다. 벤터와 국립보건원National Institte of Health의 과학자들은 서로를 제치듯 경쟁적으로 인간게놈지도를 만드는 일에 매달려, 3만여 개의 유전자를 발견하고 이를 효율적으로 이용하게 되었다.

2006년 6월 26일 연방 연구자들과 민간 연구자들은 백악관에 함께 모여 인간게놈지도를 작성하려는 그들의 경쟁이 무승부로 끝났다고 발표했다. 뒤이어 벤터와 NIH의 과학자들은 수집한 유전자 정보를 인터넷에 공개했는데, 이는 과학자들이 자료를 극비로 관리하던 시류와 대조적이었다. 구글은 유전자 정보를 전달하는 세포 내 물질인 DNA의 구조가 발견된 지 50주년을 기념하기 위해 나선 모형을 구글 웹사이트에 올려놓았다.

구글의 데이터마이닝 기법은 유전자 순서를 분석하는 데 따르는 매우 어려운 과제들을 해결하는 적합한 방법이었다. 구글이 이 프로젝트에 착수한다고 해서 현재 수입이나 이윤에 영향을 받는 것이 아니기 때문에, 이 프로젝트의 정보를 밝히라는 요구에서 자유로울 수 있었다.

오랫동안 분자생물학에 진지한 관심을 가져왔던 브린은 여러 분야의 세포생물학자와 의학 연구자가 구글이 보유한 데이터 군집뿐 아니라 10~20년 안에 보유하게 될 데이터 군집을 사용하게 될 것이라고 보고, 이에 대처할 능력을 강화하는 역할에 깊이 관여하고 있다. 그는 우리가 꿈꾸지도 못했던 완전히 새로운 일을 하게 될 것이라고 말한다. 이는 개별 연구자에게 큰 의미다. 유전공학은 다양한 의학적 질문이나 그밖의 문제에 반드시 예, 아니오 대답을 주는 것은 아니지만, 올바른 의사결정에 도달하도록 확률과 통계를 제공해준다.

"사람들은 구글에서 유전자를 검색하고 실시간으로 변화하는 자신의 유전자 정보를 이해할 수 있게 될 것입니다. 유전자의 변화를 안다는 건 무슨 의미일까요? 다른 어떤 것들이 알려지게 될까요? 지금까지 유전자 정보는 소수의 엘리트 과학자만 알고 있던 영역이었지만, 구글로 유전자 정보를 검색하게 된다면 일반인도 과학자로 만들 수 있을 겁니다." 벤터는 말을 이어갔다. "구글은 클릭 하나로 수초 만에 검색을 하고 정보를 얻을 수 있는 힘을 개인에게 부여했습니다. 자신의 유전적 특성을 이해하고 이 특성이 질병과 행동에 어떤 관계가 있는지 아는 것보다 중요한 일이 어디 있겠습니까? 사람들은 구글로 자기 유전자에 대한 지식을 얻을 수 있습니다. 구글은 이 모든 일을 할 능력이 있죠. 래리와 세르게이와 저는 이 문제를 논의했습니다. 그들이야 말로 이 임무의 적임자들이죠."

엔지니어이자 미래학자인 스튜어트 브랜드Stewart Brand는 만찬 자리에서 구글과 유전공학의 미래에 대해 토론했던 브린과 벤터의 만남을 '하늘이 맺어준 인연'으로 묘사했다.

야망인가, 망상인가

벤터가 여러 문제를 처음 논의한 것은 브린이었지만 그는 래리 페이지와도 관계가 긴밀했다. 2005년 4월 페이지는 민간 우주 경쟁을 촉진하는 한 재단의 이사회 위원으로 벤터를 위촉하기 위해 그를 초대했다. 그 X 프라이즈 재단X Prize Foundation은 1927년 뉴욕-파리 간 대서양 무착륙 단독 비행으로 찰스 린드버그 Charles Lindeberg가 수상한 오티그상Orteig Prize을 본땄다. 이 재단은 우주여행과 관련 기술의 혁신을 위한 경쟁의 장을 만들자는 구체적인 목적이 있다. 그리고 광대한 자원에 접근하려는 동기 의식이 뚜렷하고, 똑똑한 사람들이 작은 집단을 이뤄 혁신을 추구한다는 점에서 구글과 닮았다.

2004년 여름 구글 기업공개 몇 주 후, 버트 루탄Burt Rutan이 이끌고 마이크로소프트 공동 창립자 폴 앨런이 자금을 지원하는 모제이브에어로스페이스벤처팀Mojave Aerospace Ventures Team이 세계 최초로 민간 우주선을 띄워 1000만 달러의 앤서리X Ansari X 상을 수상했다. 이 수상으로 경쟁을 통한 혁신이라는 이 단체의 모델이 구체화됐다. 2005년 1월 이 단체의 위원회에 참여한 페이지는 "혁신에 혁신을 더할 수 있는 단체에서 일하게 되어 무척 흥분됩니다"라며 다음과 같이 말했다.

"그들은 사람들이 우주에 가도록 경쟁을 촉진하고 있습니다. 화성에 정말 가고 싶어서 로켓 회사를 세우기로 결정한 한 친구가 있습니다. 그는 그 일에 꽤 성공했죠. 저는 이메일을 보내 그에게 몇 가지 통계를 보내달라고 했어요. 가령 '1파운드 약 450그램 무게의 물건을 우주에 쏘아보내기 위해 드는 이론적 비용은 얼마인가?' 같은 내용이죠. 로켓을 궤도로 진입시키기 위해서는 기본적으로 연료가 필요합니다. 우주왕복선은 1파운드 무게당 약 1만에서 2만 달러 정도 비용이 들어요. 이론적으로 그 하한선은 얼마라고 생각하세요? 무언가를 궤도로 진입시키는 데 드는 비용은 실제로 1파운드당 10에서 20달러입니다.

여러분의 몸무게를 비용으로 환산하면 아마 우주로 가는 비용은 비싼 비행기표 값 정도밖에 안 될 거예요. 그렇죠? 우리는 언젠가 그런 일에 매우 가까워지고 있음을 느끼게 될 겁니다. 전 그렇다고 생각합니다. 많은 것이 크게 바뀔 것이고, 그 변화는 우리를 화성에도 데려다주겠죠."

페이지는 또한 자신과 구글이 기업가 정신과 자립성, 그리고 자선 사업을 통해 기아와 빈곤을 해소하는 일에 더 적극적으로 참여할 것임을 밝혔다. 그는 특히 개발도상국에 소액의 은행 대출을 제공하는 프로그램에 각별한 관심이 있었다. "방글라데시의 무함마드 유누스라는 사람은 가난한 사람들에게 한 번에 160달러씩 총 20억 달러 이상을 대출해주었습니다. 이는 매우 성공적이었습니다. 그 돈은 다시 돌아왔고 사업은 제대로 기능을 하고 있죠. 저는 빈곤을 없애는 것이 우리가 할 수 있는 일이라고 봅니다. U2의 보컬 보노가 이 문제에 대해 나보다 더 설득력 있는 말을 했으니 인용해보겠습니다. '아프리카는 대의명분이 아닙니다. 비상 상황입니다.'"

여러 혁신 가운데 세르게이 브린과 래리 페이지가 구글을 비롯한 다른 기업에 바라는 것은 저렴하고 친환경적이며 완전 연소가 되는 연료를 생산하는 일이다. 이러한 동력의 원천은 아마도 태양일 것이다. 이 연구 영역은 100만 대 이상의 컴퓨터 네트워크를 작동시킬 때 필요한 엄청난 전력을 공급하기 위해 수년간 애써왔던 페이지에게 매우 중요한 문제다.

벤터의 생물학적 연구로 대안 연료의 발견을 이끌 수도 있지만, 세르게이 브린과 래리 페이지, 그리고 형 칼 페이지 주니어는 상업용과, 주거용, 공공용으로 사용할 태양전지를 개발하고 있는 비상장기업 나노솔라Nanosolar Inc.의 투자자이기도 하다. 나노솔라는 '얇은 필름 태양전지'에 특화된 회사다. 이들의 태양전지는 지붕이나 벽, 또는 다른 표면에 투명하게 붙일 수 있도록 필름으로 되어 있다. 이 회사는 국방첨단연구사업국Federal Defense Advanced Research Projects Agency, DARPA으로부터 1050만 달러를 보조받았다.

구글이 사용하는 전력과 그에 드는 비용이 구글 성장에 잠재적 한계로 작용하고 있음을 고려해보면, 브린과 페이지가 나노솔라나 다른 에너지 관련 실험과 투자에 참여하는 것은 구글의 미래 계획을 확장한다는 차원에서 논리적인 귀결이었다. 이 두 사람은 전 세계 다양한 지역에서 무선 인터넷에 접속할 수 있도록 자금 지원을 계획하고 있다. 에릭 슈밋은 이 회사가 궁극적으로 지구상 모든 곳에 도달하리라고 보고 있다. "가령 '왜 아마존에는 인터넷 사용자가 없지?'라고 묻는다면, 정답은 '전기가 안 들어오니까'입니다. 많은 사람이 이 문제를 해결하기 위해 일하고 있으니 곧 구글도 모든 곳에 도달할 수 있을 겁니다. 심지어 나무 위에 사는 사람들에게도요. 이는 단지 그들에게 전력과 어떤 장치를 제공하면 해결될 일입니다."

구글이 새로운 에너지 자원을 찾는 동안 미국의 에너지부는 유전공학과 생물 기술에 막대한 투자를 하고 있었다. 에너지부는 우생학 분야로의 진출을 지원하기 위해 연간 8000만 달러를 크레이그 벤터와 관련 과학 연구에 보조하기도 했다. 이런 에너지부의 활동을 대표하는 애리 패트리노스Ari Patrinos는 구글의 열혈 팬이자 헤비유저이기도 하다. 그는 깨끗하고 재생산 가능한 동력 자원을 찾는 데 구글이 동반자로서 크게 기여할 것임을 확신하고 있다. 에너지부와 구글은 심각한 장기적 문제를 해결하고자 각각 자기 방식으로 생물학적 연구를 지원한다. 패트리노스는 이에 대해 다음과 같이 말한다.

"구글은 다른 분야에 진출했던 것처럼 생물학 비즈니스에 뛰어들었습니다. 정부가 구글에 견줄 만큼 어떤 것이라도 시도했다고 생각하지 않아요. 우리는 컴퓨터과학의 진보와 정보 분야 연구의 중요성을 강조해왔고, 구글은 이를 가능케 하도록 돕고 있죠. 최근까지 생물학자들에게 이런 시도는 낯선 개념이었습니다. 게놈 혁명은 우리가 분석하고 처리하고 이용할 수 있는 엄청난 양의 자료를 폭발적으로 만들어냈죠. 우리가 수집한 생물학적 자료를 사용하는 데 검색엔진은 더더욱 중요합니다. 우리가 발견한 귀중한 자료를 마음껏 이용할 수 있게 해줄 유일한 방법이죠. 검색엔진은 점점 더 정교해져서 개인의 유전자나 단백질의 기능적 요소를 규명하기에 충분할 정도입니다. 여기서의 검색이란 맹목적 검색을 의미하는 것이 아니라, 거의 인공지능과 같은 수준이죠."

애리 패트리노스는 구글이 유전자 기능에 대한 통찰력이 있다고 말한다. 에너지부 산하 생물환경연구소Office of Biological and Environmental Research의 국장을 맡고 있는 그는 크레이그 벤터와 함께 민간 분야 벤처 팀을 구성한 적이 있다. 이들의 일차적 관심은 동식물의 DNA를 분석하고 생물학적 치료, 독극화 지역의 청정화 및 청정 연소 연료 개발 등을 위한 새로운 방법을 발견하는 데 있었다. 유전자의 엄청난 복잡성을 감안하면 세포 내에 작용하는 모든 것을 모형화하기 위해서는 컴퓨팅 파워가 매우 중요하다.

"검색엔진으로 여러 데이터베이스를 검색함으로써 그 결과들 사이의 관계를 확인하고 답을 내려볼 수 있습니다. 이는 마치 마법 같습니다. 이런 정보들은 진취적인 기술회사나 한창 성장 중인 산업적 환경 생물공학 분야에서 사용될 수 있습니다. 구글은 그런 일을 하고 있는 셈이죠."

패트리노스는 다년간의 경험을 통해 구글의 예찬자가 되었다. "저는 40년 동안 볼 수 없던 동료들을 구글을 통해 찾았습니다. 각각 나이지리아, 프랑스, 오스트레일리아에 흩어져 있는 친구들을 찾았죠. 다른 방법으로는 못 찾았을 거예요."

패트리노스 외에도 구글이 성장하고 확장해나가는 데 구글의 편이 되어줄 친구들이 필요하다. 힘과 규모가 커질수록 적이 많아지고 불신이 생기며, 경쟁자들의 규제 요청은 더 커지게 된다. 구글은 이미 자신들의 권리가 짓밟힐까 두려운 수많은 사람으로부터 적대적인 반대에 부딪혀왔다. 출판업자들이 법적인 문제를 제기한 뒤 구글은 저작권 보호를 받고 있는 도서들을 스캔하는 작업을 잠시 중단했었다. 게다가 이 회사가 유전공학과 생물학 분야에 진출하고, 수백만의 검색자로부터 나온 정보를 계속 수집하고 있다는 점을 강조하면 할수록, 윤리 및 사생활에 대한 정치적 문제제기는 불가피할 것이다.

워싱턴에 기반을 둔 유전공학연합Generic Alliance의 회장 섀런 테리Sharon Terry는 구글이 정치적 싸움에 휘말렸을 때 구글의 편이 되어줄 수 있는 사람이다. 테리는 두 아이들이 조로증을 일으키는 유전적 희귀 질병을 진단받은 1994년, 유전공학의 세계에 몸담게 되었다. 당시 그녀는 권위 있는 정보와 함께 같은 입장에 처한 부모들을 찾고 있었다. 그리고 구글이 출시되자마자 구글을 이용해 뉴스와 온라인 게시판을 샅샅이 뒤졌다. 이를 통해 그녀는 다른 사람들과 어떻게 연대할 수 있는지를 확인했다. 섀런 테리는 종교학 석사학위를 가지고 있지만 과학자로서 훈련은 받지 못했다. 그래서 아이의 질병과 관련된 유전공학적 연구를 다룬 뉴스나 정보를 따라잡기 위해 매일 구글에 의지했다. 가령 헝가리의 한 단체가 새로운 논문을 발표하면 바로 찾아 읽을 정도였다.

"저는 구글에서 전문적인 정보를 빠르게 구할 수 있었어요. 일반

인도 아주 구체적인 주제의 정보나 진행 중인 논의를 뒤처지지 않고 접할 수 있게 만들어줬습니다. 구글이 없었다면 시도조차 할 수 없는 일이었겠죠."

유전공학연합을 이끄는 직업인으로서 테리는 자신의 조직을 유전공학 관련 정보를 찾는 사람들을 위한 일류 정보센터로 만드는 것이 목표다. 연구자와 정책 입안자, 그리고 민간 의약 기업 등과 원활히 소통하는 지위를 유지하도록 일부러 비정치적으로 처신하고 있다. 이들은 정보를 구하는 사람들이 질문을 하면 답을 찾는 일을 도와주기 위해 근무 시간 내내 구글과 학술검색 서비스인 구글스칼라를 이용한다.

"다른 어떤 것도 구글만큼 정확히 필요한 정보를 줄 수 없습니다. 우리는 정보의 점들을 연결하는 일을 하고, 구글은 그 점들을 훌륭하게 연결해주고 있죠. 우리는 '이런 조건에 관심이 있어요'라고 말하는 사람들을 돕기 위해 구글 검색을 먼저 이용합니다. 필요한 정보를 얻기 위해 저급한 정보들을 힘들게 찾아 헤맸던 과거를 저는 기억하고 있어요. 인터넷과 구글이라는 훌륭한 검색엔진 덕분에 우리가 해야 할 일들을 지속적으로 수행하고 또 그럴 만한 조직과 능력을 성장시켰습니다. 구글이 없는 세상은 더 이상 상상할 수도 없어요."

브린과 페이지의 야망과 때론 광적으로 보이는 아이디어는 구글에만 한정된 문제가 아니다. 이는 인류의 잠재력을 바꿀 문제다. 여기서 세르게이 브린은 묻는다. "두뇌를 향상시키는 문제는 어떨까요? 사람들은 더 큰 컴퓨팅파워를 원합니다. 아마도 미래에는 구글의 작은 버전 하나를 두뇌 안에 삽입하게 될 수도 있죠. 우리는 늘 최신 버전을 개발해야 할 것입니다. 이로써 사람들은 바로 이용할 수 있는 세상의 모든 지식을 가지게 되겠죠. 참으로 흥분되는 일입니다."

26장

문샷

기업가적 열정을 넘어
구글 제국의 탄생

The Google Story

"세계를 바꿀 야심찬 연구보다
우리가 더 사랑하는 것은 없습니다.
여러분이 개발하지 못하는 것이 무엇이든,
그것은 아직 손대지 않은 정원에 불과합니다."

2008년 초, 마이크로소프트 CEO 스티브 발머는 야후에 대한 적대적 인수에 착수하며 실리콘밸리를 뒤흔들 준비를 했다. 금고에 든 수백억 달러의 돈과 구글을 따라잡겠다는 발머의 허세에도 불구하고 마이크로소프트는 온라인 분야에서 완전히 실패했다.

검색 트래픽의 10% 미만에 머물며 구글과 야후에 이어 3위로 뒤처진 마이크로소프트는 이 격차를 어떻게든 따라잡고자 했다. 그러나 마이크로소프트가 온라인 파트너와의 큰 거래를 성사시켜 견인력을 얻으려 할 때마다, 구글은 거래를 지연시키거나 인수 비용을 더 높여 거래를 무효로 만드는 등 훼방꾼 노릇을 했다.

발머는 구글도 막을 수 없는 묘안을 내면 상황을 바꿀 수 있다고 믿었다. 야후를 인수하는 데는 비용이 많이 들지만, 마이크로소프트가 구글의 뒷마당인 온라인에서 위상을 높이는 데는 도움이 될 것이다. 발머는 이것이 회사의 규모를 키우고, 구글을 따라잡고, 그리하여 다시 무서운 경쟁자로 올라설 확실한 방법 같았다.

마침 명예회복을 도모하기에도 적절한 시기였다. 구글이 약간 주춤한 듯 보였기 때문이다. 월스트리트에서는 경제 침체로 구글의 성장이 정체될 것이라는 우려가 컸다. 높기만 했던 주가는 몇 달 만에 최고 747달러에서 수백 달러가 떨어졌다. 게다가 업계 통계에 따르면 수익 성장의 원천인 구글 광고의 클릭 수가 실제로 감소했으며, 전문가들은 회사의 비즈니스 모델에 의문을 품기 시작했다. 월스트리트가 늘 칭송하던 인터넷 스타 기업에 대한 관심을 잃은 상태에서, 마이크로소프트가 야후 인수를 통해 강력한 경쟁자로 부상하자 구글의 미래는 더 의심스러웠다.

그 시점에 구글은 온라인 광고업계의 강자인 더블클릭Doubleclick을 31억 달러에 인수해 독점규제 당국으로부터 인수안 승인을 받으려고 했다. 만약 대중과 정치권의 부정적 여론이 형성되면 31억 달러 거래를 망칠 수도 있고, 마이크로소프트의 야후 인수를 막는 데 제약이 생길 것이다.

그러나 2008년 1월 마지막 날, 세르게이 브린은 구글의 전망에 대해 좋은 예감이 들었다. 그는 산업계의 데이터에 결함이 있으며 구글의 온라인 성장은 변함없이 탄탄하다는 것을 알았다. 또한 회사는 혁신적인 경쟁력을 유지하고 있었다. 구글은 곧 명망 있는 클리블랜드 클리닉Cleveland Clinic과 파일럿 프로젝트를 곧 발표할 예정이었다. 이는 환자의 의료 기록을 온라인에 저장하여 적절한 허가를 받은 누구나 어떤 컴퓨터로든 의료 데이터에 접근하게 하는 사업이다.

해결해야 할 민감한 개인정보 보호 이슈가 있었지만, 브린은 환자에게 자신의 의료 데이터를 통제할 권한을 부여함으로써, 다른 주요 산업까지 혁명적으로 바꿀 수 있다고 생각했다. 구글은 그 변화의 중심에 있었다. 그리고 그는 구글에 쏟아지는 찬사를 즐겼다. 브린은 말했다. "구글이 〈포춘〉 선정 '일하기 좋은 최고의 직장'이 된 것에 매우 큰 자부심을 느낍니다. 〈포춘〉은 무료 식사나 빈백소파beanbags, 라바램프 같은 평범한 것들을 강조했더라고요. 그러나 외부에 드러나지 않은 것은 우리에게 이러한 기업가적 열정을 유지하면서도 성장을 관리하는 엄격한 시스템과 프로세스가 있다는 사실입니다."

구글의 합병 전략

그 다음날 마이크로소프트는 야후를 446억 달러에 적대적으로 인수하기로 했다고 발표했다. 시장은 이 어마어마한 경쟁을 피할 수 없다고 인식했는지 구글 주가가 급락했다. 야후를 평화적으로 인수하려는 막후 협상에 실패한 발머는 야후 주주들에게 경영진이 거절할 수 없는 가격을 제시하며 인수를 성사시키려고 했다. 입찰가는 야후의 실제 주가보다 62% 높았는데, 이는 후한 프리미엄을 반영한 것이었다. 전략적인 관점에서, 적어도 표면적으로는 검색시장의 60%를 차지하는 구글에 밀려 약 20%를 차지하는 2위 야후 그리고 돈과 온라인 시장 점유율을 잃어가는 3위 마이크로소프트가 힘을 합치는 것은 그럴 듯했다.

이 사태에 에릭 슈밋은 본능적으로 어떻게 대응해야 할지를 알았다. 그 방안은 야후에 손을 내밀고 야후가 마이크로소프트를 벗어나 독립적으로 생존할 수 있도록 만드는 것이었다. 구글은 이전에도 이런 상황을 예습했다. AOL을 구매하려는 마이크로소프트의 시도를 성공적으로 제지하고, 또 마이크로소프트에게 모멘텀이 될 여러 거래를 중단했다. 마이크로소프트의 온라인 사업을 방해하는 것은 마치 브린, 페이지, 슈밋에게 하나의 신념 같았다. 발머의 공격을 막기 위해 야후에 접근하는 것은 어쩐지 너무 자연스러워 보였다.

1998년 브린과 페이지에게 스탠퍼드대를 떠나도록 자극하고 사업을 처음으로 시도하도록 자극한 사람은 야후의 설립자인 제리 양이었다. 그들은 사적으로는 친구이면서 비즈니스에서는 경쟁자 사이다.

구글의 검색엔진이 고속 성장한 뒤로 구글이 야후 홈페이지에 검색엔진을 제공하는 등 그들은 함께 사업을 해왔다. 수년 동안 경쟁자였던 이들은 마이크로소프트에 깊은 반감을 가졌다는 공통점이 있다. 슈밋은 "내 적의 적은 나의 친구다"라는 생각으로 야후의 공동 설립자인 제리 양에게 전화를 걸었다.

슈밋은 제리 양에게 말했다. "야후의 독립을 돕고 싶습니다. 이전에 우리가 논의한 것처럼 구글의 광고 시스템을 사용하여 야후의 수익을 극대화할 수 있어요. 그러면 마이크로소프트를 막을 방법이 생깁니다. 그리고 이 일을 하는 건 빠르고 간단하죠." 슈밋의 전화는 시기적절했다. 당시 고군분투하고 있던 야후 CEO는 그의 제안을 대단히 고마워했다.

구글이 시장의 압도적인 1위가 되고, 야후가 2위의 자리에 있는 상태에서, 두 회사의 합병은 반독점 당국들에게 축복을 받을 수 없다는 것을 잘 알고 있었다. 한편으로, 구글은 AOL, 애스크지브스와 제휴했을 때와 유사한 방법으로, 검열을 통과하기 위해 광고 제휴를 조직화할 수 있었다.

제리 양은 자사의 광고 통제권을 구글에 넘기기는 꺼려지지만, 마이크로소프트를 거절할 만큼 충분한 경제적 보상이 주어질 수도 있다고 판단했다. 그러나 야후의 주주들은 마이크로소프트가 제시한 엄청난 프리미엄에 군침을 흘리며, 양이 발머의 제안을 물리치기 어렵고도 위험하게 만들었다. 야후가 취약하다는 사실은 누구나 알고 있다. 경영 관리는 요동치고 수익은 들쭉날쭉하고, 사업의 초점은 흐릿하고, 약속을 지키는 능력은 부족했다. 이 때문에 제리 양의 신뢰성은 타격을 받은 상태였다.

제리 양에 대한 압박 수위는 야후 주주들이 마이크로소프트의 제안을 응원하고 야후 주가가 치솟으면서 점점 더 커져갔다. 오랫동안 고통받은 야후 주주들에게 마이크로소프트는 야후 인수 시 시가 19달러보다 높은 31달러를 제시했다. 월스트리트는 야후가 합병 협상을 하고도 높은 가격을 제시한 마이크로소프트와 포옹하며 끝낼 것이라고 장담하고 있었다.

인수를 제안하며 마이크로소프트가 제시한 근거는 간단했다. '구글은 온라인 검색 및 광고 분야에서 큰 성공을 거두고 있으며 강력한 경쟁자가 없다. 야후와 마이크로소프트가 힘을 합치면 크기와 규모가 중요한 이 비즈니스에서 구글의 강력한 경쟁자가 될 것이다.'

온라인에서 성공하기 위한 10년의 노력 끝에 마이크로소프트의 인터넷 사업부는 좌절감에 절규하고 있었다. 그들은 구글과 효과적으로 경쟁하기 위해선 광고로 돈을 벌 수 있는 검색 트래픽이 더 필요하다고 결론을 내렸다. 자체적인 힘을 기르기보다는 야후 인수로 광고 트래픽을 높이는 편이 더 빠르고 확실한 방법이라고 판단했다. 발머는 말했다. "온라인 광고 성장이 지속되면 광고 플랫폼 경제에서 규모 경제의 장점이 확실하게 있다. 검색 인덱스를 구축하거나 연구 개발하는 데 자본 비용 면에서 규모의 경제가 유리하다. 오늘날 검색 광고 시장은 지배력을 공고하게 구축한 단일 사업자가 점차 지배해가고 있다. 마이크로소프트와 야후가 합치면, 소비자, 광고주, 콘텐츠 제공자에게 신뢰할 수 있는 대안을 제공할 수 있다."

야후의 취약한 재무 실적 때문에 제리 양은 마이크로소프트의 고가의 인수 제안을 거부할 수 없었다. 그러나 야후는 '장기적 관점'에서 야후 주주에게 무엇이 가장 좋은 선택인가를 기준으로 마이크로소프트의 제안을 평가하겠다고 약속하면서 조심스럽게 움직일 수 있는 여지를 남겨두었다.

한편 구글은 독점 기업이라는 마이크로소프트의 오랜 공포심을 불러일으키기로 전략을 바꿨다. 미국 법무부가 마이크로소프트에 독점 금지 위반 소송을 제기한 지 약 10년. 이 소프트웨어 거인은 여전히 유럽 당국과 독점 이슈에 대한 합의를 내리지 못한 상황이었다. 이에 구글은 마이크로소프트와 야후와의 합병을 공격하기 시작했다

구글의 법무 자문위원인 데이비드 드러먼드David Drummond는 이들의 합병에 대해 다음과 같이 말했다. "이는 단순히 금융 거래가 아닌 다른 기업을 지배하려는 거래입니다. 이것은 인터넷의 기본 원칙, 즉 개방성과 혁신의 유지에 관한 것입니다. 마이크로소프트와 야후가 합병하면 이들은 인스턴트메시징과 웹 이메일 계정에서 압도적인 점유율을 차지할 것입니다. 우리는 인수합병의 장점을 검토하고 대안을 모색하는 데 인터넷 사용자의 이익을 먼저 고려할 것이고, 또 그래야만 한다고 생각합니다."

사실 구글의 온라인 지배력을 고려하면 마이크로소프트와 야후의 계약에 반대하는 이 회사의 주장은 의심스러웠다. 그러나 구글은 사람들에게 빌 게이츠와 그가 만든 회사가 미국 법무부에 의해 독점 업체로 묘사되었던 사실을 상기시키면 마이크로소프트가 타격을 입으리라는 것을 알았다. 그럼에도 마이크로소프트가 단호하게 야후를 인수하여 구글이 지배하는 온라인에 다시 강력하게 도전하는 일을 막으려면 수사학 이상의 조치가 필요했다.

슈밋은 구글이 주의 깊게 마이크로소프트에 대한 공격을 진행해야 한다고 느꼈다. "구글은 이 분야에서 가장 큰 사업자로 여겨지므로 그에 따라 행동해야 합니다. 당신이 빠르게 성장하는 도전자라면 행동하기 쉽겠죠. 하지만 당신이 선두주자라면 뉘앙스를 더 조심스럽게 사용해야 합니다."

투자가들은 인터넷 시대의 두 거인을 두고 구글을 다른 관점으로 보았다. 구글은 유리한 위치에 서 있었다. 야후에 값비싼 인수를 제안한 마이크로소프트의 주가는 오히려 하락했다. 이와는 대조적으로, 구글이 몇 년 전 16억 달러에 유튜브를 인수했을 때, 유튜브가 매출이나 이익이 거의 없었음에도 구글의 주가는 실제로 상승했다. 마이크로소프트나 다른 회사가 거액을 주고 유튜브를 샀다면 사람들은 그를 조롱하고 비웃었을 것이다. 그러나 구글은 마이다스의 손을 가진 회사다. 유튜브 인수는 구글이 온라인에서 정상을 유지할 것이라는 증명이었다. 모든 사람이 비디오가 다음 인터넷 세상의 주자가 될 것이라 예측하는 가운데 유튜브에 대한 구글의 투자는 당연한 귀결로 보였다. 한편 유튜브 인수는 비디오 영역에 대한 구글의 자체 노력이 제대로 작동하지 않았다는 암묵적인 인정을 의미했다. 그러나 회사에서 자신의 주도권을 지키기 위해서라면 브린과 페이지는 외부의 기술을 사들이는 것과 직접 만드는 것 사이에 편견이 전혀 없었다.

유튜브에서는 매일 수백만 개의 사용자 창작 동영상이 재생되고 있다. 전문가들은 이를 엄청난 성공이라고 평가했으며, 구글이 유튜브에서 수익 창출 방안을 마련하는 것은 시간문제일 뿐이라고 예상했다. 마이크로소프트가 적대적으로 야후를 인수한 것과 달리, 구글은 우호적인 거래만을 했다. 마이크로소프트가 야후 인수전에서 보인 적대적인 태도는 합병의 어려움을 더욱 심화시켰다. 특히 이런 문제는 엔지니어링 재능이 매우 중요한 실리콘밸리에서는 인재가 떠날 수도 있는 문제였다.

견줄 데 없는 특전과 창의적인 활동을 보장하는 '20% 규칙'으로 고공비행 중인 구글조차도 우수 인재들의 방랑벽으로부터 완전히 자유롭지는 못했다. 기업공개 이후로는 즉각적인 횡재도 더 이상 기대할 수 없고, 많은 핵심 임원이 2007년과 2008년에 네트워크 스타트업인 페이스북이나 폭발적인 성장 잠재력을 지닌 다른 새로운 벤처기업을 찾아 구글을 떠나고 있었다. 더 젊고 민첩한 경쟁자들이 '골리앗'의 취약지대를 염탐하는 동안 구글의 소셜네트워크라는 관심 영역에서의 실험은 삐걱거렸다.

슈밋은 말한다. "전체 소셜네트워크 공간에서 수익을 창출하기는 점점 어려워집니다. 수익을 창출하려면 사람들이 무엇을 하고 있는지를 주시해야 합니다. 가령 당신은 소셜네트워크에서 사람들의 사진을 보기도 하고, 친구가 어디 있는지를 파악하기도 합니다. 그런데 그런다고 해서 새 차나 옷, 책을 구입하진 않죠. 그러니 소셜네트워크 공간에서 광고 도구나 기법을 개발하는 건 검색보다 훨씬 어려운 일입니다." 그래도 슈밋과 구글은 핵심 분야인 검색 및 광고에서 혁신과 성장을 이룰 수 있으리라 낙관하고 있다. 특히 인공지능과 언어 번역 분야에서 그렇다. "가장 인상적인 것은 아무도 할 수 없는 것을 컴퓨터로 해내는 일입니다. 말 그대로 100개의 언어를 동시에 번역하고, 나를 위해 어떤 것을 요약 정리하고, 나도 몰랐던 나의 관심사를 알려줄 때와 같이 말입니다. 그리고 우리는 그런 흐름에서 가장 앞서 있습니다." 슈밋은 덧붙였다. "우리는 우리 앞에 놓인 거대한 기회에 집중하고 있습니다. 그 기회는 1조 달러 규모의 광고 시장에 인공지능을 접목하는 것이죠. 모든 걸 얻지는 못하겠지만, 확신하건대 의미 있는 부분을 차지할 것입니다."

슈밋은 마이크로소프트에 대항하는 야후의 경쟁력을 강화하기 위한 모종의 실험을 야후에게 제안했다. 즉 2주 동안 야후에서 검색하는 컴퓨터 사용자의 일부에게 구글이 광고를 제공하는 실험이었다. 구글의 기술로는 야후보다 더 많은 검색을 광고 달러로 전환할 수 있으므

로, 구글이 야후에게 더 많은 수익을 가져다줄 것임을 증명하려 한 것
이다. 제리 양은 구글에 너무 의존하면 야후에 대한 통제권을 잃을까
봐 두려웠지만 마이크로소프트는 더 두려운 존재였다. 그래서 구글의
실험 제안을 받아들였다. 그 실험이 효과를 거두면, 마이크로소프트의
적대적 인수 제안을 거절할 명분을 확보할 수 있다. 물론 그런 결정은
여전히 야후 주주들의 분노를 사겠지만 말이다.

광고 시험을 시작하기 전, 구글과 야후는 제휴 방식에 대하여 워싱
턴의 독점규제 당국에 자문을 구했다. 테스트 사실이 누설되었을 때
마이크로소프트 쪽에서 제기할 수 있는 피하기 어려운 비판과 독점규
제 위반 혐의를 약화시키기 위해서였다. 슈밋과 양은 발머가 야후와
구글의 동침을 알면 격노할 것이라는 점을 잘 알고 있었다.

구글과 야후의 광고 제휴 실험 결과는 긍정적이었다. 이는 야후가
마이크로소프트의 적대적 인수 제안 가격이 너무 낮다고 거절할 정
도로 야후에 확신을 줬다. 비록 마이크로소프트가 인수 추진을 발표
하고 나서 인수 가격을 올려주었지만 제리 양은 그것도 낮다고 판단
했다. 마이크로소프트와 야후 간 계속되는 인수 가격 불일치와 구글
과 야후 간 광고 협정 가능성은 마이크로소프트의 인수 과정을 더 복
잡하게 만들었다. 한편으로 많은 야후 주주는 부글부글 속을 끓고 있
었다. 이들은 야후가 미래에 독립 회사로 자리를 잡는 것보다 지금 좀
더 많은 현금을 쥐기를 더 바랐기 때문이다.

결국 발머는 제리 양과 합의에 도달할 수 없었고, 구글-야후 광고
제휴 가능성에 분노하며 인수 제안을 철회했다. 그는 "구글-야후 광
고 동맹은 광고주가 구글을 사용하도록 장려함으로써 야후의 독자 전
략과 장기적인 생존 가능성을 근본적으로 저해할 것"이라고 비난했
다. 인수 철회를 발표하기 며칠 전 발머는 마이크로소프트가 더는 야

후 인수를 원치 않는다고 재차 강조했지만, 비록 시간이 많이 걸리는 협상이라도 검색 비즈니스 부문만 떼어내서 인수할 생각은 있다고 여지를 남겼다.

이와는 대조적으로, 광고 동맹 협상의 세부사항을 신속하게 타결하기 위해 구글과 야후의 경영진은 구글이 소유한 빈 건물에서 만났다. 그곳은 사람들 눈에 잘 안 띄는 장소였다. 그 회합 후 얼마지 않아 야후는 구글과의 새로운 광고 제휴안을 발표했다. 야후는 구글과의 제휴가 연간 수억 달러의 수익을 올려줄 것이라고 예상했다. 구글과 야후는 인스턴트메시징 시스템을 서로 개방하여 두 회사의 수억 명 사용자들이 더 쉽게 통신할 수 있도록 했다.

이후 마이크로소프트가 워싱턴에서 로비 활동을 벌임과 동시에, 양사의 광고 제휴에 대한 독점금지법 위반을 우려하는 목소리가 높아졌다. 구글과 야후는 법무부에 양사가 정교하게 만든 제휴안이 법에 저촉되는지 여부를 질의했고, 제휴 시행 전 몇 달 동안 규제 당국이 제휴안을 조사하게 하겠다고 결정했다. 또한 광고 파트너십을 미국과 캐나다 지역에 제한하여 미국보다 까다로운 유럽 규제 당국의 심사를 피했다. 광고 분야에서는 야후와 협력하나 검색 분야에서는 경쟁한다는 이 제휴의 기본 개념은 기존에 독점금지법 위반을 피했던 다른 산업분야 경쟁자들에게서 따온 비즈니스 모델이었다. "야후와 제휴할 뿐 아니라 야후가 굳건히 독립적 기업으로 남아 있다는 것이 정말 기쁘다." 브린이 말한 소감이다.

야후 인수와 같은 경영 업무를 발머에게 넘겨주고 직접 경영에서 손을 뗀 마이크로소프트의 빌 게이츠에겐, 자신이 수행해야 할 전쟁이 남아 있었다. 언제나 경쟁자 정신을 지닌 게이츠는 마이크로소프트의 저조한 검색 사업에 생명을 불어넣을 방법이 있다고 확신했다.

물론 쉽지 않을 것이다. 마이크로소프트의 적대적 인수 제안은 야후를 구글의 손에 빼앗기는 전혀 의도치 않은 결과를 낳았고 상황도 더 악화시켰다.

게이츠는 마이크로소프트를 떠나면서 풀타임 자선 사업가가 되겠다고 선언했기에, 검색 부문 회생에 직접 나설 수는 없었다. 대신 게이츠 회장은 풀타임으로 마이크로소프트에서 일하던 마지막 날, 큰 문제를 해결하는 임무를 지닌 '크랙커잭' 팀을 이끌겠다고 선언했다. 그의 리스트 맨 위에는 구글이 있었다. 게이츠는 말했다. "검색이야말로 정말 '거기에서 마이크로소프트가 무엇을 할 수 있을까?'라고 사람들이 생각하는 분야입니다. 우리는 그 검색에서 최고가 되어야 하고, 될 것입니다. 이는 우리가 그리고 있는 큰 그림이자, 공식적인 제안입니다."

이제 남은 것은 우주다

구글플렉스 너머 세르게이 브린과 래리 페이지는 활짝 웃었다. 당장 실효성이 있는 듯한 야후와의 협상이 성공하고 구글의 수익 성장률 둔화에 대한 오해를 거둘 튼튼한 재무적 결과를 거두면서, 구글의 주가는 다시 급등했다. 야후 문제를 마무리한 브린은 새로운 소유즈Soyuz 로켓으로 우주여행을 계획하며 500만 달러를 예치했다. 브린의 우주여행 운임은 적어도 3500만 달러로 추산되는 값비싼 여행이지만 그는 여전히 로켓을 타고 우주로 날아갈 순서를 기다리고 있다.

브린과 페이지는 둘 다 구글과 NASA의 파트너십에 깊이 관여하고 있다. NASA와 구글의 엔지니어와 과학자들은 캘리포니아에 새로운 캠퍼스를 만들어 함께 살면서 연구를 수행할 계획이다. 브린은 우주 공간을 여행하는 동안 지구를 100번 이상 돌면서 과학 실험을 수행하고 국제 우주 정거장을 방문할 계획을 세웠다. 더 나은 삶을 위해 부모와 함께 모스크바를 탈출한 뒤 억만장자가 소년은 역설적으로 우주여행을 위해 다시 러시아로 돌아가려고 한다. 미국에서 우주여행은 우주비행사에 한해 엄격하게 제한되어 있다. 반대로 한때 공산주의 국가였던 러시아에서는 일반 시민이라도 비용을 감당할 정도로 부유하면 우주여행 허가를 받을 수 있다. "저는 우주 탐험은 물론 우주에 주거 공간을 상업적으로 개발할 수 있다고 강하게 믿고 있습니다. 인간의 우주 진출을 고대하고 있죠." 세르게이 브린은 말했다. 여행 비용은 그가 사비로 지불하는 것이지만 우주여행에 구글 깃발을 가지고 갈 계획이다. 우주는 구글의 DNA라고 구글이 선언했기 때문이다. 래리 페이지는 말한다. "세계를 바꿀 만한 잠재력을 지닌 야심 찬 연구보다 우리가 더 사랑하는 것은 없습니다. 우주 탐사와 연구는 과학 연구집단의 가장 야심 차고 담대한 과제죠." 페이지는 인공지능, 에너지 혁신, 자율주행차, 그리고 무엇보다도 검색 기능 개선 등, 자신이 맡은 분야를 더 힘차게 이끌기를 바란다. 세상을 변화시킬 잠재력이 큰 아이디어들에 대해 구글이 지속적으로 위험을 감수하는 것, 이는 그에게 여전히 매우 중요한 일이다.

"소수의 그룹이라도 정말 큰 영향력을 가질 수 있습니다." 페이지와 브린은 논쟁을 즐기지만, 새로운 도전이 눈앞에 있다는 점에는 생각을 같이한다. 페이지는 말한다. "여러분이 개발하지 못하는 것이 무엇이든, 그것은 아직 손대지 않고 버려둔 정원일 뿐입니다."

에필로그

자율주행차

인공지능 퍼스트와 운전기사 프로젝트

The Google Story

"인공지능과 같은 강력한 도구는
새로운 책임과 의무에 대한 질문을 제기합니다."

2017년 2월, 구글은 폭탄선언을 했다. 자동차 공유회사 우버^{Uber}가 자율주행차 프로그램을 강화하기 위해 구글로부터 수억 달러의 영업 기밀을 훔쳤다며 엄청난 소송을 제기한 것이다. 구글은 우버에게 자율주행차 이니셔티브를 중단하도록 하는 법원 명령을 요청했다. 그런데 역설적이게도 구글은 우버의 투자자다. 래리 페이지는 당시 우버의 CEO였던 트래비스 칼라닉^{Travis Kalanick}에게 자율주행차를 개발하지 말라고 사정했는데, 이에 칼라닉은 오히려 구글이 우버의 자율주행차 합작 파트너가 되어 달라고 페이지를 설득하고 나섰다. 하지만 2009년 자율주행차용 프로그램을 세계 최초로 선보인 구글은 개발 경쟁의 선두에 설 기업 기밀을 우버와 공유할 생각이 전혀 없었다. 실리콘밸리 두 거인의 소송전은 자율주행차 사업에서 누가 더 많은 지분을 차지할 것인가를 두고 두 회사의 욕심이 어느 정도인지를 보여주는 사례다.

자율주행차 개발전의 승자는 무인자동차와 무인 트럭 시장에 쏟아질 전리품을 차지할 것이다. 자율주행차 분야는 구글 내부에서 진행 중인 모든 인공지능 프로젝트 중에서 가장 큰 수익원으로 평가받는다. 더구나 이 분야는 어떤 기술 분야보다도 더 영향력이 클 것이다. 수억 명의 일상을 확 바꿀 것이기 때문이다. 운전할 시간에 차 안에서 다른 일을 할 수 있게 되는 것이다. 구글에게는 그 시간을 사람들이 무엇을 하며 보내는 것이 좋을지 상품과 서비스에 대한 무궁무진한 아이디어가 있다.

20년 전 꿈이 현실로

브린과 페이지가 자율주행차를 추구하는 것은 당연한 행보다. 두 사람의 광활한 비전은 구글로 세계의 모든 정보를 조직화하겠다는 수준을 훌쩍 뛰어넘었다. 그들은 세계에서 가장 큰 문제를 해결하기 위해 첨단 기술을 사용하려고 한다. 바로 교통 시스템의 개선이다. 교통 시스템의 효율성을 개선하는 것은 바로 래리 페이지가 디트로이트에서 자랄 때부터 깊이 생각하고 해결하고자 꿈꿔온 인류의 과제였다.

래리 페이지의 스탠퍼드대 연구실 동료였던 숀 앤더슨은 1996년 페이지가 구상했던 자동차를 기억한다. "페이지는 자동으로 움직이는 자동차에 대해 즐겨 이야기했어요. 차들이 도시를 돌아다니고 있다가 당신이 필요로 할 때 부르고, 어디로 가야 하는지 알려주기만 하면 저절로 가는 그런 자동차 말이에요. 페이지가 구상한 자동차는 택시와 비슷하지만 더 저렴하고, 또 고속도로를 달리는 유사한 다른 차량보다 훨씬 더 멋진 개념이었습니다."

구글은 2017년 우버에 제기한 소송에서 "자율주행차는 수백만 명의 이동성을 바꿔낼 뿐 아니라 1조 달러 규모의 사업이 될 잠재력을 갖고 있다"고 밝혔다. 한편 구글의 자율주행차 프로그램은 구글X를 졸업하고 지주회사인 알파벳 아래에서 독립적으로 운영되는 웨이모라는 자회사로 분리되었다. 구글플렉스 내부에서 자율주행차 프로젝트는 '소쾨르Project Chauffeur' 프로젝트로 알려져 있다. 역설적이게도, 구글의 자율주행차가 성공하고 각종 법적, 규제 문제를 극복한다면 트럭 운전사, 택시 운전사 등 운전기사Chauffeur들은 새로운 직업을 찾아야 한다.

구글은 소장에 자율주행차 사업의 의미를 이렇게 묘사했다. "오늘날 웨이모는 자율주행 하드웨어 및 소프트웨어 업계의 선두 주자다. 구글은 자율주행차 사업의 혁신적 잠재력과 상업적 가치를 자각한 미국 최초의 기술 회사다. 이 기술은 교통수단을 더 안전하고 깨끗하고 훨씬 효율적으로, 또 널리 사용될 수 있도록 만들 것이다."

사실 우버에 대한 소송은 2016년 1월 구글의 자율주행차 연구팀을 떠난 구글의 스타 엔지니어 앤서니 레반다우스키Anthony Levandowski 때문에 비롯된 것이다. 레반다우스키는 구글을 떠나기 전부터 우버 CEO와 자주 접촉했고, 비밀리에 웨이모의 기밀 소프트웨어 코드 1만 4,000건을 훔쳤다. 해당 소프트웨어는 구글의 자율주행차의 눈 역할을 하는 레이저 관련 비밀을 담고 있었다. 래리 페이지는 레반다우스키를 구글에 붙들려고 했지만 그는 결국 구글을 떠나 자율주행 트럭 개발회사를 차렸다. 문제는 그가 구글을 떠날 때 빈손이 아니었다는 점이다. 그는 소프트웨어를 훔친 것 외에도 구글에서 1억 달러 이상의 보너스를 억지로 받아냈다. 그 보너스는 '록스타'급 엔지니어에 대한 보상 정도로 큰돈이었다.

레반다우스키는 자율주행 트럭 스타트업을 시작한 지 몇 달 만에 우버로부터 6억 8000만 달러를 받고 회사를 매각했다. 인수 금액에는 웨이모로부터 훔친 소프트웨어 가격이 포함된 것으로 추정된다. 법원에 제출한 서류에서 웨이모 측은 우버 CEO와 우버가 소프트웨어를 훔친 것은 물론 자율주행 부문에서 우위를 차지하기 위해서 불법적 행위도 서슴지 않았다고 밝혔다. 우버는 법정에서 레반다우스키가 소프트웨어를 훔쳤다는 혐의를 심각하게 반박하지 않았다. 레반다우스키는 소송 과정에서 어떤 질문에도 대답하지 않았고, 미국 수정헌법 5조 '적법절차의 원칙'을 주장하며 자기 자신에게 불리한 진술을 거부했다. 비록 레반다우스키의 묵비권이 도움이 되지 못했지만, 우버는 구글의 법적 공격을 피하려고 애썼다.

우버는 법원에 제출한 자료에서 다음과 같이 말했다. "본 소송은 역사상 가장 수익성이 높은 사업이 될 분야를 다루는 소송이며, 구글은 이 분야 주요 경쟁자를 구경꾼으로 내몰고 있습니다." 또 레반다우스키가 웨이모에서 빼낸 1만 4,000개의 정보를 자율주행차 설계에 사용한 적이 없다고 반박했다. 반면 구글은 우버가 웨이모의 코드를 활용해 자율주행차 설계 도면을 베꼈다는 의혹을 제기했다.

하지만 이 사건은 판사가 마치 '스파이 소설' 같은 충격적인 편지를 받으면서 반전됐고 우버의 신뢰성은 심각한 타격을 입었다. 우버의 '비밀감시활동secret surveillance operation' 부서에서 일한 직원이 작성한 편지에는 우버가 자율주행차를 만드는 과정에 속도를 붙이고 경쟁자를 누르기 위해 도청, 해킹, 뇌물 등 어떤 첩보 행위와 방해 공작을 펼쳤는지 상세한 내용이 담겨 있다. 심지어 그들은 택시 기사 집단의 반발을 무마하기 위해 가짜 택시 기사를 동원하기도 했다. 설상가상으로 칼라닉은 회사의 다른 직원들로부터 제기된 성희롱 혐의를 포함하여 지나친 경쟁으로 벌인 수많은 문제 탓에, 재판이 시작되기 전 주주들의 압력을 받아 CEO직에서 사임했다.

수일간의 재판이 있은 뒤 2018년 2월, 우버가 레이저 등 웨이모로부터 훔친 기밀 중 어떤 것도 사용하지 않기로 합의하고 수억 달러의 우버 주식을 구글에 넘겼다. 소송을 마무리하며 다라 코스로우샤히

Dara Khosrowshahi 우버 CEO는 다음과 같은 사과 성명을 발표했다. "후회의 심경을 표현하는 바입니다. 지난 일을 모두 지울 수는 없습니다. 하지만 모든 우버 직원을 대신해 약속드립니다. 저희는 이 사건으로부터 교훈을 얻었고 또 앞으로 개선해나갈 것입니다."

웨이모는 이 소송전에서 몇 가지 중요한 소득이 있었다. 우선 우버가 사용한 영업 기밀을 보호하는 데 성공했다. 그리고 실리콘밸리와 자동차 산업에 전체에 구글이 자율주행차 개발의 기밀 정보를 보호하기 위해서라면 그 어떤 공격도 불사하겠다는 메시지를 보냈다. 웨이모의 자율주행자동차는 이미 공공 도로에서 수백만 마일의 무사고 운행 기록을 세웠고, 또 구글의 고성능 컴퓨터 네트워크를 이용해 수십만 마일의 가상 운행 실험을 실행하는 등 경쟁자보다 한참 앞서 있었다.

세르게이 브린은 말한다. "자율주행차 분야를 보면서, 나는 이것이 전 세계 교통 수단을 변화시키고 개인이 자가용을 소유하고픈 욕구를 줄여주기를 바랍니다. 주차장 수요를 줄이고, 교통 체증을 완화시키길 바랍니다. 만약 우리의 노력으로 자율주행차가 성공한다면 참 행복할 것입니다."

| 인공지능, 구글의 현재

구글의 자율주행차 이니셔티브는 구글의 수많은 인공지능 개발 사례 중 하나다. 스탠퍼드대의 기숙사에서 사업을 시작한 지 20년이 지난 2018년, 구글은 인공지능 퍼스트 회사로 변신하고 있다. 페이지는 자율주행차 외에도 인공지능으로 된 스마트머신 smart machines이 수백만 명의 직업을 대신하는 시대가 오리라고 예견한다. 기술 대기업 중 구글만 인공지능을 추구하는 것은 아니다. 아마존,

애플, 페이스북, 마이크로소프트 등 인터넷 시대의 강력한 플레이어들이 인공지능 시장을 놓고 구글과 경쟁하고 있다.

구글은 가장 크고 가장 똑똑한 인공지능 전문가 집단을 보유한 동시에, 인공지능이 구글의 모든 상품과 서비스를 사실상 향상시킬 수 있는 핵심 과제임을 분명히 하고 있다. 예를 들어 하나의 언어를 다른 언어로 번역하는 '구글 번역Google Translate'이나, 사용자가 하루에 10억 개의 사진을 올리는 '구글포토Google Photo'도 인공지능을 통해 성능이 향상되었다. 마법과 같은 인공지능 덕분에 사용자는 구글포토에서 포옹하는 사진 중에 자기 사진을 찾을 수 있고, 또 포옹 장면만 모아서 보여줄 수도 있다. 이러한 경험 속에 구글은 인공지능이 지닌 소프트웨어로서의 무궁무진한 잠재력에 눈을 떴다. 인공지능으로 기존 제품과 서비스를 개선할 뿐 아니라 훨씬 더 좋은 버전으로 스스로 업그레이드할 수 있다는 점을 깨달은 것이다.

흡사 공상과학 소설 속 이야기처럼 들리는 인공지능은 초기 단계에 있으나 계속 성장 중이다. 인공지능 이니셔티브인 '구글브레인'은 실용적인 문제를 해결하기 위한 능력을 개선하거나 스스로 학습할 수 있는 모델을 만드는 일을 한다. 한 예로 암세포를 조기에 진단하는 기술과 의료 분야에 큰 영향을 줄 수 있는 혁신 기술에 인공지능을 활용하고 있다. 심지어 상상력과 직감과 같은 인간의 특성조차 인공지능 연구의 일부다. 로봇에 의한 독해도 마찬가지다. 구글은 인공지능 개발을 가속화하기 위해 딥마인드DeepMind라는 런던에 기반을 둔 스타트업을 5억 달러 이상을 주고 인수했다. 이 회사는 인공지능 전문가와 기술로 가득 찬 곳으로, 창업자가 신경과학 및 컴퓨터공학 두 분야에 모두 배경 지식을 지니고 있다.

성장에 기름 역할을 하는 막대한 광고 수익으로 구글은 8만 명의 직원과 인공지능으로 개선할 수 있는 수백 가지 제품과 서비스를 보유하게 됐다. 래리 페이지의 오른팔이자 구글의 현장 경영을 이끌고 있는 CEO 순다 피차이Sundar Pichai는 이렇게 말한다. "인공지능은 인류가 지금까지 고안한 것 중 가장 중요합니다. 전기나 불의 발견보다 더 중요하죠."

┃ 해결하지 못한 독점 문제

모두가 구글에 매력을 느끼는 것은 아니다. 특히 구글의 검색 시장 지배력에 대해서는 특히 더 그렇다. 미국 연방통상위원회U.S. Federal Trade Commission, FTC 사무국은 2012년 초 구글에 독점 혐의를 적용할 것을 권고했다. 그들은 구글이 경쟁 업체가 검색 시장 진입을 방해해 혁신을 저지하고 소비자의 대안을 제약한다고 주장했다. FTC는 당시 권고안에서 "구글이 반경쟁 수단을 이용해 검색과 검색 광고 시장에 대한 독점력을 강화했다"고 지적했다. 하지만 FTC의 권고안은 정치적으로 임명된 다섯 명의 위원에 의해 기각됐다.

미국에서는 로비스트 집단과 민주당의 관계를 활용해 연방정부의 반독점 혐의 조사를 성공적으로 막아냈지만, 유럽에서는 훨씬 곤혹스러웠다. 대서양만 건너도 미국 기업에 영향을 미치는 정치 상황이 다르고, 법률과 규칙, 문화마저 다르다. 또한 구글의 검색 시장 점유율은 유럽 국가에서 90% 이상에 이르렀다. 구글의 제품과 서비스는 유럽의 소비자부터 기업, 정부까지 깊숙하게 침투해 있기에 이는 유럽 독점 규제 당국과 심각한 갈등이 될 수밖에 없다.

구글은 반독점 혐의 고발과 그에 상응하는 벌금을 피하려고 애썼다. 또 회사를 따라다니는 독점이라는 오명을 피하려고 노력했다. 그러나 구글의 법적 대응 노력과 로비만으로는 부족했다. 심지어 구글 검색과 유튜브를 좋아하는 수백만 명의 유럽 사용자를 등에 업고도 유럽 규제 당국의 감시를 피할 수는 없었다.

EU는 결국 구글을 독점기업으로 규정하고 2017년에 27억 달러의 벌금을, 2018년에는 50억 달러의 벌금을 각각 부과했다. EU 경쟁 담당 위원 마르그레테 베스타게르Margrethe Vestager는 다음과 같이 말했다. "우리는 구글이 인터넷 검색 시장의 압도적인 지배력을 이용해 경쟁자를 끌어내린 사실을 확인했습니다. 구글은 검색 시장에서 경쟁자가 나올 수 없도록 확실한 행보를 보였습니다. 또 불법 행위에도 확실하게 관여했습니다."

구글은 워싱턴에서 2017년 한 해 동안 그 어느 회사보다 많은 돈을 로비 활동에 썼다. 그래도 미주리주 법무장관이 새로운 독점 금지 위반 조사에 착수하는 것을 막지는 못했다. 미국의 주 정부가 그렇게 한 것은 처음이었다.

구글은 막대한 현금자산으로 유럽이 부과한 벌금을 쉽게 처리할 수 있었다. 그러나 사실 더 큰 걱정거리는 구글의 대부분 이익을 담당하는 검색 부문에 대해 독점금지법을 적용할 가능성이 남아 있다는 것이다. 구글은 유럽에서의 조사 결과에 따라 더 많은 벌금을 물 수도 있고, 구글 안드로이드 기반의 휴대전화나 다른 기기 운영을 제한받을 위험도 있다. 유럽에서 진행 중인 독점금지 위반 수사로 인해 평판에 타격을 받을 수도 있다. 미국에서 새로운 반독점 조사와 고발에 직면하면 더 타격이 클지도 모른다. 구글은 유럽이 제기한 혐의를 부인했지만, 2018년 〈뉴욕타임스〉는 주요 기사 '구글 독점금지 위반 혐의The Case Against Google'로 독점 관련 이슈를 재조명했다. "구글은 징기스칸, 공산주의, 에스페란토어조차 포기한 지역에서도 성공했다. 구글은 전 세계를 지배한다."

　구글의 엄청난 수익성과 규모는 공격을 불러일으키는 요소다. 실제로 구글은 2018년 초 기준 시가총액이 애플에 이어 세계에서 두 번째로 높은 회사에 올랐다. 월드와이드웹을 창안한 팀 버너스 리 경은 구글의 방대한 권력이 자유롭고 개방된 토론을 질식시킨다면서 구글에 대한 규제를 촉구했다. 그는 구글이 매출에 덜 집중하고 사회에 대한 책임감을 더 떠안도록 강제할 규제가 필요하다고 말했다. 이에 구글은 기존 제품을 개선하거나 새롭고 유망한 분야를 개척하고, 대규모의 연구 개발을 지원하는 데 수익의 대부분을 재투자하고 있다고 반박했다. 또 구글이 진행하는 대규모 연구 및 개발을 지원하는 자율주행차 사업보다 더 중요한 사업은 없을 것이라고 해명했다.

　웨이모는 현재 20여 개 자동차 및 기술 회사와 경쟁하고 있다. 그리고 이 회사 중 대부분은 자동차의 부분적인 자동화만으로 만족하고 있다. 이에 반해 래리 페이지는 향후 몇 년 안에 상용화될 수 있도록 개발 진행 중인 웨이모의 자율주행차가 100% 자동으로 움직일 것이라고 말한다. (래리 페이지는 이미 시범 운행을 승인받은 뉴질랜드의 전기무인 비행택시 회사에 투자하기도 했다.)

　자율주행차 분야 개발 연구에서 구글은 기존의 자동차 회사인 포드 Ford, 다임러보쉬Daimler-Bosch, 폭스바겐Volksvagen, BMW보다 앞서고 있다. 웨이모는 '크루즈Cruise'를 개발한 GM과 함께 자율주행차 분야에서 최상위 순위에 올라 있다. 웨이모는 피아트크라이슬러Fiat-Chrysler, 리프트 Lyft, 에이비스Avis와 파트너십을 체결해, 차량 생산 및 유지 보수 경험의 부족 문제를 해결하고 있다. 웨이모는 렉서스Lexus와 기타 브랜드 차량을 사용해 도로 테스트를 완료했다.

　웨이모는 세계 최초로 보조 운전자가 없는 상태로 공공 도로에서

100% 자율주행을 실시한 회사다. 웨이모의 자율주행차는 애리조나와 다른 지역의 도로를 운행했고 심지어 길을 가면서 실시간 서비스를 제공하기도 했다. 웨이모의 CEO로 발탁된 자동차 업계 베테랑 존 크라프칙John Krafcik은 말한다. "완전한 자율주행차가 여기 있습니다."

│ 새로운 책임과 윤리

유명한 발명가이자 컴퓨터과학자, 미래학자인 레이 커즈와일Ray Kuzweil은 몇 년 전 인간의 두뇌처럼 작동하는 모델을 만드는 벤처에 투자할 것을 요청하기 위해 구글을 방문했다. 래리 페이지는 요청을 수락하는 대신 레이 커즈와일이 구글에서 일하면서 새로운 회사를 창업해달라고 제안했다. 그렇게 된다면 레이 커즈와일은 완전한 자유와 풍부한 자금, 구글의 방대한 컴퓨팅파워 및 데이터베이스를 활용하여 회사를 운영하게 될 것이다.

70대인 레이 커즈와일은 이 제안을 받아들이면서 스스로 놀랐다고 말한다. "이런 일을 하기 위해서는 특별한 자원이 필요합니다. 매우 어려운 문제입니다만 엄청난 재능이 필요하죠. 재능이라는 중요 자원이 특별할 수도, 혹은 아주 특별하지는 않을 수도 있지만, 구글에서는 아주 확실히 특별합니다."

관습에 얽매이지 않는 사상가 커즈와일은 구글이 지난 20년 동안 세계에 영향을 준 것보다 앞으로 20년 동안 더 큰 영향력을 행사할 것이라 믿는다며 다음과 같이 말했다. "구글은 여러 도전을 마다하지 않고, 다양한 애플리케이션을 만들어 그것을 널리 쓰이게 함으로써 더 나은 세상을 만들려는 용감한 회사입니다. 나는 구글 리더십에 있는 그런 철학을 좋아합니다."

레이 커즈와일은 구글이 자율주행차 문제에서 해결해야 할 윤리적 문제가 있다고도 말했다. 예를 들어, 유모차나 노인을 향해 돌진할지 승객을 죽음으로 몰 수 있는 벽을 향해 운전할지를 놓고 선택해야 하는 상황에서, 자율주행차는 어떻게 해야 하는가. "그런 급박한 상황에서 사용자가 (자율주행차) 소프트웨어 설계자에게 이메일을 보내 해결할 순 없습니다. 그런 상황에서 결정하는 알고리즘이 소프트웨어에서 구현되어야 합니다."

그럼에도 커즈와일은 자율주행차가 운전자의 과실로 발생한 교통사고 사망자 약 130만 명 중 99%를 살릴 수 있을 것이라 예상하고 있다. 그리고 자율주행차 기술이 "절대 완전하기 때문에 필요한 규제에 대한 승인을 앞당길 수 있을 것"이라고 전망했다. 그는 인공지능이 미래에 수행할 전반적인 역할에 대해 낙관적으로 본다. "이제 몇 번의 키보드 입력으로 모든 인간의 지식에 접근할 수 있습니다. 이제 우리는 문자 그대로 인공지능과 결합하여 더 똑똑해질 것입니다. 저는 인공지능이 우리를 대신할 것이라고 생각하지 않습니다. 인공지능은 우리의 능력을 강화할 것입니다."

역설적으로 세르게이 브린은 인공지능에 확신하지 못한다. 그는 인공지능으로 인해 로봇이 인간을 지배할 것이라고 걱정하는 이들을 염두에 두면서, 구글의 사려 깊은 접근이 얼마나 중요한지를 강조한다. 그는 또한 인공지능의 끊임없는 발전으로 제기되는 중대한 질문들에 대해 속단하기에는 너무 이르다고도 경고한다.

"인공지능과 같은 강력한 도구는 또 새로운 책임과 의무에 대한 질문을 제기합니다. 인공지능이 그 안에서 무얼 하는지 우리가 어떻게 알겠습니까? 인공지능이 공정한지 우리는 어떻게 측정할 수 있을까요? 인공지능이 인간을 조종한다면? 그것은 과연 안전할까요?"

부록

1. 20가지 구글 사용 팁

1. 전화번호로 쓴다

검색창에 이름과 함께 도시명 혹은 우편번호를 친다. 그럼 검색 결과로 전화번호와 주소가 뜬다. 이름을 모르면 반대로 전화번호를 검색한다. 그러면 해당 전화번호와 관련한 결과가 나온다.

2. 계산기로 쓴다

검색창에 수학 문제를 입력하면 계산 결과가 나온다. '이 더하기 이'나 '12 나누기 3'처럼 문장으로 입력해도 되고, '2+2'나 '12/3'처럼 숫자와 기호로 된 수식을 입력해도 된다. 아니면 '육의 15%'나 '2제곱미터'처럼 두 가지 방식을 다 사용해도 된다.

3. 검색어는 길수록 좋다. 하지만 짧아도 문제없다

한두 단어만 검색해도 양질의 검색결과가 나오지만 검색어를 조금만 더 자세히 입력하면 결과는 훨씬 더 좋아진다. 대학 진학을 위한 정보를 찾을 때 대학 이름만 쳐도 좋지만 '입학'이라는 단어를 추가하면 훨씬 관련성이 높은 결과가 나오는 이치다.

4. 인용부호를 붙이면 더 정확하다

검색어에 인용부호를 붙이면 입력한 대로 정확한 문장의 쓰임을 찾을 수 있다. 노래 가사나 인명 등 다른 수많은 페이지 속에 묻힐 수 있는 모호한 자료들을 연결해서 검색하는 데 효과적이다. 검색결과 중 가장 인기도가 높은 결과는 맨 위에 뜬다.

5. 사전으로 쓴다

영어로 '정의define'라는 단어를 검색창에 치면 검색결과로 제일 상단에 그 의미와 함께 동의어, 반의어, 사용 예제와 발음에 대한 음성 클립 등의 정보가 함께 뜬다.

6. 대문자, 소문자 구별이 없다

구글은 시간을 아끼고 오타 걱정을 줄여준다. 시프트Shift키를 누르며 대문자를 입력하느라 고생할 필요가 없다. 'Queen Elizabeth II'를 치든 'queen elizabeth ii'를 치든 구글은 이 단어를 동일하게 취급하므로 결과는 같다.

7. 그림을 찾을 수 있다

1000억 개 이상의 이미지를 가진 이미지 검색 데이터베이스에서 사진과 그래픽을 찾을 수 있을 뿐 아니라 기억에 남는 이미지의 출처를 추적하거나 사진이 게재된 사이트의 주소까지도 찾을 수 있다. '이미지 검색' 기능을 사용하면 모든 기기에서 사진을 업로드하거나 그 이미지의 URL을 붙여 궁금증을 해소할 수 있다.

8. 한 번의 클릭으로 지도, 길 안내, 위성사진을 볼 수 있다

검색창에 '볼티모어에서 워싱턴'을 입력하면 지도 경로와 함께 운전, 도보, 자전거 및 대중교통으로 예상 시간은 얼마나 걸리는지를 확인할 수 있다. 전체 구글 지도를 클릭하면 전 세계 대부분 도시의 위성 이미지와 지형지도, 실시간 교통정보와 거리 사진까지 볼 수 있다. 구글의 웨이즈Waze앱을 활용하면 도시 주변의 새로운 지름길은 물론 교통체증 여부도 확인할 수 있다.

9. 세계의 서가를 온라인에서 방문한다

books.google.com에서 주제를 검색하면 구글에서 스캔하고 색인을 생성하여 축적한 데이터베이스에서 실제 책의 정보를 확인할 수 있다. 저작권이 없는 저작물의 경우 전체 텍스트를 읽고 다운로드할 수 있다. 그렇지 않은 경우 검색어가 표시된 페이지의 일부 내용을 확인한 뒤 책의 구입처를 알 수 있다.

10. 검색결과를 날짜순으로 정렬할 수 있다

지난 24시간, 지난 달, 혹은 8월의 마지막 주처럼 어느 특정 시간대에 기록된 웹페이지만 볼 수 있도록 결과를 구성할 수 있다. 검색창 아래 '도구'를 클릭하고 날짜 정렬 드롭다운을 체크하면 된다.

11. 학자가 될 수 있다

진지한 연구자라면 구글 학술 검색을 사용해 수천 개의 과학학술저널을 활용할 수 있다. scholar.google.com 검색창에 검색어를 입력하면 게시된 출처에서 초록과 논문을 확인할 수 있다

12. ~의 마법을 활용해라

키보드 한 구석에 있는 물결표(~)는 매우 편리한 도구다. 해당 용어와 동의어가 모두 포함된 페이지를 찾으려면 이 물결 부호를 단어 앞에 칸을 띄우지 않고 입력한다. ~auto를 검색하면 cars, trucks, automobiles, vehicles 등이 포함된 웹페이지를 모두 보여준다.

13. I'm Feeling Lucky

홈페이지에 들어가 검색어를 입력하고 'I'm Feeling Lucky' 버튼을 누르면 긴 검색결과를 생략하고 검색어에 가장 적합한 웹페이지로 바로 이동한다.

14. 뉴스를 본다!

검색창 위 '뉴스' 버튼을 누르거나 news.google.com으로 가면 정치, 경제, 기술, 연예, 건강, 스포츠 등 최신 뉴스를 볼 수 있다. 구글뉴스 검색창에 관심 있는 주제를 입력하면 2만 5,000개 이상의 전 세계 뉴스에서 최신 기사를 확인할 수 있다. 특정 분야의 뉴스를 자동으로 확인하려면 google.com/alerts에 가입하여 최신 뉴스와 웹링크로 이메일을 받아보자.

15. 연구자가 되어보자

구글은 인기가 높은 최신 페이지를 우선 제공하는 경향이 있다. 하지만 검색결과 첫 페이지나 두 번째 페이지를 지나면, 연구 프로젝트에 필요하지만 다소 오래되어 사람들이 잘 찾지 않는 페이지도 나온다. 검색결과 옆에 있는 녹색 화살표를 따라가면 '저장된 페이지Cached'라는 링크가 있는데 이는 웹페이지 정보를 수집하여 저장한 것이다. 이 저장된 페이지는 해당 웹사이트가 변경하거나 삭제하기 이전 버전으로(예를 들어 원본 기사를 삭제한 뉴스 사이트), 때때로 유용하게 활용할 수 있다.

16. 더 많은 검색결과를 한 페이지에 표시하자

검색창 우측의 '환경설정Preference' 링크는 페이지당 표시되는 검색결과의 수와 검색의 다양한 조건을 설정할 수 있다. 10개, 20개, 30개, 또는 그 이상으로 늘리면 더 많은 해답을 빠르게 찾을 수 있다.

17. 다른 나라 말로 번역할 수 있다

구글 검색창에 단어나 문장을 넣고 '번역translate'을 입력하면 한 순간에 다국어에 능통할 수 있다. 100개 언어로 결과를 탐색해보자. 만약 단어의 철자를 모른다면 검색창의 마이크 아이콘을 클릭하여 음성 콘트롤을 활성화한 다음 번역을 해보자.

18. 주식 시세를 확인한다

특정 주식의 거래 부호를 검색창에 입력하면 뉴욕증권거래소나 나스닥에 상장된 주식의 시세와 차트를 확인할 수 있다. finance.google.com에서 더 많은 기능과 재무 데이터를 활용하자.

19. 성인물을 차단한다

성교육sex education이라는 단어를 입력하면 자칫 엉뚱하고 불쾌한 결과를 제시할 수도 있다. 따라서 세이프서치Safe Search를 이용해 자녀에게 안전한 검색결과를 유지하자.

20. 구글 도우미를 활용한다

구글과 지메일 페이지 상단의 표 모양 아이콘을 클릭하면 더 많은 기능과 제품이 소개되어 있으며, 효과적인 검색 방법에 대한 정보도 찾아볼 수 있다. 구글 검색 가이드 google.com/help/cheatsheet.html도 매우 편리하다.

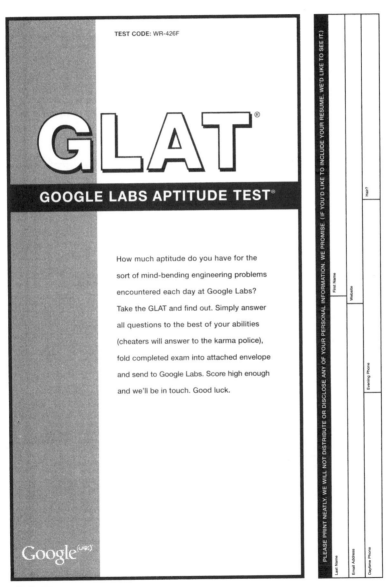

• 정답은 thegooglestory.com/the-glat에서 확인할 수 있습니다.

1. 이 암호문 방정식을 푸십시오. 물론 M과 E의 값은 교환되며 O는 첫 자릿수에 쓸 수 없습니다.

WWWDOT - GOOGLE = DOTCOM

2. 검색 트래픽의 계절성을 예측하는 방법을 하이쿠 형식으로 설명해보세요.

3.
```
        1
       11
       21
      1211
     111221
```
이 다음 행에 나올 수는 무엇입니까?

4. 당신은 구불구불한 작은 미로에 있습니다. 그리고 당신에게는 무선인터넷 연결이 잘 안 되는 먼지투성이 노트북 하나가 있습니다. 미로에는 멍청하고 생명이 없는 땅귀신들이 서성이고 있습니다. 이런 상황에서 무얼 하겠습니까?

A) 목적지 없이 걸어 다니다가 땅귀신들과 만나 결국 그 괴물들에게 잡아먹힌다.
B) 노트북을 삽으로 사용해 터널을 파서 다음 레벨로 넘어간다.
C) 배터리가 마치 내 희망처럼 다할 때까지 RPG 게임을 플레이한다.
D) 컴퓨터를 활용해 미로의 노드를 매핑하여 출구를 찾는다.
E) 구글에 이력서를 메일로 보내고, 땅귀신 대장에게 그만두고 완전히 다른 세상에 새롭게 태어나라고 말해준다.

5. Unix에는 무슨 문제가 있습니까? 당신은 그걸 어떻게 고치겠습니까?

6. 구글에서의 첫날, 당신은 옆 동료가 대학원 첫 해에 주교재로 사용했던 책을 집필한 사람이라는 걸 알게 되었습니다. 당신은 어떤 행동을 할 것입니까?

A) 아양을 떨면서 다가가 사인을 부탁한다.
B) 그녀의 집중을 방해하지 않도록 바로 앉아서 키보드만 조용히 두드린다.
C) 매일 간식 코너에서 그래놀라와 영국식 토피를 가져다준다.
D) 그 교과서에서 가장 좋아하는 공식을 말해주며 그게 자신의 주문이 되었다고 말해준다.
E) 그 교과서 17b번 예제의 정답이 내가 풀면 코드를 34줄이나 줄일 수 있음을 보여준다.

482

7. 다음 중 구글의 철저한 철학을 잘 표현한 문장은 무엇입니까?

    A) 기분 좋은 예감 I'm feeling lucky
    B) 사악해지지 말자.
    C) 어, 그거 벌써 고쳤어.
    D) 음식에서 50피트 이상 떨어져 있지 말아라.
    E) 위의 항목 전부 해당.

8. 세 가지 색상 중 하나를 사용하여 정20면체의 각 면에 칠한다고 했을 때, 몇 가지 다른 방법으로 색을 칠할 수 있습니까? 당신은 어떤 색상을 고르겠습니까?

9. 아래는 의도적으로 비워두었습니다. 빈 공간을 쓸모 있게 채워놓으십시오.

10. 무한한 2차원 직사각형 격자에 옴의 저항을 설치했습니다. 체스의 나이트가 움직이는 위치의 두 점 사이에 저항은 얼마입니까?

11. 베이 지역에서 보내는 화창한 일요일 오후 2시, 당신은 지중해와 레드우드숲 하이킹코스와, 세계적인 명소에서 단 몇 분 거리에 있습니다. 무엇을 하시겠습니까?

12. 당신이 생각하기에, 세상에서 가장 아름다운 수학 방정식은 무엇입니까?

13. 다음 중 실제 사내 동아리가 아닌 것은 무엇입니까?

    A) 여성 농구부
    B) 버피 팬클럽
    C) 크리켓 동아리
    D) 노벨 수상자
    E) 와인 클럽

14. 검색 기술에서 앞으로 가장 큰 진보는 무엇이 될까요?

15. 추가 구성원이 들어와도 생산성 향상에 기여하지 않는다고 할 때, 프로젝트 팀의 가장 최적의 인원은 몇 명일까요?

16. 삼각형 ABC에 점 P가 주어졌을 때 ABP, ACP, BCP가 각각 같은 둘레가 나오는 P의 값을 찾으려고 합니다. 이때 나침반과 자만 활용할 수 있다면 어떻게 찾겠습니까? 해답은 존재합니다.

17. 0부터 n까지 숫자 중에 1의 갯수를 반환하는 함수 $f(n)$을 생각해봅시다. 예를 들어 $f(13)=6$, $f(1)=1$ 이 됩니다. 그 다음 $f(n)=n$이 되는 n을 구하십시오.

18. 당신이 여태까지 쓴 것 중에서 가장 멋진 '해킹'은 무엇입니까?

19. N에서 K를 선택하는 것의 갯수는 N-K를 선택하는 갯수와 같습니다. 이는 똑똑한 친구들 사이에서 아주 잘 알려진 사실입니다. 제가 K를 고르면 당신은 나머지를 갖습니다. 당신의 선택에 모든 K가 포함될 수 있도록 능력을 보여주십시오. 아, 그래도 규칙이 더 필요하다면, K는 N 절반의 이상으로 하십시오.

20. 다음에 올 숫자를 고르십시오
   10, 9, 60, 90, 70, 66, ?

   A) 96
   B) 100000000000000000000000000000000000000000000 0000000000000000000000000000
   C) 위의 둘 중 하나
   D) 위에서 아무것도 아니다.

21. 당신이 구글랩에서 일한다면 어떤 노력을 해서 어떤 성과를 낼 것인지 계획을 29자 내로 쓰십시오.

3. 구글의 재무 성과

구글은 세상에서 가장 유명한 검색엔진인 동시에 세상에서 가장 강력한 수익 창출 엔진이기도 하다. 많은 이들이 구글의 주가를 들여다보고 있지만, 이는 그 성과를 측정하는 한 수단일 뿐이다. 이 기업이 창출하는 현금 보유량을 확인하는 것이 근본적이고 장기적인 재정 상태를 판단하는 가장 좋은 방법이다. 구글은 창립 이래 수천억 달러의 현금을 벌어들였다. 그리고 분당 200만 회 이상의 검색을 처리하는 가장 빠르고 가장 큰 컴퓨터 네트워크를 구축하는 데 막대한 금액을 재투자했다.

구글의 매출은 수십 억 건에 달하는 광고 클릭에서 온다. 이 광고는 검색결과와 함께 게재되고 수십만 개의 웹사이트가 구글의 광고 네트워크와 제휴를 맺고 있다. 매출의 절반은 Google.com 및 구글 소유의 유튜브와 지메일에서 나오고, 나머지 절반은 제휴사 웹사이트에서 나온다. 회사 규모가 커지면서 수익성은 더 높아지고 있다. 요즘은 매출이 추가로 1달러 증가하면 곧바로 수익으로 전환된다. (재무 및 기술 관련 인사는 구글의 비즈니스가 확장성이 뛰어나다며 이러한 추세를 지칭했다.) 앞서 몇 년 동안 회사의 성장률은 사람들의 삶에서 인터넷의 역할이 얼마나 커지고 있는지를 측정하는 가장 확실하고 분명한 척도로 볼 수 있을 것이다.

다음 표는 구글이 재무적으로 얼마나 놀라운 성과를 나타내고 있는지 보여준다.

| 표1 | 초창기 구글 재무 지표(매년 12월 31일 기준) | 단위: 달러

	1999	2000	2001	2002	2003
매출액	20만	1910만	8640만	4억 3950만	15억
손실 (소득세 제외)	670만	3380만	7550만	2억 5300만	11억
이익	-610만	-1470만	70만	9970만	1억 560만
영업 활동 현금 흐름 (재투자 제외)			310만	1억 5530만	3억 9540만

| 표2 | 기업공개 이후 재무 지표(매년 12월 31일 기준) | 단위: 달러

	2004	2005	2006	2007	2017
매출액	32억	61억	106억	166억	1109억
손실 (소득세 제외)	25억	41억	71억	115억	847억
이익	4억	15억	31억	42억	127억
영업 활동 현금 흐름 (재투자 제외)	9.8억	25억	36억	58억	371억

2004년 8월 19일 구글은 주당 85달러로 기업공개를 했다. 주식 시세판에 GOOG라는 거래 부호가 뜬 이래, 회사는 2005년 7월 21일 거래액이 3170억 달러에 이르렀고 첫 해에 비해 세 배 이상의 주가 상승을 기록했다. 그 이후 구글의 주식을 최초 공모 가격으로 거래하는 일은 없었다.

주식 상장 이후 1년 뒤 2005년 8월 18일 구글 주식은 280달러에 마감되었다. 세르게이 브린과 래리 페이지는 이때 100억 달러 상당의 주식을 매입했다. 그리고 투자 다변화를 위해 각각 7억 5000만 달러의 보유 주식을 매각했다.

창립 20주년을 맞은 구글의 재무 건전성은 그 어느 때보다 강하다.

| 표3 | 구글과 여타 미국 기업의 시가총액 비교

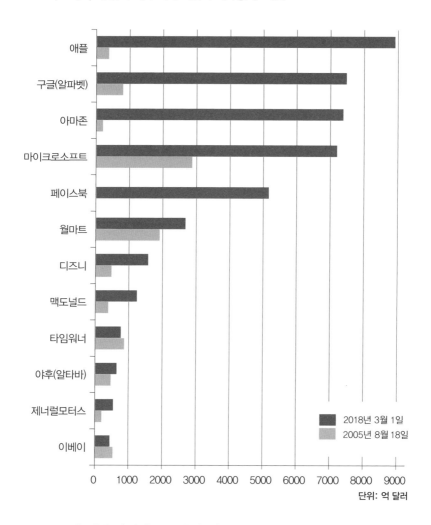

단위: 억 달러

구글과 기타 자회사를 소유한 지주회사 알파벳은 2018년 3월 1일 기준 시가 총액 7440억 달러로, 애플을 제외한 미국 기업 중 가장 가치 있는 기업이다. 구글 주식은 주당 1,069달러로, 사상 최고치 1,175달러를 약간 밑도는 수준이다. 주식 공개 때 5만 달러의 주식을 매입할 정도로 운이 좋은 사람이 있다면 지금 그 가치는 100만 달러에 이를 것이다.

자료 출처

이 책은 150명 이상의 사람과 인터뷰하고, 각종 비디오·오디오 기록물, 수천 페이지에 달하는 공개 문서와 비공개 문서, 인터넷 자료와 이메일에 기초해 집필되었다.

우리는 수십 명의 전 현직 구글 직원과 인터뷰했다. 여기에는 구글의 관리자와 부서장, 제품 관리자, 엔지니어, 연구와 마케팅 전문가 등이 포함된다. 그리고 AOL, 야후, 마이크로소프트, 알타비스타, 애스크지브스 등 많은 투자자, 고객, 경쟁자 그리고 제휴 업체와 대화를 나눴다.

우리는 래리 페이지와 세르게이 브린, 구글의 직원을 잘 아는 스탠퍼드대학교 교수와 관계자, 그리고 두 사람이 학생 시절에 함께 일했거나 지도한 사람들을 인터뷰했다. 또한 스탠퍼드대에서 래리와 세르게이의 친구, 사무실 동료, 동급생도 인터뷰했다.

여기에 다양한 산업 분석가와 기술 전문가, 친구들, 가족, 구글 직원, 국립보건원 관계자, 에너지부 등 국가 기관의 관리, 구글과 관련된 컨설턴트, 스탠퍼드대학교, 하버드대학교, 미시간대학교, 옥스퍼드대학교, 뉴욕시립도서관의 도서관장 및 관계자, 인터넷 개인정보 보호 및 감시 단체, 미국과 다른 나라의 구글 사용자 등을 만났다.

대부분의 인터뷰는 공식적으로 진행했고 가능한 한 실명을 거론했다. 일부 인터뷰는 비공식이란 전제 아래 실명이나 자료의 출처를 밝히지 않기로 약속하고 진행되었다. 이 경우 구글과의 비즈니스나 개인적 관계를 보호하기 위해서 출처를 밝히지 않았다. 이름을 언급했든 그렇지 않든, 인터뷰에 응하고 시간과 생각을 아낌없이 나눠준 모든 사람에게 감사한다. 그들의 지도와 인내, 신뢰 덕택에 우리는 구글과 공동 창업자에 대한 매력적이고 흥미로운 내용을 이 책에 쓸 수 있었다. 그들의 말, 경험과 감정을 올바로 이해해 이 책에 담았기를 바란다.

우리는 워싱턴D.C.에서 이 책의 많은 부분을 썼다. 또한 북부 캘리포니아와 실리콘밸리에 머물며 구글플렉스, 스탠퍼드대 등을 방문하며 상당한 시간을 보냈다. 이 외에도 구글의 국제적 명성을 확인하기 위해 유럽, 남아메리카, 이스라엘, 서부 아프리카와 미국 주요 도시를 방문해 조사 활동을 벌였다. 이 책의 주요 무대인 인터넷도 많은 도움을 주었다. 구글이나 웨이백머신에 있는 기록을 검토하며 웹사이트가 어떤 모습으로 변하고 있는지 관찰했다.

이 책은 데이비드 바이스가 오랫동안 기술과 비즈니스, 그리고 미디어의 상호관계를 주제로 〈워싱턴포스트〉에 연재한 글을 배경으로 삼았다. 우리는 어떤 일이 일어난 이후에는 그 사건을 재구성하기가 어렵다는 사실을 안다. 그렇기에 많은 사람과 대화를 나누고 여러 사건을 종합해 무슨 일이 일어났는지 규명하려고 노력했다. 또한 기억과 달리 시간이 흘러도 변하지 않는 문서와 자료에 의존해 이 책을 썼다. 비디오와 오디오 녹음에 덧붙여 증권거래위원회에 제출된 서류, 법정 기록, 녹취록, 각종 메모, 과거와 현재의 웹페이지, 이메일, 프레젠테이션 자료 및 기타 자료를 참조했다. 우리는 세르게이 브린과 래리 페이지가 이스라엘의 고등학교에서 한 강연과 스탠퍼드대에서 구글의 내부 사정에 관해 다룬 강연 등, 많은 대화와 프레젠테이션에 직접 참여하거나 비디오 자료를 입수해 참고로 삼았다.

아울러 에릭 슈밋과 워싱턴대의 제프리 딘의 강연 비디오도 입수해

참조했다. 그리고 공개 기록, 구글 웹사이트에 게시된 내용, 가족안전 미디어Family Safe Media, 퓨 자선재단의 조사와 연구도 활용했다. 또한 우리는 정보공개법에 따라 독특한 기업공개 과정에 대해 증권거래위원회와 구글 사이에 오갔던 100페이지 이상의 문서를 검토했다.

기업공개 당시 구글은 1년 동안 기업으로서 언론의 지대한 관심을 받았다. 따라서 우리는 구글을 다룬 언론인과 작가의 글에서 매우 큰 도움을 받았다. 시간이 흐른 뒤에 특정한 사건에 주력하기보다 당시 브린과 페이지 또는 다른 구글의 핵심 인물의 발언과 생각, 견해를 당시 기사나 글을 통해 살펴보는 것은 상황을 이해하는 데 큰 도움이 된다.

문장의 흐름에 방해가 되지 않는다면 우리는 가급적 인용부호를 통해 글의 출처를 밝혔다. 많은 인용문이 당시 상황을 생생하게 이해하는 데 도움을 줄 것이다.

우리는 존 하이만John Heilemann이 2005년 4월호 〈지큐〉에 구글의 기업공개에 관해 쓴 뛰어난 기사 〈(혁명적인, 악을 혐오하는, 돈에 미친, 자기파괴적일 수 있는) 구글 센터의 여행Journey to the Revolutionary, Evil-Hating, and Possibly Self-Destructive〉에서 큰 도움을 받았다. 그리고 구글이 증권거래위원회 제출 서류에 포함시킨 2004년 8월호 〈플레이보이〉에 실린 브린과 페이지의 인터뷰 기사도 도움이 되었다. 구글의 비즈니스 전망과 마이크로소프트와의 싸움에 대해 특히 유용했던 두 가지 심도 깊은 장문의 기사는 2005년 5월 2일자 〈포춘〉에 프레드 포겔스타인이 쓴 〈검색과 파괴Search and Destroy〉와 2005년 1월호 〈MIT 테크놀러지 리뷰MIT Technology Review〉에 찰스 퍼거슨Charles H. Ferguson이 쓴 〈구글 다음은?What's Next for Google〉이었다.

로이터의 애덤 태너Adam Tanner와 메릴랜드대학교에서 발행하는 〈다이아몬드백Diamondback〉의 톰 하웰Tom Howell은 세르게이 브린의 유년시절과 가족에 대한 정보를 제공했다. 그들이 없었더라면 우리는 이 정보를 접하지 못했을 것이다.

〈앤아버뉴스〉의 스콧 앤더슨Scott Anderson과 〈미시건엔지니어Michigan Engineer〉의 한 분은 래리 페이지의 어린 시절에 대한 소중한 정보를 제공했다. 2000년 5월 29일자 〈뉴요커〉에 실린 마이클 스펙터Michael Specter의 글 〈검색과 전개Search and Deploy〉는 구글이 엄청난 성장을 하기 전의 모습을 자세히 소개했다.

버닝맨 축제의 경험에 관해서 우리는 브라이언 도허티Brian Doherty의 책 《버닝맨 축제는 이렇다This is Burning Man》와 더불어 〈리즌Reason〉, 〈샌프란시스크크로니클San Francisco Chronicle〉, 〈와이어드Wired〉와 이 축제 당국이 발간한 〈블랙록가제트Black Rock Gazette〉를 참조했다.

우리는 〈와이어드〉에 2004년 3월에 실린 〈구글매니아Googlemaniacs〉의 내용 중 유명한 구글 사용법을 참조했다. 찰리 로즈Charlie Rose는 PBS 방송에서 에릭 슈미트와 다른 구글 기술자를 여러 번 인터뷰했다. 매우 소중한 인터뷰 방송이었다. 또한 CBS 방송이 2005년 1월에 방송한 〈60분〉에서 레슬리 스탈Lesley Stahl의 보도도 중요한 자료가 되었다. 블로거인 브래드 드롱Brad DeLong이 제공한 래리 페이지의 2003년도 연설에 대한 재미있는 정보도 참고했다.

구글과 검색 및 기술 산업에 대한 뉴스를 놓치지 않기 위해서 우리는 〈워싱턴포스트〉, 〈뉴욕타임스〉, 〈산호세머큐리뉴스〉, 〈비즈니스위크〉를 주의 깊게 살폈다. AP 통신, 로이터, Cnet.com, Marketwatch.com, 〈와이어드〉와 같은 인터넷 매체도 시의 적절한 정보와 분석을 제공했다.

대니 설리번의 SearchEngineWatch.com은 이 책을 쓰는 데 정말로 큰 도움이 되었다. 고마움을 전한다. 우리는 대니의 뉴스레터, 웹사이트, 검색엔진 전략 회의에서 많은 정보를 얻었다.

그리고 CNBC, NPR, BBC, 〈샌프란시스코크로니클〉, 볼티모어에서 발행하는 〈더선The Sun〉, 〈보스턴글로브〉, 〈시애틀타임스〉, 〈실리콘밸리비즈니스저널〉, 〈USA투데이〉, 〈배런스〉, 〈패스트컴퍼니Fast Company〉, 〈포브스〉, 〈포춘〉, 〈뉴스위크〉, 〈타임〉과 같은 미국 내 발행 매체의 기술과 비즈니스 기사에서 도움을 받았다.

해외에서 발행되는 매체로는 영국의 〈이코노미스트〉, 〈파이낸셜타임스〉, 〈인디펜던트〉, 중국의 〈인민일보〉, 프랑스의 〈르몽드〉가 도움을 주었다. 구글뉴스, 야후 뉴스, 슬래시닷Slashdot, 미디어포스트MediaPost와 같이 각종 뉴스를 종합해 제공하는 서비스도 유용했다. 셀 수 없이 많은 개인 웹사이트와 블로그는 검색 산업의 동향을 알려주고 일반 뉴스의 이면에 숨겨진 이야기를 제공해주었다.

몇 권의 책이 우리가 이 책을 기획하고 구성하는 데 도움을 주었다. 트레이시 키더Tracy Kidder의 고전인 《새로운 기계의 영혼The Soul of a New Machine》, 케이티 해프너Katie Hafner와 매튜 리온Matthew Lyon이 쓴 인터넷의 탄생에 관한 책 《마법사가 늦게까지 머무는 곳Where Wizards Stay Up Late》, 이베이에 관한 흥미로운 책인 애덤 코헨Adam Cohen의 《완벽한 가게The Perfect Store》, 캐런 에인절Karen Angel의 《야후의 내부! Inside Yahoo!》, 그리고 존 마코프John Markoff의 《다람쥐가 무엇을 말하는가Waht the Dormouse Said》가 그런 책이다. 앞에서 혹시 언급하지 않은 출판물이나 다른 자료 출처가 있다면 모두 언급하지 못한 점에 미리 사과드린다.

이 책을 쓰면서 그 무엇보다도 중요한 자료의 출처는 바로 구글 그 자체이다. 우리는 뉴스, 연구, 이미지, 이메일, 지도 검색, 기업 정보 등을 알아보기 위해서 하루에도 몇 번씩 검색엔진을 사용했다. 이 책은 구글이 없었더라면 세상에 나오지 못했을 것이다.

감사의 글

∘

이 책은 영혼을 전하는 신문인 〈워싱턴포스트〉의 커다란 지원이 없었더라면 출판되지 않았을 것입니다. 기자에게 이 신문보다 좋은 직장은 없습니다. 우리는 전직 회장이며 최고경영자인 돈 그레이엄Don Graham, 발행인인 보 존스Bo Jones, 편집인 리어나드 다우니 주니어Leonard Downie Jr., 편집국장 필 베넷Phil Bennet, 비즈니스 부문 에디터 질 더트Jill Dutt, 사진 에디터 조 엘버트Joe Elbert, 그리고 뛰어난 편집기자인 댄 베이어스Dan Beyers에게 감사의 말을 전합니다. 많은 도움을 준 조사 전문가인 리처드 드레즌Richard Drezen에게도 감사합니다.

구글의 공동 창업자인 세르게이 브린과 래리 페이지, 최고경영자인 에릭 슈밋은 우리를 믿고 자신의 이야기를 해주었습니다. 고마움을 전합니다. 이 책의 전체 내용을 재검토하고 편집하면서 공정성과 정확성을 최대한으로 높이기 위해서 출판 전에 구글의 임원들과 원고 내용을 상의했습니다.

놀라운 식견과 더불어 실리콘밸리와 전 세계에서 일하는 구글러와의 인터뷰를 주선해주고 여러 사진을 제공해 준 구글의 홍보 책임자인 데이비드 크레인David Krane과 대변인인 스티브 랭든Steve Langdon에게 감사합니다. 빠르게 성장하는 구글의 업무를 처리하기에도 바쁜 와중에도 이 책을 위해 많은 시간을 내준 점 고맙게 생각합니다.

출판 에이전시인 론 골드파브Ron Goldfarb에게 특별한 고마움을 전합니다. 처음부터 그는 이 책에 애정을 지니고 훌륭한 출판사와 편집자를 찾아주었습니다. 그리고 고비마다 그는 뛰어난 조언을 제공해 큰 도움을 주었습니다.

이 책을 출판하기로 결정하고 처음부터 이 아이디어를 지지해준 랜덤하우스의 밴텀 델Bantam Dell 부문의 니타 타우브립Nita Taublib 부발행인에게 감사를 전합니다. 그리고 밴텀 델의 사장이며 발행인인 어윈 애플바움Irwyn Applevaum과 이 책을 훌륭히 편집해 준 편집인 앤 해리스Ann Harris에게 고마움을 느낍니다.

또한 앤의 편집 조수인 메건 키넌, 예술 감독인 글렌 에델스타인, 표지 편집자인 로렌 노벡, 교정 편집자인 페기 맥파랜드에게도 감사합니다. 이들은 빠른 일정 속에서도 이 책을 우선 순위에 놓고 책의 질을 높여주었습니다. 이 책은 세계 각국에서 여러 언어로 번역 출판되고 있습니다. 해외 저작권 문제를 처리해 준 랜덤하우스의 샤론 스웨이도스에게도 감사합니다.

또한 우리는 접촉했거나 아이디어를 제공하고 지원을 아끼지 않은 많은 사람에게 매우 고맙다는 말을 전하고 싶습니다. 이 책을 쓰면서 지적 격려와 우정을 보여준 조 퍼피치에게 특별히 감사드립니다. 아이디어가 넘치는 조는 유전학, 과학적 검색과 구글의 접목이 얼마나 중요한 부분이고 탐구할 가치가 있는지 알려준 첫 번째 사람입니다. 그는 우리가 독자에게 새로운 차원의 구글 활동을 소개하도록 가능하게 만든 사람입니다.

그 누구보다도 이 책의 집필과 가치 있는 도전에 격려를 아끼지 않은 아내 로리에게 감사를 전합니다. 그녀는 내 의견에 귀 기울이고 원고를 읽고 검토하며 뛰어난 조언을 해주었습니다. 모든 일에 최선을 다하는 모습이 내게 큰 자극이 되었습니다. 당신의 희생과 너그러운 마음, 사랑으로 저는 이 책의 집필에 집중할 수 있었습니다.

이 책과 관련해, 그리고 내가 태어난 이후부터 두 분의 현명한 충고와 사랑을 주신 훌륭하신 부모님인 도리스와 해리 바이스에게 특별한 감사를 드립니다. 지금 생각해보니 밤에 태어났기 때문에 밤에 글이 잘 써지나 봅니다.

사랑하는 멋진 딸 리사, 앨리슨과 제니퍼에게도 고마움을 전합니다. 세 딸은 인스턴트메시지와 전화 그리고 구글링을 동시에 할 수 있답니다. 여동생인 주디와 조이스, 장모님인 토비 실버먼, 조카 딸인 래이첼, 제시카, 처제인 젤 앨런과 제이미 비, 그리고 매제인 마크, 처남인 바비에게도 고마움을 전합니다. 여러분 모두는 이 책에 큰 기여를 했습니다.
— 데이비드 A. 바이스로부터

이 프로젝트를 시작할 때부터 조언과 격려를 아끼지 않았던 브루스 브럼버그, 하워드 자하로프, 매트 오버나우어에게 감사합니다. 그리고 몇 년 전부터 이 책을 쓰도록 맨 처음으로 추천을 해준 알렉스 로빈스에게도 고마움을 전합니다.

믿음과 관용, 현명한 충고와 우정을 보여준 밥 우드워드와 델사 윌시에게 특별히 감사합니다. 또한 저는 우리의 아파트가 사무실처럼 변해도 아무 불평 없었던 케이티 케센니치에게 많은 빚을 졌습니다. 그리고 언제 찾아가도 반갑게 맞이해 준 로리와 그 딸들에게도 감사를 전합니다. 아울러 서부 해안을 여행할 때 친절을 베푼 캐린 올렌바크에게 감사합니다.

멀리 있든 가까이 있든 항상 변함이 없었던 제니에게 가장 큰 감사와 사랑을 전합니다. 저는 함께 많은 모험과 여행을 하기 고대합니다.

많지는 않지만 훌륭한 가족에게 많은 신세를 졌습니다. 언제나 나를 격려하고 즐겁게 해주고 친구가 되어주었던 여동생 나탈리에게 고

마음을 전합니다. 사랑과 지원을 아끼지 않고 영양을 책임져 준 할머니에게 감사합니다. 평생 사랑과 돌봄 가르침을 주셨던 부모님인 로저와 보리아나에게 특별한 감사를 드립니다. 당신은 언제나 내게 가장 소중한 존재입니다.

　　　　　　　　　　　　　　　　　　　　　　— 마크 맬시드로부터

찾아보기

사진 자료

멘로파크 차고에 차린 래리 페이지와 세르게이 브린의 첫 사무실이다.

레고블록으로 만든 초기 구글 컴퓨터

구글의 셰프로 일한 찰리 아이어스는 매일 같이 건강하고 맛있는 식사를 제공하며 사랑받았다. 회사 안에서 벌어지는 재밌고 사랑스러운 문화 행사들은 늘 그의 손을 거쳤다.

벤처캐피털 클라인퍼킨스의 존 도어는 세쿼이어캐피털과 함께 2500만 달러를 구글에 투자했다.

세쿼이어캐피털의 마이클 모리츠. 두 명의 투자자는 경영 전문가를 들이지 않으면 투자금을 회수하겠다고 으름장을 놓았다.

구글의 신경망이라 할 수 있는 컴퓨팅파워는 값싼 PC를 높은 랙에 쌓아놓고 케이블과 특별한 소프트웨어로 연결하여 만들어졌다. 구글의 초기 서버 모습으로, 현재 컴퓨터역사박물관에 전시되어 있다.

2003년 구글 경제가 확장되면서, 세르게이 브린(오른쪽)은 인파로 넘치는 산업박람회에서 검색 분야 전문 언론인 대니 설리번(왼쪽)과 만나 치열하게 토론했다.

구글 최초의 여성 엔지니어 마리사 메이어. 그녀는 홈페이지를 테스트하고 향상하는 일을 했다. 구글의 검색 서비스와 지역 서비스 부문 부사장을 지냈으며 2012년 구글을 나와 야후 CEO를 역임했다.

두 창업자는 구글플렉스가 음식과 장난감, 스포츠와 파티로 가득 찬 흥미로운 장소로 만드는 일을 매우 중시했다.

B-24 전폭기에서 내려다본 캘리포니아 마운틴뷰에 있는 구글의 사옥이다.

구글은 전 세계로 사업을 확장해 나갔다. 이집트 카이로의 한 인터넷 카페가 구글의 로고를 내세워 홍보하고 있는 모습이다.

포르노 파수꾼이라 불리는 소프트웨어 엔지니어 맷 커츠(가운데)가 구글 검색 결과의 상단에 오를 수 있도록 순위를 높이고 싶어 하는 웹사이트 운영자들에게 질문 공세를 당하고 있다.

멘로파크 사무실에는 커다란 욕조가 있어, 세르게이와 래리는 일을 하다가도 휴식을 취할 수 있었다.

구글은 인간게놈지도를 작성한 크레이그 벤터와 함께 유전학 분야 진출을 계획했다.

GOOGLE GUYS

A candid conversation with America's newest billionaires about their oddball company, how they tamed the web and why their motto is "Don't be evil"

Just five years ago a googol was an obscure, unimaginable concept: the number one followed by 100 zeros. Now repelled and capitalized, Google is an essential part of online life. From American cities to remote Chinese villages, more than 65 million people use the Internet search engine each day. It helps them find everything from the arcane to the essential, and Google has become a verb, as in, "I Googled your name on the Internet and, uh, no thanks, I'm not interested in going out Friday night."

In addition to being the gold standard of Internet search engines, Google is setting a new example for business. It's difficult to imagine Enron or WorldCom with a creed similar to Google's: "Don't be evil," a motto the company claims to take seriously.

This motto was perhaps most apparent in May when the company announced it was going public. Google founders Sergey Brin and Larry Page explained their lofty ambitions. "Searching and organizing all the world's information is an unusually important task that should be carried out by a company that is trustworthy and interested in the

public good," they wrote in an unprecedented letter to Wall Street. With the release of the letter, Newsweek reported, "The century's most anticipated IPO was on, and the document, revealing the search giant's financial details, business strategy and risk factors, instantly eclipsed Bob Woodward's Iraq book as the most talked about tome in the nation."

Page, 31, is the son of Carl Page, a pioneer in computer science and artificial intelligence at the University of Michigan. Larry was surrounded by computers when he was growing up and once built a programmable ink-jet printer out of Legos. Reticent but wide-eyed and reflective, he is Google's clean-cut geek in chief, the brilliant engineer and mathematician who oversees the writing of the complex algorithms and computer programs behind the search engine. His partner, Brin, 30, is a native of Moscow, where his father was a math professor. As Jews, the Brins were discriminated against and taunted when they walked down the street. "I was worried that my children would face the same discrimination if we stayed there," his father told Reuters. "Sometimes the love

for one's country is not mutual." The family emigrated to the U.S. when Brin was six. A part-time trapeze artist, Brin is the company's earnest and impassioned visionary—a quieter, nerdier Steve Jobs. Early on, when Google CEO Eric Schmidt was asked how the company determines what exactly is and is not evil, he answered, "Evil is whatever Sergey says it is."

Page and Brin met as graduate students at Stanford University. After years of analyzing the mathematics, the computer science and the psychological intricacies involved in searching for useful information on the ever-growing World Wide Web, they came up with the Google search engine in 1998. It was far superior to existing engines, and many companies, including Yahoo and MSN, licensed it. (Yahoo recently severed its ties with Google, introducing its own search engine. Bill Gates, who once admitted that "Google kicked our butts" on search-engine technology, has announced that Microsoft will launch its own search engine next year.) With its simple design and unobtrusive ads, Google has quickly become one of the most

frequented websites on the Internet, and the company is one of the fastest growing in history. The financial press has estimated that after the initial public offering, Google will be valued at $30 billion, and Brin and Page, each of whom owns about 15 percent, will be worth more than $4 billion apiece.

The two are unlikely billionaires. They seem uninterested in the accoutrements of wealth. Both drive Priuses, Toyota's hybrid gas-and-electric car. It is impossible to imagine them in Brioni suits. Brin often wears a T-shirt and shorts. Page usually dresses in nondescript short-sleeve collared shirts. Both rent modest apartments. Their only indulgences so far fall into the realm of technology, such as Brin's Segway Human Transporter, which he occasionally rides around the Googleplex, the company's Silicon Valley headquarters. (Page often scoots around on Rollerblades or rides a bike.) Page bought a digital communicator that employs voice-recognition technology to place phone calls. Both men are notorious workaholics, though The Wall Street Journal, which uncharacteristi-

PHOTOGRAPHY BY KIM KULISH

LARRY PAGE: "People were checking out who they were dating by Googling them. I think it's a tremendous responsibility. You have to take that very seriously."

SERGEY BRIN: "Any web mail service will scan your e-mail. It scans it in order to show it to you. We are very up-front about it. That's an important principle of ours."

PAGE: "The amazing thing is that we're part of people's daily lives, just like brushing their teeth. It's just something people do. It's quite remarkable."

BRIN: "The solution isn't to limit the information you receive. Ultimately you want to have the entire world's knowledge connected directly to your mind."

55

Courtesy of Playboy; photographs © 2003 Kim Kulish.

구글이 기업공개를 하기 며칠 전, 〈플레이보이〉에 세르게이와 래리의 인터뷰 기사가 실렸다. 이 기사로 인해 구글은 주식 시장의 비밀 유지 서약을 위반했다는 혐의로 조사를 받았다.

2004년 8월 19일, 대망의 기업공개 날, 래리 페이지(가운데)가 나스닥 시장의 개장을 주재하고 있다.

알파벳 지주회사의 CEO가 된 래리 페이지는 구글을 관장하고 장기적인 전략에 대한 책임을 지고 있다. 아마존 CEO 제프 베조스(왼쪽)와 페이스북의 셰릴 샌드버그(오른쪽)와 함께 2016년 미국 대통령으로 당선된 도널드 트럼프와 만남을 가졌다.

세르게이 브린은 자율주행차 연구를 비롯하여 그룹 안에서 진행되고 있는 각종 연구 프로젝트 진행에 집중하고 있다.

데이비드 A. 바이스 David A. Vise

전직 〈워싱턴포스트〉 기자로 1990년 퓰리처상을 수상했다. 그는 월스트리트의 골드만삭스에서 투자은행가로 일했으며, 1990년 비즈니스·금융 분야에서의 뛰어난 저널리즘 활동으로 제럴드롭상을 수상했다. 현재 뉴욕의 사모투자회사 뉴마운틴캐피털의 수석고문이자, 모던스테이트에듀케이션얼라이언스 전무이사로 재직 중이다.

지은 책으로 해설보도 부문 퓰리처상을 받은《거리 위의 독수리The Eagle On The Street》와 뉴욕타임스 베스트셀러《이중첩자The Bureau And The Mole》 등이 있다.

구글에 관한 수많은 책들 가운데 데이비드 바이스가 저술한《구글 스토리》는 구글이 참여한 유일한 기업 평전이다. 창업자와 CEO를 비롯한 구글의 핵심인물 150여 명을 직접 인터뷰하고, 각종 비밀문서와 법정 자료 등 수천 페이지에 달하는 자료를 분석하여 이 책을 썼다. 미국 실리콘밸리와 구글플렉스, 스탠퍼드대학교는 물론 전 세계를 넘나드는 현장 취재로 구글의 20년 궤적을 완벽히 추적했다. 솔직한 대화와 치열한 고민들, 객관적이고 냉철한 분석으로 재구성한 구글의 결정적 장면들을 이 한 권에 모두 담았다.

마크 맬시드 Mark Malssed

〈워싱턴포스트〉 등 여러 매체에 기고 작가로 활동 중이며, 글로벌 미디어 지식 회사인 시놉토스의 전무로 재직 중이다.

옮긴이 우병현

서울대학교 정치학과 및 연세대학교 언론홍보대학원을 졸업했다. 1991년 〈조선일보〉에 입사해 산업부 IT팀장, 경영기획실 마케팅전략팀장을 거쳐, 현재 디지털전략 실장 겸 조선비즈 경영총괄 상무로 재직 중이다. 지은 책으로는《구글을 가장 잘 쓰는 직장인 되기》,《디지털은 자본이다》,《미샤 3300원의 신화》 등이 있다.

구글 스토리

상상할 수 없던 세계의 탄생

초판 1쇄 발행 2019년 1월 31일
초판 6쇄 발행 2019년 4월 2일

지은이   데이비드 A 바이스, 마크 맬시드
옮긴이   우병현

발행인   문태진
본부장   서금선
책임편집 정다이   편집2팀 김예원 임지선 정다이
디자인   윤지예   교정교열 정일웅

기획편집팀 김혜연 이정아 박은영 전은정   저작권팀 박지영
마케팅팀   양근모 김자연 김은숙 이주형
디자인팀   윤지예 이현주
경영지원팀 노강희 윤현성 이지복 이보람 유상희
강연팀   장진항 조은빛 강유정 신유리
오디오북 기획팀 이화진 이석원 이희산 박진아

펴낸곳   ㈜인플루엔셜
출판신고 2012년 5월 18일 제300-2012-1043호
주소   (06040) 서울특별시 강남구 도산대로 156 제이콘텐트리빌딩 7층
전화   02)720-1034(기획편집) 02)720-1024(마케팅) 02)720-1042(강연섭외)
팩스   02)720-1043 전자우편 books@influential.co.kr
홈페이지   www.influential.co.kr

ISBN 979-11-86560-93-8 (03320)